Siebelt Meyer

Großes Handbuch
der
Vedischen Astrologie

Horoskop-Interpretation

Planeten (Grahas) • Mondhäuser (Nakshatras)
Sternzeichen (Raashis) • Häuser (Bhavas)

WINDPFERD

Wichtiger Hinweis: »Großes Handbuch der Vedischen Astrologie« macht die Betreuung durch einen Arzt, Heilpraktiker oder Psychotherapeuten nicht überflüssig, wenn der Verdacht auf eine ernsthafte Gesundheitsstörung besteht. Die Informationen in diesem Buch sind nach bestem Wissen und Gewissen dargestellt. Der Autor und der Verlag übernehmen jedoch keine Haftung für irgendwelche Schäden, die aus dem richtigen oder unrichtigen Gebrauch der in diesem Buch vorgestellten Methoden hervorgehen könnten. Diese sind zur Information und zur Weiterbildung gedacht.

1. Auflage 2003
© 2001 by Windpferd Verlagsgesellschaft mbH, Aitrang
Alle Rechte vorbehalten
Lektorat: Karin Brunke
Umschlaggestaltung: Kuhn Grafik, Digitales Design, Zürich
Grafiken: Peter Ehrhardt
Gesamtherstellung: Schneelöwe, Aitrang

ISBN 3-89385-397-9

Printed in Germany

Inhaltsverzeichnis

Danksagung

Ich danke DIR, der DU das EINE und das ALLES bist,
der ALLES liebt
und ALLES wohl geordnet hat.

Ich danke meiner lieben Frau,
die immer meine beste Ratgeberin und Hilfe war und ist
und die mich allzeit uneingeschränkt unterstützt und zu mir gestanden hat.

Ich danke Seiner Heiligkeit Maharishi Mahesh Yogi für sein Wissen,
durch das ich mein Bewusstsein erweitern konnte,
und für seinen Segen und seine liebevolle Förderung,
die Vedische Astrologie, Jyotish, zu lernen,
tiefer und tiefer zu verstehen,
zu lehren und anzuwenden.

Ich danke Maharishis Meister Guru Dev,
Shri Brahmananda Saraswati,
Jagadguru, Bhagavan Shankaracharya von Jyotir Mat,
und der Heiligen Tradition der Meister,
unter ihnen Maharshi Parashara,
die Verkörperung von *jyotish mati pragya*, Allwissendes Bewusstsein,
und größte Autorität der Vedischen Astrologie,
für die Freude, Klarheit und Führung,
die ich beim Verfassen dieses Werkes erfahren durfte.

Ich danke den Indischen Pandits,
die durch ihre Übersetzungen der Jyotish-Literatur
und durch ihre eigenen Beiträge
dieses kostbare Wissen der Welt zugänglich gemacht haben.

Ich danke meiner Verlegerin, Frau Monika Jünemann,
ihrem Lektorat und Windpferd-Team
für die herzliche Unterstützung und Mitarbeit
und die wunderbare Gelegenheit,
dieses Wissen zu veröffentlichen.

Ich danke meiner Familie und meinen Freunden
für ihre wohlwollende Unterstützung,
insbesondere Gaby Godglück und Hans-Werner Höpker
für ihre ausdauernde Hilfsbereitschaft und wertvollen Impulse
bei der Durcharbeitung meiner Manuskripte.

Ich danke dem LEBEN.

Einleitung

Die Vedische Astrologie wird in Sanskrit *„Jyotish"* genannt. *„Jyoti"* bedeutet **Licht**. *„Jyotish"* ist das Licht des Bewusstseins, das Vergangenheit, Gegenwart und Zukunft erhellt. Es ist das Wissen, das den Lebensweg jedes Menschen beleuchtet, sodass er sieht, wo und wohin er geht und wie er Hindernissen ausweichen kann.

Das große Handbuch der Vedische Astrologie offenbart die Geheimnisse der Interpretation eines Vedischen Horoskops. Es hat einen einfachen, systematischen und auf die praktische Anwendung ausgerichteten Lehransatz, der es dem Leser erlaubt, Schritt für Schritt die Komplexität der Vedischen Astrologie zu verstehen und in seinem Bewusstsein zu integrieren. Dieser klare Aufbau wird durch Grafiken und Flussdiagramme unterstützt, die als visuelle Lernhilfen und als Leitfaden für die einzelnen Schritte der Horoskop-Interpretation dienen.

Auf diese Weise kann der Leser leicht verstehen, welche Aspekte der Vedischen Astrologie zu welchem Zeitpunkt in welcher Weise angewendet werden müssen, um zu treffenden Aussagen zu gelangen. Wer das große Handbuch der Vedischen Astrologie studiert hat, wird auch das Wissen aus anderen Quellen und Büchern über die Vedische Astrologie wesentlich besser einordnen und nutzen können und sehr viel mehr Freude an der Ausübung dieser faszinierenden Wissenschaft haben. Er wird ein solides Fundament an Wissen und Struktur haben, auf dessen Grundlage er jede weitere Information gut verarbeiten und beurteilen kann.

Jyotish oder die Vedische Astrologie ist gleichzeitig Wissenschaft und Technologie. Als Wissenschaft erklärt sie die mathematischen Gesetzmäßigkeiten des Universums, nach denen sich unser Leben entfaltet. Als Technologie vermittelt sie durch die Anwendung dieser Prinzipien die Erfahrung einer klaren Sicht des Lebens. Die Vedische Astrologie beleuchtet den Weg des Schicksals, sodass jeder Mensch mit Hilfe dieses Wissens sein Leben bewusst in die Hand nehmen kann. Wenn ungünstige Tendenzen vorhergesehen werden, kann er entsprechende Vorkehrungen treffen, um sie zu mildern oder abzufangen. Und die guten Tendenzen kann er mit noch größerem Vertrauen für seinen Fortschritt nutzen.

Die Vedische Astrologie ist die Darstellung der Funktionsweise des Naturgesetzes in vereinfachter Form. Wie ist unser Leben aufgebaut? Nach welchen Regeln entfaltet es sich? Wie kann ich Meister meines Schicksals werden? All diese Fragen werden nach dem Grundsatz der Vedischen Wissenschaft* beantwortet: **Der Mensch ist seiner Natur nach kosmisch.** Das Individuum und der Kosmos sind eins. Der Kosmos ist eine Reflexion der individuellen Struktur und umgekehrt. Wie der Makrokosmos, so der Mikrokosmos.

Auf dieser Grundlage funktioniert der Leitspruch der Vedischen Astrologie: *Heyam duhkham anaagatam –* **Vermeide die Gefahr, bevor sie gekommen ist.** Er beschreibt den

---

* Die Vedische Wissenschaft nach Maharishi Mahesh Yogi ist die Gesamtheit des Wissens über die Funktionsweise des Lebens. „Veda" bedeutete „reines Wissen" oder „totales Wissen" und ist das grundlegendste Wissen über das Leben – was das Leben beinhaltet und wie es funktioniert. Maharishis Vedische Wissenschaft behandelt dieses Wissen in Theorie und Praxis.

Sinn dieser Wissenschaft und Technologie: Die korrekte Einschätzung der Zukunft, wie wir sie durch die kosmische Reflexion ablesen können, hilft uns, Gefahren rechtzeitig abzuwenden.

Es ist mein großer Wunsch, dass so viele Menschen wie möglich den Segen erfahren, den ich persönlich durch diese wunderbare Wissenschaft und Technologie der Vedischen Astrologie erleben durfte. Mein Bemühen wird es sein, dem Leser den Weg zu dieser Erfahrung so einfach wie möglich zu gestalten.

Dabei wird im Wesentlichen das astrologische System des großen Gelehrten und Weisen **Maharshi Parashara** angewendet. Maharshi Parashara, der Urvater der Vedischen Astrologie, ist die Verkörperung von *jyotish mati pragya*. *Jyotish mati pragya* ist das Licht reinen Bewusstseins, „das nur die Wahrheit in sich trägt" oder „All-wissendes Bewusstsein". Parashara lebte vor einigen Tausend Jahren in Indien. Sein Werk *Brihat Parashara Hora Shastra*, in dem er das umfassende System der Vedischen Astrologie dargelegt hat, ist noch heute der Standard für die vielschichtigen Analysemöglichkeiten und die daraus resultierende hohe Qualität der Vedischen Astrologie. Wie alt dieses Wissen tatsächlich ist, lässt sich schwer sagen, da die Inder Meister der mündlichen Überlieferung sind. Das Wissen der Vedischen Astrologie wurde als Teil des Vedischen Wissens über viele Generationen sorgfältig mündlich weitergegeben.

In der vedischen Literatur ist *Jyotish* **das sechste** *Vedanga*. Die *Vedangas* dienen dazu, den *Veda*, das vollkommene oder reine Wissen, zu erkennen. Unter den *Vedangas* ist *Jyotish* im übertragenen Sinne den Augen zugeordnet, mit denen das vollkommene Wissen des Lebens gesehen werden kann.

Der Begriff „*Hora*", verwand mit dem englischen Wort „hour" und dem deutschen Wort „Uhr", bezeichnet einen von drei Zweigen der Vedischen Astrologie. Dieser Zweig beschäftigt sich überwiegend mit der Interpretation von Horoskopen. Er wird auch „*Jaataka*" genannt, was „Geborener" heißt und die Analyse eines Geburts-Horoskops bedeutet. Die beiden anderen Zweige der Vedischen Astrologie beschäftigen sich mit den astronomischen Berechnungen (*Ganita*) und mit Deutungen verschiedener Naturphänomene, kosmischer Einflüsse und der Sammlung verschiedener Themen (*Samhita*).

Es gibt viele Bücher über die Vedische Astrologie. Die so genannte klassische Literatur ist in Sanskrit verfasst. Ihre Niederschriften sind zum Teil bis zu mehrere Tausend Jahre alt und wurden vorher in mündlicher Tradition über viele Generationen weitergegeben. Neuere Bücher sind in Hindi oder einer anderen Sprache Indiens verfasst, aber auch in Englisch. Sehr viele Sanskrit-Texte sind mittlerweile ins Englische übersetzt (siehe Anhang). All den Übersetzern, Kommentatoren, Verfassern und Verlagen, die an der englischsprachigen Jyotish-Literatur mitgewirkt haben, gebührt an dieser Stelle ein ganz besonderer Dank für ihre Arbeit, da sie der Welt den Zugang zu einem unbeschreiblich wertvollen Wissensschatz ermöglicht haben.

Insbesondere über die Sanskrit-Literatur muss man jedoch sagen, dass sie keine Lehrbücher in dem Sinne sind, dass der Leser allein durch ihr Studium die Vedische Astrologie zuverlässig und leicht erlernen und praktizieren könnte.

Das liegt vor allem daran, dass ganz besonders die Sanskrit-Literatur im traditionellen Indien diese Funktion nie haben sollte. Sie diente als Referenz, die der *Jyotish-Guru*, das heißt der Lehrer der Vedischen Astrologie, für die Ausbildung seiner Schüler benutzte. Deshalb begnügten sich die Verfasser dieser Bücher im Wesentlichen damit, die „Zutaten der Rezepte" zu beschreiben, nicht aber das Wissen über die Mengen, das Zusammenfügen der Teile und die systematische Reihenfolge ihrer Anwendung.

Dieses Wissen wurde traditionell persönlich in mündlicher Form vom *Jyotish-Guru* weitergegeben und dann zum großen Teil als „Betriebsgeheimnis" gewahrt. So gibt es heute in Indien unter den *Jyotish*-Gelehrten (*Jyotish-Pandits*) zwei Richtungen: Die einen halten ihr Wissen sehr geheim und vertrauen es nur ihren Schülern allmählich nach gründlicher Prüfung an. Die anderen sind offener und grundsätzlich bereit, ihre Erkenntnisse mit anderen auszutauschen. Sie folgen mehr dem vedischen Leitspruch: *Vasudhaiva kutumbakam* – **Die Welt ist eine Familie.** In einer guten Familie gibt es keine Geheimnisse voreinander, sondern nur Teilen und gegenseitige Unterstützung.

Das Weltbewusstsein ist inzwischen so weit gewachsen, dass das Verlangen nach dieser Wissenschaft und Technologie in vielen Teilen der Welt immer größer wird. Die englischsprachigen Bücher über Vedische Astrologie haben sich besonders in Nordamerika und Großbritannien weit verbreitet, und einige wurden bereits ins Deutsche übersetzt. Es ist jetzt die Notwendigkeit entstanden,

Sachbücher zu verfassen, die ein klares Bild der systematischen Anwendung der Vedischen Astrologie vermittelt, sodass auf dieser Basis umfassende und treffende Interpretationen eines Vedischen Horoskops gemacht werden können.

Als Wissenschaft analysiert die Vedische Astrologie die Anlagen eines Horoskops und beschreibt das Schicksal und den Lebensweg eines Menschen. Als Technologie entwickelt sie das Bewusstsein zu immer größerer Weite. Dies bezieht sich sowohl auf den Lernenden als auch auf denjenigen, der ein Horoskop analysiert, oder denjenigen, für den das Vedische Horoskop gelesen wird. Es ist immer wieder die Erfahrung, dass das Lernen, Anwenden und Nutzen der Vedischen Astrologie eine Erweiterung des Bewusstseins mit sich bringt, ein Wachstum zu größerer Weite, Klarheit, Integration, Lebensfreude und innerem Frieden.

Solch eine intensive Erfahrung wünsche ich allen Lesern beim Studium dieses Werkes. Das Ziel der Bewusstseinsentwicklung ist *jyotish mati pragya*, der hell erleuchtete Zustand des Bewusstseins, der Vergangenheit, Gegenwart und Zukunft kennt. Aus diesem Bewusstsein heraus handelt man spontan richtig, das heißt im Einklang mit den Gesetzen des gesamten Universums.

Siebelt Meyer
Jyotish Shastri

Wolfsburg, im April 2002

DAS WISSEN
ÜBER DIE ENTFALTUNG DES LEBENS

Die Entstehung der Schöpfung

Die innerste Natur des Lebens ist unendliche Liebe und Glückseligkeit, reines Bewusstsein. Das ganze Universum ist aus dieser Natur, dem Unwandelbaren und Ewigen am Grunde alles Existierenden, jeder Lebensform und jedes Phänomens geboren und kehrt zu ihm zurück.

Der modernen Physik ist es gelungen, alle Kräfte, die in der Natur wirken, zu einem Gesamtbild zu integrieren. Das Resultat dieses Integrationsprozesses ist das „einheitliche Feld aller Naturgesetze".

Den Begriff „Feld" kennt der Leser zum Beispiel im Zusammenhang mit dem Begriff „Magnetfeld". Wenn man Eisenfeilspäne in ein Magnetfeld bringt, formieren sich die Späne entlang den Kraftlinien des Magnetfeldes. Ein Feld ist also ein räumlicher Bereich, in dem die Gesetzmäßigkeiten des Feldes gelten. Diese Gesetzmäßigkeiten beziehen sich auf solche Materialien, die mit dem Feld kommunizieren können. In diesem Beispiel sind das die Eisenfeilspäne, die im Bereich des Magnetfelds nicht anders können, als den Gesetzmäßigkeiten dieses Feldes zu folgen.

Das einheitliche Feld aller Naturgesetze wird in der Physik als ein unendliches Feld beschrieben, in dem alle Naturgesetze enthalten sind. Es wird von vielen Physikern mit dem Urgrund der materiellen und geistigen Schöpfung gleichgesetzt und als reines Bewusstsein verstanden.

Dieser Urgrund der Schöpfung umfasst gleichzeitig Einheit und Vielfalt: Einheit deshalb, weil dieser Bereich reines, ungeteiltes, in sich ruhendes Bewusstsein ist; Vielfalt, weil Bewusstsein Wachheit bedeutet. Dadurch dass Bewusstsein wach ist, nimmt es sich selbst permanent wahr. Es ist also sowohl *Subjekt* oder Wahrnehmender als auch *Objekt* oder Wahrgenommenes und der *Wahrnehmungsprozess* zwischen beiden.

Dies sind drei Komponenten, die sehr unterschiedlich sind. Wenn ein Mensch eine Blume wahrnimmt, ist der Mensch der Beobachter, die Blume das Objekt der Beobachtung, und der Prozess der Wahrnehmung ist die Verbindung zwischen beiden. Es würde nicht genügen, dass es den Beobachter und die Blume gibt. Der Beobachter muss die Blume anschauen. Erst dann entsteht das Phänomen der Wahrnehmung einer Blume.

Auf der Ebene reinen Bewusstseins gibt es nur Bewusstsein. Deshalb wird es „rein" genannt. Da reines Bewusstsein äußerst wach ist, nimmt es sich selbst wahr. Durch diesen Selbst-Wahrnehmungsprozess entstehen innerhalb der

Einheit des reinen Bewusstseins die drei Komponenten: Der Wahrnehmende, das Wahrgenommene und der Prozess der Wahrnehmung. Dieser Selbst-Wahrnehmungsprozess des reinen Bewusstseins geschieht mit unendlicher Geschwindigkeit. Das bedeutet, dass Einheit und Dreiheit so gut wie gleichzeitig existieren, da sie durch eine unendliche Frequenz oder Dynamik miteinander verbunden sind. Aus dieser Dynamik von Einheit und Dreiheit entsteht der Funke, der die Vielfalt der Schöpfung hervorbringt.

Das Wesen der Drei

Allem Leben liegt die Einheit und die Dreiheit gleichermaßen zugrunde. Einheit ist unteilbar. Wenn wir sie teilen würden, wäre sie keine Einheit mehr. Dreiheit dagegen ist bereits Vielfalt und bleibt auch bei weiteren Teilungen Vielfalt. Deshalb entsteht aus dem Dreiheitsaspekt des reinen Bewusstseins die Vielfalt der Schöpfung. Dieser Dreiheitsaspekt begegnet uns als elementare Einteilung in allen Lebensbereichen wieder. Zum Beispiel in den drei Formen des organischen Lebens als Pflanze, Tier und Mensch, als Dreifaltigkeit in vielen Religionen, als Überbewusstsein, Bewusstsein und Unterbewusstsein in der Psychologie, als Energie, Materie und Anti-Materie in der Physik, als Vergangenheit, Gegenwart und Zukunft in unserem Zeitverständnis und schließlich in der Struktur unseres Menschseins als Seele, Geist (= Bewusstsein) und Körper sowie als Denken, Sprechen und Handeln.

Die Drei-in-Eins-Struktur Reinen Bewusstseins

Die Grundstruktur der Schöpfung und des Menschen

Maharshi Parashara, der als Urvater des **Jyotish** (der Vedischen Astrologie) gilt, verfasste vor Tausenden von Jahren das bis heute gültige Standardwerk der Vedischen Astrologie, sein *Brihat Parashara Hora Shastra*. Im ersten Kapitel dieses Werkes schreibt er, dass aus der Einheit des reinen Bewusstseins drei Grundkräfte hervorgehen, die alle Phänomene der Schöpfung hervorbringen. Diese drei Grundkräfte der Schöpfung werden in Sanskrit die **drei Gunas** genannt: **Sattva, Rajas und Tamas**. Sie sind die Entsprechung der Dreierstruktur des reinen Bewusstseins in der geistigen und materiellen Welt und stellen das göttliche Wirken in der Welt der Erscheinungen und Phänomene (das „Relative") dar. Diese drei Kräfte treten immer gemeinsam auf und sind in jedem Phänomen der Schöpfung wiederzufinden.

Sattva ist die evolutionäre oder positive Kraft, Rajas die schöpferische oder energetische und Tamas die auflösende oder zerstörende. Alle Abläufe, Erscheinungsformen und Erfahrungen in der Schöpfung sind Ausdruck des Zusammenspiels dieser drei Gunas oder Grundkräfte.

Als Beispiel für das Zusammenspiel der Gunas wollen wir das Phänomen der Entfaltung einer Knospe zur Blüte betrachten. Die evolutionäre Kraft, die der Knospe den Impuls gibt, zur Blüte zu werden, aus der Samen reifen, die wiederum viele Pflanzen hervorbringen, ist das Guna Sattva. Wenn aus einer Knospe eine Blüte wird, so verändert sie sich. Dieser Prozess der Veränderung benötigt Energie. Das Guna Rajas ist die Energie-Komponente, die alle Lebensprozesse in Gang hält und Neues erschafft. Beim Entstehen der Blüte wird aber die Knospe zerstört oder aufgelöst. Diese auflösende oder zerstörende Kraft ist das Guna Tamas. Alle drei Kräfte, die evolutionäre, die schöpferische und die zerstörende, sind notwendig, um das Wachstum einer Knospe zur Blüte hervorzubringen. Sie wirken immer gemeinsam.

Die Kräfte der drei Gunas arbeiten auch im Menschen und können mit Hilfe der Vedischen Astrologie individuell bestimmt werden. Es gibt Menschen, die sehr aktionsbereit und tatendurstig sind und immer bestrebt, Prozesse in Gang zu bringen und zu halten. Bei ihnen ist das Guna Rajas (energetische Kraft) dominant. Andere sind sehr den positiven und kreativen Seiten des Lebens zugewandt, sind eher optimistisch eingestellt und weichen Auseinandersetzungen oder Negativität gern aus. Bei ihnen ist das Guna Sattva (evolutionäre Kraft) dominant. Wiederum andere „packen den Stier gern bei den Hörnern" und gehen direkt auf Probleme zu, um sie aufzulösen, können aber auch zu Schwermut oder Pessimismus neigen. Bei ihnen ist das Guna Tamas (auflösende Kraft) dominant.

Das Wirken der Gunas sehen wir aber auch im sozialen Leben. In Zeiten von Krieg, Revolution oder gesellschaftlichem Chaos dominiert Tamas in der Gesellschaft. In Zeiten von wirtschaftlichem Aufschwung und Tatendrang (bis hin zu Aktionismus) dominiert Rajas. Zu Zeiten, in denen Frieden, Harmonie und Entfaltung unter den Menschen wachsen, dominiert Sattva in der Gesellschaft.

Parashara ordnet die drei Gunas sowohl den Sternzeichen (Raashis), als auch den „Planeten" (Grahas) zu. Das große Handbuch der Vedischen Astrologie zeigt Ihnen, was mit Hilfe der drei Gunas über eine Person auf der Basis des Geburtshoroskops gesagt werden kann. Dabei ist wichtig zu bemerken, dass Parashara die Zuordnung einer Person zu den drei Gunas nicht nur vom Geburtshoroskop abhängig macht, sondern auch von der Vererbung durch die Eltern und von der Qualität der Personen, mit denen sich jemand umgibt (Ehepartner, Freunde, Arbeitskollegen und so weiter). Dem Horoskop und den Personen der näheren Umgebung misst Parashara den größten Einfluss zu.

Seele, Ego, Geist und Körper

Die Religionen lehren, dass vor Gott alle Menschen gleich sind. Das bedeutet, dass es keine „wichtigen" und „weniger wichtigen" Seelen gibt und keine „besseren" oder „schlechteren". Alle Seelen sind gleich. Jede **Seele** ist Teil des unbegrenzten, reinen Bewusstseins, das unendliche Liebe, vollkommene Glückseligkeit und grenzenlose Energie ist. Da alle Seelen Teil dieses unbegrenzten Bewusstseins sind, existieren sie alle ewig. Durch ihren Wunsch, die Unbegrenztheit inmitten der Begrenzungen der Schöpfung zu erleben, weil nur aus dieser Perspektive heraus die ganze Herrlichkeit und gewaltige Glückseligkeit der Unbegrenztheit erfahren werden kann, begibt sich die Seele in den Kreislauf der Wiedergeburt. Solange sich die Seele nur in der Unendlichkeit befindet, ist die Unendlichkeit das Normale. Wenn es nur „heiß" gibt, weiß man nicht, was das bedeutet. Erst durch den Kontrast zu „kalt" bekommt es Kontur und Bedeutung. Erst aus dem Kontrast der Endlichkeit heraus kann die Dimension der Unendlichkeit in ihrer ganzen Größe erfahren werden. Für diese „Reise" benötigt die Seele den **Geist**, den **Körper** und das **Ego**, weil das die Instrumente sind, mit denen sie die Begrenzungen der materiellen Welt erfahren und handhaben kann, um dann schließlich aus dieser Perspektive heraus wieder die Unbegrenztheit zu erfahren.

Die Seele ist gleichzeitig individuell und unendlich. Durch die Unendlichkeit ist sie mit allem und allen eins. Die Seele ist totale Einheit und dennoch ein bisschen Individualität. In dem Moment, in dem sie in das relative Leben der Begrenzungen tritt, wird diese Individualität zum **Ego**. Das Ego ist fortan das Erfahrungszentrum, der Brennpunkt, in dem alle Erfahrungen zusammenkommen. Es definiert sich durch seine Abgegrenztheit von allem anderen. Ich bin ich, und zwar nur und ausschließlich **ich** und nicht du und nicht dieses und nicht jenes. Die Unendlichkeit ist verloren gegangen. Das Ego ist überschattet von allen möglichen Erfahrungen, die die Unendlichkeit überlagern.

Unser individueller **Geist**, mit dem das Ego tätig wird, ist sich ebenfalls der Verbindung mit der universellen Natur unserer Seele meistens nicht bewusst. Bei der Geburt gehen wir durch das Tor des Vergessens und leben fortan in dem Bewusstsein der Begrenzungen. Obwohl wir unser gegenwärtiges Leben so gewählt haben, dass wir das lernen können, was wir für unsere Entwicklung brauchen, hadern wir oft mit unserem Schicksal. Den Sinn und das Ziel unseres Lebens haben wir vergessen.

Was aber ist der eigentliche, tiefere Sinn unseres Lebens? Wie oben schon gesagt, wollen wir vollkommene Glückseligkeit und Unbegrenztheit inmitten der Begrenzungen der Welt erleben. Da sich die Individualität unserer Seele jedoch im Ego manifestiert hat, erstreben wir die Unbegrenztheit zunächst einmal durch die Erfüllung möglichst vieler Wünsche, an die sich das Ego bindet. Da unsere Seele andererseits immer Teil des Bereichs vollkommener Glückseligkeit und unendlicher Energie ist, brauchen wir uns eigentlich nur an diese Quelle unseres Lebens zu erinnern und uns ihrer permanenten Existenz und Verbindung bewusst zu werden, was zu mindest theoretisch jederzeit möglich ist. Dann erfahren wir automatisch Glück, Energie und Liebe. Wenn wir innerhalb der Begrenzungen des Lebens eins werden mit der Unbegrenztheit unserer Seele, uns also an unsere wahre, unvergängliche Natur erinnern, dann haben wir die Quelle aller Erfüllung erreicht.

Damit das möglich ist, muss sich das Ego bewusst werden, dass seine eigentliche Natur, die Seele, eins ist mit allem, was existiert: mit der gesamten Schöpfung und mit allen Seelen. Das Ego muss also in gewisser Weise seine Begrenztheit und Abgrenzung, durch die es sich eigentlich definiert, ablegen. Wenn wir das erreicht haben, erfahren wir den Zustand des vollständigen Erinnerns, der Erleuchtung genannt wird. Genau in diesem Moment erlebt das Ego den gewaltigen Unterschied zwischen Begrenztheit und Unbegrenztheit, was mit dem Erfahren des Lichts der Glückseligkeit verbunden* ist. Genau dieses Erlebnis ist der Grund, warum sich die Seele auf den Weg ins relative Leben begeben hat. So, wie es immer wieder schön ist, jemanden zu lieben, ist es immer wieder die gewaltigste Erfahrung aller Erfahrungen, wenn das begrenzte Ego sich in der Glückseligkeit der Unendlichkeit wieder auflöst, ohne dass die Individualität der Seele dabei verloren geht.

Seelen, die auf diesem Weg noch nicht weit fortgeschritten sind, werden oft „junge Seelen" genannt. Sie sind noch sehr stark dem Ego und seinen Bindungen und Begrenzungen verhaftet. Seelen, die weiter fortgeschritten sind, lösen sich von den Bindungen des Egos und werden als „alte Seelen" bezeichnet. Diese Begriffe sind aber relativ, denn alle Seelen existieren ewig und sind deshalb ihrer Natur nach zeitlos.

Für die Erfahrungen im relativen Leben benötigen wir unseren **Körper**. Es hängt entscheidend von der Qualität des Körpers und des Nervensystems ab, in welcher Weise wir die Erleuchtung erfahren**. Deshalb sollte der Körper so kultiviert, verfeinert und gepflegt werden, dass er diese Erfahrung von Unbe-

---

* Meditation, die uns durch Transzendieren die direkte Erfahrung reinen Bewusstseins vermittelt, ist ein schneller, effektiver und erfüllender Weg zur Erleuchtung. Eine umfassende vergleichende Studie über Meditationstechniken aus dem Jahr 1996 von der Stiftung Warentest, Berlin, ist zu dem Ergebnis gekommen, dass die Transzendentale Meditation nach Maharishi Mahesh Yogi (TM) die am besten wissenschaftlich verifizierte und am systematischsten gelehrte Meditations-Technik ist. www.meditation.de, e-mail: transzendentale-meditation@wolfsburg.de

** Ayurveda ist ein hervorragendes, präventives System zur Erhaltung der Gesundheit und des Gleichgewichts. Es unterstützt den Körper, im Einklang mit seinem Grundtypus und den Jahreszeiten zu leben. Ayurveda wurde von Maharishi Mahesh Yogi seit 1980 als Maharishi-Ayurveda im Westen verbreitet. Andere folgten diesem Trend.

grenztheit, unendlicher Liebe und Glückseligkeit trotz seiner Begrenzungen möglichst rein reflektieren kann. Je kultivierter und verfeinerter das Nervensystem ist, desto unschuldiger und ungetrübter kann es diese Erfahrung reflektieren. Ein trüber Teich kann auch das klarste Sonnenlicht nur matt reflektieren. Aber ein kristallklarer See reflektiert die Sonnenstahlen vollkommen unverfälscht in ihrer ganzen Reinheit und Kraft. Dass unser Körper und Nervensystem in der Lage sind, absolute Glückseligkeit und Unbegrenztheit zu reflektieren, ist ein großes Wunder der Schöpfung Gottes. Der Mensch ist das Ebenbild Gottes, ein Abbild Seiner Struktur: Unbegrenzte Glückseligkeit (Seele), individuelles kreatives Bewusstsein (Geist) und materielle Schöpfung (Körper).

Erleuchtung bedeutet ein Leben in innerem Frieden mit innerer Fülle, begleitet von Erfolg und Glück. Auf dem Weg dorthin unterstützt uns die Vedische Astrologie, indem sie uns Orientierung gibt. Sie erklärt uns, wo wir gegenwärtig stehen, wie wir dort hingekommen sind, was auf uns zukommt und wie wir unsere kleinen Ziele oder das große Ziel am besten verwirklichen können.

Schicksal und Vedische Astrologie

Hierzu sagt Maharshi Parashara in Kapitel 2 seines Werkes *Hora Shastra* einen sehr aufschlussreichen Satz: „Gott verkörpert sich in den Grahas („Planeten"), um den Lebewesen die Resultate ihres **Karmas** (Handlungen) zu geben." Das bedeutet, dass die „Planeten" die Überbringer unseres selbstgeschaffenen Schicksals sind und dass das Wirken der „Planeten" nach göttlichen Prinzipien geschieht. **Karma** bedeutet **Handlung**. Durch **jede Handlung** erzeugen wir eine **Wirkung. Diese Wirkung kommt früher oder später zu uns zurück.** Das nennen wir **Schicksal**. Wie wir säen, so ernten wir. Wie wir in den Wald hineinrufen, so schallt es zurück. Die Physik sagt dazu: Aktion gleich Reaktion.

Jeder Mensch erhält genau das Horoskop, das er sich durch vergangene Handlungen selbst geschaffen hat und das sein Schicksal beschreibt, welches ihm in diesem Leben hilft, bestimmte Erfahrungen zu machen, die ihn in seiner Entwicklung weiterbringen und die er machen möchte. In dem Sinne gibt es keine „guten" oder „schlechten" Horoskope. Jedes Horoskop ist genau richtig, um die bestmögliche, selbstgewählte Entwicklung dieses individuellen Lebens zu beschreiben und voranzubringen.

Die Frage ist nur, ob wir unser Leben und unser Schicksal wirklich verstehen und in unsere Hand nehmen wollen. **Maharshi Parashara** hat uns ein System von 25 Horoskopen übermittelt, welches das individuelle Leben eines Menschen detailliert beschreiben kann. **Es besteht aus dem Geburts-, 9 Zusatz- und 15 Unterteilungs-Horoskopen.** Er sagt: „**Ich habe Dir** (seinem Schüler Maitreya) **diese Lehre der Vedischen Astrologie dargelegt, so wie sie vom** *Schöpfer* **dem Heiligen Narada erklärt wurde, der sie an Shaunaka und andere Heilige weitergab, von denen ich sie erhalten habe."** **Damit erklärt Parashara die Vedische Astrologie als göttliche Offenbarung und nicht als empirische Wissenschaft.**

Mit diesem perfekten mathematischen System ist es möglich, den ganz individuellen

Lebensweg eines jeden Menschen anhand seiner Geburtsdaten zu berechnen und aufzuzeigen. Das Horoskop eines Menschen ist wie eine Blaupause seines Schicksals, die ihm hilft, sein Leben zu verstehen und eventuelle Hindernisse für den Fortschritt aus dem Weg zu räumen oder sie zu umgehen.

Ein Vedisches Horoskop ist die vereinfachte Darstellung der Einflüsse aus der Vergangenheit, die gleichzeitig die Möglichkeiten für die Zukunft beinhalten. Die 9 „Planeten" in den 25 Horoskopen beschreiben, mit welchen Wirkungen aus der Vergangenheit wir in diesem Leben konfrontiert werden und welche Möglichkeiten sie für unsere Entwicklung bergen. Der präzise Zeitschlüssel der Vedischen Astrologie zeigt zusätzlich, in welcher zeitlichen Abfolge diese Wirkungen zu uns zurückkehren und welche Möglichkeiten und Chancen sie zu welcher Zeit beinhalten. Daraus ergeben sich die verschiedenen Phasen unseres Lebens mit ihren spezifischen Zeitqualitäten.

Freier Wille und Schicksal

Wenn die Grahas („Planeten") die Überbringer unseres Schicksals sind und wir in einem begrenzten Bewusstsein leben, kann leicht der Eindruck entstehen, dass unser Schicksal etwas ist, was uns von außen auferlegt wurde. Das ist jedoch nicht der Fall. Grundsätzlich haben wir einen freien Willen. Das bedeutet, dass wir immer selbst entscheiden, bewusst oder unbewusst, was wir tun oder lassen. Erst der Gebrauch des freien Willens hat zu den Einflüssen geführt, die wir unser Schicksal nennen.

Manche unserer Handlungen oder Unterlassungen können so langfristige Konsequenzen haben, dass wir auf dem Weg vergessen, dass wir unsere Lebensumstände selbst geschaffen haben. Dies trifft besonders dann zu, wenn wir die Konsequenzen nicht innerhalb eines Lebens spüren. Oder wir sind uns nicht bewusst, dass bestimmte Unterlassungen oder Handlungen in der Zukunft weitreichende Konsequenzen haben, die später als Hindernisse auf unserem Weg auftauchen und oft nur mit beträchtlichem Aufwand wieder aufgelöst werden können.

Freier Wille bedeutet, dass wir für all unsere Entscheidungen und Handlungen verantwortlich sind. Durch unser Tun erzeugen wir Wirkungen, die zu uns zurückkommen wie Klangwellen, die wir aussenden und die zu uns zurückkehren, sobald sie von einer Begrenzung reflektiert werden. Die Einflüsse unserer Handlungen aus der Vergangenheit nennen wir Schicksal. Schicksal ist also die Konsequenz des freien Willens und steht nicht im Widerspruch zu ihm. Jeden Tag können wir kraft unseres freien Willens unser Schicksal mit unseren Handlungen verändern und neu gestalten.

Schicksal ist das Ergebnis unserer Handlungsfreiheit und nicht ihre Einschränkung oder ein Gegensatz zu ihr. Freier Wille und Schicksal sind zwei Seiten der selben Münze. In diesem Sinne müssen wir das Vedische Horoskop verstehen. Es zeigt uns unser Schicksal in diesem Leben und wie wir uns für die Zukunft ein neues Schicksal schaffen können. Es zeigt unsere Möglichkeiten, Talente und Lernaufgaben auf sowie die Gefahren und Chancen, die damit verbunden sind. Das Verstehen eines Vedischen Horoskops beleuchtet unseren Lebensweg, sodass wir Gefahren rechtzeitig ausweichen oder sie besser handhaben und Chancen optimal nutzen können. Dabei können wir uns so viel Zeit nehmen, wie es uns gefällt. Gott wird uns nicht drängen und immer bei uns sein, denn für Ihn gibt es nur die Ewigkeit, und die kennt keine Ungeduld und keine Beschränkungen. Drängen können wir uns nur selbst, sofern wir das wollen.

Das Konzept der Zeit

Zwischen unseren Handlungen und dem Eintreffen ihrer Wirkungen vergeht unserer Erfahrung nach Zeit. Was ist Zeit? Gibt es immer Zeit oder gibt es sie nur unter bestimmten Voraussetzungen? Um diese Frage zu beantworten, greifen wir zurück auf die Beschreibung des unbegrenzten, reinen Bewusstseins.

Unbegrenztes, reines Bewusstsein nimmt nur sich selber wahr. Dieser Prozess der Selbst-Wahrnehmung geschieht aufgrund der Wachheit des reinen Bewusstseins. Das bedeutet, dass ein Wahrnehmender entsteht, der Prozess der Wahrnehmung und das Wahrgenommene. Es entsteht eine Art Dualität – Subjekt, Objekt und ein unendlich kleiner „Abstand" als Verbindung zwischen beiden, der den Wahrnehmungs-„Prozess" ausmacht. Dieser „Abstand" und „Prozess" innerhalb des reinen Bewusstseins beinhaltet die Idee der Zeit. Daraus entsteht der Fluss der Zeit, sobald sich die Vielfalt der Schöpfung zu entwickeln beginnt.

Zeit können wir nur im Vergleich erfahren – dadurch, dass Dualität entsteht, dass sich etwas verändert oder bewegt. Menschen, die zum Beispiel verschüttet waren und in völliger Dunkelheit überlebt haben, verlieren während dieser Stunden das Zeitgefühl, weil nichts mehr geschieht und sie sich in permanenter Dunkelheit befinden.

Das Erleben von Zeit ist immer an das Durchleben von Veränderungen geknüpft, die es nur im Bereich der materiellen Schöpfung gibt. Zeit erklärt sich durch die kosmischen Bewegungsabläufe. Die Drehung der Erde um ihre eigene Achse gibt uns die Erfahrung von Tag und Nacht. Jeden Morgen zeigt uns die aufgehende Sonne, dass ein neuer Tag beginnt. Dadurch entsteht für uns ein „Gestern", „Heute" und „Morgen". Der Umlauf der Erde um die Sonne lässt uns den gesamten Jahreszyklus mit seinen vier Jahreszeiten durchleben. Die Zeit existiert für uns in Begriffen wie Vergangenheit, Gegenwart und Zukunft.

Dieses alles lernt unser Ego mit dem Geist und dem Körper. Sie sind die Instrumente, mit denen wir den Fluss der Zeit erfahren. Zeit besteht nur für unser individuelles, begrenztes Bewusstsein (Geist) und für unseren Körper. Auf der stillen, unbegrenzten Ebene des reinen Bewusstseins, wo unsere Seele zu Hause ist, gibt es keine Veränderung und deshalb auch kein Erfahren der Zeit, sondern nur unbegrenzte Wachheit, Glückseligkeit und Unendlichkeit oder Ewigkeit.

Zeitzyklen und Vorhersagen

Solange es die Schöpfung gibt, fließt die Zeit in einem unendlichen Kontinuum. Wie können wir dieses endlose Fließen messen? Auch hier helfen uns die kosmischen Bewegungsabläufe. Eine Umdrehung der Erde um ihre Achse ist ein Tag. Ein Umlauf des Mondes um die Erde entspricht in etwa einem Monat. Ein Umlauf der Erde um die Sonne beschreibt ein Jahr. Es sind also natürliche, genau definierte, wiederkehrende Zyklen, mit denen wir das unendliche Kontinuum der Zeit messen oder zumindest einteilen können. Diesen wiederkehrenden Zyklen geben wir Namen – Tage, Monate, Jahre und so weiter, die wir wiederum zählen, um eine Zeitberechnung aufzustellen. Nur mit diesen sich wiederholenden Zeitzyklen können wir die Unendlichkeit der Zeit messen.

Wenn wir das Leben genau betrachten, erkennen wir, dass nicht nur die Zeitabläufe zyklisch sind, sondern dass das gesamte Leben nur aus Zyklen besteht, wie zum Beispiel Same – Pflanze – Same, Wachen – Schlafen – Wachen, Geburt – Tod – Geburt, die Verdauung, das Atmen, wirtschaftlicher Aufschwung und Abschwung, Kulturen, die aufblühen und niedergehen, und so weiter. Aufgrund dieser zyklischen Natur des Lebens sind zuverlässige Vorhersagen möglich.

Wenn wir beispielsweise in Europa im Juni vorhersagen, dass es im kommenden Dezember kälter sein wird als im Juni, so wird das jeder glauben und nicht als eine Vorhersage einschätzen, sondern als eine Selbstverständlichkeit. Diese Aussage haben wir nämlich auf der Basis der Erfahrung bekannter Zeitzyklen des Jahres gemacht. Die Vedische Astrologie umfasst das vollständige Wissen über die grundlegenden Zeitzyklen des Lebens. Auf der Basis dieser verschiedenen Zeitzyklen berechnet und beschreibt sie die Entfaltung aller Aspekte des Lebens. Sie kann die gegenwärtige Zeitqualität eines Lebens erfassen und die zukünftige vorhersagen. Jeder kann dieses Wissen erlernen und nutzen, sodass Vorhersagen über das Leben genauso selbstverständlich sein können wie über den Wandel der Jahreszeiten.

Aufgrund der Kugelform der Erde und ihrer Drehbewegung nehmen wir das Universum als kreisförmig wahr. Von der Erde aus sehen wir, wie die Sonne innerhalb eines Jahres durch den Tierkreis wandert. Diesen Kreis der 12 Raashis (Tierkreiszeichen oder Bilder des Fixsternhimmels) bezeichnet Maharshi Parashara als **Kaalapurusha**, was übersetzt die „personifizierte Zeit des reinen Bewusstseins" bedeutet oder sichtbare kosmische „Manifestation der Zeit". Der Kaalapurusha (Tierkreis), durch den sich die Grahas („Planeten") bewegen, wird in einem Horoskop vereinfacht abgebildet. Das Horoskop mit all seinen Zeitzyklen ist die Basis für die Berechnungen, Analysen und Vorhersagen der Vedischen Astrologie.

Der praktische Wert der Vedischen Astrologie

Von unserem freien Willen haben wir bereits gesprochen und davon, dass die Grahas („Planeten") uns die Wirkungen unseres Karmas (Handlungen) als Schicksal zurückgeben. Die Vedische Astrologie ist in der Lage, die Zyklen unseres Schicksals mit einem genauen Zeitschlüssel zu berechnen und zu beschreiben. Auf dieser Basis kann sie vorhersagen, wann welche Zeitperioden mit welcher Zeitqualität in unserem Leben ablaufen – erfolgreiche oder schwierige, glückliche oder leidvolle. Sie kann uns unsere Persönlichkeitsstruktur sowie die Schwerpunkte unseres Lebens erklären und unsere Beziehungen zu anderen Menschen verständlich machen. Sie kann uns auf Gefahren aufmerksam machen und uns helfen, diese zu umgehen, aufzulösen oder zu handhaben.

Die Vedische Astrologie zeigt uns unsere Möglichkeiten und Grenzen. Sie hilft uns, bewusster zu leben und zu erkennen, dass alles seine Zeit und seinen Platz hat. Sie öffnet unseren Blick für das Gesamtbild unseres Lebens, sodass wir die richtigen Entscheidungen zum richtigen Zeitpunkt treffen können. Das erweitert die Grenzen unseres Bewusstseins und gibt uns Frieden, Orientierung und Zuversicht. Das Sanskrit-Wort **Jyoti** bedeutet **Licht**. Jyotish ist die Wissenschaft und Technologie, die uns hilft, unser Leben in mehr Freiheit, Glück, Erfolg und Wunscherfüllung zu genießen.

Als Wissenschaft ist Jyotish ein mathematisch-logisches System zum besseren Verständnis unseres Lebens. Als Technologie erweitert Jyotish unser Bewusstsein. Da diese Wissenschaft eine vereinfachte Darstellung der Funktionsweise der Naturgesetze ist, kommt jeder, der sich mit ihr auseinandersetzt, mehr in Einklang mit dieser unendlichen Kraft der Natur. Das hat einen bewusstseins-erweiternden Effekt. Personen, die regelmäßig ein klares Jyotish-System anwenden, machen die Erfahrung, innerlich weiter und heller zu werden. Dieser Effekt ist der Technologie-Aspekt von Jyotish.

Die Vedische Astrologie benutzt ein präzises mathematisches System und eine eigene Terminologie, so wie jede Wissenschaft ihre eigene Sprache hat. Die drei grundlegenden Komponenten der Vedischen Astrologie sind die 9 Grahas („Planeten"), 27 Nakshatras (Mondhäuser) und 12 Raashis (Tierkreiszeichen des Fixsternhimmels). Damit begegnen wir wieder der kosmischen Dreierstruktur in der Vedischen Astrologie, wie sie aus der Dreiheit des reinen Bewusstseins hervorgegangen ist. Diese kosmische Struktur ist ein Spiegelbild des Individuums und umgekehrt. **Das Individuum ist kosmisch. Wie der Makrokosmos, so der Mikrokosmos.** Denn, wie wir am Anfang dieses Kapitels aufgezeigt haben, alles ist aus der Einheit entstanden. Deshalb bleibt die Vielfalt ihrer Natur nach immer ganzheitlich. **Alles ist miteinander in Einheit verbunden.**

DIE DREI GRUNDKOMPONENTEN DER VEDISCHEN ASTROLOGIE
– Grahas, Nakshatras und Raashis –

Das System der ursprünglichen Vedischen Astrologie umfasst drei Grundkomponenten, aus denen sich alle übrigen ableiten. Diese drei Grundkomponenten sind die **9 Grahas** („Planeten"), **27 Nakshatras** (Mondkonstellationen oder Mondhäuser) und **12 Raashis** (12 Sternzeichen des Tierkreises). Die Struktur dieser drei Grundkomponenten ist aus der Dreierstruktur des reinen Bewusstsein hervorgegangen: Aus dem Dreiheitsaspekt des reinen Bewusstseins entsteht die Vielfalt der Schöpfung, indem sich die Dreiheit in immer größere Vielheit teilt. Die 9 Grahas („Planeten"), 27 Nakshatras (Mondkonstellationen) und 12 Raashis (Sternzeichen) reflektieren diese Vervielfältigung der Dreiheit:

    9 (Grahas)   = 3 x 3
   27 (Nakshatras) = 9 x 3
   12 (Raashis)   = 4 x 3.

„Graha", „Nakshatra" und „Raashi" sind die Terminologie der Vedischen Astrologie. Wir werden diese Sanskrit-Begriffe beibehalten, weil sie von ihrer Bedeutung her treffender sind als die geläufigen Begriffe aus der westlichen Astrologie.

Die 9 Grahas („Planeten")

Die 9 Grahas („Planeten") setzen sich astronomisch gesehen zusammen aus
1. der Sonne, die aus eigener Kraft scheint,
2. dem Mond, der kein eigenes Licht hat, aber durch seine relativ nahe Umlaufbahn um die Erde das meiste Sonnenlicht reflektiert,
3. den fünf sichtbaren astronomischen Planeten, die wie die Erde um unsere Sonne kreisen und das Licht der Sonne von der Erde aus gesehen unterschiedlich stark reflektieren, und
4. den beiden Mondknoten, die wir etwas später in diesem Kapitel astronomisch genauer erklären werden.

Die fünf Planeten sehen wir als verschieden große Lichtpunkte in der Nähe der Sonnenbahn am Himmel wandern. Im Gegensatz zu anderen Sternen, die funkeln, strahlen die Planeten und der Mond ein ruhiges Licht aus, weil der Mond und die Planeten das Licht unserer Sonne reflektieren. Die Sterne dagegen sind weit entfernte selbst-strahlende Sonnen oder Ansammlungen von Sonnen.

Der Sanskrit-Begriff „Graha" bedeutet „ergreifen", „in Besitz nehmen", „sich einer Sache bemächtigen". In diesem Begriff wird deutlich, in welcher Weise Maharshi Parashara die Grahas („Planeten") versteht und verwendet: Sie „ergreifen" unser Leben oder „bemächtigen sich seiner", indem sie uns unser selbst-erschaffenes Schicksal durch ihre Einflüsse übermitteln. „Graha" ist ein Oberbegriff, der Sonne, Mond, astronomische Planeten und die beiden Mondknoten bedeutungsmäßig zusammenfasst. Der Begriff „Graha" macht deutlich, dass die Grahas („Planeten") gestalterische Kraft besitzen. Aus ihnen leitet sich die Beschreibung unserer Persönlichkeit, unsere Beziehung zu anderen Menschen, unser Potenzial in den verschiedenen Lebensbereichen und die Entfaltung unseres Lebensweges ab. Die Gesamtheit dieser Aspekte ist unser Schicksal. Dieses Schicksal haben wir uns in der Vergangenheit geschaffen und können es jetzt mit unserem freien Willen verändern und neu gestalten.

Die wörtliche Übersetzung der Begriffe „Nakshatra" und „Raashi" ist nicht in gleicher Weise herausragend, wie wir später sehen werden.

Damit wird die Sonderstellung der Grahas („Planeten") deutlich. In der Vedischen Astrologie geht es im Wesentlichen um die Grahas: in welchen Nakshatas (Mondkonstellationen) sie stehen, in welchen Raashis (Sternzeichen) und Bhavas („Häuser", die bestimmten Lebensbereichen zugeordnet sind), wie stark sie sind, welches ihre besonderen Qualitäten und Zustände sind und so weiter. Fast alle Interpretationen entwickeln sich aus der Analyse der Grahas (Planeten). Es ist interessant, dass Parashara in seinem Hora Shastra zunächst die Grahas mit ihren Eigenschaften und Zuordnungen behandelt und erst danach auf die Nakshatras und Raashis zu sprechen kommt.

Die Anzahl der Grahas („Planeten")

In der traditionellen Vedischen Astrologie werden 9 Grahas („Planeten") verwendet: Sonne, Mond, die fünf sichtbaren astronomischen Planeten Merkur, Venus, Mars, Jupiter und Saturn sowie der aufsteigende und der absteigende Mondknoten, die Rahu und Ketu genannt werden. Ihre Sanskrit-Namen sind in der folgenden Liste aufgeführt.

Sonne	**Surya, Ravi (Südindien)**
Mond	**Chandra**
Mars	**Mangala, Kuja (Südindien)**
Merkur	**Budha**
Jupiter	**Guru, Brihaspati (Südindien)**
Venus	**Shukra**
Saturn	**Shani**
Drachenkopf	**Rahu (aufsteigender Mondknoten)**
Drachenschwanz	**Ketu (absteigender Mondknoten)**

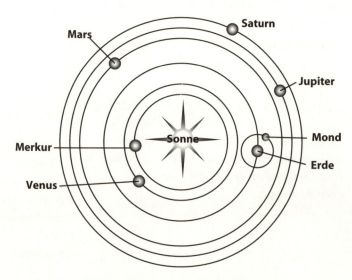

Graphik 1: Heliozentrisches Sonnensystem

Astronomisch gesehen befinden wir uns in einem heliozentrischen System (siehe Grafik 1). Die Sonne ist das Zentrum, um das sich die Planeten einschließlich der Erde auf elliptischen Bahnen bewegen. Um die Erde wiederum bewegt sich der Mond. Der optische Eindruck ist aber von der Erde aus gesehen so, als würden sich alle Himmelskörper einschließlich der Sonne um uns drehen (siehe Grafik 2). Diese Sichtweise wird in der Astrologie verwendet, weil sie die kosmischen Einflüsse auf das Leben hier auf der Erde analysiert.

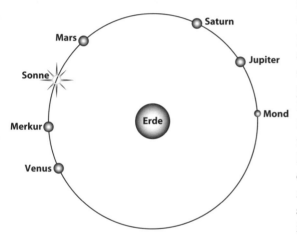

Grafik 2:
Geozentrische Sicht des Sonnensystems

Die Mondknoten

Die Mondknoten Rahu und Ketu sind die Schnittpunkte der Mondbahn mit der Ebene der Sonnenbahn, wie sie sich aus der Perspektive von der Erde aus gesehen ergeben (siehe Grafik 3). Die Sonnen- und die Mondbahn sind nicht deckungsgleich, sondern stehen in einem Winkel von gut 5° zueinander. Dadurch entstehen zwei gegenüberliegende Schnittpunkte.

Durch die Bewegung auf seiner Bahn kreuzt der Mond die Ebene der Sonnenbahn zweimal: einmal, indem er seinen Weg „über" der Sonnenbahn fortsetzt, das heißt, in den nördlichen Teil der Hemisphäre tritt – dieser Schnittpunkt heißt „Rahu" – und einmal, indem er seinen Weg „unter" der Sonnenbahn fortsetzt, das heißt, in den südlichen Teil der Hemisphäre tritt – dieser Schnittpunkt heißt „Ketu". Deshalb sprechen wir vom aufsteigenden (Rahu) und absteigenden (Ketu) Mondknoten. Diese werden auch Drachenkopf und Drachenschwanz genannt, was zum einen deutlich macht, dass Rahu und Ketu eng miteinander verbunden sind, zum anderen aber auch ein Hinweis auf ihre Interpretation ist, über die wir später sprechen werden. Rahu und Ketu sind also keine astronomischen Himmelskörper und haben deshalb eine Sonderrolle unter den Grahas. Sie sind den sichtbaren Grahas nicht ganz gleichwertig, aber dennoch sehr bedeutsam.

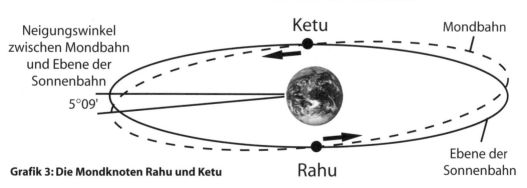

Neigungswinkel zwischen Mondbahn und Ebene der Sonnenbahn

5°09'

Ketu

Mondbahn

Rahu

Ebene der Sonnenbahn

Grafik 3: Die Mondknoten Rahu und Ketu

Die 7 sichtbaren Grahas („Planeten")

Wenn wir nur die sichtbaren Grahas („Planeten") betrachten, gibt es lediglich sieben, nämlich Sonne, Mond und fünf sichtbare astronomische Planeten. Diese Zahl entspricht den sieben Tönen der Tonleiter oder den Farben im Regenbogen (Violett, Indigo, Blau, Grün, Gelb, Orange, Rot). Ähnlich wie bei den Tönen oder Farben sind mit der Anzahl Sieben alle Grundprinzipien des Lebens erfasst, sodass keine Notwendigkeit für die Verwendung der „unsichtbaren" astronomischen Planeten besteht (Uranus, Neptun und Pluto). Dies wird noch deutlicher werden, wenn wir über die Interpretationen der Grahas („Planeten") sprechen. Alle astronomischen Planeten, die über die sichtbaren fünf hinausgehen, können nur die Wiederholung eines bereits bestehenden Prinzips auf einer „höheren Oktave" sein. In sofern ficht auch die Entdeckung dieser unsichtbaren Planeten das System der Vedischen Astrologie nicht an.

Darüber hinaus gibt es bei der Stärkeberechnung der Grahas („Planeten") in der Vedischen Astrologie die Kategorie der „natürlichen Stärke", die sich aus der Lichtstärke jedes Grahas ableitet. Entsprechend erhält in dieser Stärke-Kategorie die Sonne die höchste Punktzahl (60 Einheiten) und der Saturn die geringste (1/7 von 60 = 8,57 Einheiten). Den astronomischen Planeten, die kein Licht haben (Uranus, Neptun, Pluto), wird deshalb auch kein bedeutsamer Einfluss zugemessen.

Die Bewegung der Grahas („Planeten")

Das Besondere an den Grahas („Planeten") im Vergleich zu den Nakshatras (Mondkonstellationen oder Mondhäuser) und Raashis (Sternzeichen) ist, dass sie sich von der Erde aus gesehen vor dem Hintergrund der Nakshatras und Raashis bewegen, so als ob sie diese durchwanderten. Deshalb werden die Positionen der Grahas immer in ihrem Bezug zu den Nakshatras und Raashis angegeben und interpretiert. Die Kreise der Nakshatras und Raashis (Fixsternhimmel) bewegen sich nicht relativ zueinander, sondern sind fest miteinander verankert (siehe Grafik 4).

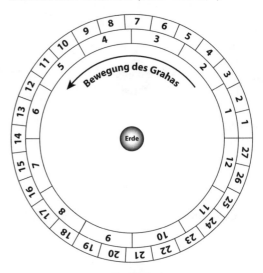

Grafik 4:
Der Kreis der Nakshatras und der Raashis

In der Regel folgt die Bewegung der Grahas der numerischen Reihenfolge der Nakshatras und Raashis. Die fünf Planeten können aber auch zeitweise **rückläufig** erscheinen. In einem solchen Fall besteht von der Erde aus gesehen der Anschein, als bewegten sie sich entgegen der numerischen Reihenfolge der Nakshatras und Raashis. Dieses Phänomen

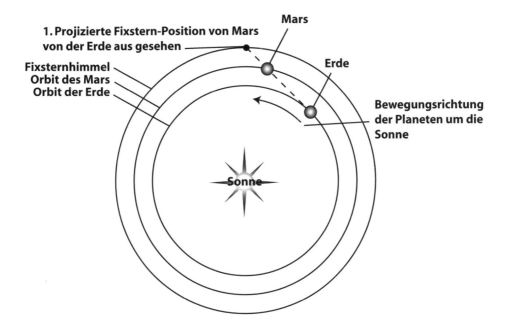

Bild-A: früherer Zeitpunkt

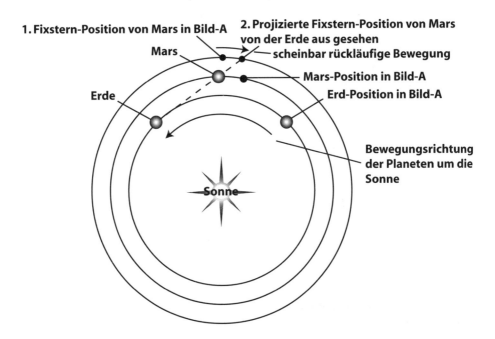

Bild-B: späterer Zeitpunkt

Grafik 5: Phänomen der Rückläufigkeit für Mars

entsteht zum einen durch die unterschiedlichen Geschwindigkeiten der Planeten, zum zweiten durch ihre Entfernung zur Sonne und zum dritten dadurch, dass sich die Erde ebenfalls als Planet um die Sonne bewegt. Grafik 5 zeigt das Phänomen der Rückläufigkeit für den Planeten Mars.

Obwohl sich Erde und Mars von ihren Positionen in Bild A zu ihren Positionen in Bild B beide voran bewegt haben, erscheint es von der Erde aus gesehen so, als ob sich Mars vor dem Hintergrund des Fixsternhimmels von Bild A zu Bild B zurückbewegt hätte.

Das Phänomen der Rückläufigkeit können wir hier auf der Erde beobachten, wenn wir auf der Autobahn ein Fahrzeug überholen. Bewegen wir uns mit der gleichen Geschwindigkeit neben einem anderen Fahrzeug, so scheint es, dass die Landschaft rechts an uns beiden in gleicher Weise vorbeigleitet. Sobald wir das Fahrzeug aber überholen, sieht es so aus, als gleite es vor dem Hintergrund der Landschaft zurück und müsste die verlorene Strecke wieder aufholen.

Rückläufigkeit trägt zur Stärke (Shadbala, Sechsfältige Stärke nach Parashara) der Planeten bei. Sie wird im Horoskop und bei der Angabe der Planeten-Position mit **R** markiert.

Im Gegensatz zu den sichtbaren Grahas ist die natürliche Bewegung von Rahu (aufsteigender Mondknoten) und Ketu (absteigender Mondknoten) rückläufig. Sie entsteht dadurch, dass sich die Mondbahn in ihrer Position zur Ebene der Sonnenbahn langsam verändert. Dadurch bewegen sich die Schnittpunkte Rahu und Ketu in etwa 18 Jahren rückläufig einmal durch alle Raashis (Sternzeichen) und Nakshatras (Mondkonstellationen) hindurch. Bei Rahu und Ketu hat die Rückläufigkeit keine Auswirkung auf ihre Stärke.

Merkur und Venus halten sich immer in der Nähe der Sonnenposition auf, weil ihre Bahnen näher an der Sonne sind als die der Erde. Von der Erde aus gesehen kann sich Merkur etwa bis zu 28° von der Sonne entfernen und Venus etwa bis zu 47°. Daraus ergibt sich für Merkur, dass er im gleichen Raashi (Sternzeichen) wie die Sonne stehen kann oder in einem der benachbarten. Die Position von Venus kann bis zu zwei Raashis von der Sonne entfernt liegen.

Die Sonne benötigt bekanntlich ein Jahr, um alle Raashis (Sternzeichen) zu durchwandern. Ihr Lauf durch ein Raashi von 30° entspricht in etwa der Zeit eines Monats. Der Mond benötigt etwa 27,5 Tage für einen Umlauf. Seine Tagesbewegung entspricht in etwa der Größe eines Nakshatras von 13° 20' (deshalb: Mondkonstellation oder Mondhaus). Mars, Jupiter und Saturn haben ihre eigenen Umlaufgeschwindigkeiten. Mars benötigt etwa 21 Monate, Jupiter etwa 12 Jahre und Saturn etwa 29 Jahre, um durch alle Raashis und Nakshatras zu wandern.

Die 27 Nakshatras (Mondkonstellationen)

Der Begriff „Nakshatra" bedeutet Stern oder Sternbild. Ein anderer gebräuchlicher Begriff für Nakshatra ist „Tara", der ebenfalls Stern oder Fixstern bedeutet. Aus diesen Begriffen wird deutlich, dass hier die praktisch unveränderlichen Fixsterne gemeint sind, die wir in der Nacht am Himmel beobachten können und aus denen sich die Sternbilder oder Konstellationen zusammensetzen. Diese Konstellationen bestehen aus weit entfernten Sonnen, Nebeln oder Galaxien, die wir normalerweise als Sterne oder Fixsterne (= unbewegliche Sterne) bezeichnen. Viele Nakshatras bestehen nur aus einem Stern, andere aus zweien, wieder andere aus kleinen Gruppen oder einer Anhäufung sehr kleiner Sterne. Die Nakshatras sind Himmelsregionen entlang der Bahn, welche die Sonne von der Erde aus gesehen beschreibt. Diese Sonnenbahn heißt Ekliptik. Jedes Nakshatra ist ein Teilabschnitt der Ekliptik mit einer Ausdehnung von 13° 20'. Die Fixsterne der Nakshatras liegen in der Regel auf der Ekliptik oder in einer bestimmten Bandbreite südlich und nördlich von ihr. 27 (Nakshatras) x 13° 20' (Ausdehnung eines Nakshatras) ergibt 360° (siehe Grafik 6).

Der Kreis der 27 Nakshatras (Mondkonstellationen) beginnt mit dem Nakshatra Ashvini bei 0° Widder (Mesha) genau wie der Kreis der Raashis (Sternbilder). Die Grad-Position jedes Nakshatras auf der Ekliptik ist dadurch genau festgelegt. Jedes Nakshatra wird noch in vier gleiche Teile untergliedert, die Paada genannt werden und eine Ausdehnung von je 3° 20' haben (siehe Grafik 7, nächste Seite).

27 Nakshatras

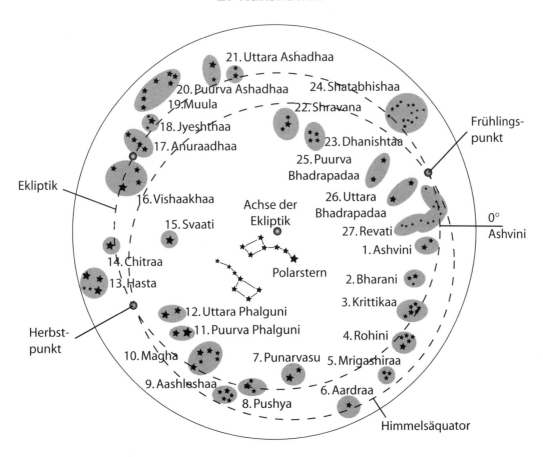

Grafik 6: Fixsterne, die die 27 Nakshatras am Himmel bilden

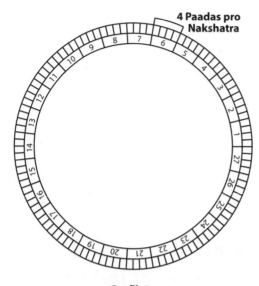

Grafik 7:
27 Nakshatras (als Zahlen) und ihre 4 Paadas

den Plejaden, die eine Gruppe sehr kleiner Sterne im Bereich des Sternbildes Taurus bilden und nicht zu den 12 astronomischen Sternbildern des Tierkreises gehören (siehe Tabelle A, Seite 31).

Die Nakshatras (Mondkonstellationen) werden bereits in den ältesten vedischen Texten erwähnt, die vor Tausenden von Jahren niedergeschrieben und vorher seit undenklichen Zeiten mündlich überliefert wurden. Von ihnen werden bestimmte Wirkungen abgeleitet, d. h., sie geben den Energien und Eigenschaften der Grahas (Planeten) bestimmte Richtungen. Auch wenn die Stellung des Mondes in den Nakshatras besondere Bedeutung hat, dürfen die Positionen der anderen Grahas in den Nakshatras nicht vernachlässigt werden.

Die Tabelle A auf Seite 31 zeigt, welche Fixsterne am Himmel zu welchen Nakshatras gehören. Dabei verwenden wir die bei uns gebräuchlichen astronomischen Namen. Etliche dieser Fixsterne sind gleichzeitig Teil der 12 bekannten Sternbilder von Widder (Mesha) bis Fische (Miena) (siehe auch Grafik 8 auf Seite 32).

Wenn wir zum Beispiel das Nakshatra 7 (Punarvasu) anschauen, so sehen wir in der mittleren Spalte der Liste (Fixsterne), dass Punarvasu von den beiden Sternen Pollux und Castor gebildet wird. Die rechte Spalte der Liste (Sternbild) gibt Auskunft, zu welchem Sternbild oder welcher Konstellation diese beiden Sterne gehören. In diesem Fall sehen wir, dass die beiden Sterne, die das Nakshatra Punarvasu bilden, gleichzeitig zum Sternbild Zwillinge gehören. Genauer gesagt, sind es die beiden Hauptsterne dieses Sternbildes. Wenn wir dagegen das Nakshatra 3 (Krittikaa) betrachten, so wird es von dem Fixstern Alcyone plus 5 kleinen Fixsternen gebildet. Diese gehören alle zu

Die 12 Raashis (Sternzeichen)

Der Begriff „Raashi" bedeutet „Menge", „Anzahl" oder „Gruppe", wobei hier eher eine mathematische Bedeutung gemeint ist, also eine bestimmte Anzahl von Graden, nämlich 30° pro Zeichen. Diese Segmente von 30° entsprechen in etwa den Positionen der gleichnamigen Sternbilder. Die Sternbilder überlappen sich zum Teil, sodass Ausläufer eines Sternbildes in die Region eines anderen Sternbildes hineinreichen (siehe Grafik 8, Seite 32). Wenn wir beispielsweise die Sternbilder Steinbock (Makara) Nr. 10 und Wassermann (Kumbha) Nr. 11 betrachten, so sehen wir, dass die Ausläufer von Wassermann weit in die Region von Steinbock hineinreichen.

Bei den Nakshatras gibt es solche Überschneidungen in der Regel nicht. Dennoch ist auch hier der Bezug zu den Fixsternen eher symbolischer Natur, da die zu den Nakshatras gehörenden Fixsterne manchmal nicht genau

Tabelle A: Die Nakshatras und ihre Fixsterne

Nakshatra	Fixsterne	Sternbild
1. Ashvini	Al Sharatan und Mesarthim	Widder
2. Bharani	3 kleine Sterne	Widder
3. Krittikaa	Alcyone plus 5 Sterne	Plejaden
4. Rohini	Aldebaran plus 4 Sterne	Stier, Hyades
5. Mrigashiraa	3 kleine Sterne	Orion (Kopf)
6. Aardraa	Betelgeuse	Orion
7. Punarvasu	Pollux und Castor	Zwillinge
8. Pushya	nördlicher und südlicher Asellus plus 1 kleiner Stern	Krebs
9. Aashleshaa	5 Sterne	Hydra Kopf
10. Magha	Regulus, Algieba plus 4 Sterne	Löwe
11. Puurva Phalguni	Phalguni 2 Sterne	Löwe
12. Uttara Phalguni	Phalguni Denebola plus 1 Stern	Löwe
13. Hasta	Algorab plus 4 Sterne	Corvus
14. Chitraa	Spica	Jungfrau
15. Svaati	Arcturus	Bootes
16. Vishaakhaa	4 Sterne	Waage
17. Anuraadhaa	Acrab plus 3 Sterne	Skorpion
18. Jyeshthaa	Antares plus 2 Sterne	Skorpion
19. Muula	9 Sterne	Skorpion
20. Puurva Ashadhaa	2 Sterne	Schütze
21. Uttara Ashadhaa	2 Sterne	Schütze
22. Shavana	Altair plus 2 Sterne	Aquila
23. Dhanishthaa	4 Sterne	Delphinus
24. Shatabhishaa	„100 Sterne"	südlicher Wassermann
25. Puurva Bhadrapadaa	Markab und Scheat	Pegasus
26. Uttara Bhadrapadaa	Algenib und Sirrah (Alpheratz)	Pegasus
27. Revati	„32 Sterne"	südliche Fische

in ihrem entsprechenden Segment der Ekliptik (Sonnenbahn) von 13° 20' liegen, sondern etwas daneben. Das macht deutlich, dass es bei den Raashis (Sternzeichen) und den Nakshatras (Mondkonstellationen) um regelmäßige mathematische Abschnitte auf der Ekliptik (Sonnenbahn) und die umliegenden kosmischen Regionen geht, nämlich je 30° pro Zeichen und je 13° 20' pro Nakshatra, deren Bezug zu den Sternbildern der ungefähren Orientierung dient.

Der Anfangspunkt der 12 Raashis (Sternzeichen)

Die Vedische Astrologie ist eine so genannte siderische Astrologie. Das bedeutet, dass sie die tatsächlichen Positionen der Sternbilder für die Berechnung der 12 Raashis, die den Tierkreis bilden, als Orientierung benutzt. Die westliche Astrologie hingegen geht vom so genannten Frühlingspunkt aus, um 0° Widder als Beginn des Tierkreises zu definie-

12 Raashis

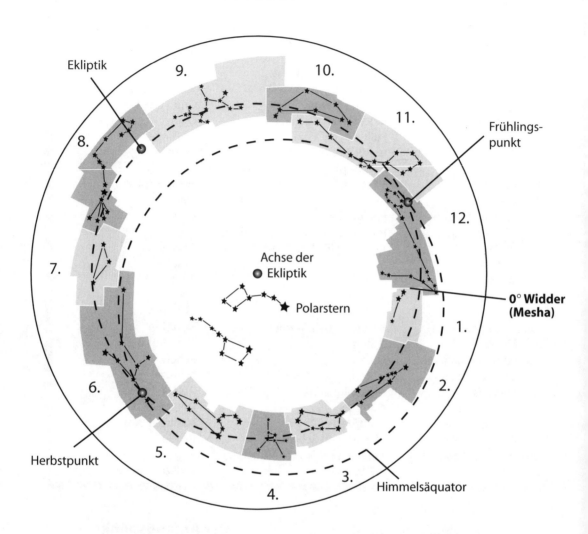

Die 12 astronomischen Sternbilder als Entsprechungen der 12 Raashis
(Sanskritnamen in Klammern)

1.	Widder	(Mesha)	7.	Waage	(Tula)
2.	Stier	(Vrishabha)	8.	Skorpion	(Vrishchika)
3.	Zwillinge	(Mithuna)	9.	Schütze	(Dhanu)
4.	Krebs	(Karka)	10.	Steinbock	(Makara)
5.	Löwe	(Simha)	11.	Wassermann	(Kumbha)
6.	Jungfrau	(Kanya)	12.	Fische	(Miena)

Grafik 8:
Die Ausdehnung der 12 astronomischen Sternbilder am Himmel

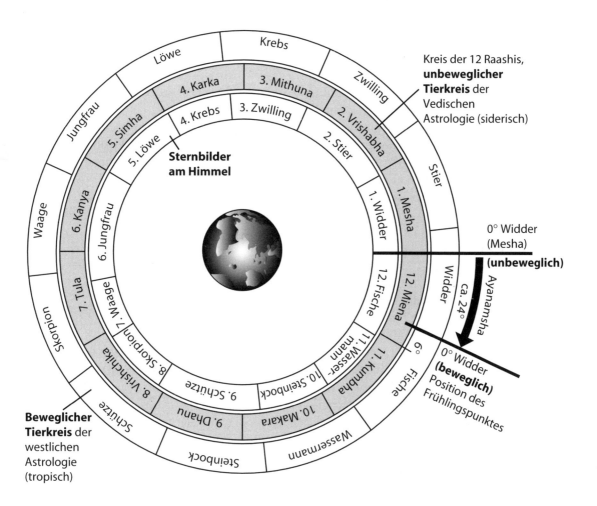

Grafik 9:
Der siderische (vedische) und der tropische (westliche) Tierkreis in Beziehung zur Ausdehnung und Position der 12 astronomischen Sternbilder am Himmel

ren. Der Frühlingspunkt ist die Position der Sonne, die sie am 21. März zur Tag- und Nachtgleiche innehat. Dieser Punkt bewegt sich in ca. 72 Jahren um 1° rückläufig durch die Sternbilder. Deshalb wird der Tierkreis der westlichen Astrologie auch „beweglicher Tierkreis" genannt. Er bewegt sich durch den gesamten Kreis der unbeweglichen Sternbilder innerhalb von etwa 25.880 Jahren hindurch. Diese Bewegung nennt man **Präzession**. Der bewegliche Tierkreis wird auch „tropischer Tierkreis" genannt, während der unbewegliche „siderischer Tierkreis" genannt wird.

Der Kreis der 12 Raashis (Sternzeichen) beginnt im siderischen Tierkreis der Vedischen Astrologie bei 0° Widder (Mesha) (Grafik 9 auf Seite 33). Dieser Punkt ist am Himmel genau definiert und liegt gegenüber vom Fixstern Spica. Im Jahr 285 n. Chr. stand die Sonne zum Beginn des Frühlings am 21. März in 0° Widder (Mesha). In diesem Jahr waren also der bewegliche und der unbewegliche Tierkreis identisch. Inzwischen haben sie sich um fast 24° verschoben, sodass der Frühlingspunkt, also 0° Widder des beweglichen Tierkreises der westlichen Astrologie, derzeit bei ca. 6° Fische (12. Miena) des unbeweglichen Tierkreises liegt. Diese Verschiebung um ca. 24° wird Ayanamsha genannt. Im Jahr 2442 wird das westliche Sternzeichen Widder genau identisch sein mit der Position des vedischen Sternzeichens Fische (12. Miena). 2157 Jahre später ist das westliche Sternzeichen Widder wiederum ein Sternbild weiter gewandert, wird also identisch mit dem vedischen Sternzeichen Wassermann (11. Kumbha) sein und so weiter. Daraus ergeben sich für die Interpretation von Horoskopen sehr wichtige Unterschiede zwischen der Vedischen Astrologie und der westlichen, wie wir später detailliert behandeln werden.

Die 12 astronomischen Sternbilder am Himmel haben unterschiedlich große Ausdehnungen (siehe Grafik 8, Seite 32). Grafik 9 auf Seite 33 zeigt im inneren Kreis die mittlere Ausdehnung der 12 astronomischen Sternbilder mit ihren astronomischen Bezeichnungen, ohne die Überlappungen zu berücksichtigen. In diesem Kreis sind die Sternbilder etwa zwischen 20° und 40° groß. Der mittlere Kreis zeigt die entsprechenden 12 Raashis der Vedischen Astrologie mit ihren 30°-Segmenten. Es ist deutlich erkennbar, dass der Anfangspunkt dieser beiden Kreise bei 0° Widder (Mesha) liegt und

dass sich die 12 Segmente der Raashis und die der astronomischen Sternbilder, von denen die Raashis ja ihre Symbolik erhalten, in ihren Positionen in etwa entsprechen. Das bedeutet, dass die Berechnungen der Vedischen Astrologie sich auf die tatsächlichen Sternbilder am Himmel beziehen, was für die Positionen der Grahas sehr wichtig ist.

Der äußere Kreis hingegen zeigt die Verschiebung der westlichen Tierkreiszeichen bezogen auf den 01.01.2002, der zu diesem Zeitpunkt 23° 52' 49" beträgt. 0° Widder des westlichen Tierkreises liegt also bei 6° 07' 11" Fische (12. Miena) des siderischen Tierkreises.

Die Differenz zwischen den beiden Tierkreisen wird Ayanamsha genannt (siehe Kapitel 3, Ayanamsha).

Die Unterteilungen der Raashis (Sternzeichen)

Der mathematische Charakter der Raashis (vedische Sternzeichen) wird noch deutlicher, wenn wir ihre Unterteilungen ansehen. Jedes Raashi hat 15 verschiedene Unterteilungen. Diese werden für die Beschreibung der Wirkungen der Grahas („Planeten") auf definierte Lebensbereiche benutzt, entsprechend der Positionen der Grahas innerhalb der Raashis. Jedes Raashi wird in 2, 3, 4, 7, 9, 10, 12, 16, 20, 24, 27, 30, 40, 45 und 60 gleiche Teile geteilt. Durch ein bestimmtes Verfahren entsteht aus jeder dieser Unterteilungen (Sanskrit: Amsha) ein neues Horoskop, sodass insgesamt 15 so genannte Amsh-Kundalis oder Unterteilungs-Horoskope entstehen. So erhalten wir einschließlich des Geburtshoroskops 16 Horoskope. Jedes dieser Horoskope ist einem bestimmten Lebensbereich zugeordnet.

Das Zusammenspiel der 3 Grundbestandteile: Grahas („Planeten"), Nakshatras (Mondkonstellationen) und Raashis (vedische Sternzeichen)

Die zwei Kreise der Nakshatras (Mondkonstellationen oder Mondhäuser) und der Raashis (vedische Sternzeichen) sind untrennbar miteinander verbunden und korrespondieren mit den Fixsternen am Himmel. Beide Kreise beginnen bei 0° Widder (Mesha) und haben dadurch eine stabile Anfangsposition. Sie sind voneinander unabhängige Kreise mit ihren jeweiligen Besonderheiten und bilden die unverrückbare (fixe) Grundlage für die Berechnung und Interpretation der Positionen der Grahas („Planeten"). Ein Graha steht immer in einem Raashi und gleichzeitig in einem Nakshatra. Das Beispiel in Grafik 10 zeigt, wie die Sonne in Raashi 3 und gleichzeitig in Nakshatra 6 steht. Grahas, Nakshatras und Raashis sind untrennbar, so wie auch die drei Gunas (Grundkräfte des Lebens) Sattva, Rajas und Tamas (aufbauende, schöpferische und auflösende Kraft) nicht einzeln agieren können, sondern immer nur gemeinsam wirken.

Die Vedische Astrologie ist eine vereinfachte Darstellung der Funktionsweise der Natur. Sie erfasst die Komplexität des Lebens mit all seinen Erscheinungsformen und Phänomenen durch die Wechselwirkungen der Grahas, Nakshatras und Raashis und ihren Zuordnungen. Dabei ist zu beachten, dass erst dadurch,

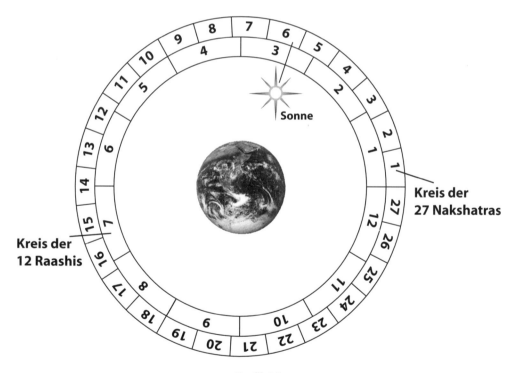

Grafik 10:
Die Sonne, positioniert in einem der 27 Nakshatras (Mondkonstellation Nr. 6) und einem der 12 Raashis (vedisches Sternzeichen Nr. 3)

dass ein Graha in einem Nakshatra und einem Raashi steht, die von einander unabhängigen Wirkungen der Nakshatras und Raashis belebt und mit dem Graha verbunden werden. Es ist der Graha, der der Hauptakteur ist und über den alle Interpretationen abgewickelt werden.

DIE ENTSTEHUNG EINES GEBURTSHOROSKOPS
– Vom Kosmos zum Horoskop-Schema –

Ein Geburtshoroskop ist die vereinfachte, zweidimensionale Darstellung der Positionen der Grahas („Planeten") am Himmel zum Zeitpunkt der Geburt, wie sie vom Geburtsort aus gesehen werden.

Dabei kommt dem Geburtsort eine besondere Bedeutung zu, da durch die Kugelform der Erde von jedem Ort eine andere Perspektive auf den Himmel entsteht. Von der Erde aus betrachtet ist unser Sonnensystem mit dem ihm umgebenden Universum eine dreidimensionale Mechanik, die sich fortwährend bewegt. Das Geburtshoroskop ist wie eine Momentaufnahme der kosmischen Situation zum Zeitpunkt der Geburt, und zwar als hätten wir die Himmelsmechanik für den Moment der Geburt angehalten.

Die Himmelsmechanik

Die Erde dreht sich innerhalb von 24 Stunden einmal um ihre eigene Achse. Dabei ist jeweils eine Erdhälfte der Sonne zugewandt, während die andere Hälfte im Dunkeln ist. Als Beobachter, die sich an einem bestimmten Ort auf der Erde befinden, sehen wir aufgrund der Erdumdrehung die Sonne, den Mond, die Planeten und die Sterne auf- und untergehen. Dieses Phänomen der „verkehrten Wahrnehmung" kennen wir auch aus dem praktischen Leben. Wenn wir in einem fahrenden Zug aus

dem Fenster schauen, kann es uns erscheinen, als ob nicht wir uns an der Landschaft, sondern sich die Landschaft an uns vorbeibewegt. Da die Bewegung der Erde kreisförmig ist, entsteht mit Blick auf das Universum zudem der Eindruck, dass sich die Himmelskörper kreisförmig um uns herum bewegen.

Im Verlauf eines Jahres bewegt sich die Erde zusätzlich in einer leicht elliptischen Bahn um die Sonne. Auch diese Bewegung nehmen wir so wahr, als würde die Sonne diese Bahn beschreiben. Diese elliptische Bahn, auf der wir die Sonne in ihrem Jahresverlauf beobachten können, heißt **Ekliptik. Die Fixsterne und Sternbilder nahe der Ekliptik bilden das Band der Nakshatras (Mondkonstellationen) und Raashis (vedische Sternzeichen)** (siehe Grafik 11 auf Seite 38).

Durch die Kugelform der Erde entsteht der kreisförmiger Horizont, egal an welchem Platz der Erde wir uns gerade befinden. Dieser erlaubt uns, immer nur das halbe Universum zu sehen, die andere Hälfte wird durch die Erde, auf der wir stehen, verdeckt. Nachts erscheint uns die sichtbare Hälfte des Universums wie eine Kuppel über der Erde. Tagsüber dagegen überblendet die Sonne mit ihrem starken Licht alle anderen Sterne und Planeten, sodass wir nicht sehen können, in welchem Nakshatra und Raashi sie gerade steht. Grafik 12 auf Seite 39 verdeutlicht diese Situation.

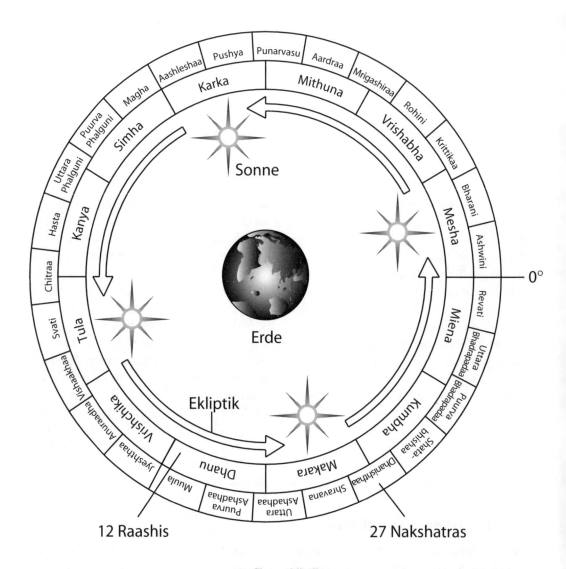

Grafik 11: Ekliptik
Die Ekliptik ist die Bahn, die die Sonne im Verlauf eines Jahres scheinbar um die Erde beschreibt. Um die Ekliptik liegt das Band der Fixsterne, die die Sternbilder der 27 Nakshatras und 12 Raashis bilden.

Trotzdem gibt es eine Möglichkeit, den Lauf der Sonne durch die Raashis und Nakshatras zu beobachten. Da die Bahn, auf der sich der Mond bewegt, nur gut 5° von der Ekliptik abweicht, verrät er uns nachts, wo sich die Sonne auf ihrem Weg durch die Sternbilder in etwa befindet. Im Sommer zeigt uns der Mond den Teil des Universums, durch den sich die Sonne im Winter bewegt. Deshalb zieht der Mond besonders in höheren Breitengraden im Som-

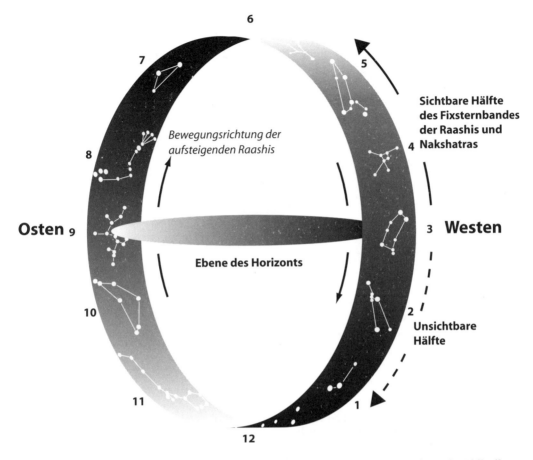

Grafik 12: Sichtbare und unsichtbare Hälfte der Raashis und Nakshatras entlang der Ekliptik

mer eine sehr flache Bahn über den Himmel – gerade so wie die Sonne im Winter. Und im Winter ist es umgekehrt. Der Mond zeigt uns den Teil, durch den die Sonne im Sommer wandert, und zieht eine sehr hohe Bahn über den Himmel – so wie die Sonne im Sommer.

Die Darstellung der Himmelsmechanik in einem Horoskop

Ein Geburtshoroskop stellt dar, in welchen Nakshatras (Mondkonstellationen) und Raashis (vedischen Sternzeichen) sich die Sonne und die übrigen Grahas („Planeten") zum Zeitpunkt der Geburt befunden haben. Das Horoskop ist also eine vereinfachte Darstellung der Ekliptik mit den sie umgebenden Nakshatras und Raashis, in denen die Grahas positioniert sind. Grafik 13 auf der nächsten Seite zeigt die miteinander verknüpften Kreise der Raashis und Nakshatras mit ihrer jeweiligen Nummerierung sowie die Grahas, die sich vor diesem Hintergrund in bestimmten Positionen befinden. Beide Kreise beginnen bei 0° Widder (Mesha) und werden entgegen dem Uhrzeigersinn gezählt. Dies ist die kosmische Ausgangssituation für die Darstellung eines Horoskops.

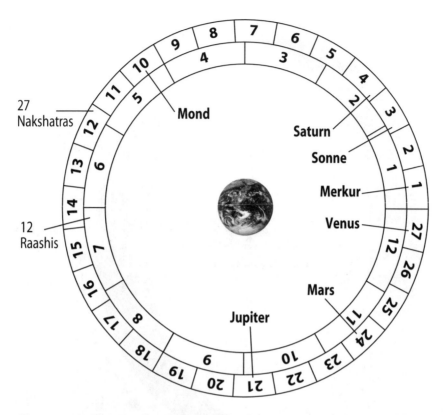

Grafik 13: Von der Erde aus gesehen bewegen sich die Grahas mit ihren individuellen Geschwindigkeiten vor dem Hintergrund der Raashis und Nakshatras. Abhängig vom Moment der Geburt steht jeder Graha in einem bestimmten Raashi und Nakshatra. In dieser Darstellung steht beispielsweise die Sonne in Raashi Nr. 1 und Nakshatra Nr. 3, der Mond in Raashi Nr. 5 und Nakshatra Nr. 10 und der Mars in Raashi Nr. 11 und Nakshatra Nr. 24.

Der Lagna oder Aszendent

Der Ausgangspunkt für die Darstellung eines Horoskops ist immer der Raashi (vedisches Sternzeichen), der am Geburtsort zum Zeitpunkt der Geburt am östlichen Horizont aufgestiegen ist. Wenn wir nachts den Himmel am östlichen Horizont eine Weile betrachten, sehen wir, dass dort die Sterne, die die Raashis (Vedische Sternzeichen) und Nakshatras (Mondkonstellationen) bilden, langsam aufsteigen. Der Raashi, der zum Zeitpunkt der Geburt am Geburtsort im Osten aufsteigt, wird Lagna oder Aszendent genannt.

„Lagna" bedeutet wörtlich „Punkt des Kontaktes oder Schnittpunkt". Der Begriff „Lagna" steht sowohl für den gradgenauen Schnittpunkt des Horizonts mit dem Band der 12 Raashis im Osten, als auch für den gesamten aufsteigenden Raashi. Grafik 14 verdeutlicht diese Situation.

Da es 12 Raashis gibt, die innerhalb von 24 Stunden an einem beliebigen Beobachtungspunkt der Erde aufgehen, braucht jeder Raashi im Schnitt 2 Stunden, um über dem östlichen Horizont aufzusteigen. Menschen, die während dieser 2 Stunden am gleichen Ort geboren werden, haben daher den gleichen

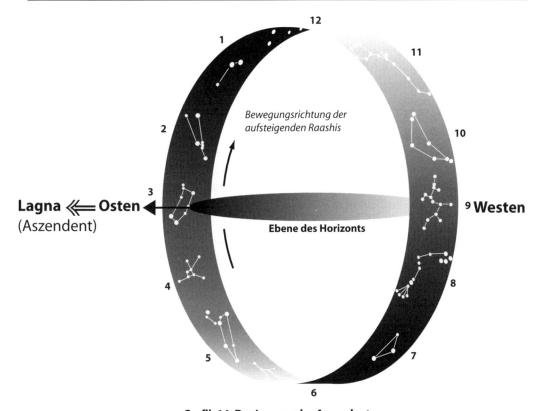

Grafik 14: Der Lagna oder Aszendent
Der Raashi, der im Osten zum Zeitpunkt der Geburt vom Horizont geschnitten wird, ist der Lagna
oder Aszendent. In diesem Beispiel ist es der Raashi Nr. 3, also Zwillinge (Mithuna).

Lagna oder Aszendenten, auch wenn die genaue Gradzahl innerhalb des Raashis verschieden sein wird, da innerhalb dieser ca. 2 Stunden der ganze Raashi von Anfang bis Ende über den Horizont steigen wird. (Diese Beschreibung gilt zwischen dem nördlichen und südlichen Polarkreis. Die Polarkreise befinden sich aufgrund der Neigung der Erdachse von 23,5° bei 66,5° nördlicher und südlicher Breite, also 23,5° von den Polen entfernt.)

Das Aufsteigen des Lagna (Aszendenten) steht für den Neubeginn des Lebens und deshalb für die Person als Ganzes, die zu diesem Zeitpunkt am Geburtsort geboren wird. Der Lagna repräsentiert die Persönlichkeit und den Körper des neugeborenen Lebens. Es ist also sehr entscheidend, welcher Raashi (vedisches Sternzeichen) und welches Nakshatra (Mondkonstellation) im Moment der Geburt im Osten aufgehen. Aufgrund seiner zentralen Bedeutung als Persönlichkeit und Körper wird der Lagna, und zwar der gesamte aufsteigende Raashi (Lagna oder Aszendent), zum Ausgangspunkt der Horoskop-Interpretation und der Darstellung des Horoskops.

Die 12 Bhavas (Häuser)

Wenn ein Raashi zu einem Lebensbereich geworden ist, wie zum Beispiel im Fall des Lagna zu „Persönlichkeit und Körper", dann nennt man den Raashi gleichzeitig einen Bhava. Der

Begriff „Bhava" leitet sich aus der Sanskrit-Wurzel „bhu" ab, die „sich wandeln oder transformieren in" bedeutet. Der Raashi hat sich also in einen Bhava umgewandelt. Das Wort „Bhava" hat viele Bedeutungen: Geburt, Geburtsort, Welt, Universum, Zustand, Realität, Natur oder Charakter einer Sache, Handlungsweise, Art des Denkens sowie Zustand eines Grahas („Planeten"). Im Rahmen der Vedischen Astrologie können wir ihn am besten mit „Bereich", „Lebensbereich" und „Zustand" übersetzen, behalten aber wegen der Vielschichtigkeit seiner Bedeutung den Begriff „Bhava" bei.

Der Lagna (Aszendent, aufsteigender Raashi) ist immer der 1. Bhava (Lebensbereich) in einem Horoskop – repräsentiert also die Persönlichkeit und den Körper des Neugeborenen. Da vom Lagna aus gezählt jeder Raashi (vedisches Sternzeichen) zu einem Bhava (Lebensbereich) wird, gibt es entsprechend den 12 Raashis auch 12 Bhavas (siehe Grafik 15). Wenn wir zum Zeitpunkt der Geburt am Ge-

In diesem Beispiel ist der Raashi Nr. 3 Mithuna (Zwillinge) der Aszendent (Lagna) und wird deshalb zum Bhava Nr. 1. Die übrigen Raashis werden entsprechend zu den nachfolgenden Bhavas:

Raashi 4	Bhava 2		Raashi 9	Bhava 7
Raashi 5	Bhava 3		Raashi 10	Bhava 8
Raashi 6	Bhava 4		Raashi 11	Bhava 9
Raashi 7	Bhava 5		Raashi 12	Bhava 10
Raashi 8	Bhava 6		Raashi 1	Bhava 11
			Raashi 2	Bhava 12

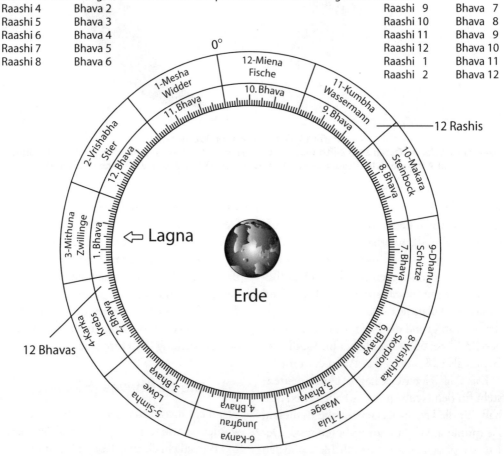

Grafik 15: Raashis werden zu Bhavas

burtsort die Himmelsmechanik „anhalten", um das Horoskop zu erstellen, wird jeder der 12 Raashis auch zu einem Bhava, und zwar beginnend mit dem aufsteigenden Raashi (Lagna oder Aszendent). Jeder der 12 Bhavas ist dann identisch mit einem bestimmten Raashi und steht für einen bestimmten Lebensbereich, der durch diesen Raashi repräsentiert wird (siehe Grafik 15).

Die 12 Bhavas entsprechen den 12 Häusern in der westlichen Astrologie. Allerdings werden sie dort anders berechnet und haben auch zum Teil deutlich abweichende Bedeutungen.

Horoskopdarstellungen

Da jeder Raashi (vedisches Sternzeichen) identisch mit einem Bhava (Lebensbereich) ist, benutzt jede Horoskopdarstellung in der Vedischen Astrologie ein Schema mit 12 Segmenten, um die 12 Lebensbereiche darzustellen. Die Nakshatras (Mondkonstellationen) werden in diesen Diagrammen nicht dargestellt, weil sie keine Lebensbereiche repräsentieren, sondern die Wirkung der Grahas („Planeten") modifizieren und spezifizieren. Deshalb werden sie zusammen mit den genauen Grad-Positionen der Grahas erwähnt.

Die Darstellung eines Horoskops ist eine Frage der Konventionen. Es gibt keine „richtigen" und „falschen" Darstellungen. Bei Parashara findet sich der Hinweis, dass man ein kreisförmiges oder quadratisches Diagramm benutzen kann. Wir werden das in Nordindien gebräuchliche Quadrat benutzen, weil es in der englischsprachigen Literatur sowohl innerhalb als auch außerhalb Indiens die gebräuchlichste Darstellung ist.

In diesem Quadrat sind die Bhavas (Lebensbereiche) entgegen dem Uhrzeigersinn auf-

geführt. Das obere Viereck ist immer der Aszendent (Lagna) oder 1. Bhava, egal für wen das Horoskop berechnet wurde. Die übrigen 11 Bhavas folgen von dieser Position aus entgegen dem Uhrzeigersinn immer in der gleichen Reihenfolge (siehe Grafik 16).

Grafik 16: Die 12 Bhavas

Das bedeutet, dass jeder Bhava seinen festen Platz hat. Es gibt keine Variationen. Die Bhavas 1, 4, 7 und 10 bilden immer die inneren 4 Vierecke, und die anderen Bhavas liegen immer der Reihe nach dazwischen. Da das immer so ist, werden die Bhava-Nummern normalerweise nicht im Horoskop eingetragen. Mit der Zeit sollten wir uns dieses Raster merken und es immer präsent im Hinterkopf haben. Im Anhang ist dieses Horoskop-Schema mit den Nummern der 12 Bhavas auf einer Seite zum Heraustrennen aufgeführt, damit der Leser sich dieses Raster am Anfang neben die besprochenen Horoskope legen kann. Auf diese Weise prägt es sich mit der Zeit von selber ein.

Da jeder der 12 Raashis (vedische Sternzeichen) theoretisch die Position des Aszendenten (Lagna, 1. Bhava) einnehmen kann, wird die Zahl desjenigen Raashis, welches tatsächlich die Aszendenten-Position einnimmt, in das Lagna-Viereck eingetragen. Die Zahlen der übrigen Raashis folgen dann entsprechend der Reihe nach in den übrigen 11 Segmenten. Je nach Aszendent kann jeder Raashi in jedem Bhava-Segment stehen. Diese Nummern sind also variabel. Deshalb werden sie in die Segmente eingetragen.

Wenn, wie im Beispiel von Grafik 15, eine Person zu einem Zeitpunkt geboren wird, bei dem der Horizont den Raashi Zwillinge (Lagna Mithuna) schneidet, wird in das obere Viereck des Horoskop-Schemas (Grafik 17) die Nummer 3 eingetragen, da Zwillinge von Widder (Mesha) aus gezählt der 3. Raashi im Tierkreis ist (siehe Grafik 15). Die übrigen Raashi-Nummern folgen dann entgegen dem Uhrzeigersinn. Wenn jedoch der Raashi Löwe (Simha) zum Zeitpunkt der Geburt am Aszendenten steht, wird die Nummer 5 in das obere Viereck eingetragen, weil Löwe der 5. Raashi von Widder aus gezählt ist. Je nach Aszendent ändert sich also die Nummer im oberen Viereck und entsprechend dann die Nummern in den übrigen Feldern des Rasters, während die Bhava-Nummern immer die gleichen bleiben. Diesen Umstand können wir uns mit folgendem Merksatz einprägen:

Merksatz: **Die <u>Bhava</u>-Nummern <u>bleiben</u>, die <u>Raashi</u>-Nummern <u>rotieren</u> entsprechend dem Aszendent.**

Grafik 17 zeigt ein vollständiges Horoskop-Schema. Unter der Grafik sind nochmals die Namen der Raashis mit ihren Nummern aufgeführt sowie die Bhavas, mit denen sie in diesem Horoskop identisch sind. Zur Verdeutlichung sind im Horoskop-Diagramm die Raashi-Nummern zusammen mit den Bhava-Nummern eingetragen. Da die Bhavas in ihrer Position feststehen, werden ihre Zahlen in

einer Horoskop-Darstellung normalerweise nicht aufgeführt. Wir werden sie aber in den nächsten Horoskopen zur Gewöhnung noch eine Weile am Rand vermerken. Die Raashi-Nummern werden dagegen immer in die Bhavas geschrieben, da diese von Horoskop zu Horoskop variieren.

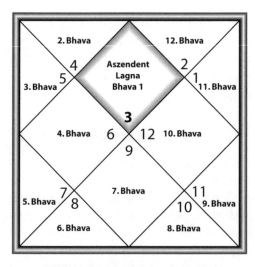

Grafik 17: Die Raashis in den Bhavas

Raashi 3, Zwillinge (Mithuna), ist der

Aszendent (Lagna) oder	1. Bhava
4, Krebs (Karka)	2. Bhava
5, Löwe (Simha)	3. Bhava
6, Jungfrau (Kanya)	4. Bhava
7, Waage (Tula)	5. Bhava
8, Skorpion (Vrishchika)	6. Bhava
9, Schütze (Dhanu)	7. Bhava
10, Steinbock (Makara)	8. Bhava
11, Wassermann (Kumbha)	9. Bhava
12, Fische (Miena)	10. Bhava
1, Widder (Mesha)	11. Bhava
2, Stier (Vrishabha)	12. Bhava

Die südindische Horoskopdarstellung ist ebenfalls recht gebräuchlich. Sie geht den umgekehrten Weg, das heißt, bei ihr steht die Zuordnung der Raashis zu den 12 Kästchen fest, und die Bhavas bewegen sich durch die 12 Kästchen. Somit kann jedes der Kästchen zum Aszendenten (Lagna) werden. Die Reihenfolge ist hier im Uhrzeigersinn (siehe Grafik 18). Deshalb wird in diesem Diagramm der Aszendent als 1. Bhava mit ein oder zwei diagonalen Strichen markiert oder es wird „Lagna" in das entsprechende Kästchen eingetragen (siehe Grafik 19).

Raashi 12	Raashi 1	Raashi 2	Raashi 3
Raashi 11			Raashi 4
Raashi 10			Raashi 5
Raashi 9	Raashi 8	Raashi 7	Raashi 6

Grafik 18

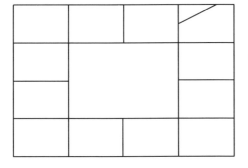

Grafik 19

Die Berechnung des Aszendenten (Lagna)

Die Berechnung des Aszendenten (Lagna) kann in vielen Büchern nachgelesen werden, auch in Büchern der westlichen Astrologie. Bei dieser Berechnung spielt der Geburtsort eine große Rolle. Er ist durch seine Koordinaten definiert, die aus dem Längengrad und dem Breitengrad bestehen.

Die Längengrade sind gedachte Linien in gleichen Abständen von einander, welche die beiden Pole der Erde miteinander verbinden. Sie werden auch Meridiane genannt. Der 0°-Meridian wurde vor einigen Hundert Jahren von den Engländern auf London-Greenwich festgelegt und weltweit anerkannt. Von diesem Meridian aus werden die östliche und westliche Länge gezählt, also jeweils 180°. Die Breitengrade verlaufen parallel zum Äquator, der als 0° Breite gerechnet wird. Wenn wir uns vom Äquator aus eine Linie zum Erdmittelpunkt vorstellen, werden von dieser Linie aus die nördliche und südliche Breite als Winkelgrade bis hin zu den Polen gezählt, also jeweils bis 90° Nord oder Süd.

Die Vedische Astrologie berechnet sowohl die Position des Aszendenten (Lagna) als auch die der Grahas („Planeten") aus Gründen der sphärischen Trigonometrie erst im beweglichen (tropischen oder westlichen) Tierkreis. Danach werden die Ergebnisse auf den siderischen (unbeweglichen oder vedischen) Tierkreis umgerechnet.

Da es heutzutage Computer-Programme gibt, die diese Berechnungen sehr genau leisten, sind Kalkulationen per Hand kaum noch üblich (vedisches Computer-Programm auf CD siehe Anhang). Deshalb soll hier lediglich die Umrechnung vom tropischen (westlichen) auf den siderischen (vedischen) Tierkreis beschrieben werden, sodass Leser, die Horoskope mit westlichen Positionen in Händen halten, sie leicht auf die siderischen Positionen umrechnen können.

Der tropische Tierkreis bewegt sich mit einer Geschwindigkeit von ca. 1°/72 Jahre rückläufig durch den siderischen Tierkreis. Dies bedeutet, dass strenggenommen der Unterschied zwischen beiden Tierkreisen für jeden Tag genau berechnet werden müsste. Da die Bewegung jedoch sehr langsam ist, genügt die

Tabelle C, Ayanamsha im Anhang, die einen Wert pro Jahr für den 01.01. angibt. Wer genauer rechnen möchte, kann mit einer Dreisatzrechnung auf den Geburtsmonat interpolieren.

Der Ayanamsha

Der Abstand zwischen dem tropischen und dem siderischen Tierkreis heißt **Ayanamsha**. „Ayana" bedeutet „Fortschritt", das heißt das Fortschreiten des Frühlingspunktes. „Amsha" bedeutet „Teil" und im astronomischen Sinn „Bogenmaß". Ayanamsha ist also das Bogenmaß, um das sich die beiden Tierkreise von einander entfernt haben.

In Indien werden von verschiedenen Schulen und Jyotishis (Gelehrte der Vedischen Astrologie) zum Teil verschiedene Ayanamshas propagiert. Die Tabelle C im Anhang benutzt das in Indien gebräuchlichste Ayanamsha, das durch eine Kommission der indischen Regierung vor längerer Zeit festgelegt wurde und sich in meiner über 20-jährigen Praxis als zuverlässig erwiesen hat. Sie gibt die auf Bogenminuten gerundeten Werte von 1900 bis 2001 an.

Die Umrechnung von Einsteins westlichem Lagna (Aszendent) auf den siderischen (vedischen) Tierkreis

Als Beispiel wollen wir die Position des Aszendenten (Lagna) von Albert Einstein umrechnen. Albert Einstein wurde am 14. März 1879 um 11:30 Uhr Lokalzeit in Ulm geboren. Diese Geburtszeit entspricht 11:50 MEZ. Im tropischen (westlichen) Tierkreis war an diesem Tag zu dieser Uhrzeit an diesem Ort der Krebs im Aufstieg, und zwar 11° 38' 06", sofern wir

die Koordinaten von Ulm als 9° 59' 24" östliche Länge und 48° 23' 48" nördliche Breite zugrunde legen.

> ° = Grad,
> ' = Bogenminuten,
> " = Bogensekunden.

Schritt 1:
Bestimmung des Ayanamshas

Da die Gradzahl des Aszendenten für Einsteins Horoskop auf Bogensekunden genau angegeben ist, macht es Sinn, den Ayanamsha für den Geburtstag Einsteins zu korrigieren, denn dieser verändert sich im Laufe eines Jahres um ca. 50". Wir müssen also als erstes berechnen, um wie viele Bogensekunden sich der Ayanamsha im Verlauf des Geburtsjahres von Einstein verändert hat.

Ayanamsha vom 01. 01. 1879
(Geburtsjahr von Einstein)   −22° 10' 17"
01.01.1880 (1 Jahr später)   −22° 11' 10"

Die Differenz beträgt 53". Innerhalb des Geburtsjahres von Einstein vergrößerte sich der Ayanamsha also um 53".

Als nächstes müssen wir berechnen, um wie viele Bogensekunden sich der Ayanamsha bis zum Geburtstag von Einstein verändert hat.

Vom 01. 01. bis zum 14. 03. (Einsteins Geburtstag) sind etwa 72 Tage vergangen. Das Jahr hat etwa 365,25 Tage.

Daraus ergibt sich folgende Korrektur-Formel für den Ayanamsha:

72 (Tage vom 01.01. bis zur Geburt) x 53" (Vergrößerung des Ayanamshas im Geburtsjahr) : 365,25 (Tage des Jahres) = 10,44".

Wir können also für Einsteins Geburtstag den Ayanamsha um abgerundet 10" erhöhen: von −22° 10' 17" auf −22° 10' 27".

Schritt 2:
Anwendung des Ayanamshas
(Subtraktions-Methode)

Diesen Betrag von 22° 10' 27" müssen wir von der tropischen (westlichen) Tierkreisposition des Lagna (Aszendenten) abziehen:

11° 38' 06" Krebs (westliche
              Aszendenten-Position)
– 22° 10' 27" Ayanamsha
= 19° 27' 39" Zwillinge (Mithuna)
              (vedische Lagna-Position)

Im siderischen (vedischen) Tierkreis war also bei Einsteins Geburt Zwillinge (Mithuna) im Aufstieg, und der genaue Aszendenten-Grad war 19° 27' 39" Zwillinge (Mithuna). **Damit wird der gesamte Zwillinge-Raashi (Mithuna) zum 1. Bhava.** Deshalb müssen wir im Horoskop-Diagramm in das obere Viereck eine 3 eintragen, denn Zwillinge (Mithuna) ist der 3. Raashi im Tierkreis. Entsprechend können wir die übrigen Raashi-Nummern in die verbleibenden 11 Felder entgegen dem Uhrzeigersinn eintragen und erhalten das komplette Horoskop-Diagramm für Albert Einstein (siehe Grafik 20).

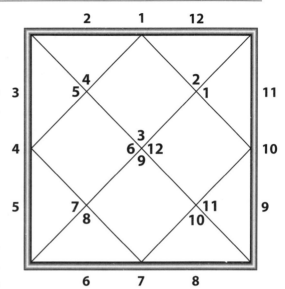

Grafik 20: Horoskop-Diagramm für Albert Einstein mit Mithuna-(3)-Lagna.
(Innen sind Raashi-Nummern, außen sind Bhava-Nummern angegeben.)

Da die Bogenminuten und -sekunden mit Basis 60 gerechnet werden, ist das Abziehen des Ayanamshas nicht ganz einfach und kann leichter zu Fehlern führen als eine Addition. Deshalb ist folgende Umrechnungsmethode einfacher, sobald der genaue Ayanamsha feststeht:

Alternative Umrechnung des Ayanamshas (Additions-Methode)

Schritt 2a: Wir ziehen den Ayanamsha von 30° ab (30° = 1 Raashi), um den „Additions-Wert" zu erhalten.

Schritt 2b: Wir **addieren** diesen Additions-Wert zur westlichen Lagna-Position.

Schritt 2c: Wir ziehen von dem Ergebnis 30° (= 1 Raashi) ab, das heißt, wir gehen um 1 Raashi zurück.

Für das Beispiel Einstein bedeutet dies:

Schritt 2a: 30° – 22° 10' 27" (Ayanamsha) = 7° 49' 33"

Schritt 2b: 11° 38' 06" Krebs (westliche Aszendenten-Position)
               + 7° 49' 33" (Additions-Wert aus Schritt 1)
               = 19° 27' 39" Krebs

Schritt 2c: – 30° (1 Raashi zurückgehen)
               = 19° 27' 39" Zwillinge (Mithuna)

Die Umrechnung der Positionen der Grahas („Planeten") auf den siderischen (vedischen) Tierkreis

Sofern die Angaben der tropischen (westlichen) Sonnen- und Mond-Position auf Bogensekunden exakt sind, können wir mit dem oben berechneten genauen Ayanamsha weiterrechnen. Meistens sind aber nur die Grade und Bogenminuten angegeben, sodass wir das Ayanamsha auf- oder abrunden können.

Für die 9 Grahas („Planeten") von Einsteins Horoskop ergibt sich folgende Umrechnung, wenn wir die alternative „Additions-Methode" benutzen:

Die tropischen Positionen der Grahas sind

(So) Sonne	23° 30'	Fische
(Mo) Mond	14° 32'	Schütze
(Me) Merkur	3° 09'	Widder
(Ve) Venus	16° 59'	Widder
(Ma) Mars	26° 55'	Steinbock
(Ju) Jupiter	27° 29'	Wassermann
(Sa) Saturn	4° 11'	Widder
(Rh) Rahu*	2° 44'	Wassermann
		(Ketu [Kt] liegt gegenüber)

Ergebnis von Schritt 1: Abgerundeter Ayanamsha: 22° 10'

Schritt 2a: Berechnung des Additions-Wertes: 30° – 22° 10' = 7° 50'

Schritt 2b: Benutzung des Additions-Wertes bei den Grahas, **kombiniert mit Schritt 2c:** Abziehen von 30°

(So) Sonne 23° 30' Fische
(westliche Position)

+ 7° 50' (Additions-Wert)
= 1° 20' Widder (!)
−   30° (1 Raashi zurückgehen)
= 1° 20' Fische (Miena)

Wichtig: Wenn die tropische Position eines Grahas in einem Zeichen größer ist als der Ayanamsha, bleibt der Graha im siderischen Tierkreis im gleichen Zeichen wie im tropischen Tierkreis. In der Additions-Methode erkennen wir das daran, dass wir in Schritt 2 einen Wert über 30° erhalten, also nachdem wir den Additions-Wert zur westlichen Position hinzu addiert haben. (Tabelle AB, Seite 49)

Jetzt können wir die Grahas entsprechend ihrer Raashi-Nummerierung und Gradzahl der Reihe nach in das Horoskop-Diagramm eintragen (siehe Grafik 21) und erhalten Albert Einsteins Geburts-Horoskop entsprechend der Vedischen Astrologie.

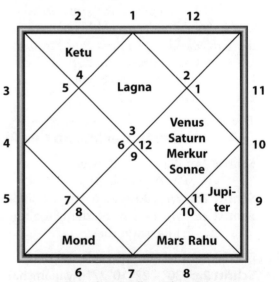

Horoskop 1: Albert Einstein
Grafik 21: Vedisches Horoskop von Albert Einstein,
geb. 14.03.1879, 11:30 Lokalzeit in Ulm,
9° 59' 24" östliche Länge, 48° 23' 48" nördliche Breite.
(Innen sind Raashi-Nummern,
außen sind Bhava-Nummern angegeben.)

---

* Wir verwenden die **echte Position** von Rahu und Ketu, im Gegensatz zur **durchschnittlichen** Position, die in manchen Ephemeriden angegeben wird.

Umrechnung der Graha-Positionen von Einstein auf den vedischen Tierkreis

(Mo)	Mond	14° 32'	Schütze	+7° 50'	– 30°	= 22° 22' Skorpion	(8 = Vrishchika)
(Me)	Merkur	3° 09'	Widder	+7° 50'	– 30°	= 10° 59' Fische	(12 = Miena)
(Ve)	Venus	16° 59'	Widder	+7° 50'	– 30°	= 24° 49' Fische	(12 = Miena)
(Ma)	Mars	26° 55'	Steinbock	+7° 50'	– 30°	= 4° 45' Steinbock	(10 = Makara)
(Ju)	Jupiter	27° 29'	Wassermann	+7° 50'	– 30°	= 5° 19' Wassermann	(11 = Kumbha)
(Sa)	Saturn	4° 11'	Widder	+7° 50'	– 30°	= 12° 01' Fische	(12 = Miena)
(Rh)	Rahu	1° 29'	Wassermann	+7° 50'		= 10° 34' Steinbock	(10 = Makara)
(Kt)	Ketu gegenüber					= 10° 34' Krebs	(4 = Karka)

Tabelle AB

Grafik 22 auf Seite 50 verdeutlicht die Entstehung von Einsteins Horoskop nochmals mit der Darstellung der Grahas auf der Ekliptik und ihren entsprechenden Positionen in den Bhavas.

Die 9 Grahas sind die Zeitzyklen, die die Qualität der Zeit bestimmen. Die Momentaufnahme für den Zeitpunkt der Geburt, die im Horoskop dargestellt wird, zeigt durch die verschiedenen Positionen der Grahas das Zusammenspiel dieser Zyklen.

Übung 1:
Berechnung der siderischen Positionen

Die tropischen (westlichen) Positionen des Aszendenten (Lagna) und der Grahas („Planeten") von John F. Kennedys tropischem (westlichen) Horoskop sind wie folgt und sollen auf die siderischen (vedischen) Positionen umgerechnet werden. J. F. Kennedy wurde am 29.05.1917 geboren.

(La)	Lagna	19° 59' 42"	Waage		(Ju)	Jupiter	23° 02'	Stier
(So)	Sonne	7° 50'	Zwillinge		(Sa)	Saturn	27° 09'	Krebs
(Mo)	Mond	17° 12'	Jungfrau		(Rh)	Rahu	11° 14'	Steinbock
(Me)	Merkur	20° 35'	Stier		(Kt)	Ketu	11° 14'	Krebs
(Ve)	Venus	16° 44'	Zwillinge					
(Ma)	Mars	18° 25'	Stier		Lösung siehe Anhang.			

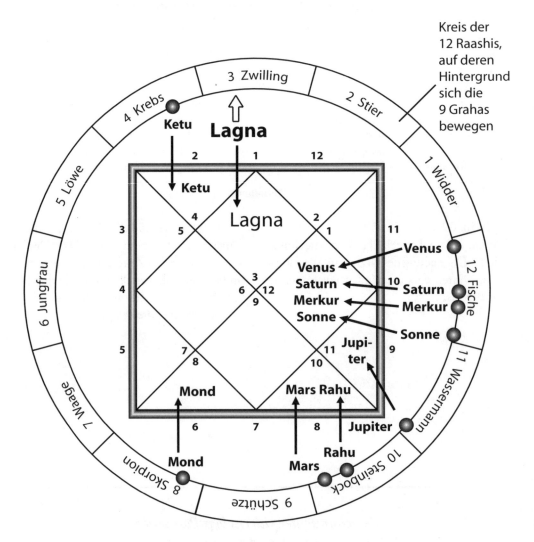

Grafik 22: Einsteins Horoskop in der Ekliptik und im Horoskop-Diagramm

BITTE BEACHTEN:
Wie aus dieser Darstellung ersichtlich, stellen wir die Graha-Positionen im Horoskop-Schema in der exakten Reihenfolge dar, wie sie am Himmel innerhalb eines Raashis stehen. Das ist sehr wichtig, wie wir später im Kapitel 17 sehen werden.

DIE GRUNDBEDEUTUNG
DER 9 GRAHAS („PLANETEN")

Jeder Graha hat viele Bedeutungen oder Zuordnungen. In diesem Zusammenhang wird ein Graha **„Kaaraka"** genannt. „Kaara" bedeutet „machen, tun, erarbeiten". „Kaaraka" bedeutet „der, der etwas produziert oder erschafft". Hier begegnen wir einer ähnlichen Bedeutung wie bei dem Begriff „Graha" (ergreifen, in Besitz nehmen, sich einer Sache bemächtigen), denn auch die Bedeutung von Kaaraka zeigt, dass die Grahas in der Vedischen Astrologie als Kräfte gesehen werden, die in der Lage sind, Wirkungen und Resultate hervorzubringen, und gestalterisch tätig sind. Die Summe aller Zuordnungen zu einem Graha, das heißt alle spezifischen Einzelheiten, die er bewirken oder hervorbringen kann, sind der **„Kaarakatwa"** des Graha. Jeder Graha ist also ein Kaaraka für bestimmte Dinge, die alle zusammen sein Kaarakatwa ausmachen, welches er beherrscht.

„Kaaraka" können wir mit „Gestalter" übersetzen und „Kaarakatwa" ganz allgemein mit „Bereich". Wegen ihrer komplexen Bedeutung werden wir aber die Sanskrit-Begriffe beibehalten.

Der Kaarakatwa (Bereich) jedes Grahas kann unterteilt werden in seine psychologischen, physiologischen, soziologischen und übrigen Zuordnungen. Als erstes werden wir für jeden Graha seine grundlegende, meist psychologische Bedeutung betrachten, wie sie von Maharshi Parashara beschrieben wird und in der folgenden Liste aufgeführt ist. Dabei behandeln wir die Grahas in der Reihenfolge, in der sie den Wochentagen von Sonntag beginnend zugeordnet sind. Dies ist die Reihenfolge, in der sie auch in der klassischen Sanskrit-Literatur behandelt werden. (Tabelle B)

Tabelle B: Graha-Namen und Grundbedeutungen

Graha	Sanskrit-Name	psychologische Grundbedeutung
Sonne	Surya	**universelles Selbst, Seele**
Mond	Chandra	**Geist, denkendes und fühlendes individuelles Bewusstsein**
Mars	Mangala	**Stärke**
Merkur	Budha	**Sprache**
Jupiter	Guru	**Wissen, Lebensfreude**
Venus	Shukra	**Zeugungskraft (Samen, Ei)**
Saturn	Shani	**Kummer**

Die **SONNE** als der alles überragende und überstrahlende Himmelskörper unseres Sonnensystems repräsentiert unsere Seele, also unser unsterbliches, universelles Selbst und dessen unbegrenztes Bewusstsein. Dadurch, dass wir mit der Geburt in das individuelle Leben der Begrenzungen eintreten, vergessen wir diese universelle Natur unseres Seins zum größten Teil und identifizieren uns stattdessen mit den Begrenzungen unseres Daseins. Wir tauschen sozusagen die Universalität gegen die vielen Begrenzungen ein, mit denen sich unser Ego im Laufe des Lebens identifiziert. Deshalb repräsentiert die Sonne in diesem Zustand des Nicht-Erleuchtet-Seins auch unser Ego.

Der **MOND** ist der Himmelskörper unseres Sonnensystems, der das meiste Licht der Sonne reflektiert. Er steht für den Geist, für unser denkendes und fühlendes individuelles Bewusstsein. Der Geist empfängt die Impulse aus der unendlichen Seele, die er als Gedanken, Gefühle, Ideen oder Intuitionen erfährt, so wie der Mond das Licht von der Sonne erhält. Dem Mond kommt deshalb in der Vedischen Astrologie eine größere Bedeutung zu als der Sonne, weil sich der Geist mit den Fragen und Erfahrungen des täglichen Lebens auseinandersetzt.

MARS ist der Graha der Energie und steht für unsere Kraft und Stärke, wobei hier zunächst die psychologische, dann aber auch die körperliche Stärke gemeint ist. Durch das Bewusstsein unserer Kraft fühlen wir uns unseren Aufgaben gewachsen, sodass Mars uns auch das Gefühl der Kompetenz und positiven Selbsteinschätzung gibt sowie Mut und Stolz. Wenn unsere Schaffenskraft und Energie jedoch blockiert wird, wandelt sie sich um in Ärger, sodass auch diese Eigenschaft zu Mars gehört.

MERKUR regiert unsere Sprache. Er gibt uns die Fähigkeit, uns auszudrücken und mitzuteilen. Alles, was mit Kommunikation, Schreiben und Informationsweitergabe zu tun hat, gehört in den Bereich von Merkur.

JUPITER steht für unser Wissen. Hier ist das höchste Wissen gemeint, also das Wissen über das Leben und seine Funktionsweise. Wenn dieses Wissen gelebt wird, ist es gleichzeitig Weisheit und hat deshalb auch viel mit Ethik und Rechtschaffenheit zu tun. Wenn echtes Wissen und Lebensweisheit gelebt werden, sind Lebensfreude und Glück ebenfalls gegeben, denn sie entstehen automatisch aus einer Lebensführung, die in Einklang mit dem Naturgesetz steht.

VENUS ist die Zeugungskraft. Sex „beginnt im Kopf", wie die Wissenschaftler sagen. Damit ist gemeint, dass die Zeugungskraft in erster Linie eine Sache des Bewusstseins ist und nicht des Körpers. Sie hat viel mit unserem Verlangen, unseren Wünschen und unserer Anziehungskraft zu tun, die alle aus unserem Bewusstsein kommen. Zur Anziehungskraft gehören wiederum Taktgefühl, Charme, Anmut und Schönheit, sodass auch diese der Venus zugeordnet sind. Durch die Zuordnung der Zeugungskraft zur Venus sind ihr auch Vergnügen und Lust zugeordnet.

SATURN ist der einzige Graha, dem Parashara eine „negative" Grundbedeutung zuschreibt, nämlich Kummer oder Gram. Das bedeutet, dass diese ein natürlicher Bestandteil des Lebens sind. Es bedeutet aber auch, dass Saturn uns die Fähigkeit gibt, Schmerzen zu ertragen und an ihnen zu wachsen. Kummer oder Gram erfahren wir im Wesentlichen durch drei Situationen: durch Verluste, sodass wir uns von etwas trennen müssen, was uns lieb ist; durch Versagung, sodass wir etwas nicht bekommen, was wir gern hätten; und durch Verletzung. Durch diese schmerzlichen Situationen verhilft uns Saturn zu Ausdauer, Geduld und der Fähigkeit, Dinge loszulassen. Er wirft uns mehr auf uns selbst zurück, sodass wir lernen, uns zu bescheiden und demütig zu sein.

Damit sind die 7 sichtbaren Grahas komplett. Sie stellen die primären Komponenten unseres Menschseins dar. Die übrigen zwei Grahas, Rahu und Ketu, nehmen eine Sonderstellung ein. Sie haben nicht den gleichen Rang wie die übrigen sieben.

RAHU UND KETU, die beiden Mondknoten, sind die so genannten Schatten-Grahas, weil sie Schatten hervorrufen, die zur Sonnen- und zur Mondfinsternis führen. Wann immer Vollmond in der Nähe von Rahu und Ketu stattfindet, das heißt in der Nähe der beiden Schnittpunkte, die von der Mondbahn und der Ebene der Sonnenbahn gebildet werden, erleben wir eine Mondfinsternis. Sonne, Erde und Mond bilden dann eine Linie, sodass der Schatten der Erde den Mond verdunkelt (siehe Grafik 23).

Wenn dagegen Neumond in der Nähe von Rahu **oder** Ketu stattfindet, verstellt der Mond den Blick auf die Sonne. Erde, Mond und Sonne stehen dann in einer Linie, sodass der Schatten des Mondes auf die Sonne fällt, was aber unerheblich ist. Wichtiger ist, dass er die Sicht auf die Sonne versperrt (siehe Grafik 24).

Aus diesen astronomischen Phänomenen ergibt sich eine Reihe von Interpretationen von Rahu und Ketu.

RAHU, der aufsteigende Mondknoten oder Drachenkopf, ist der Ergreifer oder Verschlinger, der sich der Sonne oder des Mondes bemächtigt und sie erst wieder frei gibt, wenn er sein „Ziel" erreicht hat. Daraus ergibt sich ein gewisser Eigensinn oder Starrsinn, Sich-in-etwas-Verbeißen und Kompromisslosigkeit; aber auch eine ungewöhnliche oder unkonventionelle Vorgehensweise oder Intelligenz. Rahu hat sozusagen keinen Respekt vor Sonne und Mond, den beiden Hauptlichtern am Himmel. Dies kann aber auch als einfache Unerschrockenheit gegenüber „hohen Tieren" interpretiert werden.

KETU, der absteigende Mondknoten oder Drachenschwanz, wird anders gesehen, weil er als der Unterleib von Rahu betrachtet wird und weil der Mond an dieser Stelle unter die Ekliptik taucht. Ihm schreibt man zu, Dinge zu verhindern, verdecken, verstecken oder unter den Teppich zu kehren. Dafür kommen

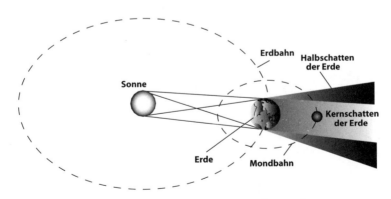

Grafik 23: Entstehung der Mondfinsternis

sie dann aber ganz plötzlich, wenn es an der Zeit ist, wieder hervor. Deshalb hat Ketu einerseits etwas mit Geheimnissen zu tun, andererseits aber auch mit dem plötzlichen Aufdecken von Geheimnissen. Außerdem mit Vertraulichkeit, Heimlichkeiten und Intrigen, aber auch mit dem plötzlichen Aufbrechen von lange verdrängten Problemen und deren Ursachen.

Die folgende Tabelle 1 führt die Grahas mit ihren Grundbedeutungen und deren Ableitungen auf.

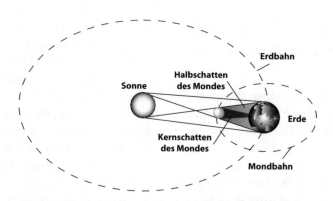

Grafik 24: Entstehung der Sonnenfinsternis

Tabelle 1: Die Grundbedeutungen der Grahas

Graha	Grundbedeutung	Ableitungen
Sonne	Seele, universelles Selbst	Ego, Mittelpunkt, Herrschaft
Mond	Geist, individuelles Bewusstsein	Denken, Fühlen, Wahrnehmung und deren Verarbeitung
Mars	Stärke	Kraft, Energie, Mut, Kompetenz, Ehrgeiz, Selbsteinschätzung, Stolz, Ärger
Merkur	Sprache	Ausdrucksfähigkeit, Schreiben, Kommunikation, Information und deren Weitergabe
Jupiter	Wissen, Freude	Weisheit, Glück, Naturgesetz, Ordnung, Ausgeglichenheit, Ethik, Rechtschaffenheit
Venus	Zeugungskraft	Verlangen, Wünsche, Vergnügen, Lust, Anziehungskraft, Charme, Taktgefühl, Anmut, Schönheit
Saturn	Schmerz	Gram, Kummer, Trennung, Verletzung, Loslösung, Ausdauer, Geduld, Bescheidenheit, Demut, Zurückgezogenheit
Rahu	ergreifen	sich bemächtigen, sich verbeißen, ungewöhnlich, unkonventionell, eigenwillig, starrköpfig, kompromisslos, respektlos, unerschrocken in Bezug auf „hohe Tiere"
Ketu	verdecken	verstecken, verhindern, Geheimnis, Vertraulichkeit, plötzliches oder unverhofftes Aufdecken, An-den-Tag-Treten von Sachverhalten oder Ereignissen, Heimlichkeiten, Intrigen

DIE GRUNDBEDEUTUNG DER 12 BHAVAS (LEBENSBEREICHE)

Bei der Geburt wandeln sich die 12 Raashis (vedischen Sternzeichen) in die 12 Bhavas (Lebensbereiche), indem der Lagna (Aszendent, aufsteigender Raashi), zum 1. Bhava wird, von wo aus alle weiteren Raashis (vedische Sternzeichen) als die nachfolgenden Bhavas gezählt werden. Jeder Raashi wird auf diese Weise zu einem Bhava (Lebensbereich).

Auch die 12 Bhavas haben viele Bedeutungen, die in die psychologischen, physiologischen, soziologischen und übrigen Zuordnungen unterteilt werden können.

Zu Beginn werden wir die Sanskrit-Namen der 12 Bhavas verwenden, deren Übersetzung Aufschluss über die Grundbedeutungen der Bhavas gibt. Die Sanskrit-Namen laut Parashara und ihre Bedeutung sind wie folgt:

1. Bhava: Tanu (Aszendent/Lagna)

Tanu bedeutet Körper, Person, Selbst, Gestalt und Manifestation. Damit schließt die Bedeutung des 1. Bhavas sowohl den Körper als auch die Persönlichkeit und das Selbst mit ein. Die Erfassung dieser drei Komponenten in einem Begriff ist ein Hinweis darauf, dass sich das Selbst in der Persönlichkeit und diese sich wiederum im Körper manifestiert, sodass man von einer Komponente auf die andere schließen kann, da sich alle drei entsprechen. Deshalb kann man im Gesicht eines Menschen lesen (Mimik und so weiter), was in ihm vor sich geht, und deshalb gibt es die

Körpersprache, die ebenfalls Ausdruck des Innenlebens ist.

2. Bhava: Dhana

Dhana steht eigentlich für den Preis, den man bei einem Wettbewerb gewinnen kann. Es bedeutet aber auch jedes Objekt von Wert sowie Wohlstand, Reichtum, bewegliche Habe, Geld, Schatz, Geschenk und Kapital. Aus diesen Bedeutungen ergibt sich zum einen, dass es hier um jene Habe geht, über die wir frei verfügen, die wir ausgeben und nutzen können. Zum anderen wird aber auch deutlich, dass diese Güter im Wettbewerb oder Konkurrenzkampf erworben sein können und in diesem Sinne wohlverdienter Wohlstand sind.

3. Bhava: Sahaja

Sahaja bedeutet wörtlich „diejenigen, die zusammen oder zur gleichen Zeit produziert oder geboren wurden". Damit sind zunächst die Geschwister gemeint und unter den Geschwistern diejenigen, die in etwa im gleichen Alter sind. Oft werden darunter gerade die jüngeren Geschwister verstanden. Man kann die Bedeutung aber auch weiter fassen und alle Geschwister mit einbeziehen. Im weitesten Sinne kann man sogar die Nachbarn mit einschließen, da diese ebenfalls mit uns in etwa zur gleichen Zeit am gleichen Ort leben.

4. Bhava: Bandhu

Mit Bandhu sind in erster Linie die mütterlichen Verwandten gemeint (einschließlich der Mutter selbst). Der Begriff bezeichnet aber auch Blutsverwandte sowie Verwandte und Angehörige im Allgemeinen, ferner Freunde, Gleichgesinnte, Verbindungen, Vereinigungen und Gesellschaften. Mit diesen Bedeutungen sind alle Menschen erfasst, die uns zeitlebens umgeben. Das ist zunächst die Mutter, dann die Familie und Verwandte, etwas später kommen Freunde hinzu sowie Gleichgesinnte, mit denen wir uns in Verbänden, Vereinigungen, Parteien und Gesellschaften organisieren. Wichtig ist hierbei die seelische Verwandtschaft. Es geht bei diesem Bhava also nicht um die berufliche Organisierung, sondern um den Bereich, in dem wir uns auch als Erwachsene zu Hause und miteinander verbunden fühlen.

5. Bhava: Putra

Putra bedeutet Sohn, aber auch Kind und schließt deshalb Töchter mit ein.

6. Bhava: Ari

Ari bedeutet Feind; jemand, der uns verletzt, und damit alle, die uns nicht wohlgesonnen sind.

7. Bhava: Yuvati

Yuvati bedeutet Mädchen, junge Frau (im alten Indien wurden die Kinder recht früh verheiratet). Heutzutage steht dieser Bhava für den Ehepartner im Allgemeinen. Damit ist auch Sex diesem Bhava zugeordnet.

8. Bhava: Randhra

Randhra bedeutet zunächst Spalt, Riss, Sprung, Kluft oder Abgrund und steht deshalb für ernsthafte Gefahren jeglicher Art. Es bedeutet aber auch Fehler oder Fehlerhaftigkeit und einen Aspekt von uns, der schwach, unzulänglich oder verletzbar ist. Physiologisch bezeichnet Randhra auch die menschlichen Körperöffnungen, speziell die Ausscheidungs- und Geschlechtorgane.

9. Bhava: Dharma

Wörtlich bedeutet Dharma „das, was fest etabliert, beständig und zuverlässig ist". Im höchsten Sinne steht Dharma deshalb für das ewige, allumfassende Naturgesetz, welches alles Geschehen und Handeln regelt und unveränderlich ist (siehe hierzu Kapitel 1, Die Entstehung der Schöpfung). Daraus ergeben sich aber auch andere Bedeutungen dieses Begriffes wie Gesetz, Pflicht, Recht, Tugend, Verhaltenskodex, Gerechtigkeit und Rechtschaffenheit.

10. Bhava: Karma

Karma bedeutet Handlung, Tätigkeit, Ausführung, Leistung, Geschäftstätigkeit; aber auch Beruf, Arbeit, Aktivität; ferner Produkt, Resultat und Wirkung als Folge der Handlung.

11. Bhava: Laabha

Laabha bedeutet Gewinn, Verdienst, Erwerb, Profit, Errungenschaft; aber auch erfassen, wahrnehmen, begreifen und genießen. Damit wird klar, dass es hier nicht nur um den materiellen Verdienst geht, sondern auch um den Gewinn von Wissen oder Information und um den Genuss materieller und immaterieller Güter und Werte.

12. Bhava: Vyaya

Vyaya bedeutet Verschwinden, Verlust, Verfall und Untergang im Allgemeinen. Konkret bedeutet es auch Ausgaben, Aufwand, Kosten und Opfer. Ferner kann es mit veränderlich, vergänglich und unbeständig übersetzt werden, sodass diesem Bhava auch das Ende des Lebens zugeordnet wird. Die Bedeutungen dieses Bhavas sind sowohl materiell als auch immateriell zu verstehen.

Die unten stehende Tabelle 2 fasst die Übersetzungen zusammen. Als Grundbedeutung der Sanskritnamen des Bhavas wurde die für den Bhava gebräuchlichste Übersetzung gewählt.

Tabelle 2: Die Grundbedeutungen der Bhavas

Bhava	Name	Grundbedeutung	sonstige Übersetzung
1	Tanu	Körper	Person, Persönlichkeit, Selbst, Gestalt, Manifestation
2	Dhana	Wohlstand	Reichtum, Geld, bewegliche Habe, Schatz, Kapital
3	Sahaja	jüngere Geschwister	Geschwister, Nachbarn
4	Bandhu	mütterliche Verwandte	Mutter, Blutsverwandte, Angehörige, Freunde, Seelenverwandte, Gleichgesinnte, Vereinigungen, Verbindungen, Parteien, Gesellschaften
5	Putra	Sohn	Kind, Tochter
6	Ari	Feind	Jemand, der nicht wohlgesonnen ist oder verletzt
7	Yuvati	Frau	Ehepartner, Sex
8	Randhra	Schwäche	Fehlerhaftigkeit, Verletzbarkeit, Abgrund, Gefahr, Körperöffnung, Ausscheidungs- und Geschlechtsorgane
9	Dharma	Gesetz	Naturgesetz, Pflicht, Recht, Tugend, Verhaltenskodex, Gerechtigkeit, Rechtschaffenheit
10	Karma	Handlung	Tätigkeit, Leistung, Beruf, Arbeit, Aktivität, Produkt, Resultat, Wirkung
11	Laabha	Gewinn	Verdienst, Erwerb, Profit, Errungenschaft, erfassen, begreifen, Genuss
12	Vyaya	Ausgaben	Kosten, Aufwand, Opfer, Verlust, Verfall, Untergang, Vergänglichkeit, Lebensende

DIE KLEINSTE EINHEIT
EINER HOROSKOP-INTERPRETATION:
GRAHA IM BHAVA

Da wir jetzt für jeden Graha („Planeten") und Bhava (Lebensbereich) einige Bedeutungen haben, können wir die kleinste Einheit einer Horoskop-Interpretation bilden, nämlich:

Ein Graha in einem Bhava

Diese Einheit kann in drei Lesarten zu Interpretationen führen:

1. Lesart Der Graha beeinflusst den Bhava, in dem er steht.
2. Lesart Der Bhava beeinflusst den Graha, der in ihm steht.
3. Lesart Graha und Bhava verbinden sich zu einer Synthese.

Grafik 25

Diese drei Lesarten wenden wir jetzt auf das Horoskop von **Wolfgang Amadeus Mozart** an und betrachten einige Grahas in ihren Bhavas.

Natürlich können wir in diesem Stadium nur Bhavas interpretieren, in denen mindes-

tens ein Graha zu finden ist. Außerdem müssen wir uns bewusst sein, dass unser Wissen im Moment noch sehr begrenzt ist; zum Bei-

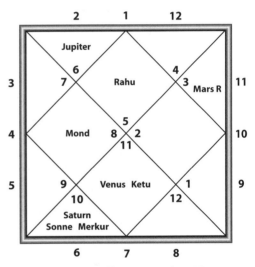

Horoskop 2: Wolfgang Amadeus Mozart geboren in Salzburg am 27.01.1756, ca. 20:00 Uhr Lokalzeit (20:08 MEZ)

spiel wissen wir noch nichts über die Qualität der Grahas und können deshalb nicht eindeutig entscheiden, ob der Graha mehr mit seinen positiven oder mit seinen negativen Zuordnungen zu interpretieren ist. Dennoch werden wir sehen, dass wir schon sehr Treffendes über Mozart aussagen können, was geschichtlich verbürgt ist.

Um das Prinzip am Anfang so einfach wie möglich zu verdeutlichen, beschränken wir uns bei der ersten Graha-Bhava-Kombination nur auf die Grundbedeutungen der Grahas (Tabelle B, Seite 51) und der Bhavas (Tabelle 2, Seite 59).

Wir beginnen mit **Mars im 11. Bhava.**

Mars = Stärke.

11. Bhava = Gewinn (materiell wie ideell).

In der 1. Lesart beeinflusst die Stärke (Mars) den Gewinn (11. Bhava).

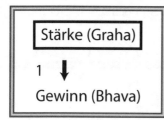

Grafik 26

Das können wir dahingehend interpretieren, dass Mozart mit Hilfe seiner Stärke in der Lage war, seinen ideellen wie materiellen Gewinn zu mehren.

In der 2. Lesart beeinflusst der Gewinn (11. Bhava) die Stärke (Mars).

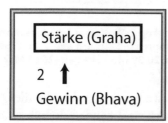

Grafik 27

Das können wir so interpretieren, dass Mozart besonders viel Stärke „gewonnen" hat, also große Stärke erreichte, entweder psychologische oder physiologische oder beide.

Die 3. Lesart lässt sich hier nicht anwenden, da wir keine Synthese aus Stärke und Gewinn machen können.

Ähnlich können wir nun mit den übrigen Bedeutungen von Mars und dem 11. Bhava verfahren. Mars steht außer für Stärke noch für Kraft, Energie, Mut, Kompetenz, Ehrgeiz, Selbsteinschätzung, Stolz und Ärger (siehe Tabelle 1, Seite 55). Der 11. Bhava steht für Verdienst, Erwerb, Profit, Errungenschaft, Genuss, erfassen und begreifen (siehe Tabelle 2, Seite 59). Hieraus lassen sich viele sinnvolle Interpretationen ableiten.

In der 1. Lesart, in der Mars den 11. Bhava beeinflusst, können wir beispielsweise folgende Kombinationen herstellen:

Mozart konnte seinen Mut, Ehrgeiz, Stolz und vielleicht sogar seinen Ärger sowie seine Energie, Kompetenz und Selbsteinschätzung einsetzen, um ideelle wie materielle Verdienste zu erzielen, um zu erfassen und zu begreifen, was ihn interessierte, sowie für den Genuss seines Lebens.

Aus der 2. Lesart, dem Einfluss des Bhavas auf den Graha, können wir ableiten, dass alle dem Mars zugeordneten Eigenschaften vermehrt wurden und dass Mozart es genossen hat, seine Kraft und Kompetenz einzusetzen.

Für die 3. Lesart können wir Energie und Genießen zu einer Synthese verbinden, die wir als Leidenschaftlichkeit interpretieren können.

Betrachten wir nun **Rahu im 1. Bhava** und beziehen gleich alle Bedeutungen mit ein:

Rahu: ergreifen
    sich bemächtigen, sich verbeißen, ungewöhnlich, unkonventionell, eigenwillig, starrköpfig, kompromisslos, respektlos, unerschrocken

1. Bhava: Tanu-Körper
    Person, Persönlichkeit, Selbst, Gestalt, Manifestation

> **1. Lesart** – Der Graha beeinflusst den Bhava: **Rahu beeinflusst den 1. Bhava.**

Da wir für den 1. Bhava bereits psychologische und physiologische Bedeutungen kennen, müssen wir uns jetzt entscheiden, auf welcher Ebene wir den Einfluss von Rahu auf den 1. Bhava interpretieren wollen.

Als erstes schauen wir auf die **physiologische Ebene.**

Interpretation: Rahu „ergreift" den oder „bemächtigt" sich des Körpers von Mozart. Rahu ist „eigenwillig, starrköpfig, respektlos" bezogen auf Mozarts Körper.

Das klingt zumindest bedrohlich und könnte ein Hinweis auf gesundheitliche Probleme sein. Tatsächlich trifft dies auf Mozart zu. Rahu im 1. Bhava **kann** zu gesundheitlichen Problemen führen. Wir werden später sehen, wann das im Einzelnen zu erwarten ist.

Als zweites betrachten wir die **psychologische Ebene:**

Interpretation: Rahu ist „ergreifend" im Sinne von „etwas packen und nicht loslassen, sich in etwas verbeißen". Rahu ist ungewöhnlich, unkonventionell, eigenwillig, starrköpfig, kompromisslos, respektlos und unerschrocken in Bezug auf „hohe Tiere." Diese Eigenschaften überträgt Rahu auf die Persönlichkeit von Mozart.

Wer einmal eine Biographie von Mozart gelesen hat*, wird erstaunt sein, wie frappierend diese Eigenschaften Mozart beschreiben. Er ist sehr unbeirrt seinen Weg gegangen, auch gegen den Willen oder die Empfehlungen

seines Vaters, was in der damaligen Zeit sehr viel ungewöhnlicher war als heute. Mozart war jahrelang der erste freischaffende Komponist seiner Zeit, also extrem unkonventionell und ungewöhnlich in seiner Lebensgestaltung. Auch passt zu Rahu, dass er sich einer sehr vulgären und obszönen Sprache bedienen konnte. Ferner verliebte er sich in eine Sängerin, die er unbedingt heiraten wollte und um die er lange geworben hat („verbissen"). Schließlich begnügte er sich (aufgrund einer Intrige der Mutter) mit deren Schwester.

Mozarts Musik ist bis heute absolut einzigartig („ungewöhnlich"). Gerade in den letzten Jahren seines Lebens in Wien, in denen es ihm materiell sehr schlecht ging, passte er sich dennoch nicht dem Musikgeschmack der Zeit an, sondern schrieb seine Musik („kompromisslos").

Vor „hohen Tieren" war er stets furchtlos und sagte unverblümt und direkt, was er empfand und dachte. Ihm galt nie der Rang oder Name etwas, sondern immer nur der Wert einer Person. Er war sogar von Pabst Klemens XIV zum Cavaliere geadelt worden und hätte sich fortan „von Mozart" nennen können, was vor ihm nur einem Musiker zuteil geworden war (Orlando di Lasso). Jedoch verzichtete Mozart auf den Titel, da ihm die Adelsgesellschaft suspekt war.

Außerdem war Mozart sehr starrköpfig. Etwas von ihm zu bekommen, was er nicht gern geben wollte, war sehr schwierig. Zum Beispiel hasste er die Flöte und schrieb deshalb für die zwei Flötenkonzerte, die ein lukrativer Auftrag waren, nur je zwei Sätze, obwohl mindestens drei üblich waren. Dass ihm dann sein Honorar gehörig gekürzt wurde, störte ihn nicht weiter und die Schelte seines Vaters auch nicht. Ein anderes Beispiel: Sein Hornist musste ihm jahrelang in den Ohren liegen, bis er ihm endlich seine Hornkonzerte

---

* Alle hier verwendeten Informationen über Mozart sind der Rowolt Bild-Monographie „Mozart" von Aloys Greither entnommen.

schrieb. Auch heiratete er Constanze Weber gegen den Willen des Vaters.

2. Lesart – Der Bhava beeinflusst den Graha, der in ihm steht: Der 1. Bhava beeinflusst Rahu.

Diese Interpretationsweise ist hier nicht anwendbar, da Rahu nur ein Schatten-Graha ist und nicht einer der 7 sichtbaren Grahas, die die primären Komponenten unseres Menschseins ausmachen.

Auch die **3. Lesart** ist deshalb nicht anwendbar.

Als zweites Beispiel schauen wir uns den **Mond im 4. Bhava** an:

Die Bedeutungen sind:

Mond: Geist, individuelles Bewusstsein
Denken, Fühlen, Wahrnehmung und deren Verarbeitung

4. Bhava: Bandhu, mütterliche Verwandte
Mutter, Blutsverwandte, Angehörige, Freunde, Seelenverwandte, Gleichgesinnte, Vereinigungen, Gesellschaften

1. Lesart – Der Graha beeinflusst den Bhava: Der Mond beeinflusst den 4. Bhava.

Da bei unseren bisherigen Bedeutungen des 4. Bhavas die sozialen Bezüge im Vordergrund stehen, konzentrieren wir uns in der Interpretation auf diese.

Interpretation: Der Geist und das individuelle Bewusstsein des Denkens und Fühlens von Mozart beeinflusst alle Personen, die durch den 4. Bhava gekennzeichnet sind, also die Mutter und ihre Verwandten, auch andere Angehörige sowie Freunde, Gleichgesinnte, Seelenverwandte, Vereinigungen und so weiter. Hier ist später zu untersuchen, um was für eine Art von Mond es sich bei Mozart handelt, welche seine besonderen Eigenschaften sind.

Mozart hatte mit Sicherheit eine innige Beziehung zu seiner Mutter, die ihn ohne den Vater auf seiner Reise nach Mannheim und weiter nach Paris begleitete, wo sie starb. Auf diesen Sachverhalt werden wir später zurückkommen, wenn wir mehr über Mozarts Mond wissen.

Mozart führte regen geistigen Austausch mit Freunden und Gleichgesinnten, was auch darin zum Ausdruck kommt, dass er in Wien der Freimaurerloge beitrat, die er eifrig besuchte. Er war ein begeisterter Anhänger, sodass er sogar seinen Vater dazu bewegte, Freimaurer zu werden.

2. Lesart – Der Bhava beeinflusst den Graha, der in ihm steht: Der 4. Bhava beeinflusst den Mond.

Umgekehrt wurde natürlich das Denken und Fühlen von Mozart auch durch seine Mutter, Angehörige, Freunde und Gleichgesinnte stark beeinflusst.

In diesen beiden Interpretationen vom Mond im 4. Bhava wird die Wechselwirkung zwischen Graha und Bhava sehr deutlich.

3. Lesart – Synthese von Graha und Bhava: Der Mond und der 4. Bhava bilden eine Synthese.

Mozarts Gefühlsleben hatte „mütterliche" Züge, das heißt, er konnte sich sehr fürsorglich bestimmter Personen annehmen.

Abschließend wollen wir noch die **Venus im 7. Bhava** betrachten.

Die Bedeutungen sind:
Venus: Zeugungskraft
Verlangen, Wünsche, Vergnügen, Lust, Anziehungskraft, Charme, Taktgefühl, Anmut, Schönheit

7. Bhava: Yuvati, Frau
Ehepartner, Sex

> **1. Lesart** – Der Graha beeinflusst den Bhava: **Venus beeinflusst den 7. Bhava.**

Beschränken wir uns zunächst auf das Wesen von Mozart.

Venus als Zeugungskraft, Verlangen, Lust und Anziehungskraft beeinflusst den 7. Bhava, der für Sex steht. Daraus müssen wir auf eine starke Sexualität bei Mozart schließen. Diese ist geschichtlich verbürgt.

> **2. Lesart** – Der Bhava beeinflusst den Graha, der in ihm steht: **Der 7. Bhava beeinflusst Venus.**

Die umgekehrte Lesart funktioniert besser, wenn wir den sozialen Bezug des 7. Bhavas einbeziehen. In dieser Lesart müsste die Frau von Mozart sein Verlangen und seine Wünsche anregen, was sicherlich auch richtig ist.

Da der 7. Bhava für Ehepartner steht, können die Grahas, die in diesem Bhava stehen, auch zur Beschreibung des Ehepartners herangezogen werden. In dem Fall ist dann Venus nicht die Venus von Mozart, sondern die von seiner Frau.

> **1. Lesart** – Der Graha beeinflusst den Bhava: **Venus im 7. Bhava beschreibt die Person, die dem 7. Bhava zugeordnet ist, den Ehepartner.**

Venus im 7. Bhava (Frau) beschreibt die Ehefrau als verlangend, voller Wünsche, zu Vergnügungen und Lust geneigt, anziehend, charmant, mit Taktgefühl, Anmut und Schönheit.

Mozart hätte eigentlich gern Aloysia Weber geheiratet, eine begnadete Sängerin, die er sehr gefördert hat. Doch diese erwiderte seine Liebe nicht und erkannte auch nicht das außerordentliche musikalische Genie in ihm. Stattdessen bekam Mozart durch die Schachzüge der Mutter die jüngere Schwester, Constanze, zur Frau – wie erwähnt, gegen den Willen von Mozarts Vater. Constanze war genauso wenig den häuslichen Pflichten zugetan wie Mozart und liebte das vergnügliche Leben. Die übrigen obigen Beschreibungen passen mit einigen Einschränkungen ebenfalls zu ihr. Woher diese Einschränkungen herrühren, werden wir später sehen.

In ähnlicher Weise, wie die Venus im 7. Bhava die Ehefrau von Mozart beschreibt, prägt natürlich der Mond im 4. Bhava das Wesen der Mutter. Es kommt eben immer darauf an, worauf wir unsere Aufmerksamkeit richten und worüber wir eine Aussage machen möchten, wenn wir ein Horoskop analysieren.

> **3. Lesart** – Synthese von Graha und Bhava: **Synthese von Venus und dem 7. Bhava.**

Venus als Charme und der 7. Bhava als Sex ergeben als Synthese einen erotischen Charme oder Sexappeal.

Die vollständigen Raashi- und Nakshatra-Positionen in Mozarts Horoskop sind auf der nächsten Seite aufgeführt.

Übung 2

Welche Interpretation können wir von Ketu im 7. Bhava ableiten? Benutzen Sie dabei die in diesem Kapitel behandelten 3 Lesarten.

Lösung siehe Anhang.

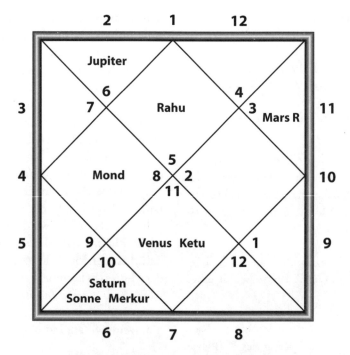

**Horoskop 2: Wolfgang Amadeus Mozart
geboren in Salzburg am 27.01.1756, ca. 20:00 Uhr Lokalzeit (20:08 MEZ)**

Die Raashi- und Nakshatra-Positionen in Mozarts Horoskop:

Lagna/Aszendent	22° 15 Löwe	Puurva Phalguni
Sonne	16° 56 Steinbock	Shravana
Mond	27° 21 Skorpion	Jyeshthaa
Mars	9° 53 Zwillinge	Aardraa
Merkur	17° 41 Steinbock	Shravana
Jupiter	28° 04 Jungfrau	Chitraa
Venus	8° 52 Wassermann	Shatabhishaa
Saturn	11° 32 Steinbock	Shravana
Rahu	21° 01 Löwe	Puurva Phalguni
Ketu	21° 01 Wassermann	Puurva Bhadrapadaa

DIE 27 NAKSHATRAS
(MONDKONSTELLATIONEN ODER MONDHÄUSER)

Eine Besonderheit der Vedischen Astrologie sind die 27 Nakshatras, die Mondkonstellationen oder Mondhäuser genannt werden. Jedes Nakshatra besteht aus 13° 20' der Ekliptik (Sonnenbahn). Die Sequenz der 27 Nakshatras beginnt wie die Tierkreiszeichen bei 0° Widder (Mesha). Sie beschreibt unter anderem die verschiedenen Entwicklungsstadien eines Menschen, von der Zeugung (1. Nakshatra Ashvini) bis hin zum Zustand der abgeklärten Weisheit im Alter (27. Nakshatra Revati). Die Nakshatras werden auch für Beschreibungen der Lebensausrichtung einer Person genutzt, da sie den Wirkungen der Grahas bestimmte Richtungen geben.

Wo immer ein Graha platziert ist, steht er gleichzeitig in einem Raashi und einem Nakshatra. Da wir den Raashi im Moment nur in seiner verwandelten Form als Bhava betrachten, können wir sagen, dass ein Graha immer in einem Nakshatra und einem Bhava steht. Auch die Position des Lagna-Grades (aufsteigender Grad des Aszendenten) steht in einem Nakshatra, welches für die Interpretation eines Horoskops sehr aufschlussreich ist.

Um den Einfluss der Nakshatras zu verstehen, betrachten wir zunächst ihre Symbole, essentielle Bedeutung und kurze Charakteristik. Die folgende Tabelle 3 enthält neben dem Sanskrit-Namen jedes Nakshatras seine Symbole, seine essentielle Bedeutung in Form einer Idee und die Beschreibung seiner kurzen Charakteristik.

Tabelle 3: Kurzbeschreibung der 27 Nakshatras

Nr. Sanskrit-Name und Position	Symbol	Idee	kurze Charakteristik
1 Ashvini 0° Widder – 13° 20 Widder	Pferd, Pferdekopf	Stern des Neubeginns	Neue Dinge in Bewegung setzen. Sehr energievoll. Heilen und helfen. Jugendlich. Wohlgestaltet. Starke Sexualität.
2 Bharani 13° 20 Widder – 26° 40 Widder	Yoni, weibliches Geschlechtsteil	Stern des Entstehens, Werdens, Reifens	Etwas im Schutz der Verborgenheit reifen oder werden lassen. Ausbrüten, zurückhalten. Lang währende Projekte durchführen. Aufbrausend.

Fortsetzung Tabelle 3: Kurzbeschreibung der 27 Nakshatras

Nr. Sanskrit-Name und Position	Symbol	Idee	kurze Charakteristik
3 Krittikaa 26° 40 Widder – 10° Stier	Flamme, Rasiermesser	Stern der Energie	Freiwerden von Kreativität oder Schaffenskraft. Aufbrechen neuen Lebens. Verselbstständigung.
4 Rohini 10° Stier – 23° 20 Stier	Wagen, Tempel, Banyanbaum	Stern des Wachstums	Erfüllung von Wünschen und Verlangen. Sich aller Möglichkeiten erfreuen. Verlässlich und beständig.
5 Mrigashiraa 23° 20 Stier – 6° 40 Zwillinge	Reh oder Antilope oder deren Kopf	Stern des Suchens	Wissbegierde und Unternehmungslust. Streben nach Schönheit und Erkenntnis. Nachjagen, Leidenschaft.
6 Aardraa 6° 40 Zwillinge – 20° Zwillinge	Träne oder Kopf eines Menschen	Stern der Reinigung	Graderücken von falschen Konzepten und Handlungen. Inneres und äußeres Korrigieren. Leid erfahren.
7 Punarvasu 20° Zwillinge – 3° 20 Krebs	Bogen und Köcher mit Pfeilen, Haus	Stern der Herausforderung	Sich wieder und wieder Herausforderungen stellen, um sich selbst zu finden. Regeneration und Rückkehr der Kraft. Freiheitsdrang.
8 Pushya 3° 20 Krebs – 16° 40 Krebs	Blume, Kuheuter, Kreis, Pfeil	Stern des Erblühens	Durch Demut Wohlergehen erlangen und begünstigt werden. Geist und Körper im Einklang mit der Natur gedeihen lassen.
9 Aashleshaa 16° 40 Krebs – 30° Krebs	zusammengerollte Schlange	Stern des Umschlingens	Engen Kontakt suchen, klammern. Geheimnisse ergründen und nutzen. Türen öffnen. Psychische Macht ausüben, erzwingen.
10 Magha 0° Löwe – 13° 20 Löwe	geschlossene Sänfte mit Thron, Thronsaal	Stern der dienenden Größe	Selbstloses, großzügiges Handeln. Position erreichen. Tradition wahren oder begründen. Familienstolz. Großzügig handeln.

Fortsetzung Tabelle 3: Kurzbeschreibung der 27 Nakshatras

Nr. Sanskrit-Name und Position	Symbol	Idee	kurze Charakteristik
11 Puurva Phalguni 13° 20 Löwe – 26° 40 Löwe	Hängematte, Couch, Vorderpfosten eines Betts, Shivalingam	Stern des verdienten Glücks	Auszeichnung, Wohlstand und Wohlergehen durch Leistung erlangen. Die Früchte genießen. Leidenschaft.
12 Uttara Phalguni 26° 40 Löwe – 10° Jungfrau	Bett	Stern der Unterstützung	Hilfsbereitschaft und Förderung empfangen und geben. Echte Freundschaft und Partnerschaft. Befreiung von Schwierigkeiten.
13 Hasta 10° Jungfrau – 23° 20 Jungfrau	geschlossene Hand, Handfläche	Stern der Gestaltung	Kreative und gestalterische Fähigkeiten. Struktur und Form geben. Kontrollieren, heilen. Geschäftstüchtig.
14 Chitraa 23° 20 Jungfrau – 6° 40 Waage	leuchtender Juwel, Perle	Stern der Großartigkeit	Etwas beeindruckendes, blendend Schönes oder Perfektes erschaffen. Aufmerksamkeit erregen. Illusion erzeugen. Betören.
15 Svaati 6° 40 Waage – 20° Waage	junger Spross im Wind, Korallenperle	Stern der Unabhängigkeit	Sich frei und unabhängig im Leben bewegen. Aus eigenem Antrieb immer in Bewegung sein. Selbstständig etwas erreichen.
16 Vishaakhaa 20° Waage – 3° 20 Skorpion	Triumphbogen, Töpferscheibe	Stern des eigennützigen Erfolgs	Erfolg durch eigennütziges Handeln und Entschlossenheit. Exponiert, überragend. Durch Glück gefördert. Sich produzieren.
17 Anuraadhaa 3° 20 Skorpion – 16° 40 Skorpion	Triumphbogen, Lotusblume	Stern des Erfolgs durch Aufopferung	Sich als Diener einer Sache begreifen und aufopfern. Sich verpflichten. Jedermanns Freund sein. Gutgläubig, wohlwollend, hilfsbereit.
18 Jyeshthaa 16° 40 Skorpion – 30° Skorpion	Ohrring, runder Talisman	Stern der Überlegenheit	Durch Reife und Erfahrung bevorzugt oder auserwählt werden. Vertrauen genießen. Herausragende Stellung erlangen.

Fortsetzung Tabelle 3: Kurzbeschreibung der 27 Nakshatras

Nr. Sanskrit-Name und Position	Symbol	Idee	kurze Charakteristik
19 Muula 0° Schütze – 13° 20 Schütze	Wurzelbündel, Löwenschwanz	Stern der Wurzel	Dingen auf den Grund gehen, tiefe Einsichten gewinnen. Not. Den Äußerlichkeiten entsagen (müssen). Auf Reichtum verzichten (müssen).
20 Puurva Ashaadhaa 13° 20 Schütze – 26° 40 Schütze	Elefantenstoßzahn, Korb zum Trennen von Spreu, Fächer	Stern der Unbezwingbarkeit	Sich durch eigene Anstrengungen nicht bezwingen oder aufhalten lassen. Ruhm erlangen. Auf wesentliche Ziele konzentriert.
21 Uttara Ashaadhaa 26° 40 Schütze – 10° Steinbock	Elefantenstoßzahn, Liege	Stern der Universalität	Durch umfassende Kenntnisse, Fähigkeiten und Tugenden seine Ziele verwirklichen und Unterstützung bekommen. Unbezwingbar.
22 Shravana 10° Steinbock – 23° 20 Steinbock	drei schreitende Fußabdrücke, Ohr	Stern des Lernens	Hören und Vermitteln von Wissen für höheren Fortschritt. Die Zusammenhänge des Lebens verstehen. Guten Ruf erlangen.
23 Dhanishthaa 23° 20 Steinbock – 6° 40 Wassermann	Musiktrommel	Stern der Vortrefflichkeit	Hervorragende Leistungen erbringen, Gipfel erreichen. Berühmtheit erlangen. Im Einklang mit der Natur rastlos voranschreiten.
24 Shatabhishaa 6° 40 Wassermann – 20° Wassermann	Kreis, Topf mit Deckel, 100 Blumen oder Heiler	Stern der kosmischen Ordnung	Über Gesetz und Ordnung wachen. Wahrhaftig sein. Korrigieren und korrigiert werden. Heilwissen. Zukunftswissen. Krass reagieren.
25 Puurva Bhadrapadaa 20° Wassermann – 3° 20 Fische	Schwert, 2 Bettpfosten, doppelköpfiger Mann	Stern der unbedingten Wunscherfüllung	Energievoll bis ungestüm Wünsche und Ideen verwirklichen. Bisweilen Folgen nicht richtig einschätzen. Gelegenheiten bekommen. Glück.

Fortsetzung Tabelle 3: Kurzbeschreibung der 27 Nakshatras

Nr. Sanskrit-Name und Position	Symbol	Idee	kurze Charakteristik
26 Uttara Bhadrapadaa 3° 20 Fische – 16° 40 Fische	doppelköpfiger Mann, 2 Bettpfosten, Totenbett	Stern der Selbstkontrolle	Beseitigung von Illusionen. Erlangung von Selbstkontrolle. Nüchtern, integriert, bescheiden und umsichtig.
27 Revati 16° 40 Fische – 30° Fische	Trommel, die den Zeittakt schlägt, Fisch	Stern der Vollendung	Abgeklärtheit und Weisheit. Anderen den Weg weisen, sie nähren, fördern und leiten. Durch Kontakt zur Transzendenz genährt werden.

Betrachten wir nun die **Gradzahl des Aszendenten und einige Grahas aus Mozarts Horoskop in ihren Nakshatras.** Der Lagna und Rahu stehen in Puurva Phalguni (siehe Horoskop Seite 66). Damit kommt diesem Nakshatra eine große Bedeutung zu. Allein der Aszendenten-Grad oder Rahu im Aszendenten in diesem Nakshatra hätte ihm schon eine besondere Bedeutung gegeben.

Interpretation:
Aszendent (Lagna) und Rahu in Puurva Phalguni

Die Symbole für Puurva Phalguni (Nakshatra 11) sind Hängematte, Couch, die Vorderpfosten eines Betts und der Shivalingam. Hängematte und Couch sind Gegenstände, mit denen man es sich bequem machen kann – in der Regel, nachdem man etwas geleistet hat. Sie stehen also für wohlverdiente Erholung und vergnügliche Stunden auf der Basis von erbrachter Leistung, die sich Mozart durchaus gegönnt und genossen hat. Die Vorderpfosten des Betts zeigen an, dass man sich nicht nur ausruhen kann, denn dazu benötigt man ein ganzes Bett. Mozart war trotz aller Vergnügungen ein sehr produktiver Mensch. Der Shivalingam ist ein

Symbol der Lebenskraft und Kreativität im Allgemeinen, aber auch der sexuellen Kraft und Freude. All diese Aspekte waren bei Mozart sehr ausgeprägt. Rahu in dieser Position bedeutet eine Intensivierung dieser Interpretationen. Er macht Mozart, was seine Kreativität, Produktivität, Lebenslust und Sexualität betrifft, eigensinniger, kompromissloser, ungewöhnlicher, unkonventioneller und unerschrockener.

Puurva Phalguni (11) ist der Stern des Glücks. Er steht für Auszeichnung, Wohlstand und Wohlergehen, die durch eigene Leistungen erlangt werden und deren Früchte man genießen kann. Mozart erhielt viele Auszeichnungen und Bewunderung, besonders in der Zeit, als er als musikalischer Wunderknabe mit seiner Familie durch die Lande reiste. Seine Leistungen trugen viel zum Wohlstand und Wohlergehen der Familie bei. Auch in der Wiener Zeit, den letzten 10 Jahren seines Lebens, gab es Jahre großer Anerkennung für ihn, deren materielle Verdienste er gern ausgab. Prinzipiell scheute er sich nicht, die Anerkennung für seine Leistungen anzunehmen. Dass er geadelt wurde, war eine besonders hohe Auszeichnung, die er jedoch nicht annahm, weil ihm die Vertreter des gehobenen Standes menschlich suspekt waren. Dies ist sicherlich primär auf den Einfluss von Rahu in diesem

Nakshatra zurückzuführen, der zu sehr ungewöhnlichen und überraschenden Reaktionen befähigt.

Interpretation: Mond in Jyeshthaa

Mozarts Mond steht in Jyeshthaa (Nakshatra 18), dessen Symbole ein Ohrring und ein runder Talisman sind. Der Ohrring war im alten Indien ein Symbol für eine gehobene Position (gerade bei Männern), und der Talisman ist ein Symbol des besonderen Schutzes. Innerhalb der Gemeinschaft der Musiker hatte Mozart mit Sicherheit als Solist und Orchesterleiter (den Dirigenten gab es damals noch nicht) eine sehr herausragende Stellung und war äußerst begnadet (Talisman).

Jyeshthaa ist der Stern der Überlegenheit. Sein starker Einfluss bewirkt, dass man aufgrund von Reife und Erfahrung bevorzugt, gesucht oder ausgewählt wird. Da der Mond für Mozarts Geist, sein Denken und Fühlen steht, können wir sagen, dass aufgrund der Funktionsweise seines Geistes und seiner Gefühle Mozart ein gesuchter Musiker und Komponist war und eine überlegene Position erwerben konnte. Dies ist in sofern vollkommen richtig, da sich Mozart mit seinen Kompositionen genial geschickt auf das jeweilige musikalische Können seiner Auftraggeber einstellen konnte, ohne dass die Qualität seiner Musik darunter litt. Ferner war er ja bereits als Kind ein gefragter Solist und Komponist, der mit seiner Familie von Hof zu Hof reiste.

Interpretation: Sonne in Shravana

Die Sonne steht in Shravana (Nakshatra 22), dessen Symbol die drei Fußabdrücke der schreitenden Füße sind. Dies ist ein Symbol von Vishnu, dem Erhalter des Universums, der in der Lage ist, dieses mit drei Schritten zu durchmessen. Man kann sie aber auch als Vishnus Durchmessen der drei Welten verstehen, die er erhält. Diese drei Welten sind die Welt der Seele, des Geistes und des Materiellen (Körpers). In jedem Fall hat dieses Symbol einen sehr universellen Charakter. Mozarts Sonne in dieser Position bedeutet, dass seine Seele diese universelle Natur hier auf der Erde reflektiert. Ein anderes Symbol von Shravana ist das Ohr. Dieses bedeutet selbstverständlich Hören oder besonders gut hören können. Die Sonne in dieser Position bedeutet deshalb, dass Mozarts Seele für feinste Schwingungen und Harmonien offen war, sie wahrnehmen und hören konnte, und dass diese Schwingungen von sehr universeller, das heißt zeitloser und allgemeingültiger Natur waren. Dies erklärt, warum Mozarts Musik auch Jahrhunderte nach seinem Tod keinerlei Beliebtheit verloren hat. Vielmehr wurden die Größe und Universalität seiner besten Werke erst mit der Zeit von den Menschen erkannt und geschätzt.

Shravana ist das Nakshatra des Lernens. Es bedeutet Hören und Vermitteln von Wissen für höheren Fortschritt. Mozart war selbstverständlich ein gelehriger Schüler. Er wurde von seinem Vater unterrichtet. Später unterrichtete er selber und gab sein musikalisches Wissen an ausgewählte Schüler(innen) weiter. Auch diese Tätigkeit wurde durch die Position der Sonne in Shravana Nakshatra gefördert.

Der Lagna, der Mond und die Sonne in Mozarts Horoskop ergeben also klare Bezüge zwischen ihren Nakshatra-Positionen und seinem Wesen und Leben. Auf diese Weise könnten wir alle Grahas behandeln. Es ist jedoch aufschlussreicher, wenn wir den Graha nicht nur mit dem Nakshatra, sondern auch mit dem Bhava verbinden, in dem er steht. Dies bringt uns zur ersten Stufe der Horoskop-Interpretation, die wir im nächsten Kapitel behandeln.

DIE VERBINDUNG EINES GRAHA MIT DEM VON IHM BESETZTEN BHAVA UND NAKSHATRA

– Stufe 1 der Horoskop-Interpretation –

In diesem Kapitel wenden wir das bis hierher erarbeitete Wissen an. Dabei geht es sowohl um die Zuordnungen zu den Grahas, Bhavas und Nakshatras als auch um die bislang eingeführten Begriffe. Im Anhang befindet sich eine Seite mit den Grundbegriffen und ihren Bedeutungen, die Sie sich heraustrennen oder kopieren können, damit Sie sie nicht immer nachschlagen müssen.

Jeder Graha und die Gradzahl des Aszendenten ist durch seine Position immer untrennbar sowohl mit einem Nakshatra als auch mit einem Raashi verbunden, wobei der Raashi zu einem Bhava wird. Wir haben es hier wieder mit einer Dreierstruktur zu tun, die nur als Einheit auftreten kann – ähnlich den drei Gunas: Sattva, Rajas und Tamas (Grundkräfte des Lebens, siehe Kapitel 1: Die Grundstruktur der Schöpfung und des Menschen). Daraus ergeben sich für die Interpretation wichtige Kombinationen und vor allem Differenzierungen.

Der 4. Bhava beispielsweise ist in seiner Bedeutung immer festgelegt, ebenso wie jeder Graha. Wenn nun die Sonne im 4. Bhava steht, ergeben sich aus der Kombination der Bedeutungen von der Sonne und dem 4. Bhava ganz bestimmte Interpretationen, die immer gleich sind. Da aber die Sonne im 4. Bhava in jedem

der 27 Nakshatras stehen kann – je nach dem, welcher Raashi im Aszendenten (Lagna) steht – ergeben sich 27 mögliche Varianten für die Kombination „Sonne im 4. Bhava".

Ist der Aszendent (Lagna) zum Beispiel Widder (Mesha) (siehe Grafik 28), kann die Sonne im 4. Bhava in den Nakshatras Punarvasu (7), Pushya (8) oder Aashleshaa (9) stehen, da bei Aszendent Widder der 4. Bhava identisch ist mit Krebs (Karka), in dem sich diese drei Nakshatras befinden. Wenn aber

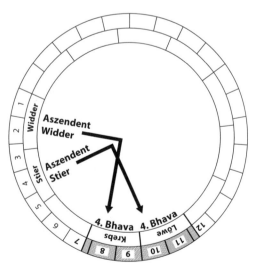

Grafik 28: Verschiedene Nakshatras im 4. Bhava, je nach Aszendent

der Aszendent Stier ist (Vrishabha), kann die Sonne im 4. Bhava in Magha (10), Puurva Phalguni (11) oder Uttara Phalguni (12) stehen, da von Stier aus gerechnet der Löwe der 4. Bhava ist, in dem sich diese drei Nakshatras befinden. Die unterschiedlichen Nakshatra-Positionen führen zu verschiedenen Interpretationen der Sonne im 4. Bhava.

Grafik 29 veranschaulicht die Dreierstruktur von Graha – Nakshatra – Bhava: Nakshatra und Graha beeinflussen sich gegenseitig oder bilden eine Synthese. Der Graha interagiert dann wechselseitig mit dem Bhava oder bildet eine Synthese, wobei er durch das Nakshatra modifiziert sein kann.

Grafik 29: Stufe 1 der Horoskop-Interpretation

Schauen wir uns auf dieser Grundlage nun Mozarts Mond im 4. Bhava nochmals an und danach seinen Mars im 11. Bhava und Jupiter im 2. Bhava. Bei den folgenden Interpretationen werden wir jeweils in Klammern vermerken, ob es sich um die 1., 2. oder 3. Lesart handelt, wie wir sie in Kapitel 6, insbesondere auf Seite 61 (grauer Kasten) erklärt haben.

Mond in Jyeshthaa im 4. Bhava (1. Beispiel)

Der Mond steht für den Geist und das individuelle Bewusstsein, für Denken, Fühlen sowie Wahrnehmung und deren Verarbeitung (Tabelle 1, Seite 55).

Mozarts Mond steht im 4. Bhava in Jyeshthaa (Nakshatra 18), dessen Symbole der Ohrring und der Talisman sind. Es ist der Stern

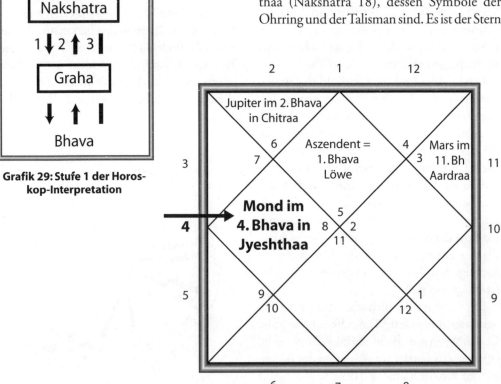

Horoskop-Auszug: Wolfgang Amadeus Mozart

der Überlegenheit. Er bedeutet, aufgrund von Reife und Erfahrung bevorzugt zu werden (Tabelle 3, Seite 69).

Der 4. Bhava steht für mütterliche Verwandte, Mutter, Blutsverwandte, Angehörige, Freunde, Seelenverwandte, Gleichgesinnte, Vereinigungen und Gesellschaften (Tabelle 2, Seite 59).

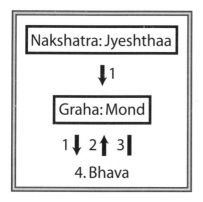

Grafik 30: Stufe 1 der Horoskop-Interpretation Mond in Jyeshthaa im 4. Bhava

Da die Bedeutungen des 4. Bhavas, die wir bisher kennen, sich ausschließlich auf die soziale Ebene beziehen, wollen wir uns bei dieser ersten Kombination Graha – Nakshatra – Bhava auch nur auf diese beschränken. Diese sagt dann folgendes aus:

Mozarts Geist und individuelles Bewusstsein (Mond) waren von besonderer und begnadeter Beschaffenheit, sodass er aufgrund seiner Fähigkeiten und seiner Reife (wir können sogar sagen: „Früh-Reife") gesucht und bevorzugt wurde (Jyeshthaa, Nakshatra 18. Lesart 1: Nakshatra beeinflusst Graha). Diese Situation nutzte er zu Gunsten seiner Angehörigen, Freunde, Seelenverwandten, Gleichgesinnten und so weiter (1. Lesart: Durch Nakshatra modifizierter Graha beeinflusst Bhava). Er wurde aber in dieser besonderen Stellung, die ihm Mond in Jyeshthaa gab, auch von eben diesen Personen gefördert

und unterstützt oder (aus-)genutzt (2. Lesart: Bhava beeinflusst Graha).

Diese Interpretation ist historisch belegt. Seine Familie (Eltern) förderte ihn von frühester Kindheit an, nutzte aber selbstverständlich seine enorme Begabung für den Broterwerb der ganzen Familie, was Mozart aber nie als Belastung oder Ausnutzung empfand. Später zeigte er sich seinen Freunden oder vermeintlichen Freunden und Gleichgesinnten gegenüber sehr großzügig und wurde von diesen reichlich ausgenutzt. Aber auch seine enge Verbundenheit mit den Freimaurern, die ja eine rein geistig-ideelle (Mond) Vereinigung (4. Bhava) waren, zeigt sich in dieser Mondposition, denn einer Loge konnte man nicht einfach beitreten, sondern musste empfohlen, also ausgewählt worden sein (Jyeshthaa). Das freimaurerische Gedankengut hat Mozart in der Zauberflöte verarbeitet.

Sein fürsorgliches Wesen (3. Lesart: Synthese aus Graha und Bhava) wird durch Jyeshthaa eine besondere Note und Attraktion bekommen haben.

Als zweites Beispiel wollen wir Mozarts Mars in Aardraa im 11. Bhava betrachten.

Mars in Aardraa im 11. Bhava (2. Beispiel)

Mars steht für Stärke, Kraft, Energie, Mut, Kompetenz, Ehrgeiz, Selbsteinschätzung, Stolz und Ärger. (Horoskop W. A. Mozart)

Die Symbole von Aardraa (Nakshatra 6, Seite 68) sind die Träne und der Kopf eines Menschen. Es ist der Stern der Reinigung. Er steht für das Graderücken von falschen Konzepten und Handlungen sowie für inneres und äußeres Korrigieren.

Der 11. Bhava steht für Gewinn, Verdienst, Erwerb, Profit, Errungenschaft, erfassen, begreifen, Genuss.

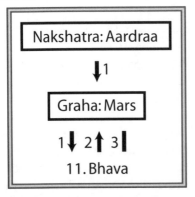

Grafik 31: Stufe 1 der Horoskop-Interpretation
Mars in Aardraa im 11. Bhava

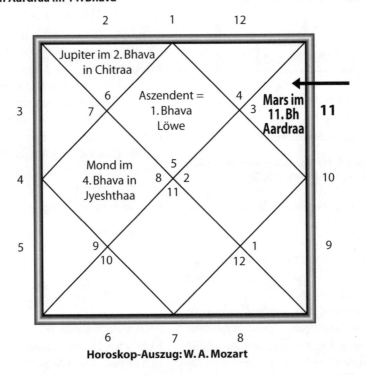

Horoskop-Auszug: W. A. Mozart

Aufgrund der Bedeutungen von Mars, die wir bisher kennen, konzentrieren wir uns hier auf die Persönlichkeit von Mozart. Dann können wir Folgendes aussagen:

Der Einfluss von Aardraa Nakshatra ist kritisch zu sehen. Das Symbol der Träne weist auf die Möglichkeit leidvoller Erfahrungen hin. Die Bedeutung von „Korrektur" ist

ebenfalls nicht immer angenehm. Mozarts Ehrgeiz, Antrieb und Handeln, Selbsteinschätzung und Stolz (Mars) werden häufig auf Widerstände gestoßen sein (Aardraa, 1. Lesart), was seinem Verdienst abträglich gewesen sein muss (11. Bhava, 1. Lesart). Es ist bekannt, dass er und seine Familie besonders in den letzten Wiener Jahren bitter arm waren und Hunger gelitten haben. Mozart war nicht bereit genug, den Musik-Geschmack der Zeit zu bedienen, sondern blieb sich selber treu.

Mars als Kompetenz und Stolz versuchte eher, durch den Einfluss von Aardraa den Geschmack der Zeit zu „korrigieren" als sich korrigieren zu lassen, auch wenn das leidvolle Erfahrungen bedeutete und zu geringerem Verdienst (11. Bhava) führte. Andererseits ist zu sehen, dass Mozart zu bestimmten Zeiten seines Lebens durch seine Kompetenz (Mars) und sein Konzept von Musik durchaus in der Lage war, den allgemeinen Geschmack zu prägen (Aardraa: korrigieren) und Gewinn zu erzielen (11. Bhava). Dies hängt mit den unterschiedlichen Zeitperioden seines Lebens zusammen, die von verschiedenen Grahas maßgeblich geprägt wurden. Den diesbezüglichen Zeitschlüssel können wir jedoch erst behandeln, wenn wir genug über die Interpretation der Grahas wissen (siehe Band 2).

Mars im 11. Bhava als Leidenschaftlichkeit (3. Lesart) weist in Aardraa (Korrektur) auf die Notwendigkeit der Läuterung und Verfeinerung hin.

Abschließend wollen wir Mozarts Jupiter in Chitraa Nakshatra im 2. Bhava betrachten.

Jupiter in Chitraa im 2. Bhava (3. Beispiel)

Jupiter steht für Wissen, Freude, Weisheit, Glück, Naturgesetz, Ordnung, Ausgeglichenheit, Ethik und Rechtschaffenheit.

Das Symbol von Chitraa (Nakshatra 14, Seite 69) ist ein leuchtendes Juwel oder eine Perle, also eine Kostbarkeit. Es ist der Stern der Brillanz. Es bedeutet, etwas Beeindruckendes, blendend Schönes erschaffen, Aufmerksamkeit bekommen.

Der 2. Bhava steht für Wohlstand, Reichtum, Geld, bewegliche Habe, Schatz, Geld und Kapital.

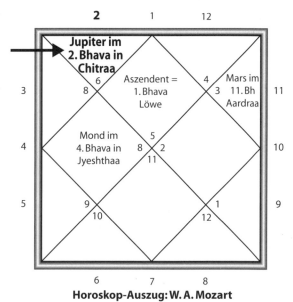

Horoskop-Auszug: W. A. Mozart

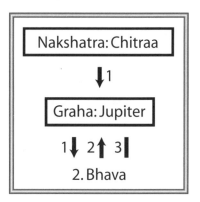

Grafik 32: Stufe 1 der Horoskop-Interpretation Jupiter in Chitraa im 2. Bhava

Die Position von Jupiter in Chitraa Nakshatra ist sehr bezeichnend für Mozarts Musik. Natürlich müssen wir hier die Zuordnungen von Jupiter auf einen Musiker übertragen. Das ist deshalb gerechtfertigt, weil Mozart in eine Musiker-Familie geboren wurde. Dadurch war in der damaligen Zeit klar, dass auch er ein Musiker werden würde. Die Berufswahl brauchen wir in diesem Fall also nicht aus dem

Horoskop abzuleiten. Deshalb stellt Jupiter hier automatisch das musikalische Wissen dar. Auch die Zuordnungen „Naturgesetz und Ordnung" können wir entsprechend auf den musikalischen Bereich beziehen.

Wenn Jupiter nun in Chitraa Nakshatra steht, dem Stern der Brillanz, dessen Symbol eine Kostbarkeit ist und der bedeutet, etwas Eindrucksvolles, blendend Schönes zu erschaffen und Aufmerksamkeit zu erhalten, dann verbinden sich hier äußerst vorteilhafte Faktoren. Mozarts musikalisches Wissen, sein musikalischer Sinn für Ordnung und Naturgesetz wurden durch den Einfluss von Chitraa in einer Weise verfeinert und geprägt, dass er außergewöhnliche Werke von strahlender Schönheit schaffen konnte, deren Brillanz bis heute unangefochten ist (1. Lesart). Indem dieses Können mit dem 2. Bhava eine Einheit bildete, wurde es im übertragenen Sinne zu seinem Reichtum, Schatz und Kapital (3. Lesart), was er zeitweise auch materiell realisieren konnte (1. Lesart).

Eine weitere Bedeutung des 2. Bhavas nehme ich an dieser Stelle vorweg, nämlich Sprache und Ausdruck. Hier wird die Erlesenheit und Qualität von Mozarts musikalischer Ausdrucksfähigkeit und Sprache besonders deutlich. Sein musikalisches Wissen bekam durch Chitraa einen sehr außergewöhnlichen Charakter und strukturierte dann seine musikalische Ausdrucksfähigkeit und Sprache (1. Lesart). Umgekehrt können wir sagen, dass seine Ausdrucksfähigkeit und Sprache sich seines besonderen musikalischen Wissens bediente, sodass seine Musik als seine Sprache angesehen werden kann und nicht seine Worte (2. Lesart).

Jupiter als „Ordnung", der 2. Bhava als „Ausdruck" und Chitraa als „besonders kunstvoll" finden ihre Synthese in Mozarts Musik (3. Lesart).

Zusammenfassung der 1. Stufe der Horoskop-Interpretation

Die 1. Stufe der Horoskop-Interpretation gibt uns mehrere Möglichkeiten an die Hand, Aussagen aus einem Horoskop abzuleiten.

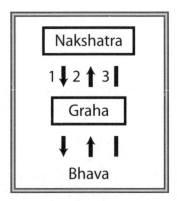

Wiederholung Grafik 29: Stufe 1 der Horoskop-Interpretation

1. Graha im Bhava
Ein Graha beeinflusst den Bhava, in dem er steht und umgekehrt. Oder sie bilden eine Synthese.

2. Graha im Nakshatra
Ein Graha wird durch das Nakshatra geprägt, in dem er steht. Er beeinflusst aber auch das Nakshatra, was wir später betrachten werden. Auch Graha und Nakshatra können eine Synthese bilden.

3. Graha – Nakshatra – Bhava
Der durch ein Nakshatra modifizierte Graha beeinflusst den Bhava, in dem er steht, und umgekehrt.

4. Graha – Nakshatra – Bhava bilden eine Synthese.

Übung 3

Interpretationen von Venus in Shatabhishaa Nakshatra im 7. Bhava von Mozarts Horoskop. Versuchen Sie, Aussagen zu den eben erwähnten Interpretationsmöglichkeiten 1 bis 3 der Stufe 1 der Horoskop-Interpretation zu finden, wie sie in diesem Kapitel beschrieben wurden.

Lösung siehe Anhang.

ERWEITERTES SPEKTRUM DER BEDEUTUNG DER GRAHAS

Im Folgenden sind die gängigsten Bedeutungen und Zuordnungen für jeden Graha aufgeführt (Kaarakatwa). Die Zuordnungen sind in die Bereiche Natur des Graha, Persönlichkeit, Körper, Gesellschaft und Sonstige Zuordnungen gegliedert. Zur Erleichterung des Verständnisses sind die Bedeutungen, wenn möglich, ähnlich den Ableitungen in den früheren Kapiteln in Sinnzusammenhänge gebracht und enthalten der Vollständigkeit halber auch die Zuordnungen aus der Tabelle 1 des Kapitels 4. Je mehr man von diesen Zuordnungen im Laufe der Zeit im Gedächtnis hat, desto leichter fällt das Lesen eines Horoskops.

Die Beschreibungen der Grahas lassen sich folgendermaßen aus einem Horoskop ableiten:

1. Die **Stärke** eines Grahas bestimmt, wie deutlich seine Qualitäten zutreffen und welchen Raum die übrigen Beschreibungen im Leben der Person einnehmen können. Die Qualitäten der schwächsten Grahas sind demnach am wenigsten vorhanden und auch die übrigen Beschreibungen haben eine geringere Bedeutung.
   Die Stärke eines Grahas berechnet sich laut Parashara nach der **Shadbala**-Methode (Sechsfältige Stärke), die sehr aufwändig ist (pro Graha etwa 20 Berechnungen) und deshalb in diesem Band nicht besprochen werden kann. Da sie aber sehr wichtig ist, empfiehlt es sich, sie durch ein Computer-Programm berechnen zu lassen (siehe Anhang Demo-Version), wie wir es auch für die im weiteren Verlauf besprochenen Horoskope getan haben. In Kapitel 19 (3. Stufe der Horoskop-Interpretation) werden wir die wichtigsten Komponenten, die zur Stärke eines Grahas beitragen, beschreiben.

2. Ob mehr die positiven oder die negativen Qualitäten zutreffen, hängt von der **Stellung** der Grahas ab. Je besser ein Graha gestellt ist, desto positiver ist seine Wirkung. Die Stellung der Grahas wird in den Kapiteln 16 bis 18 behandelt. In den meisten Fällen wird ein Graha bezüglich seiner Stellung eine Mischform aufweisen, das heißt, zum Teil gut und zum Teil schlecht stehen. Wir werden dann die Faktoren und Methoden behandeln, die helfen zu entscheiden, welche Beschreibungen am besten zutreffen.

> Diese beiden Komponenten, **Stärke und Stellung**, werden in der Literatur der Vedischen Astrologie oft nicht klar differenziert. Vielfach wird „Stärke" gesagt, aber „Stellung" gemeint und umgekehrt. **Wir werden diese Begriffe sehr eindeutig verwenden, sodass wir mit „Stärke" im Prinzip immer Shadbala (Sechsfältige Stärke) meinen oder darin enthaltene wesentliche Komponenten. Wenn wir aber die qualitative Bewertung meinen, werden wir von der guten oder schlechten „Stellung" des Graha oder darin enthaltenen Komponenten sprechen.**

Zum großen Teil behandeln die Grahas die selben Inhalte wie die Bhavas. Deshalb muss man bei der Analyse meistens sowohl von den Grahas ausgehen als auch von den Bhavas. In den folgenden Kapiteln wird dieses Prinzip der Wiederholung und Verstärkung vertieft werden. Zum Beispiel ist dem 1. Bhava der Körper als Ganzes zugeordnet, weil der Aszendent für den Neugeborenen steht. Da die Sonne die Seele, das universelle Selbst ist, und ihr Licht vom Mond reflektiert wird, ist auch der Mond der Körper als Ganzes. Der Körper erhält sein Leben von der Seele, so wie der Mond sein Licht von der Sonne. Trennt sich die Seele vom Körper, kann der Körper nicht mehr weiterleben. Da der Mond wie der Lagna der Körper als Ganzes ist, wird seine Position zu einer Art Co-Aszendenten, zu einem zweiten Lagna, von dem aus das Horoskop ebenfalls interpretiert werden muss (siehe Mond-Horoskop Band 2). Diese Linie werden wir aber erst weiter verfolgen, wenn wir gelernt haben, das Horoskop vom Lagna aus zu verstehen.

Sonne

Natur

Die Sonne ist ein so genannter **natürlicher Übeltäter**. Die natürlichen Übeltäter werden auch als die harten Grahas bezeichnet, während die natürlichen Wohltäter als weiche bezeichnet werden. Die natürlichen Übeltäter sind alle männlich, während die natürlichen Wohltäter (außer Jupiter) weiblich sind. Allerdings ist die Sonne in der Reihenfolge der Intensität der natürlichen Übeltäter der letzte Graha, also der mildeste. Sie wird aufgrund ihrer großen Hitze und ihres starken Lichts, durch die sie großen Schaden anrichten kann, als verletzend, grausam, wild und erbarmungslos bezeichnet. Im Kabinett der Grahas ist die Sonne der **König**. Sie ist ein **männlicher Graha**. Ihr ist das **Feuer-Element** zugeordnet, von den Ayurveda-Doshas der **Pitta**, außerdem **Sattva-Guna**.

Persönlichkeit

Die Sonne ist die Seele, das universelle Selbst, aber auch das Ego, welches das universelle Selbst überschattet. Die Sonne steht für Selbst-Verwirklichung – entweder im Sinne des Egos oder des universellen Selbst. Sie bringt Licht, geistige Klarheit und Intelligenz, verleiht Vitalität, Ausstrahlung, große Präsenz, Autorität, Würde und Mut. Sie steht gern im Mittelpunkt, bekommt gern Aufmerksamkeit, ist vereinnahmend und gibt Herrschaft über Gebiete, auch Wissensgebiete, und Macht über Menschen. Sie kann große Anstrengungen unternehmen.

Positive Eigenschaften

Selbstbewusst, ernsthaft, klar, erhellend intelligent, bewandert, wach und aufgeweckt, mächtig, einflussreich, kontrollierend, beherrschend, dominant, stark, vital, mutig, eindrucksvoll, geachtet, sauber, rein, warmherzig, unterstützend.

Negative Eigenschaften

Egozentrisch, „Maßstab aller Dinge", stolz, lässt sich gern schmeicheln und bedienen, eitel, dünkelhaft, eingebildet, eifersüchtig, fordernd und anspruchsvoll, herrisch, schnell beleidigt, vorwurfsvoll, trotzig, pompös, angeberisch, anmaßend, bitter, aufbrausend, anhaltend verärgert, humorlos, kann nicht über sich selber lachen, nimmt sich sehr wichtig, zu kontrollierend, zu dominant oder beherrschend oder autoritär, rastlos. (All diese Eigenschaften weisen darauf hin, dass das Ego sehr groß ist.)

Körper

Der Sonne ist die Lebenskraft als Ganzes zugeordnet, die von der Seele genährt wird. Ihre Stärke hat einen großen Einfluss auf die Robustheit der Konstitution. Von den sieben Dhatus (Grundbausteinen des Menschen nach Ayurveda) kontrolliert sie die Knochen, das Skelett. Ferner ist sie das Verdauungsfeuer und bestimmt damit die Verdauungskraft, die ebenfalls einen großen Einfluss auf die Konstitution hat. Deshalb ist ihr auch der Bauch zugeordnet, in dem die Verdauung stattfindet. Ist die Sonne schlecht gestellt, kann die Person keinen Hunger ertragen. Der Sonne ist der Kopf als Ganzes mit dem Gehirn als „Regierung des Körpers" zugeordnet, die Augen (Sonne = Licht), insbesondere das rechte Auge aber auch der Gesichtssinn im Allgemeinen; [manche Schriften erwähnen auch den Mund (= Nahrungsaufnahme)]. Die Sonne bewirkt Kleinwüchsigkeit und geringen Haarwuchs oder Glatze und macht schlank. Nach Ayurveda sind ihr die Krankheiten zugeordnet, die auf Pitta zurückzuführen sind, wie zum Beispiel Gastritis oder andere Entzündungen.

Gesellschaft

Die Sonne steht für König, Herrscher, Regierungschef, Regierung, Regierungsinstitutionen, -gewalt und -macht, Chef, Meister, Vater und ältere oder reife Personen.

Sonstige Zuordnungen

Weitere Zuordnungen für die Sonne sind das Absolute, das Eine, das Abstrakte, Königreich, Staat, Staatsdienst, Festung, Wald, Holz, Kupfer, Hitze, Verbrennung oder Versengung, der Osten, quadratische Formen, vierfüßige Tiere, die Farbe Dunkelrot sowie scharfer Geschmack.

Mond

Natur

Der Mond ist, je nach Entfernung zur Sonne, ein **natürlicher Wohltäter oder Übeltäter**. In der Literatur gibt es hierzu unterschiedliche Auffassungen. Wir verwenden diejenige, dass der Mond ein Übeltäter ist, solange er von der Sonne weniger als 90° entfernt ist, also von 0° bis 90° von der Sonne aus gesehen, oder wenn er sich ihr wieder bis auf 90° oder weniger genähert hat, also von 270° bis 360° von der Sonne aus gesehen. Unter den Wohl- und Übeltätern ist er der mildeste und sehr leicht beeinflussbar. Wenn er von einem Wohltäter beeinflusst wird, nimmt er dessen Qualität auf. Im Kabinett der Grahas ist der Mond die **Königin**. Er ist ein **weiblicher** oder weicher Graha. Ihm ist das **Wasser-Element** zugeordnet, die Ayurveda-Doshas **Kapha** und **Vata** sowie **Sattva-Guna**.

Persönlichkeit

Der Mond ist der Geist, das individuelle Bewusstsein. Er regiert das Denken und Fühlen, die Emotionalität, die Wahrnehmung und deren Verarbeitung. Er gibt Intelligenz, Talente, Fähigkeiten, Fantasie, Ideen, Vorstellungskraft und Intuition. Ferner ein sanftes Wesen, eine süße Sprache und viele Freunde. Je nach Situation im Horoskop gibt er Tugenden oder Laster. Er regiert den inneren Frieden.

Positive Eigenschaften

Kreativ, vielseitig, aufnahmefähig, hingebungsvoll, gebildet, einfühlsam, nachgiebig, fürsorglich, nährend, kameradschaftlich, sanftmütig, liebevoll, emotional, leidenschaftlich, freudig, flexibel, anpassungsfähig, geduldig, nachsichtig.

Negative Eigenschaften

Wankelmütig, unbeständig, unstabil, unsicher oder leicht verunsichert, launisch, schüchtern, ängstlich, bedrückt, oberflächlich, geistig verwirrt oder unklar, dumpf.

Körper

Da die Sonne die Seele ist, ist der Mond der Körper, der die Kraft der Seele im relativen Leben ausdrückt und reflektiert. Der Körper als Ganzes wird in erster Linie durch den Lagna (Tanu, 1. Bhava) repräsentiert, wie wir in Kapitel 5 gesehen haben. Deshalb ist der Mond mit seiner Position der Co-Lagna. Die Seele kommuniziert mit uns über die Gefühle, die wir im Körper spüren. Daher steht der Mond auch für die Gefühle. Er verleiht einen hellen Gesichtsausdruck, macht strahlend und schön, gibt runde Formen und Anziehungskraft. Ihm ist das Gesicht und die äußere Erscheinung zugeordnet. Er macht nicht ganz so kleinwüchsig wie die Sonne, gibt aber auch eine eher kleine Statur. Unter den sieben Dhatus (Grundbausteinen des Körpers nach Ayurveda) regiert er das Blut. Unter den Sinnen ist ihm das Schmecken zugeordnet. Ferner sind ihm das Herz, der Wasserhaushalt, die Lymphe, der Schlaf und das linke Auge zugeordnet.

Gesellschaft

Der Mond steht für Königin, soziale Einrichtungen der Regierung und öffentlichen Hand, Mutter, Öffentlichkeit und Personen mittleren Alters. Er bestimmt den gesellschaftlichen Ruf, den jemand hat.

Sonstige Zuordnungen

Weitere Zuordnungen für den Mond sind das Relative und seine Veränderlichkeit, die Schöpfung und Vielfalt, Herrschaftssymbole, Wasser, Nahrung, Früchte, Blumen, Milchwirtschaft, Milchprodukte, Reisen, Veränderungen, Seidenkleidung, weiche Kleidung, Silber, Salz, Kristalle, Perlen, etwas Brillantes oder Strahlendes, Fische, die Farbe Weiß sowie salziger Geschmack.

Mars

Natur

Mars ist ein natürlicher **Übeltäter**, ein harter Graha. Im Kabinett der Grahas ist er der **Feldherr** oder Oberbefehlshaber. Er ist ein **männlicher** Graha. Ihm ist das **Feuer-Element** zugeordnet, der Ayurveda-Dosha **Pitta** und **Tamas-Guna**.

Persönlichkeit

Mars regiert die geistige Stärke und Kraft. Er gibt Energie, Willenskraft und Durchsetzungsfähigkeit und ist der Graha der Initiative und Handlung. Er steht für Mut und Ehrgeiz und ist der Organisator und die Führungskraft. Er liebt es, seinen eigenen Einflussbereich zu haben, in dem er schalten und walten kann, wie er will. Er mag Freiheit und Unabhängigkeit, respektiert aber den Vorgesetzten. Auch repräsentiert er das ausführende Organ, den Funktionär. Er fördert Charakterstärke und Entschlossenheit und traut sich viel zu. Er arbeitet geistig scharf und logisch und liebt die Perfektion.

Positive Eigenschaften

Dynamisch, energievoll, willensstark, unermüdlich, jugendlich, mutig, tapfer, ehrgeizig, risikofreudig, unternehmungslustig, aufgeweckt, reaktionsschnell, kompetent, präzise, strukturiert, organisierend, hartnäckig, effizient, offen, ehrlich, direkt, spontan, großzügig, freigebig, beschützend, ritterlich.

Negative Eigenschaften

Stolz, ärgert sich leicht, aggressiv, destruktiv, angriffslustig, streitlustig, feindselig, grausam, gnadenlos, vergeltend, verletzend, zynisch, überschätzt sich, übermütig, arrogant, unruhig, rastlos, ungeduldig, überhastet, vorschnell, rücksichtslos, vorlaut, triebhaft, falsch, feige.

Körper

Mars bewirkt eher eine athletische oder schlanke Konstitution. Er gibt ein jugendliches Aussehen und viel körperliche Energie und Kraft. Unter den sieben Dhatus (Grundbausteinen des Körpers nach Ayurveda) regiert er das Knochenmark und damit die Blutbildung. Von den fünf Sinnen ist ihm das Sehen zugeordnet (Feuer-Element). Wenn er schlecht gestellt ist, kann die Person keinen Hunger ertragen. In Bezug auf Krankheiten sind ihm solche zugeordnet, die nach Ayurveda auf Pitta-Dosha zurückzuführen sind, wie beispielsweise Infektionen, aber auch Brüche, Unfälle, Wunden, Verletzungen und akute Erkrankungen.

Gesellschaft

Der Mars steht für Feldherr, Oberbefehlshaber, Militär, Polizei, Führungskraft, ausführendes Organ, selbstständiger Dienst unter einem Vorgesetzen, Bruder, Jugend, Feind, Dieb.

Sonstige Zuordnungen

Kontroverse, Streit, Kampf, Schlacht und Sieg, Land, Haus, unbewegliches Eigentum, Küchenherd, Waffen, Schlachtfeld, Feuer, Hitze, Gold, Mathematik, Technik, Mechanik, Umgang mit Zahlen, Logik, Quadrat, vierfüßige Tiere, die Farbe Rot sowie bitterer Geschmack.

Merkur

Natur

Merkur ist ein **natürlicher Wohltäter**, es sei denn, dass er mit einem Übeltäter im selben Raashi steht. Dann wird er zum **natürlichen Übeltäter**. Dies zeigt, dass er ähnlich wie der Mond sehr leicht beeinflusst wird. Steht er mit mehreren Grahas zusammen in einem Raashi, entscheidet die Natur der Grahas, die in der Überzahl sind. Wenn Wohltäter und Übeltäter in gleicher Zahl vertreten sind, bleibt Merkur ein Wohltäter. Auch wenn er mit dem Übeltäter-Mond zusammen steht, bleibt er ein Wohltäter, da dieser nicht negativ genug ist, um Merkurs Natur zu ändern. Im Kabinett der Grahas ist Merkur der **Kronprinz**. Er ist **weiblich neutral**, also unfruchtbar. Ihm ist das **Erd-Element** zugeordnet, alle **drei Ayurveda-Doshas** und der **Rajas-Guna**.

Persönlichkeit

Merkur gibt uns die Sprache und damit die Ausdrucksfähigkeit, Kommunikation und das Schreiben. Er ist sehr redegewandt und sucht das Gespräch. Auch die doppeldeutige Sprache mag er sehr. Er ist zu Späßen aufgelegt, ist fröhlich, liebt Komfort und Vergnügungen und freundet sich schnell an. Er vermittelt gern und ist versöhnlich; deshalb liegt ihm die Diplomatie. Er ist unparteiisch, gibt einen guten Intellekt und die Fähigkeit zu unterscheiden. Er kann sehr verspielt sein oder auch zum Spieler werden. Er hat die Fähigkeit, sehr viel Information aufzunehmen und sich dem Lernen vollkommen hinzugeben. Er bewirkt akademische Anerkennung. Er ist leicht beeinflussbar.

Positive Eigenschaften

Ausdrucksfähig, mitteilsam, kommunikativ, diplomatisch, vermittelnd, versöhnlich, fröhlich, analytisch, intellektuell, rational, planend, unterscheidend, beobachtend, geschäftstüchtig, lernwillig, wissbegierig, aufnahmefähig, nachahmend.

Negative Eigenschaften

Spieler, schwatzhaft, neugierig, klatschen und tratschen, kritisieren, betrügerisch, täuschen, schwindeln, verlogen, gerissen, verschlagen, unehrlich, materialistisch.

Körper

Merkur gibt eine attraktive Gestalt. Von den sieben Dhatus (Grundbausteinen des Körpers nach Ayurveda) regiert er die Haut. Von den fünf Sinnen ist ihm der Geruchssinn zugeordnet, ferner der Hals und der Nabel sowie Unfruchtbarkeit (weiblich-neutraler Graha).

Gesellschaft

Merkur steht für Kinder im Allgemeinen (nicht die eigenen) und für Adoptivkinder, außerdem für den mütterlichen Großvater, mütterlichen Onkel, Kinder der Schwester sowie Freunde. Weiterhin sind ihm Ärzte und Astrologen zugeordnet sowie Gelehrte im Allgemeinen, aber auch Geschäftsleute, Diplomaten, Spieler und Gaukler.

Sonstige Zuordnungen

Wirtschaft, Handel, Bildung, Schrifttum, Kommunikationsfluss, Grammatik, Analyse, Einflüsse durch die Rezitation von Mantren, Amulette, Vergnügungsplätze, Rhythmus, Tanz, Messing, Legierungen, Mischungen jeder Art, Skulpturen, neue Kleider, die Farbe Grün und Geschmacksmischungen.

Jupiter

Natur von Jupiter

Jupiter ist ein **natürlicher Wohltäter**. Im Kabinett der Grahas ist Jupiter einer der **Minister** (zusammen mit Venus). Er ist ein **männlicher** Graha. Ihm ist das **Akasha-Element** (Raum, Äther) zugeordnet, der Ayurveda-Dosha **Kapha** und **Sattva-Guna**.

Persönlichkeit

Jupiter steht für Wissen und Gelehrsamkeit und für gelebtes Wissen, also Weisheit. Er macht gebildet und tugendhaft, führt auf den spirituellen Weg und gibt Glück. Jupiter fördert ein ausgeprägtes Gespür für Recht und Unrecht, macht gütig, gibt gutes Urteilsvermögen und Ansehen und große Begabung. Er macht philosophisch und barmherzig, gibt eine tiefe, selbstgenügsame Heiterkeit und Freude, außerdem Positivität, Vertrauen, Glaube und (Gottes-)Verehrung. Durch seine Ausgewogenheit fördert er Kontrolle über die Leidenschaft. Er erfreut sich der inneren Werte des Lebens und auf dieser Basis auch der äußeren. Jupiter ist das Prinzip der Fülle, Größe oder Vergrößerung, Ausdehnung, Expansion und des Überflusses und regiert deshalb auch die großen Wünsche.

Positive Eigenschaften

Gelehrt, weise, glücklich, freudig, freundlich, friedlich, tolerant, gütig, würdig, ausgeglichen, ausgewogen, zufrieden, bedächtig, besonnen, geordnet, ehrlich, beredt, rechtschaffen, wohltätig, barmherzig, mitfühlend, hilfsbereit.

Negative Eigenschaften

Scheinheilig, heuchelnd, übertreibend, protzend, verschwenderisch, große Wut, unausgewogen, unglücklich, Fehleinschätzungen.

Körper

Jupiter gibt einen großen Körper und offenen Gesichtsausdruck. Von den sieben Dhatus (Grundbausteinen des Körpers nach Ayurveda) regiert er das Fett. Von den fünf Sinnen ist ihm das Hören zugeordnet, als Körperteil die Oberschenkel. Er gibt gute Gesundheit im Allgemeinen.

Gesellschaft

Jupiter steht für Kinder, Enkel, ältere Geschwister, Großvater und Urgroßvater. Außerdem sind ihm Lehrer, Ratgeber, Geistliche, Gelehrte, Astrologen, Juristen, Banker, Redner und reife Menschen zugeordnet. Im Horoskop von Frauen stellt er auch den Ehemann dar.

Sonstige Zuordnungen

Expansion, Vergrößerung, Heilige Schriften, Mantren, das Naturgesetz, natürliche Ordnung, Ethik, Sitte, Moral, altehrwürdige Gewänder, Ersparnisse, Reichtum, Geld, Banken, Kreisform, die Farbe Gelb sowie süßer Geschmack.

Venus

Natur

Venus ist ein **natürlicher Wohltäter**. Im Kabinett der Grahas ist Venus wie Jupiter einer der **Minister**. Venus ist ein **weiblicher** Graha. Ihm ist das **Wasser-Element** zugeordnet, die Ayurveda- Doshas **Vata und Kapha** sowie **Rajas-Guna**.

Persönlichkeit

Venus gibt uns die Fähigkeit der Fortpflanzung. Sie macht attraktiv, strahlend und schön, gibt Liebreiz, Anmut, Taktgefühl, eine sanfte Sprache und Charme. Sie bewirkt Freundlichkeit, Streben nach Harmonie und gibt viel Freude an den relativen Werten des Lebens. Sie verfeinert die Sinne und öffnet sie für Schönheit, Ästhetik, die feinen Künste wie Dichtung, Malerei, Musik und Tanz. Sie regiert unsere Wünsche, das Verlangen und die Lust und genießt die äußeren Werte des Lebens.

Positive Eigenschaften

Attraktiv, charmant, freundlich, höflich, taktvoll, zuvorkommend, gutes Benehmen, fröhlich, harmonisch, genießend, wertschätzend, anerkennend, bewundernd, geschmackvoll, stilvoll, elegant, ordentlich, geduldig.

Negative Eigenschaften

Schmeichlerisch, verführerisch, falsch, süchtig oder genusssüchtig, lüstern, gierig, verschwenderisch, geschmacklos, eitel, eingebildet, nur auf Äußerlichkeiten bedacht, pingelig und kleinkariert im Ordnung halten, oberflächlich.

Körper

Venus gibt einen schönen, strahlenden und großen Körper. Unter den sieben Dhatus (Grundbausteinen des Körpers nach Ayurveda) regiert sie Samen und Eizelle. Von den fünf Sinnen ist ihr das Schmecken zugeordnet sowie die Verfeinerung der Sinne und alle Formen von Vergnügungen und Genuss. Ferner regiert sie die Geschlechtsorgane und die urologischen Organe, die Potenz, Fruchtbarkeit, Fortpflanzungsfähigkeit, Drüsen und sexuelle Lust.

Gesellschaft

Venus steht für den Ehepartner, insbesondere die Ehefrau, und deshalb auch für Hochzeitsfeiern. Ferner für Künstler, Musiker, Dichter, Tänzer, Prostituierte und Personen mittleren Alters. Venus regiert auch Feste, die Tätigkeiten des Kaufens und Verkaufens. Sie bringt Wohlstand, Komfort und Luxus.

Sonstige Zuordnungen

Schönheit, Kleidung, Parfüms, Wohlgerüche, Blumen, Einkommen, Schmuck, Fahrzeuge, Verzierungen, Verschönerungen, Gemütlichkeit, Wohlbehagen, Ruhestätten, Silber, Orte am Wasser, bunte Farben sowie saurer Geschmack.

Saturn

Natur

Saturn ist ein **natürlicher Übeltäter**. Im Kabinett der Grahas ist Saturn der **Diener**. Er ist **männlich-neutral**, also unfruchtbar. Ihm ist das **Luft-Element** zugeordnet, der Ayurveda-Dosha **Vata** und **Tamas-Guna**.

Persönlichkeit

Saturn ist der Graha, der sich am langsamsten bewegt. Er regiert deshalb die Zeit und alle Qualitäten, die Zeit erfordern wie Geduld, Langmut, Ausdauer, Zähigkeit und Konzentration. Aber auch die Langlebigkeit fällt deshalb in sein Ressort. Er macht dienstbereit, hilfsbereit und nimmt jede Arbeit an. Er nimmt sich persönlich zurück, ist in sich gekehrt, demütig, ernst und bescheiden. Er kann in einfachen Verhältnissen leben und ist anspruchslos. Bei ihm geht alles langsam, aber gründlich, er ist jedoch immer in Bewegung. Bei ihm kommt immer erst die Leistung, dann der Verdienst oder Lohn. Er hat Tiefgang und ist beständig. Ihm ist jede Form von Schmerz zugeordnet. Er ist das zusammenziehende Prinzip und regiert deshalb die Angst.

Positive Eigenschaften

Ausdauernd, geduldig, beständig, zäh, konzentriert, arbeitsam, fleißig, dienstfrig, hilfsbereit, pflichtbewusst, zurückgezogen, bescheiden, demütig, aufrichtig, anspruchslos, gründlich, sparsam.

Negative Eigenschaften

Schwermütig, pessimistisch, leidend, missmutig, karg, missgünstig, ablehnend, geizig, eng, ängstlich, hartherzig, streng, unbewusst, dumpf, dumm, unehrlich, langsam, träge, faul, schmutzig, unsauber, unansehnlich.

Körper

Saturn gibt einen hageren oder dünnen Körper und große Zähne. Von den sieben Dhatus (Grundbausteinen des Körpers nach Ayurveda) regiert er die Muskeln sowie die Sehnen und Gelenke. Von den fünf Sinnen ist ihm der Tastsinn zugeordnet. Saturn steht ferner für chronische Leiden und Krankheiten, besonders aber für alle, die nach Ayurveda dem Vata-Dosha zugeordnet sind, wie zum Beispiel rheumatische Erkrankungen. Der Tod und der Verschleiß gehören ihm ebenfalls an. Ein guter Saturn fördert Langlebigkeit.

Gesellschaft

Saturn steht für jede Art von Untergebenen und Dienstbefohlenen, also Arbeiter, Angestellte, untergebene Beamte, Aushilfen und so weiter. Er repräsentiert Dienstverhältnisse, Dienstleistung und Service. Gesellschaftlich steht er für die unteren Schichten, die meist die schwere körperliche Arbeit verrichten, weisungsgebunden sind und wenig eigene Entscheidungen treffen. Außerdem repräsentiert er sehr alte Menschen, aber auch kranke oder gebrechliche Menschen sowie solche, die außerhalb der geltenden Gesetze stehen.

Sonstige Zuordnungen

Schwere Arbeit, Landwirtschaft, Mienen, Hindernisse, Schwierigkeiten, Missverständnisse, Verlust, Trennung, Leid, Unglück, Fall, Niedergang, Übel, Wind, Eisen und Blei, Steine oder Felsen, Dunkelblau und Schwarz sowie der zusammenziehende Geschmack.

Rahu

Natur

Rahu ist ein **natürlicher Übeltäter**. Im Kabinett der Grahas bildet er zusammen mit Ketu die **Armee**. Bei den Ayurveda-Doshas ist er dem **Vata** zugeordnet. Über sein Geschlecht und seine Elemente-Zuordnung macht Parashara keine Angabe, sagt aber, dass er ähnliche Qualitäten hat wie **Saturn**. Ihm wird deshalb **Tamas-Guna** zugeordnet und eher **männliches** Geschlecht.

Persönlichkeit

Die Persönlichkeit von Rahu wird als intelligent beschrieben. Es ist sehr **wichtig, durch welche Grahas er beeinflusst wird**, da er deren Qualitäten annimmt und verstärkt. Seine Intelligenz hat etwas Packendes in dem Sinne, dass er sich einer Sache vollständig bemächtigt oder sie ergreift. Ihn selber kann man als „Ketzer" bezeichnen, also jemanden, der sich außerhalb der religiös-weltanschaulichen Normen stellt und ungewöhnliche, provozierende oder einfach andere Thesen vertritt.

Positive Eigenschaften

Intelligent, unerschrocken, unkonventionell, originell, ungewöhnlich, hartnäckig, ausdauernd, starke Bindung zum Erreichen von Zielen.

Negative Eigenschaften

Klammern, sich verbeißen, nicht loslassen können, panisch, sich bemächtigen, eigenwillig, seltsam, fanatisch, starrköpfig, inkonsequent, kompromisslos, nach „entweder – oder" verfahren, respektlos, vorwurfsvoll, unverschämt, anmaßend, Alles oder Nichts wollen, falsch, trickreich, Vabanque spielen, alles auf eine Karte setzen, zum äußersten Mittel greifen.

Körper

Rahu macht unansehnlich oder hässlich. Hierbei muss aber immer berücksichtigt werden, inwieweit dies durch andere Grahas abgewandelt wird. Er gibt einen großen, hageren Körper, kann Narben oder Hautkrankheiten bewirken, Hysterie oder Panik. Auch akute starke Schmerzen, Unfälle und Amputation sind ihm zugeordnet sowie alle Krankheiten, die zum Saturn gehören.

Gesellschaft

Rahu steht für Menschen, die aus der Reihe tanzen, die nicht den gesellschaftlichen Normen entsprechen. Dazu gehören Freigeister ebenso wie Gesetzlose, außergewöhnliche Denker ebenso wie Lügner, Ausländer ebenso wie Asoziale oder Verbrecher, Reformer ebenso wie Revolutionäre und fremde Menschen. Die Spanne ist bei ihm sehr groß, und man muss immer genau analysieren, mit was für einem Rahu man es im Horoskop zu tun hat. Außerdem steht er für den Großvater väterlicherseits, Jongleure und Spieler, Spekulanten.

Sonstige Zuordnungen

Spekulation, Fremdsprachen, Skandal, Gewalt, Revolution, Transformation, Anarchie, Gesetzlosigkeit, Gefangenschaft, Gift, Schlangen, Reptilien, Insekten, Schwarz oder sehr dunkle Farben

Ketu

Natur

Ketu ist ein **natürlicher Übeltäter**, in dieser Eigenschaft aber schwächer als Rahu. Im Kabinett der Grahas bildet er zusammen mit Rahu die **Armee**. Bei den Ayurveda-Doshas ist er dem **Vata** zugeordnet. Über sein Geschlecht und seine Element-Zuordnung macht Parashara keine Angabe, sagt aber, dass er ähnliche Qualitäten hat wie **Mars**. Ihm wird deshalb **Tamas-Guna** zugeordnet.

Persönlichkeit

Ketu gibt eine verschwiegene oder geheimniskrämerische Persönlichkeit. In entsprechender Umgebung (bedingt durch ihn beeinflussende Grahas, Nakshatra-, Raashi- und Bhava-Position) macht er philosophisch und auf die letzten Geheimnisse des Lebens gerichtet und fördert die Erleuchtung. Er kann aber auch betrügerisch machen und zu Unterschlagungen führen. Er macht dazu geneigt, Dinge zu übergehen, auszublenden oder zu verdrängen, die einem nicht ins Konzept passen, denen man sich jedoch später unverhofft gegenübergestellt sieht (innerlich oder äußerlich), wenn das Maß voll ist. Er setzt plötzlich viel Energie frei, die dann organisatorisch genutzt werden kann. Er kann zu Degradierung führen.

Positive Eigenschaften

Intelligent, verschwiegen, vertrauenswürdig, diskret, geduldig, logisch, energievoll, philosophisch, offen für höchste Erkenntnisse.

Negative Eigenschaften

Geheimniskrämerisch, verlogen, unehrlich, verdrängend, betrügerisch, intrigant, gerissen, macht giftige Bemerkungen, raucht viel; da er Mars ähnelt, kann er grausam machen.

Körper

Ketu gibt ein ähnliches Äußeres wie Rahu sowie viele kleine Wunden am Körper (zum Beispiel durch Pocken oder Stiche). Er bringt Gefahr durch Verbrennungen, negative Kräfte und Besessenheit sowie durch Gift und Strahlung und kann Nervosität verursachen.

Gesellschaft

Ketu steht für Philosophen, den mütterlichen Großvater, Zauberkünstler, Betrüger, Taschenspieler, Trickbetrüger, Intriganten, Schwarzmagier, Hexerei.

Sonstige Zuordnungen

Telepathie, Hellsicht, drahtlose Übertragung, Atomkraft, Strahlung, Skandale, Peinlichkeit, Degradierung, Schweigegelübde, Hindernisse, Geheimnisse, Merkwürdigkeiten, verborgene Dinge kommen plötzlich an die Oberfläche, Abgeschiedenheit, Gefangenschaft, aber auch Befreiung.

Zusammenfassung

Natürliche Wohltäter und Übeltäter

Die natürlichen Wohltäter sind in stärker werdender Reihenfolge: Mond, Merkur, Venus, Jupiter.

Die natürlichen Übeltäter sind in stärker werdender Reihenfolge: Mond, Merkur, Sonne, Ketu, Rahu, Mars, Saturn.

Hier erhebt sich oft die Frage: Warum gibt es mehr Übeltäter als Wohltäter? Ist das nicht unausgewogen?

Das sieht auf den ersten Blick so aus. Allerdings darf man diese Kategorisierung nicht überbewerten. Wenn wir uns an die erste Grundbedeutung mit ihren Ableitungen erinnern, die wir in Kapitel 4 behandelt haben, hatte lediglich Saturn eine negative Bedeutung.

Jeder Graha hat positive wie negative Eigenschaften. Bei den Wohltätern überwiegen die positiven und bei den Übeltätern meistens die negativen. Dennoch kommt es sehr auf die Stellung des Graha im Horoskop und auf die Herkunft und das Milieu der Person an, welche der Eigenschaften überwiegen. Bei einer Person aus gutem Hause mit kultiviertem Umgang wirkt sich ein schlecht gestellter Graha wesentlich besser aus als bei einer Person, bei der diese Voraussetzungen nicht gegeben sind. Wie gut ein Graha in einem Horoskop gestellt ist, ergibt sich aus vielen Faktoren, die wir im Laufe der Zeit behandeln und in das Bild einfügen werden.

Männliche und weibliche Grahas

Die männlichen Grahas sind: Sonne, Mars, Jupiter (Saturn, männlich neural)

Die weiblichen Grahas sind: Mond, Venus (Merkur, weiblich neutral)

Hier ist eine kurze Gegenüberstellung des männlichen und weiblichen Prinzips.

Männlich	Weiblich
Absolutes	Relatives
Singularität	Pluralität
Einheit	Dualität, Vielfalt
Konzentration	Divergenz, Expansion
Individualität	Gemeinschaft
Zeugung	Schwangerschaft
Verstand	Gefühl

Die männlichen Grahas geben im Allgemeinen mehr Initiative, Offensive und Nachdruck, sind drängender, antreibender und bestimmender, können aber auch ungeduldiger, rücksichtsloser, unbarmherziger, schärfer und härter sein. Die weiblichen Grahas geben mehr Anpassung, Abwarten, Defensive, Zurückhaltung und Weichheit, sie sind eher reagierend, geduldig, einfühlsam und sanft, können aber auch zu nachgiebig sein oder unentschlossen, verschwommen und konturlos.

Naturgemäß sind die Eigenschaften der männlichen Grahas bei den Männern ausgeprägter und die der weiblichen bei den Frauen, ohne dass dies im Horoskop so gewichtet sein muss. Entsprechend sind auch bestimmte Fähigkeiten und die Rollen auf Männer und Frauen unterschiedlich verteilt. Durch die Betonung mehr der männlichen oder mehr der weiblichen Grahas können dann Verschiebungen stattfinden, also bei den Männern zu mehr weiblichen Qualitäten und umgekehrt.

5 Elemente

Die Sonne ist die Seele, der Mond der Körper, und die fünf sichtbaren Grahas sind die fünf Sinne, die den Elementen entsprechen. Zudem ist die Sonne dem Feuer- und der Mond dem Wasser-Element zugeordnet. Die den Elementen zugeordneten Eigenschaften sind Teil der bei den jeweiligen Grahas aufgeführten Qualitäten.

Da die männlichen Grahas den Elementen Feuer und Luft zugeordnet sind, dagegen die weiblichen Grahas den Elementen Erde und Wasser, kann die Polarität männlich – weiblich auch in den Elementen gesehen werden. Die männlichen Elemente trocknen aus und unterstützen deshalb Unfruchtbarkeit, während die weiblichen die Fruchtbarkeit fördern.

Die drei Ayurveda-Doshas

Sonne und Mars erhöhen Pitta-Dosha, Jupiter Kapha-Dosha, Saturn, Rahu und Ketu Vata-Dosha, Mond und Venus Vata- und Kapha-Dosha, Merkur alle drei Doshas.

Die drei Gunas

Sonne, Mond oder Jupiter im Lagna verstärken Sattva-Guna, Merkur und Venus in dieser Position Rajas-Guna und Saturn, Mars, Rahu und Ketu Tamas-Guna. Welches Guna aber letztendlich in einer Person dominiert, hängt laut Parashara auch von den Eltern ab und von den Personen, mit denen sich jemand umgibt, also vom Milieu, aus dem er kommt, und von seinem Freundeskreis. Unter diesen drei Komponenten sind das Horoskop und die Personen der näheren Umgebung die beiden stärkeren Einflüsse, die Gene der Eltern der geringere Einfluss.

Die **generellen Qualitäten der Gunas** in einer Person beschreibt Parashara wie folgt:
Eine **sattvische** Person erkennt man daran, dass sie wach und intelligent ist, ihre Sinne und ihren Geist beherrscht, ihren Geist und Körper läutert (das heißt regelmäßig reinigt und verfeinert), geduldig,

verzeihend, wahrhaftig, sanft, bescheiden und zufrieden ist.

Eine **rajasische** Person erkennt man daran, dass sie mutig und tapfer ist, eine strahlende Erscheinung hat, schlau ist, im Kampf und in der Auseinandersetzung nicht so schnell zurückweicht und sich für die Guten einsetzt.

Eine **tamasische** Person erkennt man daran, dass sie gierig, unehrlich, dumm und lethargisch ist und nur dienende Tätigkeiten verrichtet.

Wenn alle drei Gunas in etwa gleich stark sind, wird die Person von allen Guna-Qualitäten etwas besitzen. Sie wird eher zu Berufen in der Landwirtschaft oder dem Geschäftsleben neigen, das heißt nicht so sehr zu Berufen des Lehrens oder der Verwaltung.

Selbstverständlich muss für eine vollständige Analyse und differenzierte Aussage das gesamte Horoskop der Person betrachtet werden sowie der Einfluss seines Umgangs und seiner Herkunft.

DIE BEDEUTUNG DER BHAVAS

Jeder Bhava kann in vielerlei Hinsicht analysiert werden. Er gibt Aufschluss über psychologische Aspekte unserer Persönlichkeit sowie physiologische und soziologische Zuordnungen. Im Folgenden werden die wichtigsten Zuordnungen zu jedem Bhava aufgeführt und in die Bereiche Persönlichkeit, Körper, Gesellschaft und Sonstige Zuordnungen untergliedert. Die in Kapitel 5 Tabelle 2 erwähnten Bedeutungen sind integriert.

1. Bhava:
Tanu (Aszendent/Lagna)

Persönlichkeit: Person als Ganzes. Selbst, Persönlichkeit oder innere Natur. Beschaffenheit des Intellekts und damit des Denkens, geistige Stärke. Heiterkeit des Wesens und Lebensfreude. Würde, die der Geborene ausstrahlt, sowie Achtung, Ehre und Ruhm, die er erfährt.

Körper: Frühe Kindheit, Situation bei der Geburt. Körper als Ganzes. Erscheinung und Gestalt. Lebenskraft und Konstitution. Kopf, Gehirn, Haare. Haut, Teint.

Gesellschaft: Lebensumstände und Lebenssituation.

Sonstige Zuordnungen: Geburtsort.

Kommentar: In diesen Zuordnungen erkennen wir den Prozess der Manifestation vom Abstrakten zum Konkreten. Die Seele ist der abstrakteste Aspekt einer Person. Sie erschafft sich eine Persönlichkeit, die sich wiederum in einem Körper ausdrückt. Dieser wiederum wird an einem bestimmten Ort zu einer bestimmten Zeit geboren. Je nachdem, auf welche Ebene wir uns bei der Analyse begeben, können wir über diese Zuordnungen vom Aszendenten (Lagna) Aussagen ableiten. Was immer wir vom Aszendenten (1. Bhava) ableiten, also Persönlichkeit, Intelligenz, Konstitution und so weiter, sollten wir auch für den Mond entwickeln und dann eine Synthese aus beiden Analysen bilden. Wenn wir dann die gleichen oder ähnliche Aussagen treffen können, werden diese in größerem Maße auf die Person zutreffen.*

2. Bhava: Dhana

Persönlichkeit: Sprache, Sprechenlernen, Ausdruck, Wahrhaftigkeit, Umsicht, Hilfsbereitschaft für die eigene Sippe.

Körper: Gesicht, die Organe des Gesichts, also Augen (besonders das rechte), Nase, Mund, Zunge, Zähne. Nahrung.

Gesellschaft: Familie und Sippe sowie deren Wohlergehen. Ehepartner (mit dem man ja die eigene Familie gründet), insbesondere der 2. Ehepartner (nach einer Scheidung oder Witwen-/Witwerschaft).

Sonstige Zuordnungen: Wohlstand, Reichtum, bewegliche Habe, Wertgegenstän-

---

* Dieser-Analyse-Ansatz wird in Band 2 dieser Buchreihe vertieft werden, wenn das Mondhoroskop und andere Zusatz-Horoskope eingeführt werden.

de. Geld, das man flüssig hat. Schatz, Kapital, Guthaben. Unmittelbare Zukunft.

Kommentar: Dem 2. Bhava ist das rechte Auge zugeordnet, dem 12. Bhava das linke. Diese symmetrische Sicht ergibt sich vom 1. Bhava aus, der den Kopf (lies: Schädel) darstellt.

Da der 1. Bhava die Geburt repräsentiert, ist der 2. Bhava als der nachfolgende die unmittelbare Zukunft.

3. Bhava: Sahaja

Persönlichkeit: Mut, Tapferkeit, Heldenhaftigkeit. Eigeninitiative, Unternehmergeist, eigene Anstrengungen. Dienstleistung. Kommunikation. Initiation in spirituelle Techniken.

Körper: Ohren (besonders das rechte), Hals, Kehle, Stimme, Schilddrüse, Schultern, Schlüsselbein, Bronchien, Arme, Hände. Körperliche Kraft, Stärke und Ausdauer.

Gesellschaft: Geschwister – besonders die jüngeren. Nachbarn. Bedienstete, Untergebene.

Sonstige Zuordnungen: Reisen. Sport. Alle Tätigkeiten der Hände.

Kommentar: Dem 3. Bhava ist das rechte Ohr, dem 11. das linke Ohr zugeordnet. Dabei gilt die gleiche Logik wie bei den Augen, wie beim 2. Bhava besprochen.

Spirituelle Meditationstechniken, die zum Beispiel ein Mantra, also ein Klangwort, benutzen, werden dem Aspiranten traditionellerweise in sein rechtes Ohr gesagt. Damit beginnt er die Reise nach innen, zum eigenen Selbst. Hier sehen wir, wie verschiedene Bedeutungen dieses Bhavas miteinander verknüpft sind: rechtes Ohr, Initiation in spirituelle Techniken und Reisen.

4. Bhava: Bandhu

Persönlichkeit: Geistige Verfassung, Innenleben, Verstand, Freude, glücklich sein, Seelenfrieden, Erziehung.

Körper: Herz, Lunge, Brustkorb, Brüste.

Gesellschaft: Mutter, mütterliche Verwandte, Blutsverwandte, Angehörige, Freunde, Seelenverwandte, Gleichgesinnte, Unterstützende, Vereinigungen, Verbindungen, Parteien, Gesellschaften, Institutionen.

Sonstige Zuordnungen: Unbewegliche Habe, Haus, Land, Liegenschaften, Wohnung, Küche, Zuhause, Heimat. Komfort, Bequemlichkeit und Annehmlichkeiten. Fahrzeuge. Bodenschätze, Landwirtschaft, Gartenarbeit, Erdarbeiten, Minen, Wasservorrat oder -reservoir.

5. Bhava: Putra

Persönlichkeit: Intellektuelle oder geistige Begabung, Neigungen, Intelligenz, Gründlichkeit. Ausbildung, Bildung, Wissen, Weisheit, Weitsicht, Erfolg. Beratung, organisatorisches Geschick, verdienstvolle Taten. Kritikfähigkeit.

Körper: Oberbauch, Magen, Leber, Galle, Milz. Schwangerschaft.

Gesellschaft: Kinder, Geliebte(r), Auszubildende, Schüler.

Sonstige Zuordnungen: Geschäftsleben. Heilige Sprüche oder Segenssprüche, magische Formeln, Amulette. Zukunft, Schulen und Ausbildungsplätze. Vergnügungen.

6. Bhava: Ari

Persönlichkeit: Schwächen, Laster, Boshaftigkeit, Untaten. Psychische Probleme oder Krankheiten. Kummer, Sorgen und Zweifel.

Körper: Krankheit und Verwundung im Allgemeinen. Hüfte, Nabel, Dünndarm, obere Teile des Dickdarms, Blinddarm, Nieren. Erschöpfung. Geschwüre, Verstopfung. Ungeregelte Mahlzeiten.

Gesellschaft: Feinde, Widersacher, Kontrahenten, Opponenten, Konkurrenten. Diebe.

Sonstige Zuordnungen: Hindernisse, Schwierigkeiten, Auseinandersetzung, Streit, Rechtsstreit, Vorwürfe bekommen, Missverständnisse. Unglück, Kampf, Krieg. Diebstahl. Gift. Almosen empfangen.

7. Bhava: Yuvati

Persönlichkeit: Wünsche, Kontaktfreudigkeit, Nach-außen-Gehen, Austausch mit anderen Menschen. Treue, Erotik, Leidenschaft, Erfolg beim anderen Geschlecht. Kontroversen.

Körper: Blase, unterer Dickdarm, innere Sexualorgane wie Eierstöcke, Gebärmutter (Uterus), Samenblase und Vorsteherdrüse (Prostata). Sex, Zeugungskraft, Fruchtbarkeit.

Gesellschaft: Ehepartner. Geschäftspartner.

Sonstige Zuordnungen: Reisen, Expansion, Handel.

8. Bhava: Randhra

Persönlichkeit: Schwäche, Fehlerhaftigkeit, große geistige Spannung oder Angst, Verletzbarkeit, Empfindlichkeit. Laster, schlechte Absichten. Persönliche Niederlage, Kollaps, Zusammenbruch, Bestrafung, Gefangenschaft. Hindernisse, Schmerzen und Unglück aufgrund von Fehlverhalten in vergangenen Leben. Einsichten über Details vergangener und zukünftiger Leben. Große

innere und äußere Transformationen. Interesse an esoterischem (okkultem) Wissen. Forschung.

Körper: Langlebigkeit. Schwäche, Fehlerhaftigkeit, Verwundbarkeit, Krankheit. Plötzlicher oder unzeitgemäßer Tod. Äußere Geschlechtsorgane.

Gesellschaft: Feinde, Krieg.

Sonstige Zuordnungen: Testament, Erbschaft. Festung. Transformation, Krise, große Veränderung. Wissen von vergangenen und zukünftigen Ereignissen. Esoterik, Mystik, okkultes Wissen.

9. Bhava: Dharma

Persönlichkeit: Höhere Bildung. Weltanschauliche und philosophische Interessen. Pflichterfüllung, Tugendhaftigkeit, Rechtschaffenheit, Ehrerbietung, Wohltätigkeit, Gottesdienst, Pilgerfahrt, Leuterung. Schicksal aufgrund der vergangenen Leben, daraus resultierend Glück, Unterstützung und Erfolg. Traditionelle Orientierung. Achtung gegenüber der älteren Generation beziehungsweise den Vorvätern.

Körper: Oberschenkel, linkes Bein.

Gesellschaft: Vater, Lehrer, Spiritueller Ratgeber und Meister (Guru), Geistlichkeit (Klerus), ältere Generation, Älteste.

Sonstige Zuordnungen: Gesetz, Naturgesetz, Recht, Ordnung, Gerechtigkeit. Medizin, Heilmittel. Vergangenheit, Religiöse und spirituelle Plätze.

Kommentar: Die Aufteilung „linkes Bein" für den 9. Bhava und „rechtes Bein" für den 11. Bhava ergibt sich aus der Sicht des 10. Bhavas, welcher einer der vier „zentralen" Bhavas ist und die Knie darstellt. Wie bei den Augen und Ohren (siehe Kommentar zum 2. und 3. Bhava), ist immer der vorangegangene Bhava dem linken Körperteil zugeordnet und der nachfolgende dem rechten.

10. Bhava: Karma

Persönlichkeit: Können, Tüchtigkeit, Fähigkeit, Tätigkeit, Beruf, Aufstieg, Karriere. Ehre, Ruhm, Ansehen, Position. Überlegenheit, Herrschaft, Autorität. Im (Regierungs-) Dienst stehen. Broterwerb.

Körper: Knie.

Gesellschaft: Vaters gesellschaftliche Stellung. Regierung. Hochgestellte Personen. Der eigene Vorgesetzte und der Chef.

Sonstige Zuordnungen: Sich im Ausland niederlassen. Arbeitsplatz.

11. Bhava: Laabha

Persönlichkeit: Wunscherfüllung. Dinge erfassen, begreifen oder genießen. Gewinn, Verdienst, Erwerb, Einkommen, Profit, Errungenschaft, Vermehrung.

Körper: Unterschenkel, rechtes Bein, linkes Ohr.

Gesellschaft: Ältere Geschwister.

12. Bhava: Vyaya

Persönlichkeit: Ausgaben, Kosten, Aufwand. Fall, Vergehen, Verfall, Untergang. Verlust, Strafe zahlen. Fremd gehen. Wohltätigkeitsausgaben, Opfer. Zurückgezogenheit, Entsagung, Loslassen, Innenkehr, Transzendenz, Erleuchtung. Heimlichkeiten.

Körper: Füße, linkes Auge. Schlafstörungen. Lebensende.

Gesellschaft: Allein sein.

Sonstige Zuordnungen: Schlafzimmer, Krankenhausaufenthalt. Gefängnisaufenthalt. Gefangenschaft. Abgeschiedenheit. Versteck. Ausland, ferne Länder. Unmittelbare Vergangenheit.

Kommentar: Da dem 1. Bhava die Geburt zugeordnet ist, dem 2. Bhava die unmittelbare Zukunft, repräsentiert der 12. Bhava die unmittelbare Vergangenheit. Dies steht nicht im Widerspruch dazu, dass ihm auch das Lebensende zugeordnet ist. Es kommt immer auf die Fragestellung an, welche Zuordnungen der Bhavas wir heranziehen.

Die Sekundär-Zuordnungen der 12 Bhavas

Die bisher beschriebenen Bedeutungen sind im Wesentlichen Primär-Zuordnungen. Das bedeutet, dass sie sich nicht von anderen Bhavas ableiten. Im Gegensatz dazu stehen die Sekundär-Zuordnungen. Diese entstehen aus Primär-Zuordnungen, wenn diese auf andere Bhavas angewandt werden.

Ein einfaches Beispiel ist der 7. Bhava. Er steht für den Ehepartner. Wenn wir nun etwas über den Ehepartner unseres Kindes erkennen möchten, müssen wir den 7. Bhava vom 5. Bhava aus gezählt betrachten, da der 5. Bhava für das Kind steht, und der gegenüberliegende, also der 7. vom 5. aus gesehen, den Ehepartner des Kindes beschreiben muss. Zählen wir vom 5. aus 7 Bhavas weiter (wir zählen immer entgegen dem Uhrzeigersinn), so gelangen wir zum 11. (beim Zählen müssen wir den 5. als 1. zählen. Dann gelangen wir beim 7. zum 11. Bhava. Siehe Grafik 33). Der 11. Bhava gibt also Auskunft über den Ehepartner unseres Kindes.

Ein anderes Beispiel ist das Prinzip des 3. Bhavas, welcher für Geschwister steht. Da der 9. Bhava den Vater repräsentiert, steht der 3. vom 9. aus gezählt für die Geschwister des Vaters. Zählen wir vom 9. Bhava den 3. (wobei wir den 9. als 1. zählen müssen), gelangen wir wieder zum 11. Bhava. Dieser Bhava gibt also auch Auskunft über unsere Tanten und Onkel väterlicherseits.

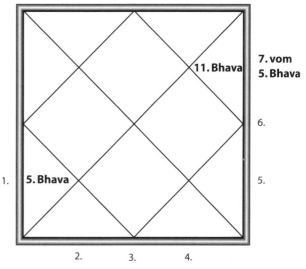

Grafik 33: Der 7. Bhava vom 5. Bhava

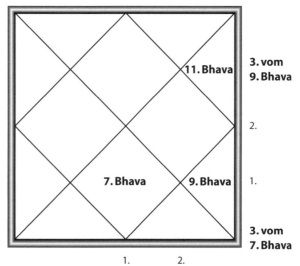

Grafik 34: Der 3. Bhava vom 9. Bhava

97

Nach dem gleichen Prinzip steht der 9. Bhava für die Geschwister unseres Ehepartners, da er der 3. vom 7. aus gerechnet ist.

Wir sehen an diesen Beispielen, dass Bhavas verschiedene Bedeutungen bekommen – je nachdem, worauf wir unser Augenmerk richten. Später werden wir sehen, wie wir durch das Verbinden verschiedener Analysen Schwerpunkte erkennen, die der Interpretation eine klare Richtung geben. Wichtig ist, dass eine Sekundär-Zuordnung keine Primär-Zuordnung aufheben kann. Entsteht also ein Widerspruch zwischen der Bildung einer Sekundär-Zuordnung und einer Primär-Zuordnung, so ist diese Sekundär-Zuordnung nicht zulässig. Zum Beispiel können wir nicht sagen, dass der 6. Bhava Auskunft über die Mutter unserer Geschwister gibt, nur weil er der 4. (Mutter) vom 3. aus gezählt ist, denn unsere Mutter ist auch die Mutter unserer Geschwister und bereits dem 4. Bhava – vom Lagna aus gezählt – zugeordnet.

Ganz wichtig sind in diesem Zusammenhang die drei **Duhsthaana, der 6., 8. und 12. Bhava.** Wie wir in den vorangegangenen Beschreibungen dieser drei Duhsthaana Bhavas (schlechte Plätze) gesehen haben, sind ihnen sehr viele negative Bedeutungen zugeordnet. Von jedem beliebigen Bhava aus gezählt, sind sie deshalb kritische Plätze, die Schwierigkeiten (6.), Krisen (8.) oder Verluste (12.) für den betreffenden Bhava bedeuten können.

Merksatz: **Für jeden x-beliebigen Bhava bedeuten der 6., 8. und 12. Bhava von diesem Bhava aus gezählt Schwierigkeiten, Krisen und Verluste.**

Wenn wir zum Beispiel den 4. Bhava für „Mutter" betrachten und 6, 8 und 12 Bhavas von dort aus zählen, gelangen wir zum 9., 11. und 3. Bhava. Diese sind deshalb Bhavas, die Unglück für die Mutter anzeigen können.

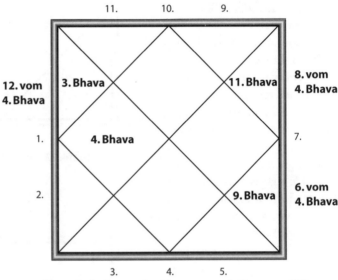

Grafik 35: Duhsthaana der Mutter vom 4. Bhava gezählt

Die folgende Liste zeigt einige wichtige Sekundär-Zuordnungen mit kurzen Erläuterungen, wie diese Zuordnungen zu Stande kommen. Auf der rechten Seite befinden sich drei Unterteilungen. Der Ausgangs-Bhava ist der Bhava, über den wir eine zusätzliche Aussage suchen, zum Beispiel der 9. Bhava, wenn wir etwas über den Vater wissen wollen. Der addierte (hinzugezählte) Bhava hat immer die gleiche Zahl wie der primäre Bhava, dessen Inhalt wir auf den Ausgangs-Bhava anwenden möchten. Zum Beispiel steht der 5. Bhava primär (also vom Aszendenten gezählt) für Erfolg im Leben. Wenn wir nun etwas über den Erfolg des Vaters wissen wollen, müssen wir „seinen" 5. Bhava anschauen, also den 5. Bhava vom 9. aus gezählt: deshalb ist der 9. Bhava der Ausgangs-Bhava und von dort müssen wir den 5. Bhava hinzuzählen. Da wir beim Zählen mit dem 9. beginnen (siehe obige Beispiele), ergibt 9. Bhava + 5. Bhava der 13. Bhava (nicht der 14. Bhava!), was dem 1. Bhava entspricht (13 - 12 Bhavas = 1).

Tabelle 4: Die Sekundär-Zuordnungen der Bhavas

Bhava	Sekundär-Zuordnung	Ausgangs-Bhava	Addierter Bhava	Ergebnis-Bhava
1	Erfolg der Eltern (somit ist die eigene Geburt ein Erfolg für die Eltern)	9. Bhava (Vater)	+ 5. Bh. (Erfolg)	= 1. Bhava
		4. Bhava (Mutter)	+ 10. Bh. (Erfolg)	= 1. Bhava
2	Verlust eines Geschwisters	3. Bhava (Geschwister)	+ 12. Bh. (Verlust)	= 2. Bhava
	Krankheit des Vaters	9. Bhava (Vater)	+ 6. Bh. (Krankheit)	= 2. Bhava
	Scheitern der Ehe oder Tod des Partners, deshalb auch 2. Ehepartner	7. Bhava (Ehepartner)	+ 8. Bh. (Kollaps, Tod)	= 2. Bhava
3	Tod eines Elternteils	4. Bhava (Mutter)	+ 12. Bh. (Verlust)	= 3. Bhava
		9. Bhava (Vater)	+ 7. Bh. (Tod)	= 3. Bhava
	Erfolg für ältere Geschwister	11. Bhava (ält. Geschwister)	+ 5. Bh. (Erfolg)	= 3.Bhava
	der eigene Tod, Todesart	8. Bhava (Langlebigkeit)	+ 8. Bh. (Kollaps)	= 3. Bhava
4	Reichtum von Geschwistern	3. Bhava (Geschwister	+ 2. Bh. (Reichtum)	= 4. Bhava
	Tod od. Zusammenbruch des Vaters	9. Bhava (Vater)	+ 8. Bh. (Kollaps)	= 4. Bhava
5	Vater vom Vater (Großvater)	9. Bhava (Vater)	+ 9. Bh. (Vater)	= 5. Bhava
	Zweitgeborenes Geschwister	3. Bhava (Geschwister)	+ 3. Bh. (Geschwister)	= 5. Bhava
	Karrieresturz	10. Bhava (Beruf, Position)	+ 8. Bh. (Kollaps)	= 5. Bhava
	Sieg über/Loswerden von Feinden	6. Bhava (Feinde)	+ 12. Bh. (Verlust)	= 5. Bhava
	Glück durch Gewinne d. Ehepartners	7. Bhava (Ehepartner)	+ 11. Bh. (Gewinne)	= 5. Bhava
	Wunscherfüllung, auch in Sachen Sex	7. Bhava (Wünsche, Sex)	+ 11. Bh. (Wunscherfüllg.)	= 5. Bhava
6	Geschwister der Mutter	4. Bhava (Mutter)	+ 3. Bh. (Geschwister)	= 6. Bhava
	Stiefmutter (wird wie jüngere Schwester der leiblichen Mutter betrachtet)	gleiche Begründung		
	Darlehn	2. Bhava (Geld)	+ 5. Bh. (Erfolg), aber verbunden mit Belastungen (6. Bhava)	= 6. Bhava
		11.Bhava (Einkommen)	+ 8. Bh. (Transformation)	= 6.Bhava
7.	Mutter der Mutter (Großmutter)	4. (Mutter)	+ 4. Bh. (Mutter)	= 7. Bhava
	Ortswechsel	4. Bhava (Wohnung) verbunden mit dem 7. (Reise)	+ 4. Bh. (Wohnung)	= 7. Bhava
	Tod	8. Bhava (Langlebigkeit)	+ 12. Bh. (Verlust)	= 7. Bhava
	Augenkrankheiten	2. Bhava (Augen)	+ 6. Bh. (Krankheit)	= 7. Bhava
	Artikel, die einem gestohlen werden	2. Bhava (bewegliche Habe)	+ 6. Bh. (Diebe)	= 7. Bhava
	Erfolg, Ausbildung und Glück der Geschwister	3. Bhava (Geschwister)	+ 5. Bh. (Erfolg, Ausbildung Glück)	= 7. Bhava
		11. Bhava (ält. Geschwister)	+ 9. Bh. (Glück, höhere Bildung)	= 7. Bhava

Fortsetzung

Bhava	Sekundär-Zuordnung	Ausgangs-Bhava	Addierter Bhava	Ergebnis-Bhava
8.	Ausbildung der Mutter	4. Bhava (Mutter)	+ 5. Bh. (Ausbildung)	= 8. Bhava
	Darlehn	2. (Geld)	+ 7. Bh. (Partner)	= 8. Bhava
		(Geld verbunden mit Belastung)		
9.	Enkelkinder	5. (Kinder)	+ 5. Bh. (Kinder)	= 9. Bhava
	Ehepartner eines Geschwisters	3. Bhava (Geschwister)	+ 7. Bh. (Ehepartner)	= 9. Bhava
	Geschwister des Ehepartners	7. Bhava (Ehepartner)	+ 3. Bh. (Geschwister)	= 9. Bhava
	3. Ehepartner	2. Bhava (2.Ehe)	+ 8. Bh. (Transformation)	= 9. Bhava
10.	Im Ausland leben	4. Bhava (Wohnung)	+ 7. Bh. (Reise)	= 10. Bhava
		(Der 10. Bhava ist vom 4. am weitesten entfernt.)		
	Darlehn	11. Bhava (Einkommen)	+ 12. Bh. (Verlust, also nicht genug haben)	= 10. Bhava
		2. Bhava (Geld)	+ 9. Bh. (Glück, Unterstützung)	= 10. Bhava
	Plötzlicher Tod eines Geschwisters	3. Bhava (Geschwister)	+ 8. Bh. (Kollaps)	= 10. Bhava
	Unglück oder Probleme eines Kindes	5. Bhava (Kind)	+ 6. Bh. (Probleme)	= 10. Bhava
11.	Ältere Geschwister	11. Bhava	+ 3. Bhava (jüngere Geschwister)	= 1. Bhava
		Der Horoskopeigner ist also das jüngere Geschwister.		
	Geschwister des Vaters	9. Bhava (Vater)	+ 3. Bh. (Geschwister)	= 11. Bhava
	Ausbildung des Ehepartners	7. Bhava (Ehepartner)	+ 5. Bh. (Ausbildung)	= 11. Bhava
	Kinder, die der Ehepartner in die Ehe bringt	7. Bhava (Ehepartner)	+ 5. Bh. (Kinder)	= 11. Bhava
	Tod der Mutter	4. Bhava (Mutter)	+ 8. Bh. (Lebenslänge, Kollaps)	= 11. Bhava
	Wohnungswechsel	4. Bhava (Wohnung)	+ 8. Bh. (Transformation)	= 11. Bhava
	Sieg über Feinde, z.B. im Rechtsstreit	6. Bhava (Feinde)	+ 6. Bh. (Ungl. d. Feinde)	= 11. Bhava
12.	Vater der Mutter (Großvater)	4. Bhava (Mutter)	+ 9. Bh. (Vater)	= 12. Bhava
	Mutter vom Vater (Großmutter)	9. Bhava (Vater)	+ 4. Bh. (Mutter)	= 12. Bhava
	Plötzlicher Tod eines Kindes	5. Bhava (Kind)	+ 8. Bh. (Lebenslänge, Kollaps)	= 12. Bhava
	Krankheit des Ehepartners	7. Bhava (Ehepartner)	+ 6. Bh. (Krankheit)	= 12. Bhava
	Fremdgehen	7. Bhava (Ehepartner) (Heimlichkeiten)	+ 6. Bhava (Feinde)	= 12.Bhava
	Informationen über Feinde	6. Bhava (Feinde) (Heimlichkeiten)	+ 7. Bh. (Aust., Kontakt)	= 12. Bhava

Übung 4

1. Welche Bhavas geben Auskunft über die Eltern des Ehepartners?
2. Welcher Bhava gibt Auskunft über Verluste, die der Ehepartner hat?

Lösungen siehe Anhang.

Die Struktur der 12 Bhavas

Denken, Sprechen, Handeln

Der **1. Bhava** beschreibt das **Denken**, der **2. Bhava** das **Sprechen** und der **3. Bhava** das **Handeln** aus eigener Kraft. Dies sind die **drei fundamentalen Schritte der Manifestation**, mit denen die Sequenz der 12 Bhavas beginnt. Deshalb kommt diesen drei Bhavas eine besondere Bedeutung zu. Sie beschreiben, inwieweit jemand in der Lage ist, klar, kreativ und strukturiert zu denken, dann diese Gedanken anderen mitzuteilen, sich verständlich zu machen und Unterstützung zu erlangen, und schließlich die Gedanken selbstständig, aus eigener Kraft und Initiative in die Tat umzusetzen.

Diese Dreiersequenz wiederholt sich in ähnlicher Weise vom 4. bis zum 6. Bhava. **Mit dem 7. Bhava kehrt sie sich um**, das heißt, sie beginnt mit Handeln beim 7. Bhava und endet mit Denken beim 9. Bhava und wiederholt diese Sequenz vom 10. bis zum 12. Bhava, in der das Denken zum Stillstand kommt. Denn der 12. Bhava steht für Loslassen, Auflösen, Nach-innen-Gehen, Transzendenz. Die Transzendenz ist der Bereich der absoluten Einheit des Selbst mit sich selbst und der Stille. Indem wir wieder zum 1. Bhava fortschreiten, beginnt der Kreislauf des Manifestierens von neuem.

Durch dieses Schema stehen sich die Bhavas des Denkens (**D**) und Handelns (**H**) immer als Polarität gegenüber: 1. – 7., 3. – 9., 4. – 10., 6. – 12. Die Bhavas des Sprechens (**S**) liegen sich ebenfalls gegenüber und stehen für Austausch, sind also nicht so polarisiert: 2. – 8., 5. – 11. (Siehe Abb. 05, Horoskop-Schema: Denken, Sprechen, Handeln).

Die Polarität der Bhavas

Damit sind wir bei einer weiteren bemerkenswerten Struktur der Bhavas: die **Polarität**. Der **1. Bhava** ist die eigene Person und das Selbst, der **7. Bhava** als gegenüberliegender ist der Partner, das Gegenüber, die Kontaktaufnahme und das „Nach-außen-Treten". Ähnlich verhält es sich zwischen dem **4. und 10. Bhava** (Abb. 05b). Auch der 4. Bhava beschreibt

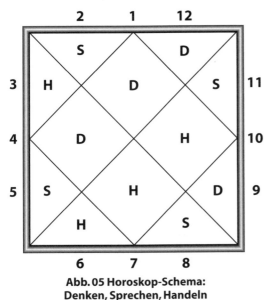

Abb. 05 Horoskop-Schema:
Denken, Sprechen, Handeln

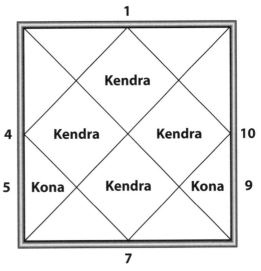

Abb. 05b Horoskop-Schema:
Die guten Plätze, Kendra (1, 4, 7, 10) Kona (5, 9)

das Innere des Menschen. Der gegenüberliegende 10. Bhava zeigt, wie sich dieses Innenleben im nach außen sichtbaren Können, Handeln und Erfolg manifestiert. Diese vier Bhavas (1, 4, 7 und 10) sind die zentralen Orte eines Horoskops. Sie werden **Kendra** genannt, was **Zentrum oder Mittelpunkt** bedeutet. Grahas gewinnen an diesen Plätzen sowohl an Stärke als auch an Qualität. Sehr gut sind auch die **Kona**-Bhavas, die aus dem **5. und 9. Bhava** bestehen. Allerdings gewinnen hier die Grahas nur an Qualität und nicht so an Stärke. **Kendra- und Kona-Bhavas sind die besten Plätze**, an denen ein Graha stehen kann. Der 1. Bhava wird bisweilen sowohl als Kendra, als auch als Kona gesehen und ist deshalb besonders gut. Auch der 10. Bhava ist sehr gut, weil er Stärke und Qualität mit dem Handeln verbindet (siehe Abb. 05b, Horoskop-Schema: Die guten Plätze).

Merksatz: **Die Kendra- und Kona-Bhavas (1., 4., 7., 10., 5., und 9.) sind die besten Plätze, an denen ein Graha stehen kann. Der 1. und der 10. Bhava sind besonders gut.**

Die Duhsthaana-Bhavas

Wenn wir die Bedeutungen der 12 Bhavas überblicken, fällt auf, dass es für den **6., 12. und 8. Bhava vorwiegend negative Zuordnungen** gibt. Diese drei Bhavas werden **Duhsthaana** oder Trikasthaana genannt (siehe Abb. 06: Die schlechten Plätze), was bedeutet, dass sie in zunehmendem Grad die schlechten Plätze sind – Orte von Unglück und Schwierigkeiten. Der schlechteste ist also der 8. Bhava.

Merksatz: **Der 6., 12. und 8. Bhava sind in zunehmender Stärke die schlechten Plätze.**

Die Upachaya-Bhavas

Der 3., 6., 10. und 11. **Bhava** sind die **Upachaya-Plätze** (siehe Abb. 08: Die Plätze des Wachstums). Dieser Begriff bedeutet „Anhäufung, Vermehrung, Wachstum". Grahas, die an diesen Plätzen stehen, brauchen Zeit, um ihre positive Wirkung zu entfalten und ihre Qualitäten hervorzubringen. Im obigen Abschnitt „Denken, Sprechen, Handeln" haben wir erklärt, dass der 3., 6., 7. und 10. Bhava dem

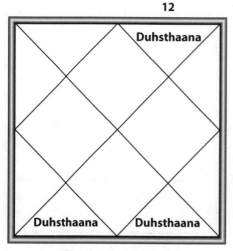

Abb. 06 Horoskop-Schema:
Die schlechten Plätze (6, 8, 12)

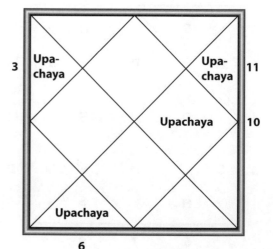

Abb. 08: Horoskop-Schema:
Die Plätze des Wachstums (3, 6, 10, 11)

Handeln zugeordnet sind. Da der 7. Bhava äußerst expansiv ist, entfällt er als Upachaya. Der 11. kommt hinzu, weil er der Bhava des Gewinns ist. Allerdings ist er der beste der vier Upachaya-Plätze, bei dem sehr geringe Anstrengung und sehr wenig Zeit nötig sind, um Erfolg zu haben, denn er ist kein Bhava des Handelns. Der 10. Bhava ist, wie schon erwähnt, ein sehr starker Bhava. Deshalb gewährt auch dieser Bhava relativ schnellen Erfolg, aber durch starken Einsatz. Am schwierigsten sind deshalb der 3. und 6. Bhava. Grahas an diesen Plätzen benötigen den größten Einsatz und die längste Zeit zum Reifen und für den Erfolg. Beim 6. kommt noch erschwerend hinzu, dass er ja gleichzeitig ein Duhsthaana ist (siehe oben).

Merksatz: **Der 3., 6., 10. und 11. Bhava sind Plätze des Wachstums, in denen die Grahas Zeit zum Reifen brauchen, um ihre guten Qualitäten und Erfolge zu bringen. Der 3. und 6. Bhava sind am langsamsten. Der 11. Bhava ist der schnellste, der 10. ist diesbezüglich auch recht gut.**

Die zeitliche Struktur der Bhavas

Parashara sieht 120 Jahre als die maximale natürliche Lebenslänge in diesen Jahrtausenden an. Das ist hochinteressant, da die heutige Wissenschaft zu der Erkenntnis gekommen ist, dass wir so etwas wie eine biologische Uhr in uns haben, die auf ca. 120 Jahre eingestellt ist. Da der 1. Bhava die frühe Kindheit darstellt und der 12. Bhava das Lebensende, könnte man vermuten, dass jedem Bhava 10 Lebensjahre zugeordnet sind. Rechnerisch betrachtet ist das sicher richtig, rein praktisch gesehen müssen wir die Zuordnung aber wohl

etwas anders sehen. Parashara sieht ein Leben bis 32 Jahre als kurz an, bis 64 als mittellang und darüber hinaus als lang. Wenn wir diese Regel mit der Tatsache verbinden, dass wir Menschen in den ersten 3 bis 4 Jahren unseres Lebens grundlegend für den Rest des Lebens geprägt werden, kommen wir auf folgendes Schema der zeitlichen Zuordnung zu den Bhavas:

Da der 1. Bhava die frühe Kindheit darstellt, entspricht er den ersten 4 Jahren des Lebens. Auch die nächsten 3 Bhavas entsprechen jeweils 4 Jahren, sodass der 4. Bhava (Innenleben, Erziehung) dem Alter von 12 bis 15 Jahren entspricht, also in etwa der Zeit der Pubertät. Ähnlich wie die frühe Kindheit ist dies eine sehr prägende Zeit für das spätere Leben, sodass die zeitliche Zuordnung der inhaltlichen vom 1. und 4. Bhava entspricht.

Als Kinder erleben wir den Fluss der Zeit als sehr langsam. Ein Jahr ist eine Ewigkeit. Je älter wir werden, desto schneller scheint die Zeit davonzufliegen. Dieses Phänomen hängt mit dem Wachsen unseres Bewusstseins zusammen, durch das wir einen immer größer werdenden Abstand zu den Ereignissen erlangen, die wir erleben. Diesem Phänomen müssen wir bei der Zuordnung Rechnung tragen. Den nächsten 4 Bhavas sind deshalb jeweils 8 Jahre zuordnen, also doppelt so viele wie vorher, sodass wir mit dem 8. Bhava bis zum Alter von 48 Jahren gelangen.

Den Bhavas 9 bis 12 können wir jeweils 12 oder 16 Jahre zuordnen, sodass wir mit dem 12. Bhava auf 96 oder 112 Jahre kommen. Die verbleibenden Jahre können wir der Lücke zwischen dem 12. und dem 1. Bhava zuordnen. In dieser Zeit stehen wir recht abgeklärt außerhalb der Ereignisse und sind nur noch Beobachter. Die Zeit steht gleichzeitig still und verfliegt sehr schnell. Die folgende Liste beschreibt die zeitliche Zuordnung von jedem Bhava entsprechend dem hier beschriebenen Schema.

Eine weitere Zuordnung der Bhavas zu Lebensjahren findet sich bei Parashara im Zusammenhang mit dem Sudarshana-Chakra*. Dort wird je ein Lebensjahr einem Bhava zugeordnet, sodass sich der Zyklus alle 12 Jahre wiederholt. Es beginnt also mit dem Alter 0 bei der Geburt, welches dem Aszendenten zugeordnet ist. Wenn das Kind 1 Jahr alt ist, folgt der 2. Bhava. Im Alter von 2 Jahren der 3. Bhava und so weiter. Im Alter von 12 Jahren wiederholt sich der Zyklus beginnend mit dem Aszendenten.

Zuordnung der Bhavas zu Lebensjahren

Bhava	Alter		Kommentar
1	0 –	3	Frühe Kindheit, die die Struktur der Persönlichkeit prägt
2	4 –	7	Lernen, sich auszudrücken
3	8 –	11	Die Welt erobern; ausprobieren, wie weit man gehen kann
4	12 –	15	Pubertät
5	16 –	23	Ausbildung
6	24 –	31	Bewährungsprobe (Nach Parashara: Ende eines kurzen Lebens)
7	32 –	39	Ausdehnung, nach außen gehen
8	40 –	47	Lebenskrise, Umbruch, Kinder gehen aus dem Haus
9	48 –	59	(63) Lebenserfahrung, Weisheit, Enkelkinder (mittellanges Leben)
10	60 –	71	(64-79) Anerkennung, Achtung und Reife (ab hier: langes Leben)
11	72 –	83	(80-95) Wunscherfüllung und Zufriedenheit
12	84 –	95	(96-112) Abstand, Loslassen, Vollendung
Lücke	96 –	120	(113-120) Abgeklärtheit, stiller Beobachter

---

* Das Sudarshana Chakra setzt sich aus drei Horoskopen zusammen und wird in Band 2 dieser Buchreihe behandelt.

DIE BEDEUTUNG DER 27 NAKSHATRAS

Die Nakshatras sind ein facettenreiches Instrument der Vedischen Astrologie. Sie haben eine große Bedeutung bei der Interpretation von Geburtshoroskopen, aber auch bei Frage-Horoskopen (Prashna), Partnerschaftsanalysen und bei der Bestimmung günstiger Termine für wichtige Angelegenheiten (Muhurta) wie zum Beispiel Heirat, Hausbau, Einzug, Geschäftsgründung und so weiter.

Durch die genaue Position des Mondes im Geburtshoroskop bestimmen die Nakshatras den Zeitschlüssel, der die Qualität der verschiedenen Lebensphasen beschreibt, die eine Person durchläuft. Dies ist das entscheidende Instrument der Vedischen Astrologie, um Vorhersagen zu treffen. Es entspricht der zyklischen Natur des Lebens, wie wir sie eingangs besprochen haben.

Der Begriff „Nakshatra" steht für Stern oder Sternbild. Wörtlich übersetzt wird er entweder mit der Sanskrit-Wurzel „naksh" in Verbindung gebracht, die „verehren", „anbeten" und „erlangen" bedeutet, oder mit „na-kshatra", was „nicht zerstörbar" heißt. Ein anderer gebräuchlicher Begriff für Nakshatra ist „Tara", der ebenfalls für Stern oder Fixstern steht, wörtlich aber als „hinübertragen", „Retter" oder „Beschützer" übersetzt werden kann.

Diese Übersetzungen weisen darauf hin, dass sich die zentrale Bedeutung eines Nakshatras von seinem Devataa ableitet. Unter „Devataa" versteht man eine Energie oder Form, ein Prinzip oder eine Gesetzmäßigkeit des Schöpfers, die wir allgemein als Naturgesetz oder Naturprinzip verstehen können.

„Devataa" wird in der Regel mit „Gottheit" übersetzt. Da es aber auch im vedischen Verständnis nur einen Gott gibt, kann diese Übersetzung irreführend sein. Mit „Gottheit" ist eine bestimmte Ausformung oder ein bestimmter Aspekt Gottes gemeint, ein Prinzip des Naturgesetzes.

Aber auch die Namen und Symbole der Nakshatras sagen viel über ihre Bedeutung aus. Manche Nakshatras haben mehrere Symbole, das heißt, in unterschiedlichen Teilen Indiens sind verschiedene Symbole gebräuchlich. Bei genauerem Hinsehen ist aber zu erkennen, dass diese verschiedenen Symbole lediglich unterschiedliche inhaltliche Aspekte des Nakshatras betonen. Die Übersetzungen der Namen der Nakshatras leiten sich aus dem Sanskrit ab und geben ebenfalls Aufschluss über ihre Bedeutung.

Wichtig ist außerdem, dass jedes Nakshatra einen Graha als Herrscher hat. Dieser Graha trägt mit seinen Eigenschaften zur Charakterisierung des Nakshatra bei.

Ferner hat jedes Nakshatra noch eine Reihe von zusätzlichen Beschreibungen, die aber zum Teil mehr im Bereich von Prashna, Partnerschaftsanalysen und Muhurta verwendet werden (siehe oben). Bei diesen Zuordnungen werden Kaste* und Eigenschaft mit auf-

---

* In der Vedischen Kultur gab es ursprünglich vier Kasten: Brahmanen (Gelehrte, Priester, Lehrer), Kshatriyas (Herrscher, Krieger, Verwalter), Vaishyas (Bauern, Händler) und Shudras (Diener). Diese Kasten entsprachen in etwa den vier Ständen, die es in Europa gab: Klerus, Adel, Handwerker und Bauern (die meist Leibeigene waren).

geführt, weil sie in diesem Zusammenhang dienlich sein können. Geschlecht, Natur, Gattung, Tierart, Himmelsrichtung und Dosha lassen wir weg. Auch die Zuordnung der Nakshatras zu den Körperteilen kann hier nicht behandelt werden, da die Begründungen zu ausführlich ausfallen würden.*

Wie in Kapitel 2 Grafik 7 erklärt, besteht jedes Nakshatra aus vier gleichen Teilen von je 3° 20', die Paadas genannt werden. Jedem Paada ist ein Anfangslaut zugeordnet. Entsprechend der vedischen Tradition wird für ein Kind der Name, mit dem es von seiner Mutter gerufen wird, entsprechend dieser Paadas ausgewählt. Dabei ist entscheidend, wo exakt der Mond zum Zeitpunkt der Geburt steht. Wenn er beispielsweise im 3. Paada von Dhanishthaa steht, ist ihm der Anfangslaut Gu zugeordnet (0° – 3° 20' Kumbha/Wassermann). Jeder Name, der mit Gu beginnt, hat demnach einen harmonischen Einfluss auf die Entwicklung des Kindes (Gudrun, Gustav und so weiter). Der Einfachheit halber ist im Anhang die komplette Liste mit den Gradzahlen der Paadas und den dazugehörigen Anfangslauten aufgeführt. Diese Regel zur Namensgebung sollte nur für Neugeborene angewendet werden, denn eine Umbenennung von Kindern, die bereits einen Namen haben, würde Verwirrung in ihrem Bewusstsein und Nervensystem erzeugen.

---

* Die ausführliche Behandlung der Nakshatras erfordert aufgrund ihrer Vielfältigkeit ein eigenes Buch des Verfassers. „Die 27 Mondhäuser der Vedischen Astrologie" erklärt alle Aspekte der Nakshatras sehr detailliert (in Arbeit).

1. Ashvini

Ausdehnung: 0° – 13° 20' in Mesha (Widder)
Übersetzung: Jemand, der von Pferden besessen ist, mit Pferden versehen ist oder Pferde anschirrt.
Symbole: Pferd, Pferdekopf
Devataa: Die zwei Ashvins. Sie sind die göttlichen Ärzte und Helfer in Notlagen. Sie sind die erstgeborenen Söhne der Sonne (manche sagen auch des Schöpfers, Brahma) und die jüngsten unter den Devas.
Herrscher: Ketu
Kaste: Vaishya (Bauern, Händler)
Eigenschaft: schnell

Idee: **Neubeginn, (Er-)Zeugung**

Beschreibung:
Energievoll, temperamentvoll bis ungestüm, willensstark; voller neuer Initiativen, Neues in Bewegung setzen, Vieles nicht zu Ende führen; Hindernisse überwinden, hilfsbereit; jugendlich, wohlgestaltet; unreif, unausgegoren; Bezug zum Heilen oder Verjüngen, Wunder wirken; starke Sexualität.

2. Bharani

Ausdehnung: 13° 20' – 26° 40' in Mesha (Widder)
Übersetzung: Jemand, der trägt, erträgt oder austrägt.
Symbole: Yoni, weibliches Geschlechtsteil
Devataa: Yama. Erster Mensch, der den Weg des Menschen auf Erden gegangen ist, von der Schwangerschaft bis zum Tod, und deshalb alle nachfolgenden Menschen auf diesem Weg durch den Tod geleitet.

Herrscher:	Venus
Kaste:	Kastenloser, von der Gesellschaft Ausgestoßener
Eigenschaft:	wild

Idee:	**Entstehen, werden, reifen; Schwangerschaft.**

Beschreibung:

Etwas im Verborgenen reifen oder werden lassen, etwas ausbrüten, sich zurückhalten müssen, zurückgehalten werden, sich disziplinieren müssen; Dinge in sich reifen lassen; unter starker Spannung stehen; lange währende Projekte durchführen; aufbrausend; Tendenz zum Außenseiter.

3. Krittikaa

Ausdehnung:	26° 40' in Mesha (Widder) – 10° in Vrishabha (Stier)
Übersetzung:	Jemand, der schneidet oder abschneidet.
Symbole:	Flamme und Rasiermesser
Devataa:	Agni, das Feuer, Opferfeuer, Schöpfungsenergie, Freund der Menschen
Herrscher:	Sonne
Kaste:	Brahmane, (Priester, Gelehrter, Lehrer)
Eigenschaft:	zart, scharf, gemischt

Idee:	**Energie; Transformation; Geburt**

Beschreibung:

Freiwerden von kreativer Energie und Schaffensdrang; Aufbrechen neuen Lebens; Verselbstständigung; Kreativität; Ehrlichkeit, Klarheit, Reinigung, Transformation; gelehrig; geistig scharf und sanft.

4. Rohini/Braahmi

Ausdehnung:	10° – 23° 20' in Vrishabha (Stier)
Übersetzung:	Aufgehen, aufsteigen, im Wachstum begriffen, die Rote, die rote Kuh / Heilig, göttlich.
Symbole:	Wagen, Karren, Tempel, Banyanbaum
Devataa:	Brahma, der Schöpfer
Herrscher:	Mond
Kaste:	Shudra (Diener)
Eigenschaft:	unveränderlich

Idee:	**Wachstum**

Beschreibung

Erfüllung von Wünschen und Verlangen; erschaffen, ausdehnen, sich aller Möglichkeiten erfreuen; Fruchtbarkeit, Sinnlichkeit, Vielfalt, Wachstum, körperbewusst; dienende Haltung, verlässlich, beständig, rein.

5. Mrigashiraa

Ausdehnung:	23° 20' in Vrishabha (Stier) – 6° 20' in Mithuna (Zwillinge)
Übersetzung:	Antilopenkopf, suchender Kopf
Symbole:	Antilope oder Antilopenkopf
Devataa:	Chandra, der Mond, auch Soma genannt. Soma steht für die materielle Entsprechung des Bewusstseins.
Herrscher:	Mars
Kaste:	Bauer
Eigenschaft:	zart

Idee:	**Suchen**

Beschreibung:

Nach Schönheit oder Wissen suchen oder streben, aufmerksam lauschen, Wissbegierde, Unternehmungslust, Forscherdrang; einer Sache oder Person nachjagen; Leidenschaftlichkeit und Dynamik, verbunden mit sanfter Natur; dem ästhetischen Empfinden folgen; arbeitsam.

6. Aardraa

Ausdehnung: 6° 20' – 20° in Mithuna (Zwillinge)
Übersetzung: Das Feuchte oder Nasse.
Symbole: Träne, Kopf des Menschen,
Devataa: Rudra, die unheilbringende Form Shivas. „Shiva" bedeutet eigentlich „freundlich". Wenn er jedoch in Zorn gerät, um Negativität, Krankheit oder Unrecht zu zerstören, wird er als der heulende oder brüllende Rudra gesehen, der die Macht und Stärke besitzt, das Böse zu vertreiben.
Herrscher: Rahu
Kaste: Schlachter
Eigenschaft: scharf

Idee: **Reinigung**

Beschreibung:
Die Atmosphäre mit einem Donnerwetter reinigen und dadurch Heilung bringen; Korrigieren von falschen Vorstellungen, Konzepten und Handlungen; vorübergehende Negativität oder Entladung von Spannung, verbunden mit Leid, Tränen und Zerstörung; reinigendes Unwetter. Korrigierender, scharfer Intellekt. Nicht vor schwierigen oder negativen Aufgaben zurückschrecken.

7. Punarvasu/Yaamaka

Ausdehnung: 20° in Mithuna (Zwillinge) – 3° 20' in Karka (Krebs)
Übersetzung: Punah = wiederholen, wieder und wieder; Vasu = Wohnung, Bewohner; vortrefflich, gut, wohltuend, wohltätig; die Vasu sind auch acht der Erde verbundene Devas, siehe 23. Dhanishthaa / Yaama = Bewegung, (Ver-)Lauf, Fortschritt
Symbole: Köcher mit Pfeilen, Bogen, Haus
Devataa: Aditi, die freie, ungebundene Unendlichkeit und Gebieterin der göttlichen Weltordnung, aus der 12 mächtige Devas hervorgehen.
Herrscher: Jupiter
Kaste: Vaishya (Händler und Bauer)
Eigenschaft: veränderlich

Idee: **Herausforderung annehmen**

Beschreibung:
Sich wieder und wieder Herausforderungen erfolgreich stellen, um sich selbst zu finden, Wagnisse eingehen. Sehr freiheitsliebend und ungebunden. Sich gut wieder aufladen und regenerieren können, Rückkehr der Kraft; Wiedererlangung von Reichtum oder immer wieder nach Reichtum streben; nach außen gerichtet, aber sich auf seine inneren Tugenden und Werte besinnen; Verbundenheit mit äußerem oder innerem Zuhause; flexibel; geschäftstüchtig.

8. Pushya/Sidhya

Ausdehnung: 3° 20' – 16° 40' in Karka (Krebs)

Übersetzung: Nahrung, Blüte, das Beste einer Sache / glückverheißend.

Symbole: Blume, Kuheuter, Kreis, Pfeil

Devataa: Brihaspati, „Herr des Gebets und der Hingabe"; Priester der Devas, der an sie die Gebete der Menschen weiterleitet; Regent von Jupiter.

Herrscher: Saturn

Kaste: Kshatriya (Regenten, Regierungspersonal, Militär, Polizei)

Eigenschaft: schnell

Idee: Erblühen

Beschreibung:
Wohlergehen, Gedeihen, Aufgehen; im Einklang mit der Ganzheit und dem Naturgesetz nähren und genährt werden; demütig; effizient und erfolgreich sein, diszipliniert, verantwortungsvoll und fleißig; Glück haben, glückliche Fügung, begünstigt werden.

9. Aashleshaa

Ausdehnung: 16° 40' – 30° in Karka (Krebs)

Übersetzung: Intime Verbindung oder Kontakt, umarmen, umschlingen.

Symbole: Schlange

Devataa: Ahi, „Schlange"

Herrscher: Merkur

Kaste: Kastenloser, von der Gesellschaft Ausgestoßener

Eigenschaft: scharf

Idee: Umschlingen, klammern

Beschreibung:
Engen Kontakt suchen; umschlingen, umgarnen, anhänglich sein, klammern; aus der Verborgenheit heraus oder in der Verborgenheit operieren, manipulieren; Geheimnisse ergründen und nutzen, verschlossene Türen öffnen; geistige oder psychologische Macht ausüben, durch intensives Festhalten etwas erzwingen wollen; jemanden (mit dem Blick) bannen; scharfer Intellekt; Tendenz zum Außenseiter oder Sonderling.

10. Magha

Ausdehnung: 0° – 13° 20' in Simha (Löwe)

Übersetzung: Geschenk, Belohnung, Freigebigkeit, milde Gabe, Macht.

Symbole: Königssänfte, Thronsaal mit Thron

Devataa: Pitaras oder Pitris, Manen, Seelen der ersten Vorfahren der Menschheit, die den Menschen aus dem Jenseits helfen.

Herrscher: Ketu

Kaste: Shudra (Diener)

Eigenschaft: wild

Idee: Dienende Größe

Beschreibung:
Dienende, selbstlose Haltung; großzügig und freigebig; gehobene Stellung, Position oder Macht erlangen; in einer Tradition stehen, Tradition wahren oder eine Tradition begründen; Familienstolz; aufbrausend.

11. Puurva Phalguni

Ausdehnung: 13° 20' – 26° 40' in Simha (Löwe)

Übersetzung: (Untere) Frucht des Baumes.

Symbole: Hängematte, Couch, Vorderpfosten eines Bettes, Shivalingam*

---

* Ein Phallus-Symbol zur Verehrung von Shiva.

Devataa: Bhaga, Geber und Verteiler von Wohlstand, Glück, Macht, Liebe und Ehe

Herrscher: Venus

Kaste: Brahmane (Priester, Gelehrter, Lehrer)

Eigenschaft: wild

Idee: **verdientes Glück**

Beschreibung:
Als Konsequenz der eigenen Leistung die Früchte des Erfolgs und Glücks genießen; Wohlstand und Einfluss erlangen; das Leben genießen, leidenschaftlich sein; gelehrig; aufbrausend.

12. Uttara Phalguni

Ausdehnung: 26° 40' in Simha (Löwe) – 10° in Kanya (Jungfrau)

Übersetzung: (Obere) Frucht des Baumes.

Symbole: Bett

Devataa: Aryaman, Gefährte oder Busenfreund, Stifter von Gastlichkeit, Haushalt und Ehe

Herrscher: Sonne

Kaste: Kshatriya (Regenten, Regierungspersonal, Militär, Polizei)

Eigenschaft: unveränderlich

Idee: **Unterstützung**

Beschreibung:
Hilfsbereitschaft und Förderung empfangen und geben; echte Freundschaft und Verlässlichkeit, Partnerschaft; gutes gesellschaftliches Verhalten; effizient und diszipliniert, beherrschend; Erlösung oder Befreiung von Schwierigkeiten geben oder empfangen.

13. Hasta

Ausdehnung: 10° – 23° 20' in Kanya (Jungfrau)

Übersetzung: Hand

Symbole: Handfläche oder geschlossene Hand

Devataa: Savitar (die Sonne), der Erreger oder Antreiber des Lebens

Herrscher: Mond

Kaste: Vaishya (Händler und Bauer)

Eigenschaft: schnell

Idee: **Gestaltung**

Beschreibung:
Ausgeprägte kreative und gestalterische Fähigkeiten, Struktur und Form gebend; erhellend, heilend; kontrollierend; geistig wach und schnell; ökonomisches Verständnis.

14. Chitraa

Ausdehnung: 23° 20' in Kanya (Jungfrau) – 6° 40' in Tula (Waage)

Übersetzung: Auffallend, ausgezeichnet, hervorragend, strahlend, klar, wundervoll

Symbole: leuchtendes Juwel, Perle

Devataa: Vishvakarman, der „Allschaffende", göttliche Baumeister des Universums

Herrscher: Mars

Kaste: Bauer

Eigenschaft: zart

Idee: **Einzigartigkeit**

Beschreibung:
Etwas außergewöhnlich, beeindruckend und blendend Schönes erschaffen; Aufmerksamkeit durch einzigartige Gestaltung und Perfektion erhalten; eine Illusion oder Irrealität schaffen, betören; arbeitsam, dynamisch; verfeinert.

15. Svaati

Ausdehnung: 6° 40' – 20° in Tula (Waage)
Übersetzung: Schwert
Symbole: Spross im Wind, Korallenperle
Devataa: Vayu, „Wind, Luft; der Atem, der das Leben gibt"
Herrscher: Rahu
Kaste: Schlachter
Eigenschaft: veränderlich

Idee: **Unabhängigkeit**

Beschreibung:
Sich frei und unabhängig im Leben bewegen, aus eigenem Antrieb immer in Bewegung sein; große Unabhängigkeit; der Atem des Lebens; einen frischen Wind bringen; selbstständig etwas zu Wege bringen; eigenständig sein; selbstständig durchgreifen und verändern.

16. Vishaakhaa/Raadhaa

Ausdehnung: 20° in Tula (Waage) – 3° 20' in Vrishchika (Skorpion)
Übersetzung: Sich verzweigen, gespreizt (hier ist sehr wahrscheinlich eine bestimmte Stellung der Füße beim Bogenschießen gemeint, die sehr zielsicher macht. Außerdem ist der Name ein Hinweis darauf, dass dies das einzige Nakshatra mit zwei starken Devataas ist) / Wohlstand, Erfolg.
Symbole: geschmückter Triumphbogen, Töpferscheibe
Devataa: Indraagni, Indra und Agni, Indra ist Kraft, Fruchtbarkeit (Regen) und Ganzheit (König der Devas); Agni ist Feuer, Energie, Kraft der Transformation, Helligkeit

Herrscher: Jupiter
Kaste: Kastenloser, von der Gesellschaft Ausgestoßener
Eigenschaft: zart und scharf, gemischt

Idee: **eigennütziger Erfolg**

Beschreibung:
Sehr auf den eigenen Erfolg gerichtet, dabei nicht zimperlich und durchaus eigennützig sein; andere nicht oder wenig mit einbeziehen; entschlossen, sehr energievoll, gebildet, zweck- und zielgerichtet, durch Glück gefördert; etwas exponierte, abgesonderte aber überragende Stellung haben; sich produzieren.

17. Anuraadhaa

Ausdehnung: 3° 20' – 16° 40' in Vrishchika (Skorpion)
Übersetzung: Wohlergehen und Glücklichsein bewirkend, etwas zu Ende bringen.
Symbole: geschmückter Triumphbogen, Lotosblume
Devataa: Mitra; ursprüngliche Bedeutung „Vertrag"; dann auch Gefährte und Freund, Morgensonne
Herrscher: Saturn
Kaste: Shudra (Diener)
Eigenschaft: zart

Idee: **Erfolg durch Aufopferung**

Beschreibung:
Sich als Diener einer Sache begreifen, sich ganz in eine Sache einbringen, sie erfolgreich zu Ende bringen und sich aufopfern; sich verpflichten, Vereinbarungen eingehen und einhalten; ein zuverlässiger Freund und Kamerad sein; jedermanns Freund sein wollen; wohlwollend, barmherzig, hilfsbereit, gutgläubig, vertrauensselig, rechtschaffen und sensibel.

18. Jyeshthaa

Ausdehnung: 16° 40' – 30° in Vrishchika (Skorpion)
Übersetzung: Beste(r), Herausragendste(r), Erste(r), Oberhaupt, Höchste(r)
Symbole: Ohrring, runder Talisman
Devataa: Indra; Kraft, Fruchtbarkeit (Regen) und Ganzheit (König der Devas)
Herrscher: Merkur
Kaste: Bauer
Eigenschaft: scharf

Idee: Überlegenheit

Beschreibung:
Aufgrund von Reife und Erfahrung bevorzugt oder auserwählt werden; Vertrauen genießen; eine herausragende Stellung haben; arbeitsam und kompetent, aber auch streitbar; lernfähig und umfassend informiert; aufgrund vom Eindruck der Überlegenheit gefördert oder ausgewählt werden.

19. Muula

Ausdehnung: 0° – 13° 20' in Dhanu (Schütze)
Übersetzung: Fest verankert, Wurzel (wörtlich und bildlich), Basis, Fundament; Grund, Ursprung, Beginn.
Symbole: Ein Bündel Wurzeln, Löwenschwanz.
Devataa: Nirriti, „Auflösung, Zerstörung, Unglück, Unheil, Not, Elend", Göttin des Todes, wird angebetet fernzubleiben
Herrscher: Ketu
Kaste: Schlachter
Eigenschaft: scharf

Idee: Auflösung

Beschreibung:
Den Dingen auf den Grund gehen; die Illusion des Relativen durchschauen und auf die wesentliche, unvergängliche Ebene des Lebens gehen, tiefe Einsichten gewinnen; im Relativen Unglück, Not und Elend erfahren, um auf die wesentlichen Werte des Lebens zu kommen; den Äußerlichkeiten und dem Materiellen entsagen (müssen); aufbrausend bis zerstörerisch.

20. Puurva Ashaadhaa

Ausdehnung: 13° 20' – 26° 40' in Dhanu (Schütze)
Übersetzung: (Puurva = Untere) nicht bezwungen werden, unbesiegbar.
Symbole: Korb zum Trennen der Spreu, Fächer; Stoßzahn des Elefanten
Devataa: Apa, Toya, „Wasser"
Herrscher: Venus
Kaste: Brahmane (Priester, Gelehrter, Lehrer)
Eigenschaft: wild

Idee: Unbezwingbarkeit

Beschreibung:
Sich aufgrund eigener Anstrengungen nicht besiegen oder bezwingen lassen; die Spreu vom Weizen trennen; sich auf seine wesentlichen Ziele konzentrieren; sich leidenschaftlich bis ungestüm durchsetzen; sich unaufhaltsam ausdehnen, Ruhm erlangen; gebildet, verfeinert.

21. Uttara Ashaadhaa

Ausdehnung: 26° 40' in Dhanu (Schütze) – 10° Makara (Steinbock)
Übersetzung: (Uttara = Obere) nicht bezwungen werden, unbesiegbar.

Symbole: Stoßzahn des Elefanten, Liege

Devataa: Vishvedevas, „alle Götter" oder die Gruppe der „All-Götter", die aufgrund ihrer besonderen Reinheit und Tugenden verehrt werden, wie Wahrhaftigkeit, Wohltätigkeit, Entschlossenheit, Kompetenz, Durchsetzungsvermögen, Unterstützung, Standfestigkeit, Zuneigung und so weiter.

Herrscher: Sonne

Kaste: Kshatriya (Regenten, Regierungspersonal, Militär, Polizei)

Eigenschaft: unveränderlich

Idee: Universalität

Beschreibung:
Durch Tugendhaftigkeit und umfassende Kenntnisse unbesiegbar sein, nicht bezwungen werden können, Unterstützung erlangen; wahrhaftig, wohltätig, entschlossen, kompetent, durchsetzungsfähig, unterstützend, standfest, verlässlich, Zuneigung und Wärme gebend.

22. Shravana

Ausdehnung: 10° – 23° 20' Makara (Steinbock)

Übersetzung: Hören; das, was gehört wird; lernen durch Hören; Ruf und Ruhm.

Symbole: drei schreitende Fußabdrücke, ein Ohr

Devataa: Vishnu, „Alles-Durchdringer, Arbeiter", der mit drei Riesenschritten die Welten durchschritt, von denen nur zwei für den Menschen sichtbar sind (deshalb das Symbol der drei Fußabdrücke, die zwei Schritte markieren); die drei Welten

sind die Materie, der Geist (Bewusstsein) und das unfassbare Absolute und Unbegrenzte, aus dem alles hervor geht. Erhalter der Welten und aller Geschöpfe.

Herrscher: Mond

Kaste: Kastenloser, von der Gesellschaft Ausgeschlossener

Eigenschaft: unbeständig

Idee: Lernen

Beschreibung:
Umfassendes Wissen aufnehmen und assimilieren, insbesondere höheres Wissen für den Fortschritt der Menschen; in die Zusammenhänge des Lebens eindringen; sehr arbeitsam und gelehrig; Wissen weitergeben; einen guten Ruf und Ruhm durch umfassende und hilfreiche Kenntnisse erwerben; Sonderstellung einnehmen.

23. Dhanishthaa/Shravishthaa

Ausdehnung: 23° 20' Makara (Steinbock) – 10° Kumbha (Wassermann)

Übersetzung: Am schnellsten, am reichsten/ Am berühmtesten.

Symbole: Musiktrommel

Devataa: Vasu, „vortrefflich, gut, wohltätig, wohltuend", eine Gruppe von acht Elementar-Devas als Verkörperungen von Wasser, Polarstern, Mond, Morgendämmerung, Tageslicht, Erde, Feuer, Wind. Diese Devas ermöglichen das Gedeihen des menschlichen Lebens auf der Erde.

Herrscher: Mars

Kaste: Bauer

Eigenschaft: unbeständig

Idee: Vortrefflichkeit, herausragende Leistung

Beschreibung:
Hervorragende oder herausragende Leistungen erbringen, den Gipfel auf seinem Gebiet erreichen, dadurch Berühmtheit und Wohlstand erreichen; effizient und kompetent; immer weiter voranschreiten, rastlos, unruhig; bodenständig, mit den Füßen auf der Erde bleiben.

24. Shatabhishaa/Shatabhishaj

Ausdehnung: 10° – 23° 20' in Kumbha (Wassermann)
Übersetzung: 100 Ärzte oder Heiler.
Symbole: Kreis, Topf mit Deckel
Devataa: Varuna, „Allumfasser"; König der Götter und der Menschen; Gestalter, Erhalter und König des Universums
Herrscher: Rahu
Kaste: Schlachter
Eigenschaft: unbeständig

Idee: Kosmische Ordnung einhalten

Beschreibung:
Über Gesetz, Recht und Ordnung wachen; sich der Wahrheit und der kosmischen Ordnung verpflichtet fühlen; wahrheitsliebend; verborgenes Wissen erlangen; Vergangenheit und Zukunft kennen; Heilkräfte entwickeln, Heilwissen erlangen und anwenden; krasse, korrigierende Reaktionen auf Fehlverhalten geben oder erhalten; auf Fehlverhalten anderer korrigierend oder scharf reagieren; sehr kritisch oder auch sarkastisch sein.

25. Puurva Bhadrapadaa

Ausdehnung: 3° 20' – 16° 40' Miena (Fische)
Übersetzung: (Unterer) glückbringender Fuß.
Symbole: die vorderen zwei Bettpfosten, Schwert, doppelköpfiger Mann
Devataa: Ajaekapada, der „einfüßige Ziegenbock", eine Form Rudras oder Shivas
Herrscher: Jupiter
Kaste: Brahmane (Priester, Gelehrter, Lehrer)
Eigenschaft: wild

Idee: **unbedingte Wunschverwirklichung**

Beschreibung:
Mit viel Energie und auch Ungestüm, mit Bildung und Glück Wünsche oder Ideen verwirklichen; dabei feststellen, dass alles zwei Seiten hat, und eventuell vorschnelle Entscheidungen oder Handlungen aufgrund von unbedachten Folgen bereuen; Ärger; Günstige Gelegenheiten bekommen, aber auch Gefahr, sich in etwas hineinzureiten; sehr lernfähig.

26. Uttara Bhadrapadaa

Ausdehnung: 3° 20' – 16° 40' Miena (Fische)
Übersetzung: (Oberer) glückbringender Fuß.
Symbole: doppelköpfiger Mann, Totenbett auf dem Scheiterhaufen, die hinteren zwei Bettpfosten
Devataa: Ahirbudhnya, „Schlange der Tiefe", die mit Ajaekapada in Zusammenhang steht und zu den Rudras (Gefolge von Rudra = Shiva) gehört.
Herrscher: Saturn

Kaste: Kshatriya (Regenten, Regierungspersonal, Militär, Polizei)

Eigenschaft: unveränderlich

Idee: Selbstkontrolle

Beschreibung:

Im positiven Sinne desillusioniert, das heißt keinen falschen Vorstellungen hinterher jagen; effizient; stabil und glücklich; bescheiden, nüchtern, abgeklärt, verlässlich; integrierte, kontrollierte und umsichtige Persönlichkeit.

27. Revati

Ausdehnung: 16° 40' – 30° Miena (Fische)

Übersetzung: Reich, wohlhabend, prächtig, schön.

Symbole: Trommel, die den Zeittakt schlägt; Fisch

Devataa: Puushan, „der Gedeihen Schaffende", einer der 12 Adityas, der Wachstum und Gedeihen durch Licht verleiht; als Hüter der Wege geleitet er den Reisenden, bringt aber auch den Verstorbenen in die andere Welt.

Herrscher: Merkur

Kaste: Shudra (Diener)

Eigenschaft: zart

Idee: Vollendung und Neubeginn

Beschreibung:

Zu allem Abstand gewonnen und Weisheit erworben haben, abgeklärt; anderen helfen, sie anleiten und ihnen den Weg zeigen, aber auch Hilfe, Anleitung und Wegweisung erfahren; hilfsbereit, fördernd, nährend; einen großen Zyklus beenden oder an den Anfang eines neuen Zyklus' gelangen. Durch den Kontakt zur Transzendenz (Unbegrenztheit) genährt werden.

Das Kosmische Dreieck

Wie zu Anfang dieses Kapitels erwähnt und wie aus den Beschreibungen jedes einzelnen Nakshatras ersichtlich, hat jedes Nakshatra einen der neun Grahas zum Herrscher. Da es 27 Nakshatras und 9 Grahas gibt, beherrscht jeder Graha drei Nakshatras (27 / 9 = 3). Die Reihenfolge, in der die 9 Grahas die Nakshatras beherrschen, steht fest. Mit Ashvini beginnend ist sie **Ketu, Venus, Sonne, Mond, Mars, Rahu, Jupiter, Saturn, Merkur** (siehe Grafik 36). In dieser Reihenfolge beherrschen die Grahas drei mal hintereinander die 27 Nakshatras. Durch diese Sequenz kehrt jeder Graha im Abstand von 9 Nakshatras als Herrscher wieder. Wenn man nun die gleichen Nakshatra-Herrscher miteinander verbindet, entstehen 9 gleichschenklige Dreiecke von Nakshatras mit gleichen Herrschern.

Grafik 36 zeigt ein solches Dreieck, und zwar für die Nakshatras 3 Krittikaa, 12 Uttara Phalguni und 21 Uttara Ashaadhaa, denn alle drei sind von der Sonne beherrscht. Diese drei Nakshatras haben aber die Eigenheit, dass sie jeweils zwei Raashis miteinander verbinden. Zum Beispiel ist ein Teil von Krittikaa im Widder, und der andere Teil im Stier platziert. Wenn sich also ein Graha in einem dieser Nakshatras befindet, kann er in zwei verschiedenen Raashis stehen.

Wenn nun drei Grahas so positioniert sind, dass sie in drei verschiedenen Nakshatras mit gleichem Herrscher stehen und gleichzeitig jeweils 5 Raashis voneinander entfernt sind, bilden sie ein sogenanntes Kosmisches Dreieck. In Grafik 36 ist dies bei Sonne, Mars und Saturn der Fall. Alle drei stehen in Nakshatras, die von der Sonne beherrscht werden und deshalb ein gleichschenkliges Dreieck bilden, und außerdem steht die Sonne 5 Raashis von Saturn entfernt, (wenn wir den Raashi, in dem

Saturn steht, mitzählen,) der Mars 5 Raashis von der Sonne und der Saturn 5 Raashis vom Mars. Damit erfüllen diese drei Grahas beide notwendigen Kriterien, um ein Kosmisches Dreieck zu bilden, was eine sehr außergewöhnliche Konstellation ist, die bei der Interpretation besonders berücksichtigt werden muss (siehe Kapitel 23, Das Kosmische Dreieck im Horoskop von Neale Donald Walsch).

In Grafik 36 stehen auch Jupiter und Venus in den von der Sonne beherrschten Na-

kshatras und sind 5 Raashis voneinander entfernt. Jedoch ist Mars sechs Raashis von Venus entfernt und Jupiter vier Raashis von Mars. Dadurch sind sie nicht Teil eines Kosmischen Dreiecks. Ähnlich verhält es sich mit Rahu, der zwar die richtige Anzahl von Raashis von der Sonne und Saturn entfernt steht, jedoch nicht im „richtigen" Nakshatra, denn sein Nakshatra wird vom Mars, und nicht von der Sonne beherrscht.

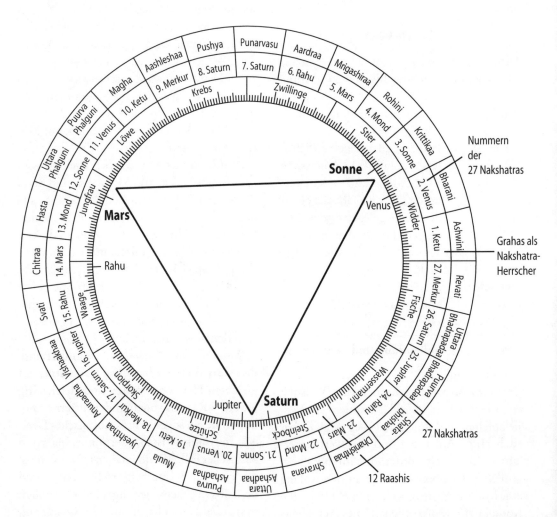

Grafik 36: Das Kosmische Dreieck

INTERAKTION VON GRAHA-NATUR UND GRAHA-KAARAKATWA MIT DEM VON IHM BESETZTEN BHAVA UND NAKSHATRA
— Vertiefung von Stufe 1 —

Mit Hilfe der erweiterten Spektren der Interpretationen von Grahas, Nakshatras und Bhavas wollen wir jetzt sehen, inwieweit wir damit eine kurze Lebens- und Persönlichkeitsbeschreibung von Lena Grigoleit erfassen können. Das Leben von Lena Grigoleit wurde eindrucksvoll von Ulla Lachauer in dem Buch „Paradiesstraße – Lebenserinnerungen der ostpreußischen Bäuerin Lena Grigoleit" beschrieben.

Von den Grahas kennen wir in diesem Stadium der Interpretation ihre Natur als Wohl- oder Übeltäter und ihr Kaarakatwa (Bedeutungen und Zuordnungen), die wir mit dem Nakshatra und dem Bhava, in dem sie stehen, in Verbindung bringen müssen. Grafik 37 auf Seite 116 stellt dar, wie durch diese Bezüge Interpretationen entstehen. Die folgende Nummerierung bezieht sich auf die Nummern in der Grafik 37.

1. Die Natur des Grahas interagiert mit dem Nakshatra, in dem er steht. Seine Natur kann sich durch die Wirkung des Nakshatras verbessern oder verschlechtern. Umgekehrt beeinflusst seine Natur die Bedeutung des Nakshatras. Diese beiden Interaktionen führen zu Interpretationen (linker oberer Doppelpfeil).

2. Der Kaarakatwa des Graha und das Nakshatra beeinflussen sich oder bilden eine Synthese. Diese Interaktionen führen ebenfalls zu Interpretationen (rechter oberer Doppelpfeil).

3. Die Natur des Graha beeinflusst den Bhava und umgekehrt, was zu Interpretationen führt (linker unterer Doppelpfeil).

4. Der Kaarakatwa des Graha und der Bhava beeinflussen sich gegenseitig oder bilden Synthesen (rechter unterer Doppelpfeil).

5. Graha-Natur und/oder Kaarakatwa können zusammen mit dem Nakshatra und dem Bhava Synthesen bilden (zentrales Kreuz).

Im Folgenden ist eine kurze Lebens- und Persönlichkeitsbeschreibung von Lena Grigoleit dargestellt (kursiv), die jeweils von der Beschreibung des Bezugs zu ihrem Horoskop entsprechend der 1. Stufe der Horoskop-Interpretation unterbrochen wird. **Die dort in Klammern angegebenen Zahlen korrespondieren mit den Interaktionen von Graha, Nakshatra und Bhava, wie sie in Grafik 37 dargestellt sind.**

Natur und Kaarakatwa eines Graha interagieren mit einem Nakshatra und einem Bhava
– Vertiefung von Stufe 1 –

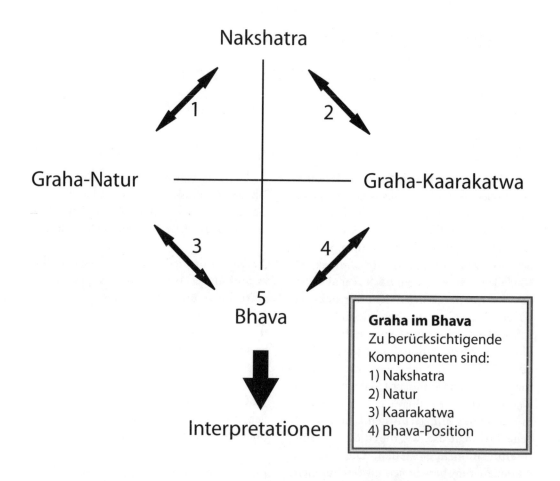

Grafik 37: Die Bezüge von der Natur und dem Kaarakatwa eines Graha mit seiner Nakshatra- und Bhava-Position. Die dünnen Pfeile bedeuten die wechselseitige Beeinflussung oder Synthese. Der dicke Pfeil weist auf die daraus abgeleiteten Interpretationen.

Die Anordnung dieses Strukturbildes von Nakshatra, Natur, Kaarakatwa und Bhava entspricht der Sequenz im Flussdiagramm (siehe kleiner Kasten).

Lena war ethnisch gesehen eine Deutsche und wurde am 19.06.1910 „morgens, gerade in die Sonne hinein" als älteste Bauerntochter in Bittehnen bei Tilsit geboren.

Die Bauern, insbesondere wenn sie Milchvieh zu versorgen hatten, standen sehr früh auf, sagen wir ca. 4:00 Uhr. Das wäre „früh morgens" gewesen. „Morgens, gerade in die Sonne hinein" soll wohl bedeuten, dass es schon etwas später war und die Sonne flach am Horizont stand. Bei einer Geburtszeit von frühestes 5:07 Uhr und spätestens 8:01 Uhr erhalten wir Karka Lagna (Krebs Aszendent) mit Mars darin und die Sonne im 12. Bhava, also flach am Himmel stehend. Wir werden

sehen, dass dieses Horoskop das Leben und die Persönlichkeit von Lena so genau widerspiegelt, dass eine frühere oder spätere Geburtszeit ausgeschlossen werden kann.

Sie hat schon als Kind ihren eigenen Willen, war nicht «das liebe Kind», wie ihr zwei Jahre jüngerer Bruder, sondern «ein schreckliches Kind», wie ihre Mutter ihr später sagt.

- Mars (natürlicher Übeltäter, Willenskraft, Ärger, Aggression, Destruktivität) im Lagna (Persönlichkeit) entspricht dem «schrecklichen Kind», das immer seinen eigenen Willen hat (3 und 4). Wir werden später sehen, warum gerade dieser Mars besonders treffend dazu passt.
- Jupiter (natürlicher Wohltäter, freudig, freundlich, friedlich, ausgeglichen) im 3. Bhava (Geschwister) steht für den «lieben Bruder» (3 und 4).

Lena ist immer wissbegierig, neugierig, lebhaft und auch zu Streichen aufgelegt.

- Jupiter (Wissen) in Hasta (geistig wach und schnell) (2)
- Merkur (Bildung, Schrifttum, Kommunikation) im 11. Bhava (Wuncherfüllung, Dinge erfassen und begreifen) (4)
- Sonne (Selbst, Ego) in Mrigashiraa (nach Wissen suchen, Wissbegierde, Forscherdrang) (2)
- Rahu (Bindung) im 11. Bhava (Wuncherfüllung) in Krittikaa (gelehrig, scharf und sanft) (5)
- Mars (Übeltäter, Energie, Aggression) im 1. Bhava (Persönlichkeit) (3 und 4).

Das geht in der Schule so weit, dass ihr Lehrer schließlich Lenas Mutter bittet, sie aus der Schule zu nehmen.

- Ketu (Übeltäter, Degradierung, Hindernis) im 5. Bhava (Ausbildung) (3 und 4).

Sie wird dann mit vier anderen Kindern privat unterrichtet. Dort lernt sie auch Französisch.

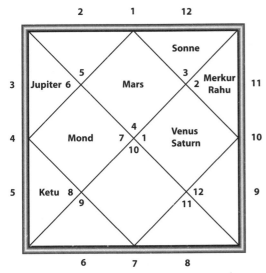

(Abb. 09) Horoskop 3: Lena Grigoleit geb. 19.06.1910, zwischen 5:10 und 8:00 Uhr in Bittehnen bei Tilsit

Nakshatra-Positionen

Sonne	– Mrigashiraa
Mond	– Vishaakhaa
Mars	– Pushya
Merkur	– Rohini
Jupiter	– Hasta
Venus	– Bharani
Saturn	– Ashvini
Rahu	– Krittikaa
Ketu	– Anuraadhaa

Lena liest sehr viel, sozusagen jedes Buch, das sie in die Finger bekommt, wenn möglich sogar bei der Arbeit. Lesen ist ihre große Leidenschaft. Sie sagt später, dass sie von den vielen Romanfiguren gelernt hat, dass man im Leben durchhalten und immer etwas aus jeder Situation machen muss.

- Merkur (Kommunikation, Schrifttum) im 11. Bhava (Wunscherfüllung) in Rohini (Erfüllung von Wünschen und Verlangen, Ausdehnung, sich aller Möglichkeiten erfreuen, Vielfalt) (5).

Auch muss sie immer alles, was sie erlebt und gesehen hatte, erzählen, bis ins hohe Alter. So entstand das Buch über ihr Leben.

- Mars (Offenheit) im Lagna (Persönlichkeit) in Pushya (Erblühen, nähren) (5), Merkur (Kommunikation, Sprache) im 11. Bhava (Wunscherfüllung) in Rohini (Ausdehnung, Vielfalt, sich aller Möglichkeiten erfreuen) (5).

Sie wollte immer viel erleben und «nahm das Leben nicht so tragisch».

- Lagna (Persönlichkeit) in Punarvasu (Herausforderungen annehmen, sehr unternehmungslustig, sich gut wieder aufladen und regenerieren können)
- Mars (Energie, Risikobereitschaft) im Lagna (Persönlichkeit) in Pushya (Erblühen) (5).

Die Feldarbeit mit den anderen Familienmitgliedern mochte sie nicht so gern, lieber die Arbeiten am Haus und im Garten.

- Saturn (Feldarbeit) im 10. Bhava (weit weg vom 4. Bhava, Erdarbeit) (4)
- Mars (Haus) im Lagna (Persönlichkeit) (4)
- Mond (Geist, Gefühl) im 4. Bhava (Haus, Wohnung) in Vishaakhaa (auf den eigenen Erfolg gerichtet, etwas abgesonderte Stellung) (5).

Im Alter von vier Jahren verliert sie für einige Jahre ihre Mutter, die von den Russen im 1. Weltkrieg gefangen genommen und verschleppt wird. Nach vier Jahren kommt sie zurück, doch sie ist Lena dann eine Weile fremd.

Die Mutter fördert Lenas Ausbildung und schickt sie zu allen möglichen Kursen, in denen es etwas zu lernen gibt.

- Mond (Mutter) im 4. Bhava (Erziehung) (4).

Der Vater hat dafür kein Verständnis.

- Sonne (Vater) im 12. Bhava (Zurückgezogenheit, Verlust) (4).

Auch Geige spielen lernt sie und musiziert und singt mit ihren Freundinnen.

- Venus (Musik) im 10. Bhava (Können, Tätigkeit) in Bharani (sich disziplinieren, Dinge reifen lassen, lang währende Projekte durchführen) (5).

Am liebsten hätte die Mutter, dass Lena Ärztin würde. Aber es ist ihr zu riskant, sie zum Studieren zu schicken, «weil sie so wild ist».

- Mars (Aggression) im 1. Bhava (Persönlichkeit) (4).

Im Alter von 12 Jahren segnet ihr Großvater sie auf seinem Sterbebett mit den Worten: «Lena, lebe so, dass du niemals ein Ärgernis wirst für Deine Mitmenschen und dass Du keine Schande bringst über Deine Familie.» Sie ist allein bei ihm, als er geht und diese Worte spricht. Lena misst ihnen große Bedeutung bei und sagt, dass sie ihr Leben mitgeprägt hätten.

Nach dem 1. Weltkrieg lernt sie Französisch. Es sind die Jahre, in denen das Memelland eine Art Freistaat unter französischem Mandat ist. Außerdem spricht sie Deutsch und Litauisch. Später lernt sie noch Russisch. Sie ist also recht sprachbegabt. Vier Sprachen sind für eine Bäuerin ziemlich ungewöhnlich.

- Merkur (Sprache) im 11. Bhava (Wunscherfüllung, Dinge erfassen und begreifen, Gewinn) in Rohini (Ausdehnung, sich aller

Möglichkeiten erfreuen, Fruchtbarkeit, Vielfalt) (5)

- Sonne (Selbst, Ego) im 12. Bhava (Ausland) in Mrigashiraa (nach Schönheit und Wissen suchen, Wissbegierde) (5).

Im Alter von 24 Jahren heiratet sie einen neun Jahre älteren Litauer. Er ist katholisch, sie evangelisch. Er ist Zollamtsleiter, sehr ordentlich und strebsam, patent, durchsetzungsfähig, zuverlässig, selbstbewusst und rechtschaffen. Die Ehe geht gut. Mit dieser Entscheidung trennt sie sich von ihrem langjährigen Freund Fritz, der sie liebend gern geheiratet hätte und dem sie damit fast das Herz bricht. Er ist ihr fürs Leben zu weich. „Was hätte ich mit meinem Fritz in Sibirien (in der Verbannung) anfangen sollen?"

- Mond (Denken, Fühlen) im 4. Bhava (Innenleben, Verstand) in Vishaakhaa (sehr auf den eigenen Erfolg gerichtet, dabei nicht zimperlich und durchaus eigennützig; andere nicht mit einbeziehen; entschlossen; zweck- und zielgerichtet; durch Glück gefördert) (5).

Sie bekommen zwei Töchter. Die ältere fällt als Jugendliche vom Wagen auf den Kopf, holt sich eine schwere Gehirnerschütterung und leidet in der Folge viele Jahre an Anfällen.

- Ketu (Übeltäter, ähnelt Mars = Unfall) im 5. Bhava (Kind, besonders das erstgeborene) (3 und 4).

Die Tochter heiratet spät und bleibt deshalb kinderlos. Die zweite Tochter bekommt zwei Söhne.

- Ketu (Hindernis, Degradierung) im 5. Bhava (1. Kind) (4).

Als Jungverheiratete arbeitet Lena als Verkäuferin in einem Kurzwarenladen 50 km Memel aufwärts. Das Bedienen macht ihr Spaß.

- Venus (Wohltäter, schöne Dinge, Verzierungen, Kaufen und Verkaufen) im 10. Bhava (Beruf, Tätigkeit) (3 und 4),

- Saturn (dienen) im 10. Bhava (Beruf, Tätigkeit) in Ashvini (energievoll, Neubeginn, hilfsbereit) (5).

Ebenso die vielen Gespräche mit den Kunden. Ihr wird viel anvertraut.

- Venus in Bharani (etwas im Verborgenen reifen lassen) (2).

Dann wird das Gebiet von Hitler «heim ins Reich» geholt, was sie nicht als positiv empfindet. Die Gestapo, die ihr Büro gleich gegenüber hat, versucht, sie über diesen und jenen auszuhorchen. Sie versteht es, ihnen immer irgendwelche Geschichten zu erzählen, ohne von jemandem etwas Verfängliches preiszugeben.

- Sonne (Repräsentanten der Regierung und ihrer Polizei) im 12. Bhava (Verluste, Zurückgezogenheit) bedeutet, dass die Regierungsmacht ihr nichts anhaben kann (4).

Sie ist den Bedürftigen gegenüber immer hilfsbereit, was unter Hitler nicht ungefährlich ist. Sie ist aufopfernd und hat ein großes Herz.

- Sonne (Selbst, Ego) im 12. Bhava (Wohltätigkeit) (4)
- Mars (mutig, risikobereit, großzügig, freigebig, beschützend) im Lagna (Persönlichkeit) in Pushya (andere nähren, Glück haben, glückliche Fügungen) (5)
- Saturn (Übeltäter) im 10. Bhava (Regierung) (3)
- Mond (Gefühl) im 4. Bhava (Innenleben) in Vishaakhaa (entschlossen, sehr energievoll, zweck- und zielgerichtet, etwas abgesonderte Stellung) (5).

Im 2. Weltkrieg erlebt sie die Verfolgung und Vernichtung der Juden in Litauen – für alle dort lebenden ein großer Schock. Deutsche, Litauer und Juden hatten in der Gegend im Prinzip verträglich seit Jahrhunderten zusammengelebt, egal wie sich die politische Lage veränderte. Als 1944 die Russen kommen, flieht die Familie,

*wird aber weiter westlich von den Russen einge-
kesselt und zurück in die Heimat geschickt, nach
Bittehnen. Sie finden das Haus verwüstet vor,
aber sie können dort leben.*

*Ende 1945, als Lena 35 Jahre alt ist, macht
Russland die Grenze zum westlich gelegenen
polnischen Ostpreußen zu. Im Dezember 1947
bekommen sie einen russischen Pass. Der Aufbau der Kolchosen beginnt. Die Sowjets wollen,
dass Lenas Mann den Mittel- und Großbauern
ihre Enteignung klar macht und die Kolchose
leitet. Er weigert sich, obwohl er weiß, dass das
eine sichere Fahrkarte für ihn und seine Familie
in die Verbannung nach Sibirien ist.*

Im Oktober 1951 werden sie abtransportiert: Lena
- Sonne (Selbst, Ego) im 12. Bhava (Ausland)
  in Mrigashiraa (suchen) (5),

ihr Mann, ihre beiden Töchter und ihre Eltern.
- Jupiter (Ehemann, Kinder) im 3. Bhava
  (= 12. vom 4. Bhava, also Verlust der Heimat) (4), Sonne (Vater) im 12. Bhava (Ausland, ferne Länder) (4).

*In Sibirien ist das Leben sehr hart. Sie hausen in
einem Semlanka, einer Art Erdloch mit Ofen.
Durch den Ofen werden sie beinahe vergiftet.
Dank Lenas chronisch schwacher Blase muss sie
nachts raus, und ihr wird schwindelig. Dadurch
merkt sie, dass etwas nicht stimmt, weckt alle auf
und rettet so ihrer Familie das Leben.*

*1956, nach Stalins Tod, können sie zurückkeh-
ren. Als sie wieder nach Hause kommen, ist ihr
Hof von vier Parteien bewohnt. Eine ist einsichtig und zieht freiwillig aus. Fast den ganzen Rest
des Gebäudes erhalten sie per Gerichtsbeschluss
zurück, aber nur sehr wenig Land (10 mal 10 m).*
- Lagna (Persönlichkeit, Geburtsort) in
  Punarvasu (Wiedererlangung von Reichtum, starke Verbundenheit mit Zuhause).

*Sie sind jetzt fremd hier. Von den alten Bittehnern
ist fast niemand mehr da. Im Alter von 48 Jahren verliert sie ihre Mutter, als sie 59 Jahre alt ist,*

*den alten Vater, mit 69 ihren 78-jährigen Mann.
Von ihren Kindern oder Enkeln verliert sie nie-
manden.*

*Im Alter von ca. 80 Jahren, als Litauen unab-
hängig geworden ist, erweitert sie nochmals den
Hof um 3 Hektar.*
- Mond (das Relative, also materieller Besitz,
  Veränderung) im 4. Bhava (unbewegliche
  Habe, Liegenschaften, Land) in Vishaakhaa
  (auf den eigenen Erfolg gerichtet, sehr
  zweck- und zielgerichtet, durch Glück gefördert) (5),
- Mars (Liegenschaften) im Lagna (Persönlichkeit) in Pushya (erblühen) (5).

*In diesem hohen Alter bereist sie auch einmal
Westdeutschland, wo eine alte Freundin wohnt.*
- Sonne (Selbst, Ego) im 12. Bhava (Ausland,
  ferne Länder) in Mrigashiraa (nach Schönheit und Wissen suchen, Forscherdrang,
  einer Sache oder Person nachjagen) (5).

*Aber sie fühlt sich als Litauerin, bleibt ihrem
Hof und Heimatort tief verbunden. Dort will sie
bleiben und sterben.*
- Mond (Gefühl) im 4. Bhava (Wohnung,
  Heimat) in Vishaakhaa (entschlossen,
  zweck- und zielgerichtet) (5).

*Als Ulla Lachauer Lena das erste mal trifft, ist sie
79 Jahre alt, «klein und behände und ein wenig
krumm». «Die alte Frau spricht von der Tragö-
die ihres Lebens. Und sie strahlt dabei eine Kraft
und Helligkeit aus.» Sie ist ohne Bitterkeit über
ihr Leben. Lachauer: «Niemand unter all denen, die ich sprach, hat sich so wenig als Opfer
gefühlt wie sie. Sie kämpfte sich heraus aus ihrer
Verzweiflung, und wenn sie über den Berg war,
schien das Schicksal nach ihrer Nase zu tanzen.»*
- Mars (Energie, Feuer-Element) im Lagna
  (Persönlichkeit, Körper) in Pushya (erblühen, gedeihen, Wohlergehen, im Einklang
  mit der Ganzheit und dem Naturgesetz
  genährt werden, glückliche Fügung) (5)

- Mond (Geist, Gefühl) im 4. Bhava (Innenleben) in Vishaakhaa (entschlossen, sehr energievoll, durch Glück gefördert, etwas abgesonderte Stellung) (5)
- Jupiter (Glück) im 3. Bhava (Eigeninitiative, Unternehmergeist) in Hasta (ausgeprägte kreative und gestalterische Fähigkeit, kontrollierend) (5)
- Rahu (Bindung, Transformation) im 11. Bhava (Wunscherfüllung) in Krittikaa (kreative Energie und Schaffensdrang, aufbrechen neuen Lebens) (5).

Sex mochte sie nicht, erzählt Lena. Seit sie von der Flucht 1945 kamen, sei das vorbei gewesen (also im Alter von 35 Jahren). Die Wohnverhältnisse seien auch viel zu beengt und ihr Mann sei nicht so temperamentvoll gewesen.

- Venus (Sex) in Bharani (sich zurückhalten oder disziplinieren müssen, unter starker Spannung stehen) (2).

In den letzten Jahren ihres Lebens macht sie sich viele Gedanken, wie es wohl nach dem Tod weitergeht. «Wenn der Mensch eine Seele hat, muss sie unsterblich sein.»

- Sonne (Selbst, Ego) im 12. Bhava (Lebensende, Transzendenz) in Mrigashiraa (Wissbegierde) (5).

«Von Gott weiß ich nicht viel. Im Leben hat er mich geleitet, das habe ich wohl gespürt.» Im Alter von fast 85 Jahren stirbt sie nach längeren Krankenhausaufenthalten bei ihrer ältesten Tochter in Klaipeda.

• • •

Wie wir sehen, konnten alle Grahas mit den Fakten von Lenas Leben meistens mehrere Male in Beziehung gebracht werden. Dennoch bleiben derzeit viele Aspekte scheinbar ohne Bezug zum Horoskop im Raum stehen. Offensichtlich fehlen uns noch einige Werkzeuge, um die Grahas vollständiger erfassen zu können. Den Shadbala (Sechsfältige Stärkeberechnung nach Parashara) haben wir bereits erwähnt. Nach dieser Berechnung ist Merkur (in Bhava 11 in Rohini) der stärkste Graha in Lenas Horoskop, was ein starkes Argument für ihre Sprachbegabung und ihre literarischen Interessen ist. Ihr schwächster Graha hingegen ist Saturn (in Bhava 10 in Ashvini), was ein Argument für ihre Abneigung gegen die harte Feldarbeit ist. Die nächsten Kapitel werden uns weiteren Aufschluss über ihr Horoskop geben.

Übung 5

Welcher Graha in Lenas Horoskop zeigt durch seine Position an, dass sie viele Freundinnen hatte, die auch verlässlich waren?

Lösung siehe Anhang.

Übung 6

Beginnen Sie entsprechend der 1. Stufe der Horoskop-Interpretation mit dem **Lesen Ihres eigenen Horoskops** und denen Ihnen **gut bekannten Personen**, wie zum Beispiel Ehe- oder Lebenspartner, Familienangehörige und Freunde. Auf diese Weise sammeln Sie am besten die erste wertvolle Erfahrung. Versuchen Sie, alles, was sie über diese Personen wissen, mit deren Horoskopen in Verbindung zu bringen.

Lösungen sind individuell. Fragen hierzu können auf den Workshops zu diesem Buch geklärt werden (siehe Anhang Seite 300).

GRAHAS ALS HERRSCHER ÜBER RAASHIS UND BHAVAS

– Die Faszination der inneren Bezüge eines Horoskops –

Bei der Entstehung eines Horoskops haben wir gesehen, dass durch die Bestimmung des Lagna (Aszendent, aufsteigendes Tierkreiszeichen) die Raashis zu Bhavas wurden. Dies ist ein sehr wichtiges Prinzip, um die inneren Bezüge eines Horoskops zu erkennen. So wie die Nakshatras, haben auch die Raashis einen Graha zum Herrscher. Dabei beherrschen Sonne und Mond je einen Raashi, Mars, Merkur, Jupiter, Venus und Saturn je zwei Raashis. Die Reihenfolge der Grahas als Herrscher ist sehr aufschlussreich, wie in Grafik 38 dargestellt ist.

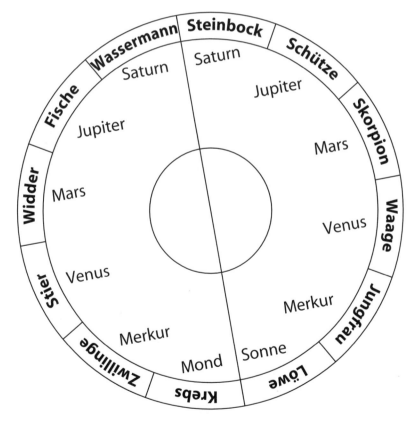

Grafik 38: Grahas als Herrscher der Raashis

Wenn wir eine Achse zwischen Krebs (Karka) und Löwe (Simha) (unterer Teil der Grafik) sowie Steinbock (Makara) und Wassermann (Kumbha) (oberer Teil der Grafik) legen, erhalten wir eine Spiegelung der Raashi-Herrschaft der Grahas, sofern wir Sonne und Mond als sich spiegelnd akzeptieren. Wenn wir die Reihenfolge der Raashi-Herrschaft von Sonne/Mond beginnend aufwärts betrachten, erhalten wir exakt die Grahas in ihrer Reihenfolge entsprechend ihrer Entfernung von der Sonne, das heißt Merkur, Venus, Mars, Jupiter und Saturn. Somit spiegelt die Reihenfolge der Graha-Herrschaft über die Raashis die astronomische Anordnung wider.

Grahas als Herrscher von Bhavas

Der Graha, der über einen Raashi herrscht, beherrscht auch den Bhava, zu dem der Raashi bei der Entstehung des Horoskops geworden ist.

Merksatz:	**Ein Graha beherrscht immer sowohl sein Raashi, als auch den Bhava, zu dem dieser Raashi im Horoskop geworden ist.**

Grafik 39 zeigt den Kreis der Raashis mit Löwe (Simha) als Aszendent (Lagna). Dadurch wird Löwe zum ersten Bhava. Der Herrscher von Löwe ist die Sonne (siehe Grafik 38). Also wird die Sonne in einem Horoskop mit Löwe-Aszendent zum Herrscher des ersten Bhavas.

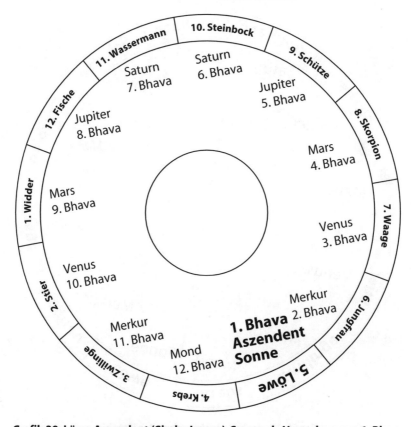

Grafik 39: Löwe-Aszendent (Simha Lagna), Sonne als Herrscher vom 1. Bhava

Die übrigen Grahas beherrschen dann die Bhavas 2 bis 12 entsprechend ihrer Raashi-Herrschaft, wie es in Grafik 39 dargestellt und in „Übersicht: Bhava-Herrschaft für Löwe-Lagna" angeführt ist.

Grafik 40 zeigt das gewohnte Horoskop-Schema für dieses Beispiel des Löwe-Aszendenten und die daraus resultierenden Herrscher der Bhavas. Es wird gut sein, wenn der Leser sich hier Zeit nimmt, diese Darstellungen gründlich zu studieren.

Übersicht: Bhava-Herrschaft für Löwe-Lagna			Herrscher von
Bhava	Raashi-Nr.	Raashi	Raashi und Bhava
1 (Aszendent)	5	Löwe (Simha)	Sonne
2	6	Jungfrau (Kanya)	Merkur
3	7	Waage (Tula)	Venus
4	8	Skorpion (Vrishchika)	Mars
5	9	Schütze (Dhanu)	Jupiter
6	10	Steinbock (Makara)	Saturn
7	11	Wassermann (Kumbha)	Saturn
8	12	Fische (Miena)	Jupiter
9	1	Widder (Mesha)	Mars
10	2	Stier (Vrishabha)	Venus
11	3	Zwillinge (Mithuna)	Merkur
12	4	Krebs (Karka)	Mond

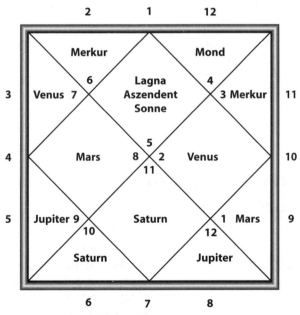

Grafik 40: Bhava-Herrscher für Löwe-Aszendent (5)
(Simha Lagna)

Im Beispiel von Grafik 40 sind die **Grahas als Herrscher der Bhavas** nur als Übersicht für den Anfänger in ihre Bhavas eingetragen. Normaler weise wird das nicht getan. **Deshalb ist es für den weiteren Verlauf des Studiums dieses Buches sehr wichtig, die Liste der Grahas als Herrscher der Raashis** (siehe Tabelle unten) **auswendig zu lernen. Die Zuordnung der Grahas als Herrscher über die Raashis und deren Nummern ist in allen Horoskopen konstant und unveränderlich.** Dazu ist zunächst nötig, die numerische Reihenfolge der Raashis zu lernen, wie sie in der „Übersicht: Bhava-Herrschaft für Löwe-Lagna" auf Seite 127 zu finden ist. Widder hat immer die Nummer 1, Löwe die Nummer 5, Skorpion die Nummer 8, Steinbock die Nummer 10 usw.

Das Horoskop-Schema zeigt immer nur die Nummern der Raashis in den Bhavas an, nicht aber die Nummern der Bhavas, da die Bhavas im Schema einen festen Platz haben. Das obere zentrale Viereck ist *immer* Bhava 1, und alle andern folgen entgegen dem Uhrzeigersinn (siehe Grafik 40 auf Seite 127, äußere Nummern). Dadurch sind die Bhavas unveränderlich in Bezug auf ihre Position im Horoskop-Schema. Ihre Nummern werden deshalb normalerweise nicht dargestellt, sodass wir sie **immer „stumm" im Gedächtnis parat haben müssen.**

Den Herrscher eines Bhavas ermitteln wir, in dem wir über die Raashi-Nummer, die wir im Bhava sehen, den Herrscher dieses Raashis (siehe untenstehende Liste) mit der stummen Bhava-Nummer verbinden. Dieser Vorgang muss blitzschnell gehen.

Praktische Schritte, wie der Bhava-Herrscher ermittelt wird.

1. Liste der Grahas als Herrscher der Raashis (Tabelle unten) auswendig lernen oder Anhang Seite 275 heraustrennen und beiseite liegen haben.
2. „Stumme" Nummern der Bhavas entsprechend ihrer Position im Horoskop-Schema im Kopf gegenwärtig haben (oder als Kopie bereitliegen haben – siehe Anhang, Seite 274).
3. Beim Blick auf einen Bhava die darin angegebene Raashi-Nummer sehen und wissen (oder nachschauen), welcher Graha der Herrscher dieses Raashis ist.
4. Diesen Raashi-Herrscher mit der stummen Bhava-Nummer (siehe Schritt 2) verbinden und damit den Bhava-Herrscher erhalten. (Siehe auch Anhang Seite 276 – 278.)

Lassen Sie uns **zwei Beispiele** für diesen Vorgang betrachten. Wenn wir beispielsweise in einem Bhava die Raashi-Nummer 7 sehen, müssen wir sofort wissen, dass es sich hier um Waage (Tula) handelt, deren Herrscher die Venus ist (siehe Liste unten), und dass wir somit Venus als Herrscher mit der stummen Bhava-Nummer dieses Bhavas verbinden müssen.

Liste der Grahas als Herrscher der Raashis

Graha	Raashi-Nummern	Raashi-Namen
Sonne	5	Löwe (Simha)
Mond	4	Krebs (Karka)
Mars	1, 8	Widder (Mesha), Skorpion (Vrishchika)
Merkur	3, 6	Zwillinge (Mithuna), Jungfrau (Kanya)
Jupiter	9, 12	Schütze (Dhanu), Fische (Miena)
Venus	2, 7	Stier (Vrishabha), Waage (Tula)
Saturn	10, 11	Steinbock (Makara), Wassermann (Kumbha)

Beispiel 1 (Abb. 10)

Wenn sich Raashi 7 im Bhava 6 befindet (siehe Abb. 10 Beispiel 1), dann wissen wir, dass Venus, der Herrscher vom 7. Raashi Waage, mit der stummen Bhava-Nummer 6 verbunden werden muss. Wir sagen in diesem Fall, dass Venus der Herrscher vom 6. Bhava ist.

In den folgenden Texten und Kapiteln werden wir Herrscher oft mit **H** und der Bhava-Nummer abkürzen, zum Beispiel **H6** (Herrscher vom 6. Bhava), und Bhava mit **Bh** plus der Bhava-Nummer, beispielsweise **Bh1** (Bhava 1).

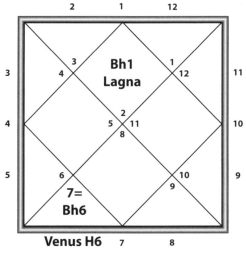

Abb. 10 Beispiel 1:
Venus als Herrscher des 6. Bhavas

Beispiel 2 (Abb. 11)

Wenn wir zum Beispiel die Raashi-Nummer 8 im 10. Bhava (Bh10) sehen, dann wissen wir, dass Mars der Herrscher vom 8. Raashi Skorpion ist und verbinden deshalb Mars als Herrscher mit dem 10. Bhava. Wir sagen: Mars ist der Herrscher vom 10. Bhava (Mars H10).

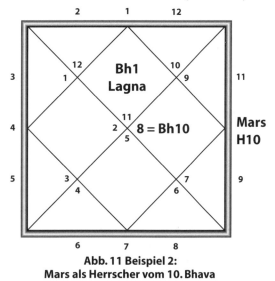

Abb. 11 Beispiel 2:
Mars als Herrscher vom 10. Bhava

Das Sehen der Raashi-Nummer in einem Bhava, den dazugehörigen Raashi und dessen Herrscher wissen und entsprechend den Bhava-Herrscher benennen können muss ein blitzschnell ablaufender Prozess sein. Die Herrschaft der Grahas über die Raashis ist immer die selbe. Jedoch die Herrschaft über

---

Übung 7 ACHTUNG!

Die folgende Übung ist sehr wichtig, um zu lernen, wie man die Bhava-Herrschaft der Grahas spontan erkennt. Dieses Erkennen ist notwendig, um beim weiteren Studium dieses Buches nicht den Faden zu verlieren.

Welche sind die Herrscher der 12 Bhavas für die 12 verschiedenen Aszendenten (Lagnas)? Zeichnen Sie 11 Horoskop-Schemen mit den Aszendenten von Stier bis Fische und schreiben Sie für jedes Beispiel auf, welche Grahas welche Bhavas beherrschen. Wenn Widder im Lagna steht, sind Raashi-Nummer und Bhava-Nummer identisch.

Lösung siehe Anhang.

---

die Bhavas wechselt entsprechend der Situation, welcher Raashi im Lagna steht. Dadurch kann jeder Graha prinzipiell der Herrscher von jedem Bhava werden, abhängig vom Aszendenten (Lagna).

Es empfiehlt sich, dass Sie das Kapitel 13 bis hierher nochmals studieren, denn nur durch Übung werden wir mit dem Prinzip der Bhava-Herrschaft vertraut. Nur wenn wir den Bhava-Herrscher für jeden Bhava spontan erkennen, sind wir in der Lage, ein Vedisches Horoskop zu lesen.

Merksatz: **Die Raashi-Herrscher sind immer die selben, die Bhava-Herrscher wechseln von Horoskop zu Horoskop, je nach Raashi im Aszendenten.**

Die Wichtigkeit der Bhava-Herrschaft leitet sich aus dieser Regel ab: **Aussagen über ein Bhava werden nicht nur von den Grahas abgeleitet, die in ihm stehen (A-Routine im Flussdiagramm 1, siehe unten), sondern auch von seinem Herrscher.** Mit anderen Worten, wir erhalten durch den Bhava-Herr-

scher eine zweite Interpretationslinie (B-Routine im Flussdiagramm 1, siehe unten).

Das Flussdiagramm ist eine wertvolle Hilfe, um auf jeder Stufe der Interpretation alle zu beachtenden Faktoren im Auge zu behalten, wobei die Reihenfolge je nach Interpretationsschwerpunkt durchaus variieren kann.

Merksatz: **Aussagen über ein Bhava leiten sich ab von den Grahas, die in diesem Bhava stehen (A-Routine), und vom Herrscher dieses Bhavas (B-Routine).**

Die Kaarakatwas (Bedeutungen und Zuordnungen) der Grahas kennen wir bereits (Kapitel 9). Dadurch, dass ein Graha zum Herrscher eines Bhavas wird, interagiert sein Kaarakatwa mit den Zuordnungen des Bhavas, welchen er beherrscht. Am deutlichsten wird dies beim Aszendenten (Lagna), da er unsere Persönlichkeit darstellt. Wenn zum Beispiel die Venus Herrscher des Aszendenten ist (1. Bhava), was voraussetzt, dass entweder Stier (Vrishabha) oder Waage (Tula) im Aszendenten stehen muss, dann prägt auch Venus mit ihren Ei-

Flussdiagramm 1
– Interpretation eines Bhavas –

A) Routine:
Graha(s) im Bhava
1) Nakshatra
2) Natur
3) Kaarakatwa
4) Bhava-Position

B) Routine:
Herrscher des Bhava
1) Kaarakatwa
2) Bhava-Position

genschaften die Persönlichkeit, die durch den 1. Bhava interpretiert wird. Wäre dagegen Steinbock (Makara) oder Wassermann (Kumbha) im Aszendenten, würde Saturn die Persönlichkeit als Bhava-Herrscher mitprägen, was natürlich ein ganz anderer Einfluss wäre als der von der Venus. Hieran sehen wir, wie wichtig der Herrscher eines Bhavas ist.

Dieses Prinzip wird selbstverständlich auch auf den 7. Bhava für den Ehepartner, auf den 4. für die Mutter, den 9. für den Vater und so weiter angewandt. Immer macht der Herrscher des Bhavas Aussagen über die Person, die dem Bhava zugeordnet ist (siehe Kapitel 10).

Im Horoskop von Lena Grigoleit (siehe Abb. 13) konnten wir von Mars im Aszendenten auf ihre Persönlichkeit schließen (siehe Kapitel 12). Nach der neuen Regel erkennen wir, dass der Herrscher des Aszendenten der Mond ist, denn Lenas Lagna ist Krebs (Karka), Raashi Nr. 4, welcher vom Mond beherrscht wird (Mond H1, siehe „Liste der Grahas …", Seite 128). Also können wir auch aufgrund der Charakteristika des Mondes als Herrscher des 1. Bhavas auf ihre Persönlich-

keit schließen (Flussdiagramm 1, B-Routine, Punkt 1). (Die Beschreibung des Mondes wurde in Kapitel 9 behandelt.)

Bei Mozart (Abb. 14) konnten wir Aussagen über seine Persönlichkeit von Rahu im Aszendenten ableiten (siehe Kapitel 6). Nach der neuen Regel hat auch die Sonne mit ihren Charakteristika (siehe Kapitel 9) einen prägenden Einfluss auf sein Wesen, da sein Aszendent Löwe ist, Raashi Nr. 5, dessen Herrscher die Sonne ist (Sonne H1, siehe „Liste der Grahas …", Seite 128). Wenn kein Graha im Aszendenten steht, können wir nun durch seinen Herrscher einen Graha mit der Persönlichkeit in Verbindung bringen und daraus Aussagen ableiten (Flussdiagramm 1, B-Routine, Punkt 1).

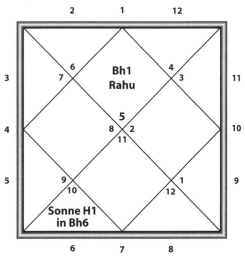

Abb. 14 Horoskop-Auszug von W. A. Mozart: Rahu in Bh1, Sonne H1 in Bh6

Hier erhebt sich die Frage, welcher Graha das Wesen eines Menschen stärker prägt: der **Graha im Lagna beziehungsweise Bhava** oder **der Herrscher des Bhava**. Die Antwort ist eindeutig: die Grahas im Lagna oder Bhava haben den deutlich stärkeren Einfluss, denn sie besetzen den Bhava und sind dort präsent,

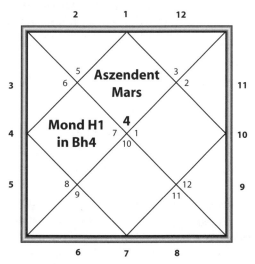

Abb. 13 Horoskop-Auszug von Lena Grigoleit: Mars in Bh1, Mond H1 in Bh4

während der Herrscher eines Bhavas in irgendeinem anderen Bhava stehen kann, also in den meisten Fällen nicht im Bhava der Betrachtung präsent ist.

Merksatz: **Der Graha _in_ einem Bhava hat einen stärkeren Einfluss auf diesen Bhava, als der Herrscher dieses Bhavas, sofern der Herrscher in einem anderen Bhava als diesem platziert ist.**

Dies kann verglichen werden mit der Situation, dass jemand ein Haus zur Miete bewohnt. Wer hat den stärkeren Einfluss auf das Haus, der Mieter im Haus oder der Vermieter, der irgendwo anders wohnt? Natürlich der Mieter, obwohl ihm das Haus nicht gehört. Der Vermieter setzt lediglich die Rahmenbedingungen. So können wir annehmen, dass Jupiter als Herrscher das Haus großzügiger gestaltet als zum Beispiel Saturn. Venus wird es sehr schön gestalten, Mars sehr zweckmäßig und praktisch und so weiter. Aber was letztendlich in dem Haus geschieht, bestimmt der Graha, der dort wohnt. Er richtet das Haus ein und schafft die Atmosphäre.

Der Herrscher eines Bhava kann im Prinzip in jedem beliebigen Bhava platziert sein – das haben wir bereits festgestellt. Durch diese Situation entsteht eine **Interaktion zwischen dem Bhava, welchen er beherrscht, und dem Bhava, in dem er steht**. Diese Interaktion ist sehr aufschlussreich für die **Interpretation** eines Horoskops und **hat zwei Richtungen**.

1. Richtung

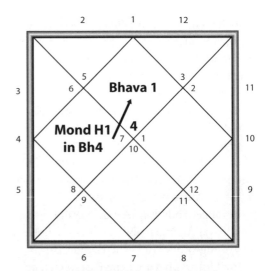

Abb. 15 Horoskop-Auszug von Lena Grigoleit: Mond H1 in Bh4 bewirkt Einfluss von Bhava 4 auf Bhava 1

Die **erste Richtung** bezieht sich darauf, dass der Graha als Herrscher des Bhavas, welchen wir gerade analysieren, die Einflüsse aus dem Bhava aufnimmt, in dem er steht (Grafik 41 und Flussdiagramm 1, B-Routine, Punkt 2).

Merksatz: **Der Herrscher eines Bhavas nimmt die Einflüsse aus dem Bhava auf, in dem er steht, und beeinflusst damit den Bhava, welchen er beherrscht.**

Dies ist besonders offensichtlich, wenn wir uns die **Position des Lagna-Herrschers** anschauen. Bei **Lena Grigoleit** ist der Mond der Lagna-Herrscher und steht im 4. Bhava (Abb. 15, Mond H1 in Bh4; Flussdiagramm 1, B-Routine, Punkt 2). Dadurch werden die Einflüsse des 4. Bhava mit ihrer Persönlichkeit verknüpft. Dem 4. Bhava sind unter anderem Mutter, Wohnhaus und Heimat zugeordnet (siehe Kapitel 10). Es ist deshalb offensichtlich, dass Lena einen stärkeren Bezug zur Mutter, zu ihrem

| Bhava, welchen wir gerade analysieren | ← | Einfluss vom Bhava, in dem der Herrscher des analysierten Bhavas steht |

Grafik 41: Einfluss des Bhava-Herrschers

Haus und ihrer Heimat haben musste. Diesen Bezug hatten wir bereits vom Mond selber abgeleitet, weil er Lenas Geist, Fühlen und auch ihren Körper repräsentiert. Nun sehen wir, dass der Mond diese Bezüge zusätzlich als Herrscher des 1. Bhava (H1) wiederholt, wodurch er die Persönlichkeit als Ganzes nochmals mit den Faktoren des 4. Bhavas verbindet. Er zählt gewissermaßen doppelt. Dadurch werden die Schlussfolgerungen besonders wichtig.

Auch bei **Mozart** wollen wir den **Aszendenten-Herrscher** in dieser Weise betrachten. Bei Mozart ist der Aszendenten-Herrscher die Sonne, die im 6. Bhava steht (Abb. 16, Sonne H1 im Bh6, Flussdiagramm 1, B-Routine, Punkt 2). Dies lässt zum einen den Schluss

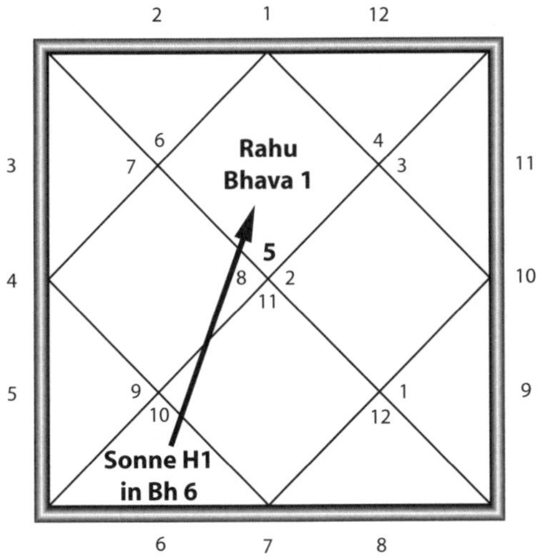

```
        2          1         12

   6              4
3     7                3         11
             5
4      8  2                      10
        11
5      9              1          9
      10            12
  Sonne H1
  in Bh 6
        6          7          8
```

Rahu
Bhava 1

Abb. 16 Horoskop-Auszug von W. A. Mozart: Sonne H1 in Bh6 bewirkt Einfluss von Bhava 6 auf Bhava 1

zu, dass Mozart streitbar war und sich mit vielen starken Widersachern (Feinden) und Konkurrenten auseinander setzen musste (Sonne = mächtige Personen, 6. Bhava = Feinde, Widersacher, Konkurrenten, siehe Kapitel 10), zum anderen aber ist

dies eine belastende Kombination für Mozarts Gesundheit, da der 6. Bhava Krankheiten bedeutet. Auch hier können wir das Gewicht dieser Interpretationen quasi verdoppeln, da die Sonne ja ebenfalls Mozarts Selbst und Ego ist.

Rahu im Lagna hatten wir bereits als eine gesundheitliche Belastung interpretiert und sehen nun, dass wir weitere Argumente für diese Interpretation finden. Für jede Aussage muss man nach Ähnlichkeiten, Wiederholungen oder Verstärkungen Ausschau halten. Dies ist ein sehr wichtiges Prinzip beim Lesen eines Horoskops. Diejenigen Aussagen, die dann in gleicher oder ähnlicher Form am häufigsten auftreten, werden sich im Leben der Person am deutlichsten manifestieren.

Merksatz: **Es ist wichtig, für jede Interpretation nach einer Reihe von Argumenten im Horoskop zu suchen. Die Interpretationen mit den meisten Argumenten treffen am deutlichsten ein.**

Die **zweite Richtung** der Horoskop-Interpretation: Die Grahas, die in einem Bhava stehen, welchen wir gerade analysieren, bringen auch die Einflüsse derjenigen Bhavas in diesen Bhava hinein, von denen sie die Herrscher sind (Grafik 42 und Flussdiagramm 2, A-Routine, Punkt 4, Seite 137).

2. Richtung

Grafik 42: Einfluss durch beherrschte Bhavas

Merksatz: **Der Graha bringt die Einflüsse derjenigen Bhavas, die er beherrscht, in den Bhava, in welchem er steht. (Grafik 42)**

Im Fall von **Lena Grigoleit** haben wir Mars im Aszendenten in Bezug auf ihre Persönlichkeit interpretiert (siehe Kapitel 12). Dabei haben wir bisher lediglich seine Natur als Übeltäter und seinen Kaarakatwa herangezogen (A-Routine, Punkt 2 und 3). Mars beherrscht aber zwei Raashis, nämlich Widder (1. Mesha) und Skorpion (8. Vrishchika). Dadurch beherrscht er gleichzeitig die Bhavas, in denen sich diese beiden Raashis befinden. In Lenas Horoskop sind dies der 5. Bhava (Raashi Nr. 8 = Skorpion) und 10. Bhava (Raashi Nr. 1 = Widder, Abb. 17).

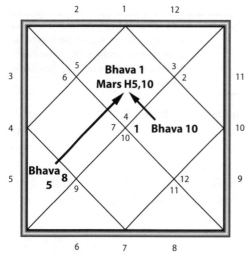

Abb. 17 Horoskop-Auszug von Lena Grigoleit: Mars H5 und H10 im Aszendenten (Lagna)

Wenn der **Herrscher des 5. Bhavas (H5) im Aszendenten** steht (**Bhava 1**), werden die Bedeutungen dieses Bhavas stark mit der Persönlichkeit verknüpft, also allem, was mit Begabung und Ausbildung zu tun hat, sowie Weitsicht, Erfolg, Kinder und Geliebter (siehe Kapitel 10). Hier sind nochmals die Aussagen aus ihrer Lebensgeschichte zusammengetragen, die zu der Verknüpfung des 5. mit dem 1. Bhava passen.

Lena ist immer wissbegierig, neugierig, lebhaft. Sie liest sehr viel, sozusagen jedes Buch, was sie in die Finger bekommt, wenn möglich sogar bei der Arbeit.

Die Mutter fördert Lenas Ausbildung und schickt sie zu allen möglichen Kursen, in denen es etwas zu lernen gibt.

H5 (Ausbildung, Wissen) in Bh1 (Persönlichkeit, Intellekt).

Am liebsten hätte die Mutter, dass Lena Ärztin würde. Aber es ist ihr zu riskant, sie zum Studieren zu schicken, „weil sie so wild ist".

H5 (Ausbildung) steht im Bh1 (Geburtsort), also bleibt die Ausbildung in der Nähe des Geburtsortes.

Mit dieser Entscheidung (der Heirat) trennt sie sich von ihrem langjährigen Freund Fritz (für damalige Verhältnisse kann man ihren Fritz als einen Geliebten ansehen), der sie liebend gern geheiratet hätte und dem sie damit fast das Herz bricht. Er ist ihr fürs Leben zu weich. „Was hätte ich mit meinem Fritz in Sibirien (in der Verbannung) anfangen sollen?"

Zunächst H5 (Geliebter) in Bh1 (Persönlichkeit), dann H5 (Zukunft, Weitsicht) in Bh1.

Sie bekommt zwei Töchter.

Im Alter von fast 85 Jahren stirbt sie nach längeren Krankenhausaufenthalten bei ihrer ältesten Tochter in Klaipeda.

H5 (Kinder) in Bh1 (Persönlichkeit).

Ebenso wie die **Einflüsse** des 5. müssen auch die **des 10. Bhavas** als eigenständige Interpretation mit Lenas Persönlichkeit verknüpft werden, da Mars Herrscher des 5. und 10. Bhavas ist (H5, 10). Der 10. Bhava steht für Tätigkeit, Können und Berufsleben, die Regierung und Vorgesetzte (siehe Kapitel 10).

Hier sind nochmals die dazu passenden Stellen ihres Lebenslaufs zusammengestellt:

Sie hat schon als Kind ihren eigenen Willen (das heißt, sie tut (H10 = Aktivität) was sie (= Bh1) will (= Mars).
Lena ist immer ... lebhaft und auch zu Streichen aufgelegt.
Sie wollte immer viel erleben ...
Mars (Energie, Aggression) ist H10 (Aktivität) in Bh1 (Persönlichkeit).
Die Feldarbeit mit den anderen Familienmitgliedern mochte sie nicht so gern, lieber die Arbeiten am Haus und im Garten.
H10 (Tätigkeit, Arbeit) in Bh1 (Geburtsort, also nächste Umgebung).

Als dann das Gebiet von Hitler „heim ins Reich" geholt wird, versucht die Gestapo, die ihr Büro gleich gegenüber hat, sie über diesen und jenen auszuhorchen. Sie versteht es, ihnen immer irgendwelche Geschichten zu erzählen, ohne von jemandem etwas Verfängliches preiszugeben.
Mars H10 in Bh1 = Kontakt zur Regierungsmacht, die ihr aber nichts anhaben kann. Dies liegt an der Qualität von Mars, die später behandelt wird.
Im 2. Weltkrieg erlebt sie die Verfolgung und Vernichtung der Juden in Litauen – für alle dort Lebenden ein großer Schock.
Wie vorher: unangenehmer Kontakt zur Regierungsgewalt.
Als 1944 die Russen kommen, flieht die Familie, wird aber weiter westlich von den Russen eingekesselt und zurück in die Heimat geschickt, nach Bittehnen.
H10 (im Ausland niederlassen) steht in Bh1 (Geburtsort), deshalb Flucht oder Aussiedlung nicht möglich.
Im Oktober 1951 werden sie abtransportiert (in die Verbannung nach Sibirien).
Unangenehmer Kontakt mit der Regierungsgewalt, wie oben.

1956, nach Stalins Tod, können sie zurückkehren. Als sie wieder nach Hause kommen, ist ihr Hof von vier Parteien bewohnt (sozialisiert). Eine ist einsichtig und zieht freiwillig aus. Fast den ganzen Rest des Gebäudes erhalten sie per Gerichtsbeschluss zurück, aber nur sehr wenig Land.
Wieder beweist sich, dass die Regierungsmacht ihr wenig anhaben kann.
Im Alter von ca. 80 Jahren, als Litauen unabhängig geworden ist, erweitert sie nochmals den Hof um 3 Hektar.
Mars (Liegenschaften) H10 (Tätigkeit, Tüchtigkeit, Position, Herrschaft, Überlegenheit) in Bh1 (Persönlichkeit, aber auch wieder Geburtsort).
U. Lachauer: „Niemand unter all denen, die ich sprach, hat sich so wenig als Opfer gefühlt wie sie. Sie kämpfte sich heraus aus ihrer Verzweiflung, und wenn sie über den Berg war, schien das Schicksal nach ihrer Nase zu tanzen."
Wie vorher.

Übung 8

Welcher Graha im Horoskop von Mozart zeigt durch seine Bhava-Herrschaft und Bhava-Position an, dass Mozart viel auf Reisen war?

Lösung siehe Anhang.

DIE DREI UNTRENNBAREN KOMPONENTEN DER GRAHAS: NATUR, KAARAKATWA UND BHAVA-HERRSCHAFT

– Stufe 2 der Horoskop-Interpretation –

Durch die Herrschaft der Grahas über die Bhavas haben wir die dritte Komponente kennen gelernt, die jeder Graha besitzt: seine Bhava-Herrschaft. Wir müssen bei jedem Graha also seine **Natur** als Wohltäter oder Übeltäter berücksichtigen, seinen **Kaarakatwa** (Bedeutungen und Zuordnungen) und seine **Bhava-Herrschaft**. Dadurch entsteht eine zweite Interpretationslinie, wie wir im letzten Kapitel gesehen haben. Die erste Linie besteht aus der Analyse der Grahas in den Bhavas (Flussdiagramm A-Routine). Diese Linie ist natürlich nur dann anwendbar, wenn mindestens ein Graha im analysierten Bhava

Flussdiagramm 2
– Interpretation eines Bhavas und seines Herrschers –

A) Routine:
Graha(s) im Bhava

1) Nakshatra
2) Natur
3) Kaarakatwa
4) Bhava-Herrschaft
(bei 2 Bhavas, jeweils getrennt)
5) Bhava-Position

B) Routine:
Herrscher des Bhava

1) Nakshatra
2) Kaarakatwa
3) beherrschtes Bhava
4) Bhava-Position

steht. Durch den Herrscher des Bhavas gibt es nun eine zweite Interpretationslinie. Diese ist in jedem Fall anwendbar, da jeder Bhava einen Herrscher hat (Flussdiagramm, B-Routine). Durch die Platzierung dieses Herrschers in einem anderen Bhava entsteht eine Interaktion zwischen dem Bhava, welchen er beherrscht, und dem Bhava, in dem er steht.

Merksatz:
Zusammenfassend können wir zwei wichtige Punkte feststellen:

Jeder Graha hat drei Komponenten, die wir bei den Interpretationen berücksichtigen müssen, nämlich seine Natur (Wohltäter oder Übeltäter), seinen Kaarakatwa und seine Bhava-Herrschaft (siehe Grafik 43a).

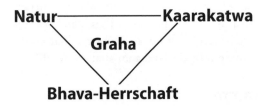

Grafik 43a: Die drei Komponenten eines Graha

Zum einen müssen wir die *Grahas in einem Bhava* mit ihren drei Komponenten interpretieren und zum anderen *den Herrscher des selben* Bhavas. Das bedeutet, dass wir zweigleisig analysieren müssen (siehe Flussdiagramm 2 A- + B-Routine, Seite 135).

Flussdiagramm 2 auf der vorherigen Seite führt alle bisher behandelten Faktoren auf, die bei der Analyse eines Bhavas berücksichtigt werden müssen: A-Routine für die <u>Grahas im Bhava</u> und B-Routine für den <u>Herrscher des Bhavas</u>. Als wesentlicher Punkt ist in der A-Routine die Bhava-Herrschaft hinzugekommen (neuer Punkt 4). In der B-Routine berücksichtigen wir den Einfluss des vom Herrscher <u>besetzten Bhavas</u> auf seinen <u>beherrschten Bhava</u> (Punkt 3 und 4) und nach diesem Prinzip auch das von ihm besetzte Nakshatra (Punkt 1).

A-Routine: Saturn im 10. Bhava

Grafik 43b (Seite 139) illustriert die A-Routine des Flussdiagramms, wie die drei Komponenten eines Grahas (Punkt 2, 3 und 4) mit dem Nakshatra und Bhava seiner Position (Punkt 1 und 5) verbunden sind. Jede der drei Komponenten eines Grahas, also seine Natur oder Kaarakatwa oder Herrschaft, kann sich einzeln oder zu zweit oder zu dritt mit dem Nakshatra (Punkt 1) verbinden, in dem er steht, oder mit dem Bhava (Punkt 5) oder mit beiden zusammen. Dadurch entstehen sehr viele Möglichkeiten der Interaktion, die zu Interpretationen führen.

Der Übersicht halber werden wir bei den folgenden Interpretationsbeispielen die Komponenten des Graha, die zum Zuge kommen, zusammen mit dem Nakshatra oder Bhava anhand folgender Abkürzungen aufführen:

N = Natur, **K** = Kaarakatwa, **H** = Herrschaft (wie bisher), **Nak** = Nakshatra und **Bh** = Bhava (wie bisher), **Ü** = Übeltäter, **W** = Wohltäter. Bei Herrschaft und Bhava geben wir auch immer an, um welchen Bhava es sich handelt. Zum Beispiel ist H1 in Bh4 der Herrscher des 1. Bhava im 4. Bhava. Bei all diesen Verbindungen kann die 1. oder 2. Lesart oder die Synthese zum Tragen kommen (siehe Seite 61).

Die folgenden Interpretations-Beispiele beziehen sich auf Lenas Saturn im 10. Bhava. Ziel dieser Beispiele ist es, Aussagen über ihre Aktivitäten, ihr Berufsleben und ihr Verhältnis zu den Regierungen zu treffen. Dabei müssen wir die Natur von Saturn als Übeltäter berücksichtigen, sein Kaarakatwa (Bedeu-

Die 3 Komponenten eines Graha interagieren mit einem Nakshatra und einem Bhava
– Stufe 2 –

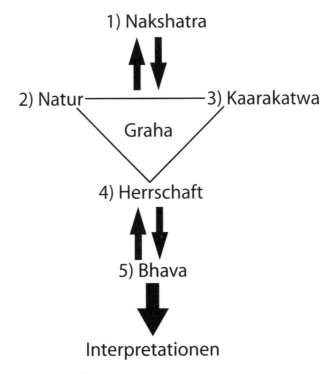

Grafik 43b: Natur (Wohltäter oder Übeltäter), Kaarakatwa und Herrschaft eines Graha, verbunden mit dem Nakshatra und Bhava seiner Position

tungen und Zuordnungen, siehe Kapitel 9) und dass er den 7. und 8. Bhava beherrscht (Zuordnungen, siehe Kapitel 10). In den grafischen Darstellungen werden wir immer nur diejenigen Komponenten aus Grafik 43b übernehmen oder fett schreiben, die für die Interpretation gerade relevant sind. In der Darstellung der Beispiele drücken die **Pfeile** eine **Beeinflussung** aus. **Linien** bedeuten eine **Verbindung oder Synthese.**

Hierbei müssen wir beachten, dass diese Interpretationen nicht schon unbedingt endgültige Aussagen sind, weil wir erst alle Interpretationslinien ausschöpfen und synthetisie-

ren müssten, um zu einem endgültigen Ergebnis zu kommen. Dennoch werden wir sehen, dass selbst diese selektive Sicht zu treffenden Aussagen führt.

Mit den folgenden Beispielen gehen Sie am besten folgendermaßen um: Konzentrieren Sie sich auf die fettgedruckten Kürzel. Lesen Sie die dort aufgeführten Zuordnungen. Folgen Sie den fettgedruckten Pfeilen oder Linien. **Warten Sie in aller Ruhe, dass sich daraus bei Ihnen ein Bild oder eine Aussage formt.** Wenn in einem Beispiel viele Komponenten einbezogen wurden, lassen Sie den Blick in aller Ruhe über alle Komponenten hin- und herschweifen. Folgen Sie dann dem kleinen dikken Pfeil unten in der Darstellung zur Interpretation. Versuchen Sie, diese Interpretation nochmals nachzuvollziehen. Schauen Sie auf den dazu gehörigen Horoskopausdruck und vergegenwärtigen Sie sich nochmals die Komponenten, die in dieser Interpretation zum Tragen gekommen sind.

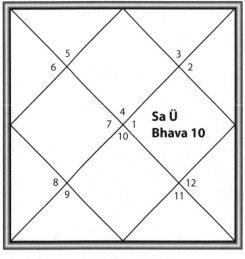

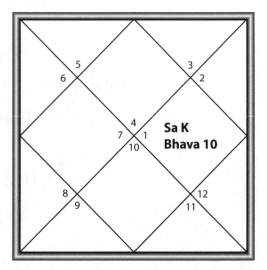

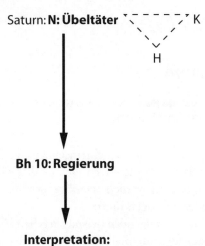

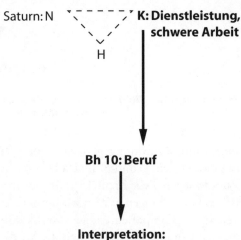

Interpretation:

Der Übeltäter in Bh10 „verletzt" die Regierung, das heißt, im Schicksal von Lena zieht die Regierung den Kürzeren. Saturn als Übeltäter beschreibt die Natur der Regierungen in Lenas Leben als nicht angenehm, sofern andere Grahas kein Gegengewicht bilden.

Interpretation:

Lenas berufliche Tätigkeit besteht zum großen Teil aus Dienstleistung oder schwerer Arbeit.

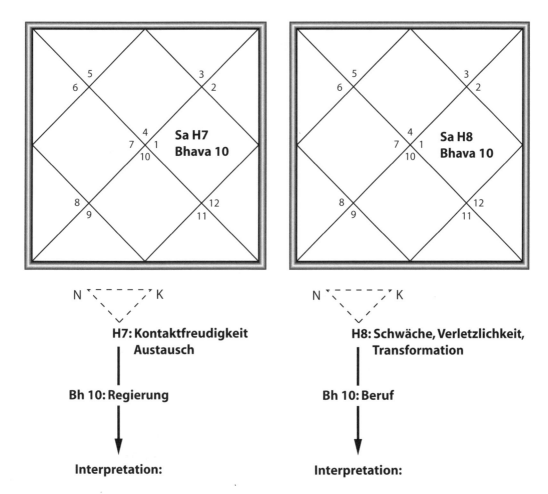

Im 7. Bhava befindet sich der Steinbock (Rashi 10), der vom Saturn beherrscht wird. Folglich ist Saturn der Herrscher des 7. Bhavas (H7). Als dieser repräsentiert er Kontaktfreudigkeit und Austausch. Daraus folgt die Interpretation: Lena hatte intensive Kontakte zu und Austausch mit Regierungsinstitutionen. (Die Gestapo, die sie allerdings an der Nase herumführte.)

Im 8. Bhava finden wir den Wassermann (Rashi 11), der von Saturn beherrscht wird. Folglich ist Saturn der Herrscher des 8. Bhavas (H8). Als dieser steht er für „Schwäche, Verletzlichkeit und Transformation". Daraus folgt die Interpretation: Lenas Berufsleben durchläuft große Veränderungen wie Berufswechsel (Bäuerin, Verkäuferin, Verbannung) oder schwierige Phasen (Verbannung).

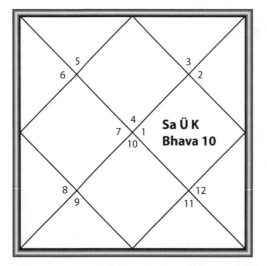

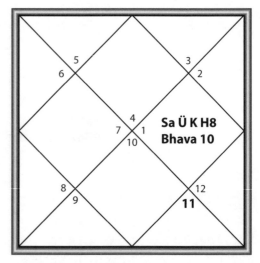

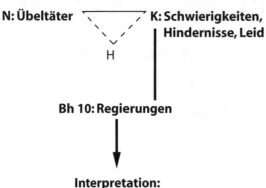

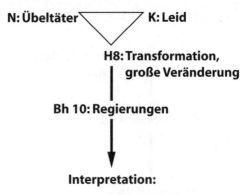

Interpretation:

Durch die Regierungen hat Lena viele Schwierigkeiten, Hindernisse und Leid erfahren.

Interpretation:

Lena erlebte große, unangenehme Regierungswechsel. (Anschluss an Hitler-Deutschland, kommunistische Herrschaft unter Stalin.)

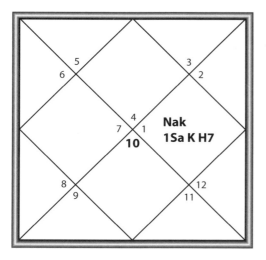

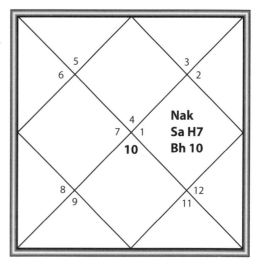

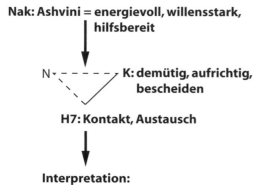

Nak: Ashvini = energievoll, willensstark, hilfsbereit

K: demütig, aufrichtig, bescheiden

H7: Kontakt, Austausch

Interpretation:

Lena ist in ihrer Kontaktfreudigkeit und in ihrem Austausch mit anderen Menschen energievoll, willensstark sowie hilfsbereit und verbindet dies mit Bescheidenheit und Aufrichtigkeit.

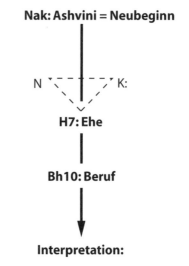

Nak: Ashvini = Neubeginn

N K:

H7: Ehe

Bh10: Beruf

Interpretation:

Lenas Ehe führt zu einem beruflichen Neubeginn.

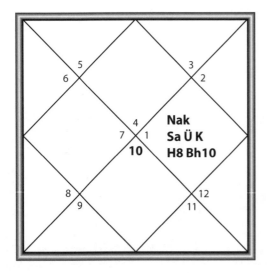

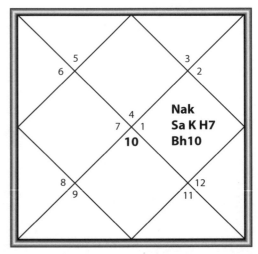

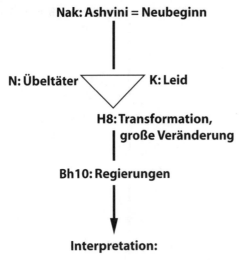

Nak: Ashvini = Neubeginn

N: Übeltäter ╲╱ **K: Leid**

**H8: Transformation,
große Veränderung**

Bh10: Regierungen

Interpretation:

Die Regierung erzwang für Lena eine leidvolle, große Veränderung, die gleichzeitig ein schwieriger Neubeginn war (ihre Verbannung nach Sibirien.)

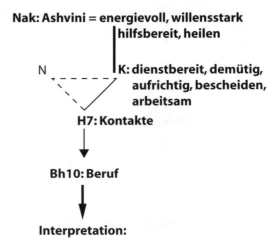

**Nak: Ashvini = energievoll, willensstark
hilfsbereit, heilen**

**K: dienstbereit, demütig,
aufrichtig, bescheiden,
arbeitsam**

H7: Kontakte

Bh10: Beruf

Interpretation:

Bei Lena verbinden sich die Bereitschaft zu dienen und anzupacken mit Energie, Willensstärke und Hilfsbereitschaft sowie Kontaktfreudigkeit. All dies kann sie beruflich nutzen.

In diesen Beispielen wird deutlich, dass immer **entweder die eine oder die andere Bhava-Herrschaft des Graha** für eine Interpretation herangezogen wird. Dies ist ein wichtiges Prinzip, welches immer befolgt werden muss. Da bei Lena Saturn den 7. und 8. Bhava beherrscht und im 10. Bhava steht, wäre ein Beispiel für eine **falsche Aussage:** „Beruflich bedingt erlebt Lena den Zusammenbruch ihrer Ehe." In dieser Aussage hätten wir eine Querverbindung der beiden Bhava-Herrschaften hergestellt, nämlich „Zusammenbruch" (Bh8) und „Ehe" (Bh7). Das ist nicht zulässig.

Merksatz:	**Verbinde niemals die Bedeutungen der beiden Bhavas untereinander, die von ein und dem selben Graha beherrscht werden.**

Da wir uns jetzt der B-Routine des Flussdiagramms 2 zuwenden wollen, zeigen wir hier das Flussdiagramm 2 nochmals.

B-Routine: Herrscher des 10. Bhavas

Mit der B-Routine des Flussdiagramms 2 wollen wir den Herrscher des 10. Bhavas erörtern. Ein Graha als **Bhava-Herrscher wird etwas anders behandelt,** als wenn wir ihn als Graha **in** einem Bhava betrachten. Das liegt an der Rolle, die der Graha als Herrscher übernommen hat. Wenn Mars oder Saturn Herrscher eines Bhavas sind und damit stellvertretend für den Bhava stehen, ist es unerheblich, dass sie Übeltäter sind. Ebenso ist es bei Jupiter oder Venus als Stellvertreter eines Bhavas nicht wichtig, dass sie Wohltäter sind. Ihnen gehört der Bhava, und deshalb analysieren wir sie stellvertretend für den Bhava. Der Unterschied zur A-Routine wird deutlich, wenn wir nochmals auf das Beispiel mit den Hausbewohnern und dem Hauseigentümer zurückzukommen. Für das Haus ist es wichtig, ob die Bewohner Wohl-

Flussdiagramm 2
– Interpretation eines Bhavas und seines Herrschers –

A) Routine: Graha(s) im Bhava
1) Nakshatra
2) Natur
3) Kaarakatwa
4) Bhava-Herrschaft
(bei 2 Bhavas, jeweils getrennt)
5) Bhava-Position

B) Routine: Herrscher des Bhava
1) Nakshatra
2) Kaarakatwa
3) beherrschtes Bhava
4) Bhava-Position

täter oder Übeltäter sind (A-Routine: Grahas im Bhava), denn sie werden das Haus entsprechend behandeln. Aber der Eigentümer des Hauses wird seinem eigenen Haus nicht schaden, auch wenn er ein Übeltäter ist, denn sonst würde er sich ja selber schaden (B-Routine: Herrscher des Bhavas). Deshalb bleibt in der B-Routine des Flussdiagramms die Natur des Herrschers unberücksichtigt. (Die Punkte der B-Routine sind im folgenden Absatz jeweils in Klammern hinzugefügt.)

Anders verhält es sich mit dem Kaarakatwa (2) des Bhava-Herrschers, denn damit prägt er den Bhava. Ferner müssen wir natürlich die Bedeutungen des Bhavas berücksichtigen, den der Herrscher beherrscht (3), und diese mit dem Bhava verbinden, in dem er sich befindet (4).

Grafik 44 verdeutlicht, welche Komponenten eines Grahas beachtet werden müssen, wenn wir ihn als Herrscher eines Bhavas analysieren, und wie diese mit dem Bhava und Nakshatra, in denen er sich befindet, interagiert.

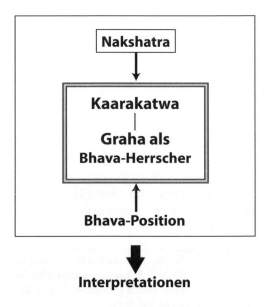

Grafik 44: Der Graha als Herrscher eines Bhavas und sein Kaarakatwa interagieren mit dem Nakshatra und Bhava seiner Position

Bezogen auf den Herrscher des 10. Bhavas (Raashi 1, Widder) in Lenas Horoskop bedeutet dies, dass wir Mars (H10) als Herrscher des 10. Bhavas analysieren müssen, der bei ihr im 1. Bhava in Pushya Nakshatra steht (siehe Horoskop-Auszug Seite 147).

Grafik 45 erklärt, welche Einflüsse Mars als Herrscher des 10. Bhavas (H10) vom 1. Bhava (Bh1) und Pushya Nakshatra aufnimmt und an seinen 10. Bhava (Raashi 1) weiterleitet.

Grafik 45 macht deutlich, dass Mars durch seine Position im 1. Bhava durch diesen beeinflusst wird. Er nimmt also die Inhalte dieses Bhavas auf und leitet sie als Repräsentant des 10. Bhavas (H10) an die Belange des 10. Bhavas weiter. Ferner nimmt er auch die Einflüsse des Nakshatras auf, in dem er steht, und beeinflusst damit den 10. Bhava. Hier ist ganz wichtig, dass wir die **Richtung der Einflüsse richtig berücksichtigen**. Wenn wir den 10. Bhava analysieren, ist es nicht wichtig, welchen Einfluss der Herrscher des 10. Bhavas **auf** den 1. Bhava hat (das wäre nur interessant, wenn wir den 1. Bhava analysieren), sondern ausschließlich, welchen Einfluss er **vom** 1. Bhava und dem Nakshatra aufnimmt und an den 10. Bhava gibt. **Der Einfluss geht immer in Richtung des Bhavas, den wir gerade analysieren.**

Mars steht in Pushya Nakshatra, welches Wohlergehen und Gedeihen bedeutet. Es

macht effizient und erfolgreich, diszipliniert und fleißig. Außerdem fördert es das Glück und glückliche Fügungen im Leben. Das sind die Einflüsse, die Mars durch seine Nakshatra-Position an Lenas Aktivitäten und Berufsleben gibt. Sie fügen sich gut in das Bild, das wir von ihrem Lebenslauf bekommen haben.

Der erste Bhava repräsentiert die Persönlichkeit und den Körper. Wenn Mars als Herrscher des 10. Bhavas dort steht, bedeutet dies, dass Lena ihre ganze Person und Kraft (1. Bhava) in ihr Handeln und ihre berufliche Tätigkeit (10. Bhava) einbringt. Auch diese Interpretation stimmt voll und ganz mit ihrem Lebenslauf überein. Sie war bis ins hohe Alter eine sehr aktive und unternehmungslustige Frau (siehe Kapitel 12).

Horoskop-Auszug Lena Grigoleit:
Mars H10 in Bh1

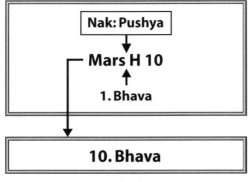

Grafik 45

Übung 9

Welcher Graha in Mozarts Horoskop zeigt an, dass er beruflich viel auf Reisen war, beruflich viele Kontakte hatte und über diese Kontakte an verborgenes Wissen gelangte?

Lagna	22°15'	Löwe	P. Phalguni
Sonne	16°56'	Steinbock	Shravana
Mond	27°21'	Skorpion	Jyeshthaa
Mars R	9°53'	Zwillinge	Aardraa
Merkur	17°41'	Steinbock	Shravana
Jupiter	28°04'	Jungfrau	Chitraa
Venus	8°52'	Wassermann	Shatabhishaa
Saturn	11°32'	Steinbock	Shravana
Rahu	21°01'	Löwe	P. Phalguni
Ketu	21°01'	Wassermann	P. Bhadrapadaa

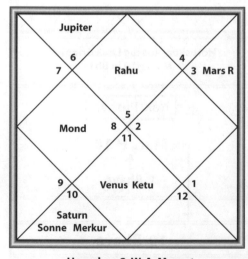

Horoskop 2: W. A. Mozart

Lösung siehe Anhang.

DAS PRINZIP DES DISPOSITORS
– Wie Grahas durch ihre Bhava-Herrschaft andere Grahas beeinflussen –
Vertiefung von Stufe 2 der Horoskop-Interpretation

Jeder Graha beherrscht ein oder zwei Bhavas, wie wir gesehen haben. Über diese Herrschaft bringt er den Einfluss des beherrschten Bhavas in den Bhava, in dem er steht. Wenn zum Beispiel wie bei Mozart der Aszendent Löwe ist (Simha, Raashi 5) und der Mond im 4. Bhava steht, beherrscht der Mond den 12. Bhava und bringt dessen Einfluss in den 4. Bhava. Der 12. Bhava bedeutet „Verluste", der Mond bedeutet „Reisen" und der 4. Bhava „Mutter". Im relativ jungen Alter von 22 Jahren verliert Mozart seine Mutter durch Krankheit auf seiner Reise nach (München, Mannheim und) Paris, die er ohne den Vater mit ihr unternahm.

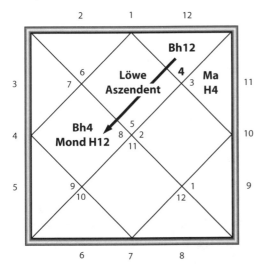

**Horoskop-Auszug von W. A. Mozart:
Mond H12 in Bh4**

Was aber geschieht mit den Grahas, die in einem solchen beherrschten Bhava stehen? Wenn bei Mozart im 12. Bhava zwei Grahas gestanden hätten, würde deren Einfluss vom Mond mit in den von ihm besetzten 4. Bhava hineingetragen?

Und wie ist es umgekehrt: Werden die Grahas, die in einem Bhava stehen, von der Position ihres Bhava-Herrschers beeinflusst? Auf Mozarts Horoskop übertragen: Wird der Mond als Graha im 4. Bhava von der Position des Herrschers des 4. Bhavas beeinflusst, also vom Mars im 11. Bhava? Diese beiden Fragen wollen wir an Lena Grigoleits und dann an Mozarts Horoskop untersuchen.

Zunächst wollen wir das Prinzip erklären. In Lenas Horoskop (Seite 150) stehen Merkur (Me) und Rahu (Rh) im 11. Bhava (Raashi 2, Stier/Vrishabha). Als Herrscher des Stiers ist Venus der Herrscher des 11. Bhavas. Damit beherrscht Venus auch Merkur und Rahu, denn diese beiden Grahas stehen im Raashi von Venus (Stier/Vrishabha). Deshalb wird **Venus der Dispositor von Merkur und Rahu** genannt. Der Begriff „Dispositor" erklärt sich aus dem Englischen „to dispose", was „anordnen, bewegen, bestimmen, veranlassen, verfügen, gebieten und entscheiden" bedeutet. **Der Dispositor hat also, unter anderem durch den Bhava, in dem er steht, einen bestimmenden Einfluss auf die Grahas, die er beherrscht.** In

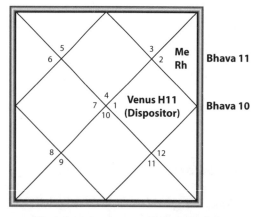

**Horoskop-Auszug von Lena Grigoleit,
Venus H11 ist Dispositor von Merkur und Rahu
im 11. Bhava**

diesem Fall ist es Venus, die als Dispositor von Merkur und Rahu auf diese beiden Grahas einen solchen Einfluss hat. Grafik 46 erklärt noch einmal den Dispositor im Allgemeinen, mit Anmerkungen zu Lenas Horoskop.

Merksatz: **Ein Graha, der andere Grahas beherrscht, weil diese in einem von ihm beherrschten Raashi/Bhava stehen, wird Dispositor dieser Grahas genannt. Er beeinflusst sie mit seiner Natur, seinem Kaarakatwa und durch den Bhava und das Nakshatra, in dem er steht.**

Wenn wir Merkur und Rahu in Bezug auf Lenas Einkommen und Möglichkeiten der Wunscherfüllung analysieren, müssen wir dabei Venus als deren Dispositor mit berücksichtigen. Das bezieht sich sowohl auf die **Natur** von Venus (Wohltäter) als auch auf ihr **Kaarakatwa** und ihre **Position**, nicht aber auf die zweite Bhava-Herrschaft von Venus. Venus beherrscht ja auch den 4. Bhava (Nr. 7 Waage) in Lenas Horoskop. Das hat aber keinen Einfluss auf die Grahas im 11. Bhava, denn sonst würden wir eine Querverbindung der beiden von Venus beherrschten Bhavas herstellen, die unzulässig ist.

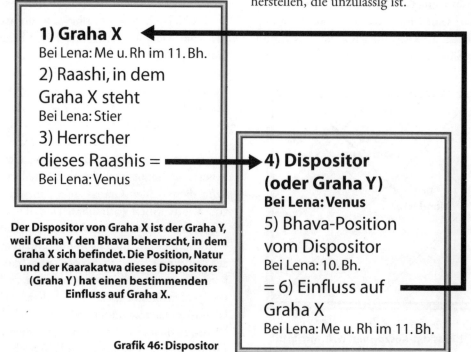

1) Graha X
Bei Lena: Me u. Rh im 11. Bh.

**2) Raashi, in dem
Graha X steht**
Bei Lena: Stier

**3) Herrscher
dieses Raashis =**
Bei Lena: Venus

Der Dispositor von Graha X ist der Graha Y, weil Graha Y den Bhava beherrscht, in dem Graha X sich befindet. Die Position, Natur und der Kaarakatwa dieses Dispositors (Graha Y) hat einen bestimmenden Einfluss auf Graha X.

**4) Dispositor
(oder Graha Y)**
Bei Lena: Venus

**5) Bhava-Position
vom Dispositor**
Bei Lena: 10. Bh.

**= 6) Einfluss auf
Graha X**
Bei Lena: Me u. Rh im 11. Bh.

Grafik 46: Dispositor

Merksatz: **Bei einem Dispositor, der zwei Bhavas beherrscht, darf seine zweite Bhava-Herrschaft nicht in Betracht gezogen werden. Ein Dispositor wird immer nur mit *der* Bhava-Herrschaft berücksichtigt, die sich auf die gerade analysierten Grahas bezieht.**

Venus ist ein natürlicher Wohltäter. Dies ist gut für Merkur und Rahu. Sie steht für schöne Dinge, Kleidung, Harmonie und Handel (Kaarakatwa). Das unterstützt die Möglichkeit, dass Lenas Geldverdienen und Wunscherfüllung mit diesen Inhalten zu tun hat. Wir erinnern uns, dass sie viele Jahre als Verkäuferin im Kurzwarenladen gearbeitet hat. Venus steht im 10. Bhava, der für Aktivität und Beruf steht. Damit verbinden sich mit den eben genannten Wirkungen noch das Berufsfeld und dass Lena durch eigenes Handeln zu Einkommen und Wunscherfüllung gelangt. Auch Regierungen können dabei eine positive Rolle spielen, wie sich in ihrem späteren Leben zeigt, zum Beispiel als Litauen unabhängig wird, sodass sie mehr Ackerland erwerben und nach Deutschland reisen darf und dort das Begrüßungsgeld der Regierung erhält.

Merksatz:
Als Herrscher über einen Bhava (und auch über einen Raashi) nennen wir den Graha „Herrscher". Als Herrscher über einen anderen Graha nennen wir den Graha „Dispositor".

Dispositoren in Mozarts Horoskop bezogen auf Finanzen

Wenn wir die finanzielle Situation Mozarts untersuchen wollen, müssen wir den 11. Bhava für Verdienst betrachten und den 2. für bewegliche Habe, also auch für Geld, was er zur Verfügung hat. Die Bedeutungen dieser beiden Bhavas sind sehr verschieden. Man kann viel verdienen (11. Bhava). Aber wenn man viele Schulden oder eine große Familie zu ernähren hat, bekommt man von diesem Geld nicht viel zum Ausgeben (2. Bhava) in die Hand. Auf der anderen Seite gibt es Menschen, die zum Beispiel durch Erbschaft viel Geld zum Ausgeben haben (2. Bhava), aber nicht viel verdienen (11. Bhava) und das auch gar nicht brauchen. Es müssen also immer beide Bhavas betrachtet werden, um die gesamte Situation einer Person zu verstehen.

Entsprechend dem Flussdiagramm 2, A) Routine, betrachten wir als erstes die Grahas in Mozarts 2. Bhava

Flussdiagramm 2
– Interpretation eines Bhavas und seines Herrschers –

A) Routine: Graha(s) im Bhava	B) Routine: Herrscher des Bhava
1) Nakshatra	1) Nakshatra
2) Natur	2) Kaarakatwa
3) Kaarakatwa	3) beherrschtes Bhava
4) Bhava-Herrschaft (bei 2 Bhavas, jeweils getrennt)	4) Bhava-Position
5) Bhava-Position	

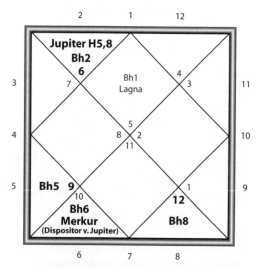

**Horoskop-Auszug W. A. Mozart
Merkur H2 als Dispositor von Jupiter**

Im 2. Bhava steht Jupiter. Er ist ein Wohltäter. Sein Kaarakatwa ist Reichtum und Geld. Dies ist für das Ausgeben von Geld als positiv zu werten. Jupiter beherrscht den 5. und 8. Bhava, die beide nicht von Grahas besetzt sind, **sodass er keine Einflüsse anderer Grahas in den 2. Bhava bringt**. Durch Jupiter H5 kann Mozart aufgrund seiner Fähigkeiten zu Geld gelangen. Jupiter H8 könnte ihm eine Erbschaft bringen, ist aber ansonsten wegen der vielen negativen Bedeutungen des 8. Bhavas kritisch zu sehen, zum Beispiel als finanzieller Zusammenbruch oder Ruin.

Merkur ist der Herrscher des 2. Bhavas (Raashi 6, Jungfrau/Kanya). Damit ist Merkur auch der Dispositor von Jupiter. Die Position von Merkur (6. Bhava) als Dispositor von Jupiter hat auf Jupiter einen wichtigen Einfluss, beispielsweise Vermehrung von Schwierigkeiten, Hindernissen, Widersachern und so weiter. Diese negative Wirkung beeinflusst den Wohltäter Jupiter und vermindert seine gute Wirkung. Da Jupiter ein Duhsthaana be-

herrscht – einen der drei schlechten Plätze (6., 8. und 12. Bhava, siehe Kapitel 10 „Die Struktur der 12 Bhavas“) –, wird die schlechte Wirkung durch die Duhsthaana-Position seines Dispositors (6. Bhava) noch verstärkt. Wieder begegnen wir hier dem Prinzip, dass wir für jede Aussage nach Verstärkungen schauen müssen. Jupiters gute Bhava-Herrschaft über den 5. Bhava wird hier nicht verstärkt, während die schlechte Herrschaft über den 8. Bhava diese Verstärkung erfährt.

Als zweites analysieren wir Merkur als den Herrscher des 2. Bhavas.

Merkur steht im 6. Bhava, einem Duhsthaana, welches für Schwierigkeiten, Hindernisse, Widersacher steht. Er hat als Herrscher des 2. Bhavas eine schlechte Stellung, die sich auf den 2. Bhava insgesamt auswirkt und die außerdem eine schlechte Wirkung auf den Graha im 2. Bhava hat. Dies haben wir im Zusammenhang mit Jupiter bereits erwähnt. Da wir Merkur jetzt als Herrscher des 2. Bhavas **stellvertretend für die Belange des 2. Bhavas** analysieren, müssen wir uns auch **Merkurs Dispositor Saturn** ansehen, denn der hat über den Einfluss, den er auf Merkur ausübt, auch einen Einfluss auf den von Merkur beherrschten Bhava, also auf den 2. Bhava (siehe Grafik 47).

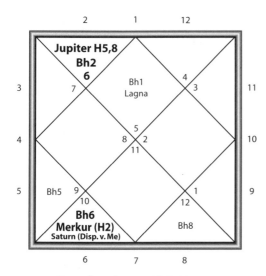

**Horoskop-Auszug W. A. Mozart
Merkur H2 als Dispositor von Jupiter**

Saturn als Dispositor von Merkur

Merksatz: **Ein Bhava wird durch den Dispositor
seines Herrschers positiv oder negativ beeinflusst.**

Der Dispositor von Merkur ist Saturn im 6. Bhava. Damit wiederholt sich der schlechte Einfluss des 6. Bhavas nochmals, denn Saturn überträgt die schlechte Wirkung des 6. Bhavas als der Dispositor von Merkur auf diesen und dadurch weiter auf den 2. Bhava. Zusammenfassend können wir festhalten, dass wir für den 2. Bhava von Mozart vier beeinträchtigende Argumente gegenüber zwei positiven gefunden haben:

Negativ
1. Jupiter ist H8 in Bh2.
2. Merkur H2 steht in Bh6.
3. Merkur in Bh6 als Dispositor von Jupiter H5 und 8 verstärkt H8.
4. Dispositor von Merkur H2 ist Saturn in Bh6.

Positiv
1. Jupiter ist Wohltäter in Bh2.
2. Jupiter ist H5 in Bh2.

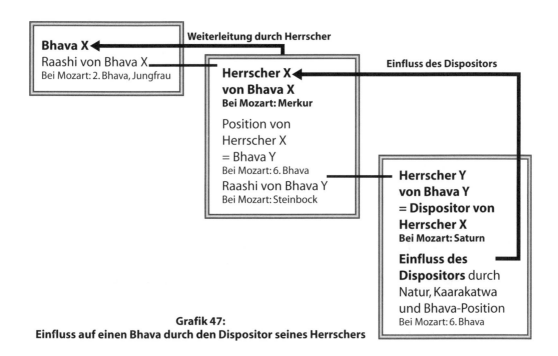

**Grafik 47:
Einfluss auf einen Bhava durch den Dispositor seines Herrschers**

Als nächstes wollen wir **Mozarts 11. Bhava analysieren**, so wie wir es bei seinem 2. Bhava getan haben. Die erste Interpretationslinie (A-Routine) bezieht sich auf die Grahas im 11. Bhava.

Grahas, die im 11. Bhava stehen, zeigen an, aus welchen Quellen jemand Einkommen bekommen kann. Dies bezieht sich auch auf Übeltäter. Deshalb gelten diese im 11. Bhava als gut platziert. Dennoch muss man sie sich genau anschauen, um zu sehen, ob mit ihnen irgendwelche Nachteile verbunden sind.

Merksatz: **Grahas im 11. Bhava zeigen an, aus welchen Quellen man Einkommen erhält.**

Im 11. Bhava befindet sich Mars, ein Übeltäter, der den 4. und 9. Bhava beherrscht. Sein Kaarakatwa ist Kompetenz und organisieren. Im 4. Bhava befindet sich der Mond, der hier ein milder Übeltäter ist und den 12. Bhava

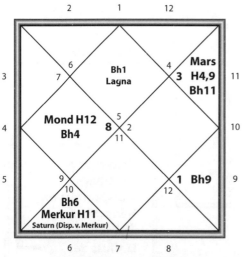

Horoskop-Auszug W. A. Mozart Merkur H11 als Dispositor von Mars,

Mars als Dispositor von Mond

Saturn als Dispositor von Merkur

beherrscht. **Mars ist also der Dispositor vom Mond und trägt dessen Wirkung mit in den 11. Bhava hinein.**

Mars im 11. Bhava bedeutet unter anderem, dass Mozart durch organisatorisches Können zu Einkommen gelangt. Das bezieht sich auf ihn als Kapellmeister. Als Herrscher vom 9. Bhava (H9) bringt Mars den Vater, Klerus (Kirche) und das Glück als Einnahmequelle.

Als Herrscher vom 4. Bhava schafft Mars die finanzielle Verbindung zu Organisationen, Institutionen (zum Beispiel die Kirche) und zu Gleichgesinnten.

Da aber der Mond, der Herrscher vom 12. Bhava, im 4. Bhava steht, ist **Mars** als Herrscher des 4. Bhavas der **Dispositor von Mond H12** und trägt dessen **Einfluss vom 12. Bhava in den 11. Bhava.** Das fügt zum einen die Auslandsreisen (Mond = Reisen, H12 = Ausland) und einflussreiche Ausländer (Mond = Königin, H12 = Ausland) als Einnahmequellen hinzu, bedeutet aber auch, dass das Geld, so wie es hereinkommt, gleich wieder ausgegeben wird (Mond = Leidenschaft, das Relative, H12 = Ausgaben).

Grafik 48 erklärt diese neue Situation, wie ein Graha in einem Bhava aufgrund seiner Bhava-Herrschaft zum Dispositor über einen anderen Graha wird und als solcher dessen Einfluss in den Bhava bringt, wo er, der Dispositor, steht. (Grafik 48, Seite 155)

Die B-Routine bezieht sich auf den Herrscher des 11. Bhavas, der gleichzeitig der Dispositor vom Mars ist. Der Herrscher des 11. Bhavas ist, wie schon beim 2. Bhava, der Merkur, der im 6. Bhava steht, einem Duhsthaana, dem Bhava für Schwierigkeiten, Hindernisse und Widersacher. Zum einen schwächt diese Situation an sich die Möglichkeit für Einkommen, indem sie Hindernisse und Schwierigkeiten

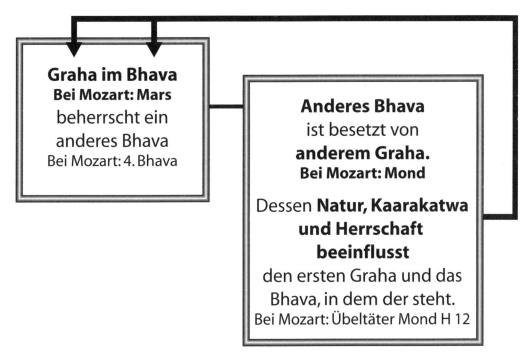

Grafik 48: Graha im Bhava als Dispositor eines anderen Grahas

aufwirft, zum anderen verstärkt sie indirekt den schlechten Einfluss vom Mond als H12 (Ausgaben, Verluste) auf den 11. Bhava.

Wie schon beim 2. Bhava müssen wir auch Merkurs Dispositor berücksichtigen. Merkur steht im 6. Bhava in Steinbock, der vom Saturn beherrscht wird. Also ist Saturn der Dispositor von Merkur und steht ebenfalls im 6. Bhava. Damit verstärkt er den schon bestehenden schlechten Einfluss des 6. Bhavas.

Zusammenfassend können wir die guten und schlechten Argumente wie folgt auflisten:

Positiv
1. Mars (Kaarakatwa, zum Beispiel Organisator)
2. Mars als H4
3. Mars als H9
4. Mond H12 (Auslandreisen, Ausländer)

Negativ
1. Mars als Übeltäter
2. Mond als milder Übeltäter
3. Mond H12 (Ausgaben, Verluste)
4. Merkur H11 in Bh6
5. Merkur H11 in Bh6 als Verstärkung von Mond H12
6. Saturn als Dispositor von Merkur H11 in Bh6.

Auch hier überwiegen die negativen Argumente, sodass es für Mozarts Finanzen bei unserem derzeitigen Wissenstand nicht gut aussieht. Tatsächlich war nur etwa die erste Hälfte seiner ca. 10-jährigen Wiener Zeit von relativem Wohlstand geprägt, den er allerdings auch mit vollen Händen ausgab. Dann folgte in der zweiten Hälfte rapider finanzieller Niedergang und bitterste Armut. Die Jahre seines Erwachsenseins davor, also das Alter von 21 bis 26

Flussdiagramm 2a
bezieht das Dispositor-Prinzip in der A) und B) Routine mit ein
**– Interpretation eines Bhavas und seines Herrschers–
Einbeziehung des Dispositor-Prinzips**

**A) Routine:
Graha(s) im Bhava**
1) Nakshatra
2) Natur
3) Kaarakatwa
4) Bhava-Herrschaft
5) beherrschte Grahas
6) Dispositor
7) Bhava-Position

**B) Routine:
Herrscher des Bhava**
1) Nakshatra
2) Kaarakatwa
3) beherrschtes Bhava
4) Bhava-Position
6) Dispositor

Wenn wir einen Bhava analysieren, betrachten wir als erstes entsprechend der A) Routine des Flussdiagramms den Graha in dem Bhava (oder mehrere, wenn vorhanden).

Dabei berücksichtigen wir zunächst das
- **Nakshatra (1), in dem er steht, dann seine**
- **Natur (2), seinen**
- **Kaarakatwa (3) und die**
- **Bhavas (4), die er beherrscht. Wir schauen,**
- **ob in den beherrschten Bhavas Grahas stehen (5) und in welcher Weise diese die Inhalte und Bewertungen des Grahas im analysierten Bhava durch ihren Einfluss modifizieren. Dann schauen wir,**
- **wo der Herrscher (6) des analysierten Bhavas steht und dadurch den Graha im analysierten Bhava modifiziert.**
- **All diese Informationen verbinden wir mit dem analysierten Bhava (7).**

Es versteht sich von selbst, dass wir hierfür Zeit benötigen. Wir müssen den Blick über all diese Faktoren wandern lassen, die Inhalte in unserem Bewusstsein sammeln und innerlich still werden. Dann sehen wir, dass sich Bilder formen oder Gefühle konkretisieren und Aussagen sich verdichten, eine nach der anderen, die wir formulieren können.

In der B) Routine verfahren wir entsprechend.

Jahren, waren wechselhaft und insgesamt eher durchschnittlich. Vor dieser Zeit war er eingebettet in das Familienleben (Mars H4 in Bh11). (Flussdiagramm 2a, Seite 156)

Abschließend wollen wir uns die Positionen der Dispositoren aller Grahas in Mozarts Horoskop anschauen. Sie sind in der folgenden Übersicht „Position der Dispositoren bei Mozart" aufgeführt.

Hierbei fällt auf, dass außer Mars, dem Dispositor vom Mond, alle anderen Dispositoren im 6. Bhava stehen, nämlich fünfmal Saturn, zweimal Merkur und einmal Sonne. Dies ist ein deutliches Indiz für den starken Einfluss der Dispositoren, denn das Leben, das Mozart sich ausgesucht hatte, erwies sich trotz oder wegen seines Genies nicht als einfach und war voller Schwierigkeiten und Konkurrenzkampf (6. Bhava).

Positionen der Dispositoren bei Mozart

Graha:	Sonne	Mond	Mars	Merkur	Jupiter	Venus	Saturn	Rahu	Ketu
Dispositor:	Merkur	Venus	Mond	Venus	Merkur	Mars	Mars	Venus	Mars
Position:	11. Bh	10. Bh	4. Bh	10. Bh	11. Bh	1. Bh	1. Bh	10. Bh	1. Bh

---

Übung 10

Welches sind die Dispositoren der 9 Grahas in **Lenas** Horoskop? Erstellen Sie eine Liste wie auf Seite 157.

Übung 11

Welcher Dispositor ist für die Lebenskraft und Konstitution von **Mozart** eine Belastung?

Lösungen siehe Anhang.

Das Dispositor-Prinzip im Kalpadruma Yoga

Parashara verwendet das Prinzip des Dispositors sehr eindrucksvoll bei der Beschreibung seines **Kalpadruma-Yogas**. Ein **Yoga*** ist in der Vedischen Astrologie jede Art von Kombination oder Verbindung, also zum Beispiel die Verbindung eines bestimmten Grahas oder Bhava-Herrschers mit einem bestimmten Bhava oder die Verbindung von zwei oder mehreren Grahas. Diese Verbindungen haben

Namen, die Aufschluss über die Wirkung oder Klassifizierung des Yogas geben und mit bestimmten Wirkungen beschrieben werden.

Kalpa bedeutet „kompetent", aber auch „Lösung" und „Entschlossenheit". **Druma** bedeutet „Baum". Kalpadruma-Yoga ist also die baumartige Verbindung von Grahas, die Kompetenz, Lösung (von Problemen) und Entschlossenheit bewirkt. Wer diesen Yoga in seinem Horoskop hat, so Parashara, wird viel Wohlstand und eine Führungsposition erlangen, spirituell, stark, gütig und im Kampf durchsetzungsfähig sein.

---

* Die wichtigsten Yogas werden ausführlich in Band 2 dieser Buchreihe behandelt.

Der Kalpadruma-Yoga ist konstruiert wie ein „Baum" mit seinen Verzweigungen, deshalb der Name dieses Yogas: Man notiere den Herrn des Lagna (H1), seinen Dispositor (DH1), dessen Dispositor (DDH1) und den Navamsha-Dispositor (siehe folgende Absätze) des letztgenannten Dispositors (NdDDH1). Wenn diese vier Grahas in den Kendra- (das heißt Bhavas 1, 4, 7 und 10) oder Kona-Bhavas (das heißt Bhavas 5 oder 9) stehen oder im Raashi ihrer Erhöhung (Exaltation, siehe nächstes Kapitel), sind die Bedingungen dieses Yogas erfüllt.

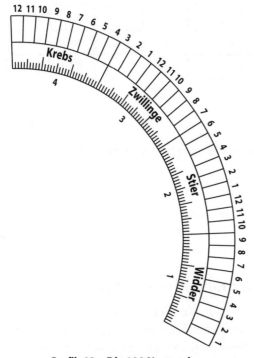

Grafik 49a: Die 108 Navamshas

Ein **Navamsha**** ist ein Neuntel eines Raashis. Jeder Raashi ist in 9 gleichgroße Teile unterteilt, also je 3° 20'. Damit ist ein Navamsha in der Größe identisch mit einem

---

** Die Verwendung von Navamshas wird ausführlich in Band 2 dieser Buchreihe behandelt.

Paada, dem Viertel eines Nakshatras. Die Navamshas sind wieder den 12 Raashis zugeordnet, so als gäbe es innerhalb eines Raashis nochmals 9 kleine Raashis. Da die Raashis Herrscher haben, haben auch die Navamshas ihre eigenen Herrscher. Grafik 49a zeigt die 36 Navamshas der ersten vier Raashis beginnend mit Widder (Mesha). Wie man an den Zahlen sieht, sind ihnen die Raashis in der üblichen Reihenfolge zugeordnet. Diese Sequenz setzt sich bis Fische (Miena) fort, sodass es insgesamt 108 Navamshas gibt (12 Raashis x 9 Navamshas), in denen die Reihenfolge der Raashis neunmal komplett untergebracht ist.

Eine einfache Methode, um sich den zugeordneten Raashi des ersten Navamshas von jedem Raashi zu merken, ist die Reihenfolge Widder, Steinbock, Waage, Krebs. In dieser Sequenz wiederholen sich die ersten Navamshas der 12 Raashis dreimal. In Grafik 49a ist zu sehen, dass Widder Raashi mit Widder Navamsha beginnt, Stier Raashi mit Steinbock Navamsha, Zwillinge Raashi mit Waage Navamsha und Krebs Raashi mit Krebs Navamsha. Diese Sequenz der beginnenden Navamshas setzt sich dann in den folgenden acht Raashis fort, sodass die vollständige Liste wie folgt aussieht:

Raashi	1. Navamsha
Widder	Widder
Stier	Steinbock
Zwillinge	Waage
Krebs	Krebs
Löwe	Widder
Jungfrau	Steinbock
Waage	Waage
Skorpion	Krebs
Schütze	Widder
Steinbock	Steinbock
Wassermann	Waage
Fische	Krebs

Jetzt brauchen wir uns nur noch die **beginnende Gradzahl** für jeden Navamsha einzuprägen, um den Navamsha-Raashi von jedem Graha entsprechend seiner Position bestimmen zu können. Diese Gradzahlen sind:

Navamsha	Gradzahl
1. Navamsha	0°
2. Navamsha	3° 20'
3. Navamsha	6° 40'
4. Navamsha	10°
5. Navamsha	13° 20'
6. Navamsha	16° 40'
7. Navamsha	20°
8. Navamsha	23° 20'
9. Navamsha	26° 40'

Die Wirkung des Kalpadruma-Yogas erklärt sich daraus, dass alle Bhavas und Raashis, die in diesem Yoga genannt werden, sehr gute Positionen für einen Graha sind. Wenn nun diese vier Grahas in der erforderlichen Weise gestellt sind, erhält der Lagna-Herrscher (H1) gute Wirkungen von seinem Dispositor (DH1), dieser wiederum erhält gute Wirkungen von seinem Dispositor (DDH1). Damit letztere Wirkungen aber für den Lagna-Herrscher, der ja zwei Stufen weiter steht, voll wirksam sind, müssen sie verstärkt werden. Deshalb muss der Herrscher des Navamshas, in dem DDH1 steht, ebenfalls sehr gut platziert sein. Grafik 49b verdeutlicht die Konstruktion dieses Yogas für das Horoskop von Albert Einstein, den größten Physiker des 20. Jahrhunderts.

Die Bestimmung des Navamsha-Dispositors
von DDH1 (Saturn) ist wie folgt:
Die Position von Saturn ist Fische 12° 01'. Der 1. Navamsha in Fische ist Krebs zugeordnet (siehe Liste Seite 158 unten). 12° 01' ist größer als 10° aber kleiner als 13° 20'. Also steht Saturn entsprechend der Liste auf Sei-

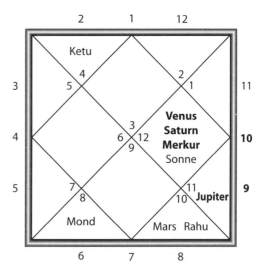

**Horoskop von Albert Einstein
Die Struktur des Kalpadruma-Yogas**

**H1 = Merkur in Bh10, DH1 = Jupiter in Bh9,
DDH1 = Saturn in Bh10, NdDDH1 = Venus in
Bh10.**

te 159 oben im 4. Navamsha von Fische. Da das erste Navamsha Krebs ist, müssen wir beginnend mit Krebs 4 Raashis weiterzählen. So gelangen wir zu Waage. Einsteins Saturn steht also im Waage-Navamsha und wird deshalb von Venus beherrscht. Also ist NdDDH1 Venus, die im 10. Bhava steht.

Der Fluss der Guten Wirkungen im Kalpadruma-Yoga sieht dann so aus (Grafik 49b):

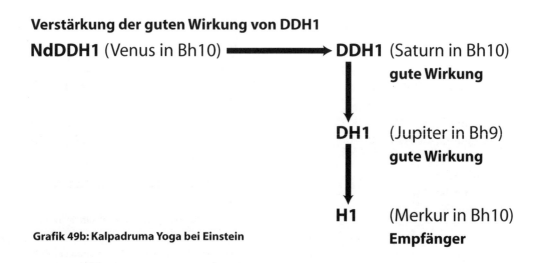

Verstärkung der guten Wirkung von DDH1

NdDDH1 (Venus in Bh10) ⟶ **DDH1** (Saturn in Bh10)
gute Wirkung

DH1 (Jupiter in Bh9)
gute Wirkung

H1 (Merkur in Bh10)
Empfänger

Grafik 49b: Kalpadruma Yoga bei Einstein

Kalpadruma-Yoga ist nur dann voll wirksam, wenn es von vier verschiedenen Grahas gebildet wird. Wenn H1, also der Herrscher des Aszendenten, oder DH1, der Dispositor vom Aszendenten-Herrscher, in seinem eigenen Raashi steht (das heißt in dem Raashi, den er selber beherrscht), wird er zu seinem eigenen Dispositor. Dann dreht sich die Konstruktion im Kreis, und es kommen keine zusätzlichen Einflüsse hinzu, sodass der Sinn des Yogas nicht erfüllt wird. Deshalb findet man das voll wirksame Yoga sehr selten, was für seine außerordentliche Qualität spricht und deshalb auch für Einsteins Außergewöhnlichkeit.

Natürlich kann man dieses Yoga ausweiten, indem man es nicht nur auf den Lagna-Herrscher bezieht, sondern auch für die anderen Bhava-Herrscher benutzt. Allerdings hat es bei den anderen Herrschern nicht die gleiche Wirkung, da diese sich nur auf einen Teilaspekt der Person und ihres Schicksals beziehen, während der Lagna-Herrscher die Person als Ganzes und ihr Schicksal erfasst.

Übung 12

Inwieweit erfüllt das Horoskop von Lena die Bedingungen vom Kalpadruma-Yoga?

Lösung siehe Anhang.

DER RANG DER GRAHAS
– Wie durch das vom Graha besetzte Raashi der Rang bestimmt wird –

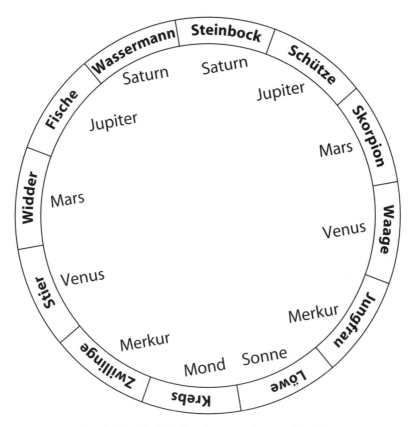

Grafik 50a: Die 7 Grahas in ihren eigenen Raashis

Durch den Raashi, in dem ein Graha steht, erhält er einen Rang. Bei manchen Rängen spielt auch die genaue Gradzahl innerhalb des Raashis eine Rolle. Der Rang kann hoch, mittel oder tief sein und hat einen starken Einfluss sowohl auf die Qualität des Graha, als auch auf seine Stärke (Shadbala/Sechsfältige Stärke). Wenn er einen hohen Rang hat, zeigt der Graha mehr seine positiven, hoch entwickelten und verfeinerten Qualitäten, in einem niedrigen Rang mehr seine negativen oder groben. Diese Klassifizierungen beziehen sich sowohl auf die Natur eines Graha, als auch auf sein Kaarakatwa und auf die Bhavas, die er beherrscht. Die Ränge beziehen sich in erster Linie auf die 7 sichtbaren Grahas. Rahu und Ketu werden später in diesem Kapitel behandelt.

Merksatz: **Der Rang eines Grahas beeinflusst die Qualität seiner Natur, seines Kaarakatwas und seiner von ihm beherrschten Bhavas.**

Genau gesagt gibt es für die Grahas neun Ränge. Einen der hohen Ränge kennen wir bereits durch die Herrschaft, die die Grahas über die Raashis haben. Wenn ein Graha in dem Raashi steht, von dem er auch der Herrscher ist, steht er in seinem **eigenen Raashi**, was generell sehr gut ist und den dritthöchsten Rang bedeutet. Grafik 50a auf Seite 161 zeigt alle Grahas in ihren eigenen Raashis.

Innerhalb dieser eigenen Raashis gibt es noch den Unterschied, dass der Graha in seinem **Muulatrikona** stehen kann, was wörtlich Wurzeldreieck bedeutet. Gemeint ist damit eine bestimmte Sektion innerhalb eines seiner eigenen Raashis. Grafik 50b zeigt diese Sektion für jeden Graha. Für die Sonne sind es die ersten 20° in Löwe, für den Mond

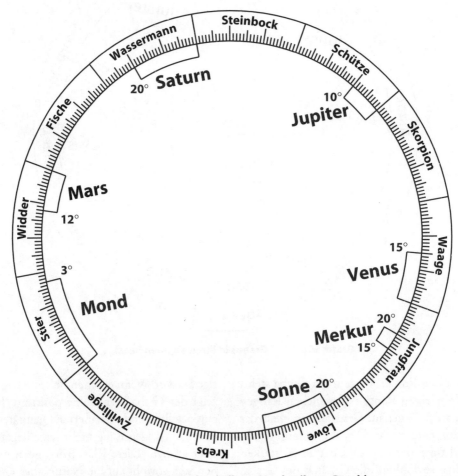

Grafik 50b: Die 7 Grahas in ihren Muulatrikona-Raashis

nach 3° bis zum Ende des Raashis in Stier, für Mars die ersten 12° in Widder, für Merkur in Jungfrau nach 15° bis 20°, für Jupiter die ersten 10° in Schütze, für Venus die ersten 15° in Waage, für Saturn die ersten 20° in Wassermann. Der Mond macht hier eine Ausnahme, da seine Muulatrikona-Sektion nicht in seinem eigenen Raashi steht.

Ein Graha in seinem Muulatrikona hat den zweithöchsten Rang, während ein Graha in seinem eigenen Raashi den dritthöchsten Rang hat. Diese beiden Ränge bilden zusammen mit dem Zeichen der **Exaltation** die hohen Ränge

eines Grahas, wobei die Exaltation oder Erhöhung der höchste Rang ist. „Exaltiert" bedeutet im Deutschen unter anderem „überschwänglich" und „begeistert". Ein Graha fühlt sich hier also besonders wohl und zeigt sich von seiner freudigsten und besten Seite.

Die Exaltation oder Erhöhung eines Grahas ist nicht nur durch einen Raashi definiert, sondern innerhalb dieses Raashis noch durch die genaue Gradzahl. Diese wird zum Beispiel bei der Shadbala-Kalkulation (Sechsfältige Stärke nach Parashara) benutzt. Grafik 51 zeigt die Grahas in ihren Raashis der Exalta-

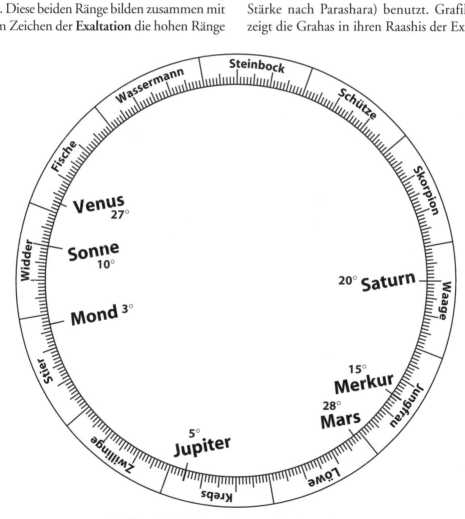

Grafik 51: Die Grahas in ihren Raashis der Exaltation

tion. Die Gradzahlen der höchsten Exaltation sind für die Sonne 10° in Widder, Mond 3° in Stier (er ist also nur in den ersten 3° erhöht, der Rest des Raashis ist sein Muulatrikona), Mars 28° in Steinbock, Merkur 15° in Jungfrau (er ist also nur in den ersten 15° erhöht, danach folgen seine 5° Muulatrikona, die restlichen 10° sind sein eigener Raashi), Jupiter 5° Krebs, Venus 27° Fische und Saturn 20° Waage.

Gegenüber vom Exaltations-Raashi eines Grahas liegt sein **Debilitations-Raashi** und seine genaue Gradzahl der Debilitation. Dies ist der für einen Graha ungünstigste Raashi und deshalb der unterste Rang, in dem er sich am unwohlsten oder deprimiertesten fühlt und mehr seine negativen oder groben Seiten zeigt.

Damit kennen wir jetzt vier Ränge: Die drei höchsten, nämlich Exaltation, Muulatrikona und eigenes Raashi, und den niedrigsten, nämlich Debilitation.

Die natürliche Freundschaft der Grahas

Die restlichen fünf Ränge ergeben sich aus dem Verhältnis der Grahas untereinander. Sie können **Freunde, Feinde oder neutral** zueinander sein. Die natürliche Freundschaft der Grahas zueinander ergibt sich nach Parashara aus folgender Regel:

> **Regel für die natürliche Freundschaft unter den Grahas:**
> Die Herrscher des 2., 4., 5., 8., 9. und 12. Raashis vom Muulatrikona eines Grahas aus gerechnet sind dessen natürliche Freunde. Außerdem ist der Herrscher seines Exaltations-Raashis sein natürlicher Freund. Die übrigen sind seine natürlichen Feinde.

Hier sehen wir die Bedeutung des Muulatrikona. Wenn diese Regel für alle Grahas angewandt wird, kann es vorkommen, dass ein bestimmter Graha einmal zum Freund und einmal zum Feind wird. In diesem Fall ist das Verhältnis neutral. Das Resultat dieser Regel ist in der folgenden Tabelle 5 aufgeführt, die die natürliche Beziehung der Grahas untereinander zeigt.

Diese Tabelle sollten Sie mit der Zeit auswendig wissen, weil Sie die Beziehungen der Grahas untereinander bei jeder Horoskop-Analyse benötigen. Am Anfang liegt idealerweise eine Kopie neben den zu interpretierenden Horoskopen.

Tabelle 5: Die natürliche Freundschaft unter den Grahas

Graha	seine Freunde	seine Feinde	neutrale Grahas
Sonne	Mond, Mars Jupiter	Venus, Saturn	Merkur
Mond	Sonne, Merkur	keine	Mars, Jupiter, Venus, Saturn
Mars	Sonne, Mond, Jupiter	Merkur	Venus, Saturn
Merkur	Sonne, Venus	Mond	Mars, Jupiter, Saturn
Jupiter	Sonne, Mond, Mars	Merkur, Venus	Saturn
Venus	Merkur, Saturn	Mond, Sonne	Mars, Jupiter
Saturn	Merkur, Venus	Sonne, Mond, Mars	Jupiter

An dieser Tabelle fällt positiv auf, dass es mehr Freunde (17) als Feinde (11) gibt. 14 Grahas sind neutral. Ferner ist auffällig, dass der Mond (Mutter) keine Feinde hat und dass Jupiter (größter Wohltäter) niemandes Feind ist.

Zum Einprägen dieser Tabelle ist noch hilfreich, dass Sonne, Mars und Jupiter (die drei männlichen Grahas außer Saturn, der männlich-neutral ist) wechselseitig Freunde sind. Ferner sind Sonne und Mond, Merkur und Venus sowie Venus und Saturn wechselseitige Freunde. Sonne und Saturn sowie Sonne und Venus sind wechselseitige Feinde. Mars und Venus sowie Jupiter und Saturn sind wechselseitig neutral. Alle übrigen Beziehungen sind uneinheitlich.

Die temporäre Freundschaft der Grahas

Neben der natürlichen Freundschaft unter den Grahas gibt es noch die temporäre Freundschaft. Bei der Horoskop-Analyse muss aus der natürlichen und der temporären Freundschaft eine Synthese gemacht werden, um den Rang des Grahas zu bestimmen.

Merksatz: **Die natürliche und die temporäre Freundschaft müssen verbunden werden, um den Rang des Grahas zu bestimmen.**

Die Regel für die temporäre Freundschaft besagt, dass für einen Graha diejenigen Grahas temporäre Freunde sind, die von seiner Position aus vorwärts und rückwärts gezählt in den drei benachbarten Raashis (beziehungsweise Bhavas) stehen. Grahas, die im gleichen Raashi oder weiter entfernt stehen, sind temporäre Feinde.

Grafik 52 beschreibt diese Regel vom Prinzip her. Grahas, die sich in den schraffierten Feldern aufhalten, sind die temporären Freunde von Graha X; alle, die sich woanders aufhalten, sind seine temporären Feinde.

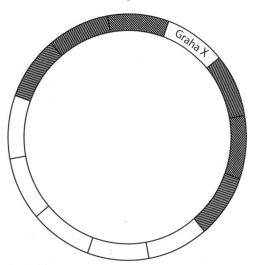

Grafik 52: Die Regionen der temporären Freunde (schraffiert) und Feinde eines Grahas.

Wenden wir diese **Regel auf einige Grahas in Mozarts Horoskop** an und gehen einige

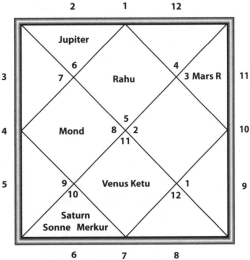

Horoskop 2: Wolfgang Amadeus Mozart

Grahas mit dem Aszendenten (Lagna) beginnend durch.

Im Aszendenten befindet sich Rahu. Im Moment haben wir die Freundschaft der beiden Mondknoten außer acht gelassen, da sie in diesem Stadium der Horoskop-Analyse weniger bedeutsam ist. Dennoch wollen wir die Regel der temporären Freundschaft für Rahu der Übung halber anwenden. Alle Grahas, die in den drei folgenden und den drei vorangegangenen Bhavas stehen, sind die temporären Freunde von Rahu. Das schließt die Bhavas 2, 3, 4, 12, 11 und 10 ein. In diesen Bhavas befinden sich Jupiter, Mond und Mars. Sie sind die temporären Freunde von Rahu. Die übrigen Grahas sind seine temporären Feinde.

Auf Jupiter angewandt, bedeutet die Regel, dass die Grahas in den Bhavas 3, 4, 5, 1, 12 und 11 die temporären Freunde von Jupiter sind. Die anderen Grahas sind seine temporären Feinde. Also sind Mond, Rahu und Mars seine temporären Freunde, die anderen sind temporäre Feinde.

Auf den Mond im 4. Bhava brauchen wir die Regeln der temporären Freundschaft nicht anzuwenden, da er im Zeichen seiner Debilitation steht, sodass sein Rang bereits definiert ist.

Auch auf Saturn im 6. Bhava brauchen wir diese Regeln nicht anzuwenden, da er in seinem eigenen Raashi Steinbock (Makara) steht.

Für die Sonne im 6. Bhava bedeutet diese Regel, dass die Grahas in den Bhavas 7, 8, 9, 5, 4 und 3 ihre temporären Freunde sind, die andern sind ihre temporären Feinde. Also sind nur Mond und Venus ihre temporären Freunde. Alle anderen Grahas sind ihre temporären Feinde.

Die **Synthese aus natürlicher und temporärer Freundschaft** wird folgendermaßen hergestellt:

Natürliche Freundschaft + Temporäre Freundschaft = Rang

Grafik 53 beschreibt den Rang, der aus jeder möglichen Kombination von Freundschaft und Feindschaft hervorgeht.

Natürliche plus Temporäre Freundschaft		
	Freund (temp.)	**Feind (temp.)**
Freund (natürlich)	großer Freund	neutral
Feind (natürlich)	neutral	großer Feind
neutral (natürlich)	Freund	Feind

Grafik 53: Kombinierte Freundschaft

Freund + Freund = großer Freund
Freund + Feind = neutral
Feind + Freund = neutral
Feind + Feind = großer Feind
neutral + Freund = Freund
neutral + Feind = Feind

Das ergibt die 5 Ränge, die bei den insgesamt 9 Rängen noch gefehlt haben.

Von den beiden Freundschaften ist die natürliche Freundschaft die wichtigere. Es gibt Situationen, bei denen nur die natürliche Freundschaft zählt. Darauf werden wir später jeweils eingehen.

Merksatz: Die natürliche Freundschaft ist wichtiger als die temporäre Freundschaft.

Wenn ein Graha im **Raashi eines Freundes** steht, sagt man, dass er in einem **freundli-**

chen **Raashi** steht. Wenn er im Raashi eines **großen Feindes** steht, sagt man, dass er in einem **sehr feindlichen Raashi** steht. Dies ist eine Sprachregelung, die die Freundschaft zwischen den Grahas auf den Raashi bezieht, in dem sich ein Graha befindet, um seinen Rang in diesem Raashi festzustellen. Die 5 Ränge der Freundschaft bezogen auf die Raashi-Position eines Grahas sind demnach von oben nach unten:

Sehr freundliches Raashi, freundliches Raashi, neutrales Raashi, feindliches Raashi und sehr feindliches Raashi.

Die 9 Ränge sind ihrer Wertung nach wie folgt:

Rang	Wertung
Exaltation	hoch
Muulatrikona	hoch
eigener Raashi	hoch
sehr freundlicher Raashi	mittel
freundlicher Raashi	mittel
neutraler Raashi	mittel
feindlicher Raashi	niedrig
sehr feindlicher Raashi	niedrig
Debilitation	niedrig

Die Ränge von Rahu und Ketu

Der Vollständigkeit halber soll hier noch die Bestimmung der Ränge von Rahu und Ketu beschrieben werden. Rahu hat Ähnlichkeit mit Saturn, Ketu hat Ähnlichkeit mit Mars. Deshalb sind ihre Kaarakatwas verwandt und ihre Bhava-Herrschaft ähnlich. Da Rahu und Ketu keine Raashi-Herrschaft im eigentlichen Sinne haben, sondern nur die Ähnlichkeiten mit Saturn und Mars, definieren sich ihre Ränge zum Teil über diese Ähnlichkeit. Es gibt aber in manchen Punkten über ihre Ränge verschiedene Ansichten. Hier halten wir uns an Parashara, der die Zuordnung wie folgt angibt.

Die **Exaltations-Raashis von Rahu und Ketu** sind **Stier** (Vrishabha) und **Skorpion** (Vrishchika). Die Debilitations-Raashis liegen gegenüber. Einen genauen Grad der Exaltation und Debilitation gibt es für Rahu und Ketu nicht.

Der **eigene Raashi von Rahu ist Wassermann** (Kumbha, also das Muulatrikona von Saturn), von **Ketu** ist es wiederum der **Skorpion** (Vrishchika, der eigene vom Mars). Für Ketu ist der Exaltations-Raashi identisch mit dem eigenen. Ähnliches haben wir schon bezüglich Merkur und Jungfrau gesehen. Andere Autoren der klassischen Literatur sehen Jungfrau und Fische als die eigenen Raashis von Rahu und Ketu an. Aus Parasharas Vers geht aber klar hervor, dass er die erste Sicht bevorzugt. Der **Muulatrikona-Raashi von Rahu ist Zwillinge** (Mithuna), von **Ketu** ist es **Schütze** (Dhanu), welches gegenüber liegt.

Parasharas Regel zur Bestimmung der natürlichen Freundschaft wird von den Vedischen Astrologen Indiens offenbar nicht auf Rahu und Ketu angewandt. Statt dessen habe ich vier andere Sichtweisen gefunden, was die natürliche Freundschaft von Rahu betrifft, die auch auf Ketu angewendet wird, weil er als der Rumpf von Rahu angesehen wird und deshalb keine eigene Freundschaft bildet.

Die erste Sichtweise besagt, dass Merkur, Venus und Saturn die Freunde von Rahu und Ketu sind; Mars ist neutral; Sonne, Mond und Jupiter sind die Feinde. Diese Sicht wird im Klassiker Phala Deepika von Mantreshwara vertreten und von späteren Autoren wie M. R. Bhat und D. Frawley übernommen.

Die zweite Sichtweise besagt, dass Venus, Jupiter und Saturn die Freunde sind. Da keine neutralen Grahas angegeben werden, sind alle anderen die Feinde. Diese Sicht findet sich in dem Klassiker Sarvarth Chintamai von Vyankatesh Sharma.

Die dritte Sichtweise besagt, dass Merkur, Venus und Saturn die Freunde sind; Jupiter ist neutral; Sonne, Mond und Mars sind die Feinde. Diese Sicht habe ich bei den Autoren J. N. Bhasin und G. S. Kapoor gefunden.

Die vierte Sichtweise besagt, dass Venus und Saturn die Freunde sind; Merkur und Jupiter sind neutral; Sonne Mond und Mars sind Feinde. Diese Sicht wird von L. R. Chawdhri vertreten. Allerdings vertauscht er dann noch für Ketu die Freunde und Feinde.

Alle Autoren sind sich also einig, dass Venus und Saturn Freunde sind und dass Sonne und Mond Feinde sind.

Wenn man jedoch von Rahus Muulatrikona-Raashi ausgehen und Parasharas Regel anwenden würde, wären **Mond**, Venus und Saturn seine Freunde; Merkur wäre neutral; Sonne, **Mars und Jupiter** wären seine Feinde.

Da die **Freundschaft von Rahu und Ketu aber eine untergeordnete Rolle** spielt, werden wir nur ihre hohen Ränge beiläufig benutzen und ihre Debilitation.

Wir wenden jetzt alle in diesem Kapitel behandelten Regeln zur Bestimmung des Rangs der Grahas auf Mozarts Horoskop an. Dabei gehen wir so vor, dass wir zunächst schauen, welche Grahas in den drei hohen Rängen oder debilitiert sind, da wir auf diese die Regeln der Freundschaft nicht mehr anzuwenden brauchen. Wenn sie exaltiert oder debilitiert sind, ist ihr Rang definiert, sodass die Regeln der Freundschaft nicht mehr zum Zuge kommen, obwohl diese Grahas nicht in ihrem eigenen Raashi stehen.

- Rahus Rang im Löwen ist weder hoch noch debilitiert.
- Jupiter steht in Jungfrau im Raashi von Merkur, der ein natürlicher Feind ist. Da Merkur mehr als 3 Bhavas entfernt steht, ist er auch ein temporärer Feind. Also steht Jupiter in einem sehr feindlichen Raashi.
- Der Mond steht im Raashi seiner Debilitation.
- Saturn steht in Steinbock in seinem eigenen Raashi.
- Die Sonne steht ebenfalls in Steinbock, dem Raashi von Saturn, der ihr natürlicher Feind ist. Da Saturn im gleichen Raashi steht wie die Sonne, ist er auch ihr temporärer Feind. Also steht die Sonne in einem sehr feindlichen Raashi.
- Merkur steht in Steinbock in einem neutralen Raashi. Da Saturn, der Herrscher von Steinbock, im gleichen Raashi steht, wird er zum temporären Feind. Also steht Merkur in einem feindlichen Raashi. Venus steht in Wassermann, das von Saturn beherrscht wird, im Raashi eines natürlichen Freundes. Dieser steht im rückwärtig benachbarten Raashi, ist also ein temporärer Freund. Folglich steht Venus in einem sehr freundlichen Raashi.
- Ketus Rang in Wassermann ist weder hoch noch debilitiert.
- Mars steht in Zwillinge, das von Merkur beherrscht wird, im Raashi eines natürlichen Feindes. Da Merkur weit von ihm entfernt steht, das heißt mehr als drei Raashis, ist er auch ein temporärer Feind. Deshalb steht Mars in einem sehr feindlichen Raashi.

Bei Mozart hat demnach nur ein Graha einen hohen Rang, nämlich Saturn. Venus hat einen mittleren, alle anderen Grahas einen niedrigen Rang. Insbesondere müssen wir unser Augenmerk auf den Mond richten, weil er debilitiert ist. Bei der dritten Stufe der Horoskop-Interpretation werden wir sehen, welche Schlussfolgerungen wir aus den Rängen seiner Grahas ziehen können.

Übung 13

Welche Ränge haben die Grahas in den Horoskopen von Lena Grigoleit und Albert Einstein?

Lösungen siehe Anhang.

DIE ZUSTÄNDE DER GRAHAS (AVASTHAS)
– Die Bestimmung der Qualität der Grahas –

Jeder Graha befindet sich in bestimmten **Avasthas*** oder „Zuständen", die einen starken Einfluss auf seine Qualität und Wirkung haben. Es gibt mehrere Gruppen von Avasthas (Zuständen), von denen wir hier die drei wichtigsten behandeln. Avasthas haben eine Wirkung auf alles, was mit dem Graha zu tun hat, also seine Natur, sein Kaarakatwa, die Bhavas, die er beherrscht, und den Bhava, in dem er steht.

Merksatz: Die Avasthas eines Grahas wirken auf seine Natur, sein Kaarakatwa, die Bhavas, die er beherrscht, und den Bhava, in dem er steht.

Die 3 Avasthas „wachen, träumen, schlafen"

Eine Gruppe von Avasthas (Zuständen) kennen wir bereits. Es ist die Klassifizierung der Ränge in hoch, mittel oder tief (Kapitel 16, Seite 167). Grahas in hohen Rängen bewirken Wachheit. Die Wachheit nimmt ab bei den mittleren Rängen, sodass es heißt, dass die Grahas im Traum-Zustand sind. Bei den tiefen Rängen befinden sie sich im Schlaf-Zustand. Es ist klar, worum es hier geht. Je höher der Rang eines Grahas, desto stärker unterstützt er die Wachheit und damit die Intelligenz.

Diese Wachheit und Intelligenz muss bezogen werden auf seine Natur, sein Kaarakatwa, seine Bhava-Herrschaft und den Bhava, in dem er steht.

Merksatz: Je höher der Rang eines Grahas ist, desto größer ist seine Wachheit und Intelligenz. Dies hat für alle Grahas überwiegend Vorteile.

Wenn der Mond im Wachzustand ist, macht er den Geist klarer. Ist er dagegen im Schlaf-Zustand, bedeutet dies sehr viel weniger Klarheit. Bei Mozart ist der Mond debilitiert, befindet sich also im Schlaf-Zustand. Von

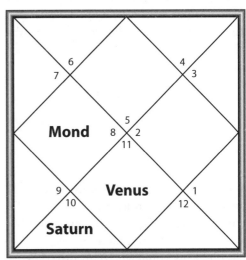

**Horoskop-Auszug von W. A. Mozart:
Mond debilitiert,
Venus im sehr freundlichen Raashi,
Saturn im eigenen Raashi**

---

* Alle Avasthas werden von der APA Vedic Astrology Software berechnet und dargestellt (siehe Demo-Version im Anhang).

Mozart ist bekannt, dass er sich viel von so genannten Freunden hat ausnehmen lassen. Auch die Art und Weise, wie er in die Ehe mit Constanze Weber gezogen wurde und seine falsche Einschätzung von deren Schwester, die er eigentlich hatte heiraten wollen, deutet auf mangelnde Wachsamkeit. Wenn wir den Mond als seine Mutter untersuchen, können wir ihren frühen Tod mit diesem Avastha in Verbindung bringen.

Besser sieht es mit Mozarts Venus aus. Sie befindet sich in einem sehr freundlichen Raashi und deshalb im Traum-Zustand. Da Venus unter anderem der Graha der Musik und Harmonie ist, unterstützt sie die „Traumwelt" oder die Welt der Fantasie und Emotionen, in die uns Mozart mit seiner Musik entführt.

Saturn steht im eigenen Raashi und ist deshalb der einzige Graha im Wach-Zustand. Saturn bedeutet unter anderem Arbeit, Fleiß, Demut und Bescheidenheit. All diese Eigenschaften hat Mozart deutlich bewiesen – durch sein enormes Schaffen, die einfachen Verhältnisse, mit denen er jahrelang, ohne zu jammern, zurechtkam, und mit der Tatsache, dass er den ihm verliehenen Adelstitel ablehnte.

Die 9 Avasthas

Eine weitere wichtige Gruppe von Avasthas (Zuständen) sind die 9 Avasthas, die sich zum größten Teil ebenfalls aus den Rängen der Grahas ableiten, aber nicht alle. Diese Avasthas sind in Tabelle 6 (siehe Seite 173) aufgelistet und beschrieben.

In dieser Tabelle gibt es zwei Avasthas (Zustände), die noch erklärt werden müssen (Vikala und Kopa), und ein 10. Avastha, Hiena, ist hinzugefügt, welcher von anderen Autoritäten der klassischen Vedischen Astrologie für debilitierte Grahas empfohlen wird.

Vikalaavastha bedeutet, mit einem Übeltäter zusammen zu stehen, also im gleichen Raashi oder Bhava zu sein. Wenn Grahas im gleichen Raashi oder Bhava stehen, nennt man das eine **Konjunktion**. Bei Vikalaavastha bezieht sie sich auf die **permanenten Übeltäter**, sodass Merkur und Mond als Übeltäter ausgeschlossen sind, denn sie können keinen großen Schaden anrichten. Bei Vikalaavastha spielt die Entfernung zwischen den beiden Grahas innerhalb des Raashis keine Rolle.

Merksatz: **Vikalaavastha entsteht nur durch Konjunktion mit den permanenten Übeltätern, sodass Merkur und Mond nicht in Betracht kommen. Die Entfernung zum Übeltäter innerhalb des Raashis spielt keine Rolle.**

Das folgende Beispielhoroskop erklärt die möglichen Situationen von Vikalaavastha.

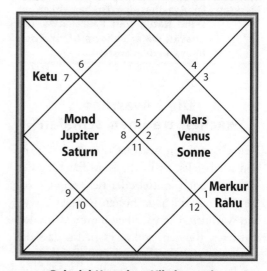

Beispiel-Horoskop: Vikalaavastha

Die Situation von Merkur, der mit dem Übeltäter Rahu im 9. Bhava steht, ist eindeutig. Merkur befindet sich in Vikalaavastha. Durch die Konjunktionen von Venus mit Mars auf der einen und der Sonne auf der anderen Seite steht sie zweimal in Vikalaavastha. Ferner hat Jupiter eine Konjunktion mit Saturn. Also stehen Merkur, Venus (zweimal) und Jupiter in Vikalaavastha. Was aber ist mit dem Mond, der Sonne und dem Mars in diesem Beispiel-Horoskop? Die Definition von Vikala ist, mit einem Übeltäter im gleichen Raashi zu stehen. Diese Bedingung ist für diese drei Grahas ebenfalls erfüllt. Also sind auch sie in Vikalaavastha. Allerdings steht zwischen ihnen und dem Übeltäter ein Wohltäter. Wenn es ein schlechter Avastha ist, mit einem Übeltäter in einem Raashi zu stehen, dann gilt auch der Umkehrschluss, nämlich dass es ein guter Avastha ist, mit einem Wohltäter in einem Raashi zu stehen.

> **Merksatz:** **Die Konjunktion mit einem Wohltäter ist ein guter Avastha.**

Also haben diese Grahas gleichzeitig noch einen guten Avastha, auch wenn dieser nicht ausdrücklich in der obigen Liste definiert ist, da er sich aus der Logik von Vikalaavastha ergibt. Es ist in diesem Fall sogar so, dass die schlechte Wirkung der Übeltäter abgefedert wird, weil der Wohltäter dazwischen steht, sodass der wohltätige Avastha stärker zählt als der Vikalaavastha. Saturn kann dem Mond nicht direkt schaden, weil Jupiter dazwischen steht. Sonne und Mars können sich nicht direkt gegenseitig schaden, weil Venus dazwischen steht. Hieran sehen wir,

Tabelle 6: Die 9 (10) Avasthas

Name	Definition der Graha Position	Beschreibung
Diepta	in Exaltation	leuchtend, strahlend, hell, ausgezeichnet, geistreich
Svastha	im eigenen Raashi	in sich gegründet, selbstvertrauend, sehr zufrieden, unabhängig, gesund, wohl
Pramudita	im sehr freundlichen Raashi	hoch erfreut, zufrieden, froh
Shaanta	im freundlichen Raashi	friedlich, ausgeglichen, freundlich, ungestört, beruhigt, besänftigt
Diena	im neutralen Raashi	dürftig, spärlich, knapp, schüchtern, ängstlich, traurig
Duhkhita	im feindlichen Raashi	unglücklich, schmerzhaft, verletzt
Vikala	bei einem Übeltäter stehend	behindert, beeinträchtigt, eingeschränkt, unzureichend, unwohl, gestört, verwirrt, sorgenvoll, erschöpft, deprimiert
Khala	im sehr feindlichen Raashi oder debilitiert	niedrig, schlecht, boshaft
Kopa	verbrannt	tiefgreifend gestört, wild, in Wut, Ärger oder Rage
(Hiena)	debilitiert	verloren, aufgegeben, besiegt, schlecht, gemein, niedrig, mangelhaft, fehlerhaft

dass die **Reihenfolge der Grahas, die sich aus ihren grad-genauen Positionen im Horoskop ergibt, von Bedeutung ist.**

Die Positionen müssen korrekt und eindeutig im Horoskop dargestellt werden, damit sie bei der Interpretation richtig berücksichtigt werden können. Daraus folgt, dass umgekehrt, wenn zwischen zwei Wohltätern ein Übeltäter steht, die Wohltäter sich ebenfalls nicht direkt fördern können, weil sie vom Übeltäter behindert werden.

Merksatz: **Bei Vikalaavastha (Konjunktion mit Übeltäter) muss auf die Reihenfolge der Grahas im Raashi geachtet werden.**

Kopa (verbrannt) ist der zweite Avastha aus Tabelle 6 (Seite 173) der noch erklärt werden muss. Steht ein Graha in der Nähe der Sonne, so verliert er sein Licht, weil es von der Sonne überstrahlt wird. Er ist dann vor Sonnenaufgang oder nach Sonnenuntergang, wenn er eigentlich am Horizont zu sehen sein müsste, nicht mehr sichtbar, da es durch die Dämmerung zu hell ist. Solche Grahas sind „verbrannt". Wann ein Graha verbrannt ist, richtet sich nach seiner natürlichen Lichtstärke. Venus und Jupiter leuchten recht kräftig. Deshalb können sie etwas näher an die Sonne herankommen als Mars, Merkur und Saturn. Auch der Mond verliert sein Licht, wenn er nahe der Sonne steht und wird verbrannt. Die Entfernung zur Sonne, innerhalb derer ein Graha verbrannt ist, ist für jeden Graha definiert und nennt sich **Orbis:**

Die so genannten inneren Grahas, Merkur und Venus, haben für den Fall, dass sie rückläufig sind, einen anderen Orbis der Verbrennung, was mit „R" markiert ist. Das hat astronomische Gründe, die wir hier nicht weiter zu erläutern brauchen. Wichtig ist nur, dass wir diesen Unterschied in ihrer Richtung berücksichtigen. Da sich Merkur und Venus immer in der Nähe der Sonne aufhalten, wird ihr Kopaavastha als weniger schädlich gewertet als für die anderen Grahas.

Hienaavastha wird häufig für Grahas in Debilitation benutzt, um sie von denen zu unterscheiden, die in feindlichen Raashis stehen. Die Bedeutung ist ähnlich wie die von khala, aber etwas drastischer.

Jetzt bleibt noch zu klären, wie der **Muulatrikona**-Raashi bezüglich der Avasthas behandelt werden muss: Beim Mond setzen wir es mit Exaltation gleich, bei den anderen Grahas mit dem eigenen Raashi.

Wenden wir uns nochmals einigen **Grahas von Mozart** zu. Der Mond steht in **Khalaavastha** (debilitiert), was niedrig, schlecht und boshaft bedeutet, oder in **Hienaavastha**, was schlecht, gemein, niedrig, fehlerhaft bedeutet. Diese Beschreibung müssen wir *vernünftig* auf alles anwenden, wofür der Mond in seinem Horoskop steht. Deshalb dürfen wir die Bedeutung von khala (niedrig, schlecht, boshaft) nicht unbedingt wörtlich anwenden, sondern müssen sie gegebenenfalls auch im übertragenen Sinne anwenden.

Graha:	Mond	Mars	Merkur	Jupiter	Venus	Saturn
Orbis:	12°	17°	14°, 12° R	11°	10°, 8° R	15°

Beginnen wir mit dem debilitierten Mond als dem Indikator für Mozarts Geist und Gefühlsleben. Wenn wir seine Musik hören, ist es nur schwer vorstellbar, dass Mozart „niedrig, schlecht oder boshaft" sein konnte. Aber dennoch war es in gewissem Sinne so. Er war ein Mensch voller Widersprüche und Polaritäten. Er konnte vulgär und zotig sein, aber auch edel, großzügig und tiefsinnig. Nur eine Episode sei hier angeführt. Sein Hornist hatte ihm sehr lange in den Ohren gelegen, ihm doch bitte einige Horn-Konzerte zu komponieren. Schließlich schrieb ihm Mozart vier Konzerte, und zwar mit vier verschiedenen Tintenfarben, jedes in einer anderen Farbe. Dann würfelte er die Stimmen für die Instrumente der vier Konzerte kräftig durcheinander und schmiss seinem Hornisten alles mit einem demütigenden Satz vor die Füße. Dieser musste sich dann die Stimmen der vier Konzerte entsprechend der Tintenfarben wieder auseinander sortieren, um auf diese Weise an seine Konzerte zu kommen. Das ist wahrlich kein netter Zug, der hier zum Vorschein kommt, und passt gut zu Mozarts Mond in Khalaavastha (debilitiert). Da auch die Sonne im 6. Bhava (Schwächen, Boshaftigkeit, Untaten) in Khalaavastha steht, die das Ego und als Herrscher seines Aszendenten auch seine Persönlichkeit repräsentiert, finden wir weitere Argumente für solche Charakterzüge.

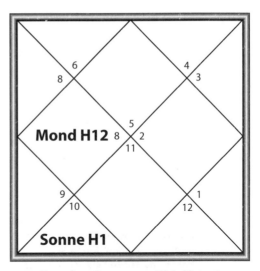

Horoskop-Auszug von W. A. Mozart:
Mond H12 debilitiert
Sonne H1 in Bh6

Für den Mond als Herrscher des 12. Bhavas (Verluste), der im 4. Bhava (Mutter) steht, muss Khalaavastha auch im übertragenen Sinne interpretiert werden. Zum einen verschärft dieser Avastha die Tragik des frühen Verlustes der Mutter. Der Mond ist sozusagen ein sehr boshafter und schlechter Herrscher des 12. Bhavas, der deshalb besonders viel Schaden anrichten oder besonders herbe Verluste zufügt, sodass der Tod und Verlust der Mutter zur Unzeit kam. Zum anderen kann sich Khalaavastha auf den Mond als Stellvertreter des 12. Bhavas beziehen, da er diesen beherrscht, sodass die Wirkung auf den 12. Bhava geht. Dann bedeutet dieser Avastha beispielsweise, dass die Ausgaben (12. Bhava) sehr hoch und drückend sein können oder Mozart sich im Ausland sehr unglücklich fühlen kann.

Wenn wir die Avasthas von Mozarts Saturn analysieren, stellen wir fest, dass er zum einen in Svastha (eigener Raashi) steht, durch seine Nähe zur Sonne aber auch in kopa (verbrannt) und, da die Sonne ein Übeltäter ist, ebenfalls in vikala. An diesem Beispiel sehen wir, dass ein Graha durchaus in mehreren der 9 Avasthas stehen kann. Es muss also eine Synthese dieser Effekte gebildet werden, oder die verschiedenen Avasthas kommen zu unterschiedlichen Zeiten zur Auswirkung, je nach dem, welcher gerade durch andere Argumente unterstützt wird, denn das Potential von allen dreien ist vorhanden.

> **Merksatz:** **Ein Graha kann in mehreren der 9 Avasthas stehen. In diesem Fall muss eine Synthese gebildet werden, oder die verschiedenen Wirkungen kommen zu unterschiedlichen Zeiten zum Vorschein, je nach Unterstützung durch andere Argumente.**

Da Saturn im 6. Bhava steht und diesen auch beherrscht, beschreibt er die Feinde, Widersacher und Konkurrenten von Mozart. Darum geht die gute Wirkung dieses Avasthas bezüglich dieser Bhava-Position auf die Feinde und nicht auf Mozart. Hier sehen wir ein wichtiges Prinzip, nämlich dass gute Avasthas nicht automatisch etwas Gutes für den Horoskop-Eigner bedeuten. Wir müssen immer genau analysieren, wer von dem guten Avastha profitiert.

> **Merksatz:** **Wenn der Herr des 6. Bhavas in guten Avasthas steht, nützt dies den Feinden, Widersachern und Konkurrenten.**

Dadurch, dass Saturn aber beim Übeltäter Sonne steht, befinden sich die Widersacher auch in Vikalaavastha, sind also behindert und beeinträchtigt, fühlen sich unwohl und gestört. Jetzt können wir die Sonne genauer analysieren, um zu sehen, von wem sich die Widersacher so gestört fühlen. Da die Sonne der Aszendenten-Herrscher ist, repräsentiert sie in starkem Maße Mozart selbst. Er selbst ist also derjenige, der für seine Konkurrenten

die Wirkung von vikala hervorruft. Und da er als Sonne den Saturn auch noch „verbrennt", also Kopaavastha bewirkt, versetzt er seine Konkurrenten in „Wut, Ärger und Rage" und bedeutet für sie eine „tiefgreifende Störung". All das findet im 6. Bhava statt, welcher für den Konkurrenzkampf steht.

Als Summe dieser Wirkungen können wir interpretieren, dass Mozart sich viel mit Konkurrenten auseinandergesetzt haben und dass das nicht immer leicht gewesen sein muss. Genau so war es auch. Zur damaligen Zeit fanden häufig Künstlerwettstreite statt, bei denen zwei Virtuosen gegeneinander antraten und das Publikum entschied, wer gewonnen hat. An solchen Wettstreiten nahm Mozart reichlich teil, wobei er aber längst nicht immer siegte, da es ihm nicht auf reine technische Verblüffung ankam, sondern auf musikalischen Tiefgang, der vom Publikum längst nicht immer nachvollzogen werden konnte. Hier kommt die Wirkung zum Tragen, dass ja auch die Sonne in khala (sehr feindlicher Raashi) und vikala (mit einem Übeltäter) steht und daher nicht automatisch dem Saturn überlegen ist.

An dieser Stelle möchte ich **zwei Beispiel-Horoskope** (siehe nächste Seite) gegenüberstellen, die sehr gegensätzlich sind, was die 9 Avasthas betrifft.

Wenn wir Rahu und Ketu mit berücksichtigen, sind vier Grahas in hohen Rängen, also wach, die restlichen Grahas sind in mittleren Rängen. Merkur, der Aszendenten-Herrscher ist zudem in Konjunktion mit dem Wohltäter Venus. Jupiter H4 (Innenleben), der Dispositor vom Mond im 4. Bhava, steht im eigenen Raashi im 7. Bhava und in Konjunktion mit der Sonne. Solch ein Mensch muss viel Freude erleben oder ein recht erfülltes, glückliches Leben haben, auch mit vielen Erfolgen und Höhepunkten. Letztere werden noch dadurch verstärkt, dass Mars im 5. Bhava (Erfolg) erhöht ist und der Dispositor von Saturn, dem Herrscher des 5. Bhavas ist. Etwas später werden wir sehen, um wen es sich hier handelt.

In Beispiel-Horoskop 5 finden wir 6 Grahas (einschließlich Rahu und Ketu) in Debilitation, also hiena oder khala. Mars und Jupiter sind khala, und Merkur, der „Beste", was die 9 Avasthas betrifft, befindet sich in Duhkhitaavastha. Jedoch stehen alle Grahas außer Mars und vielleicht Venus in guten Bhavas, insbesondere Merkur, Mond H1, Rahu, Sonne und Saturn stehen sehr gut. Das ist wichtiger, als diese vielen schlechten Avasthas. (Wir erinnern uns an das Kalpadruma-Yoga in Kapitel 15, in dem lediglich der

höchste Rang, Exaltation, mit den guten Bhava-Positionen 1, 4, 7, 10, 5 und 9 (Kendra und Kona) gleichgesetzt wird.)

Merksatz: **Eine gute Bhava-Position (Kendra und Kona) ist für einen Graha wichtiger als gute Avasthas. Nur Exaltation ist ähnlich gut wie eine gute Bhava-Posititon.**

Mars als Herrscher des 5. und 10. Bhavas, die beide Erfolg bedeuten, ist der Dispositor von Merkur, Mond H1, Rahu und Saturn und steht im 12. Bhava (Ausland). Deshalb hatte dieser Mann seinen Erfolg im Ausland.

Er wird noch heute als Genie bezeichnet. 1981 feierte man seinen 100. Geburtstag. Die Buchläden waren voll mit seinen Bildbänden.

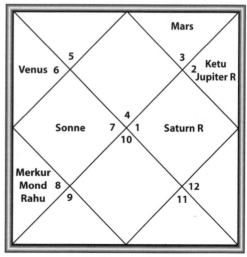

Beispiel-Horoskop 4:
Positive 9 Avasthas

Graha	Position		9Avasthas
Sonne	H12	in 7	Diena
Mond	H11	in 4	Shaanta
Mars	H3,8	in 5	Diepta
Merkur	H1,10	in 6	Shaanta
Jupiter	H4,7	in 7	Svastha
Venus	H2,9	in 6	Pramudita
Saturn	H5,6	in 3	Diena
Rahu			Diepta
Ketu			Diepta

Beispiel-Horoskop 5:
Negative 9 Avasthas

Graha	Position		9Avasthas
Sonne	H2	in 4	Hiena
Mond	H1	in 5	Hiena
Mars	H5,10	in 12	Khala
Merkur	H3,12	in 5	Duhkhita
Jupiter	H6,9	in 11	Khala
Venus	H4,11	in 3	Hiena
Saturn	H7,8	in 10	Hiena
Rahu		in 5	Hiena
Ketu		in 11	Hiena

Viele davon habe ich durchgeblättert und musste feststellen, dass ich nicht ein einziges Bild dieses Genies finden konnte, welches Lebensfreude oder Glück ausdrückte. Es handelt sich hier – Sie werden es nicht für möglich halten – um Pablo Picasso. Aus seinen Avasthas lernen wir, dass sie nicht zwangsläufig zur Erfolglosigkeit führen. Aber in dieser Fülle bedeuten sie sicherlich viel Deprimiertheit und innere Leere oder Traurigkeit. Es hängt viel davon ab, was der Einzelne aus solch einem Leben macht. Es gibt immer einen Weg zu mehr Glück und Freude – wenn wir ihn sehen und annehmen wollen. Vielleicht war für Picasso seine Malerei dieser Weg.

Im Rahmen dieser Behandlung von debilitierten Grahas erinnere ich auch kurz an **Lena Grigoleits Mars am Aszendenten**, der ebenfalls debilitiert ist. Nun ist klar, warum ihre Mutter sie als „schreckliches Kind" bezeichnet hat (siehe Kapitel 12). Im Aszendenten prägt Mars das Wesen von Lena in besonders starker Weise und steht außerdem für die frühe Kindheit. Lena muss demnach wirklich sehr schwierig gewesen sein.

Das erste Beispiel-Horoskop (Nr. 4, Seite 177) ist das Horoskop von Karl-Heinz Böhm, der im März 2002 das 20-jährige Jubiläum seiner Organisation „Menschen für Menschen" mit einer großen Spenden-Gala feierte, bei der er über 7 Millionen Euro für seine Organisation und weitere Tätigkeit sammelte. Seinen ersten durchschlagenden Erfolg feierte er mit dem Film „Sissi", in dem er Kaiser Franz-Joseph spielte. Danach drehte er noch viele Filme. Erst im Alter von ca. 50 Jahren gab es in seinem Leben die enorme Wende: Er engagierte sich für die Menschen in Äthiopien. Darüber sagt er, dass erst zu dem Zeitpunkt sein eigentliches Leben begann. Böhm ist zweifellos ein sehr positiver, mutiger, großzügiger, authentischer und glaubwürdiger Mensch. Wenn man ihn sprechen hört, dann erfährt man zwar, dass er auch viel durchmachen musste, aber er hat sehr viel praktisch angewendete Liebe gegeben, die tausendfach zu ihm zurückgeflossen ist. Und das macht ihn sehr erfüllt. Dieser Zustand entspricht seinen Avasthas, wie sie unter dem Beispiel-Horoskop aufgelistet sind. Obwohl Böhm Mitte 70 ist, wirkt er sehr hell, strahlend und im Geist jugendlich.

Die 5 Baaladi-Avasthas

Die dritte Gruppe von Avasthas, die wir hier behandeln wollen, sind die 5 **so genannten Baaladi-Avasthas**, die Zustände, bezogen auf das „Alter" eines Grahas. Sie beziehen sich auf die Gradzahl, die ein Graha innerhalb eines Raashis besetzt. Wenn wir 30° durch 5 teilen, erhalten wir 6°. Alle 6° wechselt also diese Art von Avasthas. Dabei ist zu beachten, dass die Reihenfolge dieser 5 Avasthas in nummerisch geraden Raashis umgekehrt ist wie in den un-

Tabelle 8: Die 5 Baaladi-Avasthas

Gradzahl:	0° – 6°	6° – 12°	12° – 18°	18° – 24°	24° – 30°
ungerade Rashis: **Übersetzung:** **Wirksamkeit:**	baala kindlich ein viertel	kumara jugendlich halb	yuva erwachsen voll	vriddha alt sehr wenig	mrita tot null
gerade Rashis: **Übersetzung:** **Wirksamkeit:**	mrita tot null	vriddha alt sehr wenig	yuva erwachsen voll	kumara jugendlich halb	baala kindlich ein viertel

geraden. Tabelle 8 beschreibt die 5 Baaladi-Avasthas.

Obwohl die Reihenfolge der Baaladi-Avasthas in nummerisch ungeraden und geraden Raashis umgekehrt ist, liegt bei beiden Sequenzen yuva in der Mitte von 12° – 18°. Es ist also in jedem Fall günstig für einen Graha, in der Mitte eines Raashis zu stehen, wo er durch diesen Avastha die meiste Kraft erhält. Wenn ein Graha genau im Grenzwert zwischen zwei Kategorien steht, was bei genauer Berechnung äußerst selten vorkommt, sehen wir ihn in der Kategorie, die seiner Bewegungsrichtung folgt. Steht er bei genau 6° in einem geraden Raashi und bewegt sich direkt (das heißt in Zählrichtung der Raashis), dann ist er „alt"; bewegt er sich dagegen retrograd, dann ist er „tot". Parashara gibt die Wirksamkeit an, die die Grahas entsprechend dieser Avasthas haben. Es ist einleuchtend, dass ein Graha, der „erwachsen" ist, die größte Vitalität besitzt. Das ist mit „voller Wirksamkeit" gemeint. Und ein Graha, der „tot" ist, hat dementsprechend keine Wirksamkeit. Diese Sicht darf nicht überbewertet werden. **Wir haben es hier nur mit einer Kategorie von Kriterien zu tun, die mit allen anderen Kriterien verbunden werden muss.**

Merksatz: Die Wirkungen der Avasthas müssen mit den übrigen Aussagen des Graha verbunden werden.

Von der Interpretation her können wir sagen, dass „jugendlich" (kumara) und „erwachsen" (yuva) als stark anzusehen sind, kindlich (baala) ist mittelmäßg, alt (vriddha) ist schon nicht so gut, tot (mrita) ist schwach. Grahas, die in Mritaavastha (tot) stehen, erweisen sich als nicht ganz tragfähig. Selbst wenn sie nach Shadbala (Sechsfältige Stärke) stark sind und ansonsten in guten Avasthas stehen, bedeutet Mritaavastha (tot), dass der Graha bisweilen in seiner guten Wirkung einbricht, nicht dauerhaft stabil ist und Rückschläge und Nachteile bewirken kann. Das bezieht sich auf sein Kaarakatwa genauso wie auf die Bhavas, die er beherrscht, und den Bhava, in dem er steht. Als Übeltäter verursacht er mehr Schaden und als Wohltäter weniger Gutes. Umgekehrt kann ein Graha, der nach Shadbala schwach ist, dennoch immer wieder einige gute Wirkungen zeigen, wenn er kumar (jugendlich) oder yuva (erwachsen) ist.

Merksatz: **Yuva und Kumara sind starke Avasthas, die die Wirksamkeit der Grahas unterstützen. Baala ist mittelmäßig. Vriddha ist relativ schwach. Mrita ist schwach und bewirkt Einbrüche oder Instabilität.**

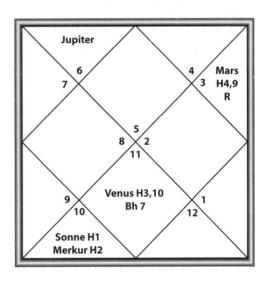

Horoskop-Auszug W. A. Mozart:
Sonne H1,
Merkur H2 Dispositor von
Jupiter in Bh2,
Venus H3, 10 in Bh7

Bei **Mozart berechnen sich die Baaladi-Avasthas wie folgt** aus seinen Graha-Positionen. Die Formel für die Berechnung lautet:

Berechnung der Baaladi-Avasthas:

Schritt 1:
Raashi-Position durch 6 teilen.

Schritt 2:
Beim Ergebnis die Dezimalstellen ignorieren und 1 hinzuzählen.

Schritt 3:
Das Ergebnis von links nach rechts zählend in vorhergehender Tabelle 8 nachschauen. Dabei darauf achten, ob der Graha in einem geraden oder ungeraden Raashi steht.

Baaladi-Avasthas bei Mozart

Graha	Raashi Position	gerade/ ungerade	Ergebnis Schritt 1-3	Ergebnis laut Tabelle 8, Seite 178	Übersetzung
Sonne	16° 56'	ungerade	3	Yuva	erwachsen
Mond	27° 20'	gerade	5	Baala	kindlich
Mars	9° 53'	ungerade	2	Kumara	jugendlich
Merkur	17° 41'	gerade	3	Yuva	erwachsen
Jupiter	28° 04'	gerade	5	Baala	kindlich
Venus	8° 52'	ungerade	2	Kumara	jugendlich
Saturn	11° 32'	gerade	2	Vriddha	alt
Rahu	21° 01'	ungerade	4	Vriddha	alt
Ketu	21° 01'	ungerade	4	Vriddha	alt

Aufgrund dieses Ergebnisses ist es lohnend, sich auf der positiven Seite Sonne, Mars, Merkur und Venus anzuschauen. Die negative können wir vernachlässigen, da mrita (tot) nicht vorkommt. Saturn, Rahu und Ketu sind durch Vriddhaavastha (alt) eingeschränkt.

Da die Sonne bei Mozart der Aszendenten-Herrscher ist, unterstützt ihr Yuvaavastha (erwachsen) seine Intelligenz und Klarheit. Merkur bedeutet Sprache und damit Ausdrucksfähigkeit. Er beherrscht hier den 2. Bhava, welcher ebenfalls Sprache und Ausdruck bedeutet und zudem noch Jupiter beherbergt, der für Ordnung steht (Merkur ist Dispositor

von Jupiter). Deshalb unterstützt der Yuvaavastha (erwachsen) bei Merkur die Ausdrucksfähigkeit von Mozart, die sich bei ihm vor allem auf seine Musik bezieht. Auch Venus, der Graha der Musik, steht im förderlichen Kumaraavastha. Sie beherrscht den 10. Bhava (Aktivität, Beruf) und den 3. Bhava (Hände, Musikinstrumente spielen). Das fügt sich sehr harmonisch in das Bild vom Können Mozarts ein. Ihre Position im 7. Bhava unterstützt seine stabile Ehe. Mars ist der Graha der Offenheit, Direktheit und Ehrlichkeit, aber auch Präzision und Schärfe. Diese Eigenschaften waren bei Mozart sehr ausgeprägt und schlugen sich sowohl in seiner Musik als auch in seinem Umgang nieder. Die Position von Mars im 11. Bhava ist dabei ebenfalls hilfreich. Seine Herrschaft über den 9. Bhava erhöht sein Empfinden für Ästhetik und Ordnung, während die Herrschaft über den 4. Bhava der Tatsache entspricht, dass es Mozart in seiner direkten Art immer um den inneren Menschen ging, nie um dessen Rang oder Position. Es ist sehr aufschlussreich, wie auch die Baaladi-Avasthas die charakteristischen Konturen von Mozart herausheben.

Als aufschlussreiches **Beispiel für die Wirkung von Mritaavastha** wollen wir uns das Horoskop von **John F. Kennedy** anschauen. Die Positionen seiner Grahas mit den Baaladi-Avasthas sind:

Graha	Position		Baaladi
Sonne	15° 08'	Stier	yuva
Mond	24° 30'	Löwe	mrita
Mars	25° 43'	Widder	mrita
Merkur	27° 53'	Widder	mrita
Jupiter	0° 20'	Stier	mrita
Venus	24° 02'	Stier	baala
Saturn	4° 27'	Krebs	mrita
Rahu	18° 32'	Schütze	vriddha
Ketu	18° 32'	Zwillinge	vriddha

Nur die Sonne, zu deren Kaarakatwa die Macht gehört, steht in einem starken Baaladi-Avastha. Zudem steht sie im 9. Bhava sehr gut (Kona-Bhava, siehe Kapitel 10, Die Polarität der Bhavas) und bedeutet dort Glück, Unterstützung und Erfolg aufgrund der Verdienste aus vergangenen Leben; ferner Pflichterfüllung, Rechtschaffenheit und Wohltätigkeit (man denke hierbei beispielsweise an Kennedys uneingeschränkte Unterstützung für Berlin). Ferner steht die Sonne eingerahmt zwischen Wohltätern, und ihr Dispositor, Venus, ist in Svasthaavastha und wenigstens in Baalaavastha.

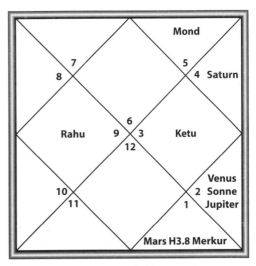

Horoskop 6: John F. Kennedy
geb. 29.05.1917, 15:00 Brookline,
Massachusets, USA

Alle anderen Grahas stehen in schwachen Baaladi-Avasthas, insbesondere der Mond (Co-Aszendent) im 12. Bhava (Fall, Duhsthaana), Merkur H1 (Person und Leben als Ganzes) und H10 (Macht, Position) im 8. Bhava (Katastrophen, Duhsthaana), Mars H3 (Todesursache) und H8 (Langlebigkeit) im 8. Bhava (Katastrophen, Duhsthaana), Saturn H5 (Erfolg) und H6 (Feinde) sowie Jupiter H4 (Freunde, näheres Umfeld) und H7 (Expansion). Am stärksten wiegen hier eindeutig der Mond, Merkur, Mars und Saturn.

In diesem Horoskop kommt also einiges zusammen, um ein solch tragisches und die Welt erschütterndes Schicksal zu zeichnen. Es ist sehr aufschlussreich, **welche Grahas und Bhava-Herrscher in Mritaavastha stehen und in welchen Bhavas sie stehen.** Dann erst entsteht das Bild. **Die schlechten Baaladi-Avasthas addieren sich hier zu ohnehin schon schlechten Kombinationen** wie vor allem Mond im 12. Bhava und Merkur H1 im 8. Bhava. Wir müssen also immer kombinieren, immer möglichst viele Aspekte in die

Analyse mit einbeziehen. Deshalb kann es auch durchaus Horoskope mit fünf Mritaavasthas geben, und die Person wird dennoch über 80 Jahre alt. Dann kann sich der Mritaavastha zum Beispiel so auswirken, dass es viele Gefahren, Rückschläge oder Fehlschläge geben wird. Oder gesundheitliche Probleme können eine große Rolle im Leben spielen. Wir dürfen also aus einer Kategorie von Avasthas für sich allein keine voreiligen Schlüsse ziehen.

Merksatz: **Bei allen Avasthas muss immer genau untersucht werden, um welchen Graha und Bhava-Herrscher es sich handelt und in welchem Bhava dieser Graha steht.**

Die Stärke der Grahas

Die genaue Berechnung der Stärke der Grahas (Shadbala, Sechsfältige Stärke nach Parashara*) ist sehr aufwändig und kann deshalb in diesem Buch nur kurz gestreift werden.** Daher sollen hier lediglich einige Komponenten dieser Berechnung angesprochen werden, die einen großen Beitrag zur Gesamtstärke eines Grahas leisten. Die Stärke wird in Rupas und Virupas gemessen, wobei 60 Virupas ein Rupa ausmachen. Jeder Graha muss eine für ihn individuell festgelegte Anzahl von Rupas erreichen, um als stark zu gelten. Diese Anzahl liegt je nach Graha zwischen 5 und 7 Rupas.

Wenn ein Graha in der genauen Gradzahl seiner **Exaltation** steht, erhält er 1 Rupa. Gegenüber erhält er 0 Rupa. Zwischen diesen beiden Punkten ist die Stärke proportional entsprechend der Nähe zur Exaltations-Gradzahl. Je näher der Graha an diesem Punkt ist,

desto näher ist sein Wert an 1 Rupa. Die Exaltation ist also ein großer Beitrag zur Stärke eines Grahas.

Ein weiterer relativ starker Beitrag ist sein **Rang** vom Muulatrikona bis zum sehr feindlichen Raashi. Im Muulatrikona erhält der Graha 45 Virupas (3/4 Rupa), im sehr feindlichen Raashi nur 2 Virupas. Diese Stärke wird aber nicht nur in den Raashis, sondern auch in 6 Unterteilungen der Raashis gezählt, wie zum Beispiel im Navamsha (siehe Kapitel 15, Kalpadruma-Yoga).

In Kapitel 2 (Die Bewegung der Grahas) haben wir schon davon gesprochen, dass die **Rückläufigkeit** die Planeten stärker macht und dass sie mit einem R markiert wird. Nur die 5 astronomischen Planeten können rückläufig sein. Sie erhalten für diese Stärke-Komponente 1 Rupa, wenn ihre rückläufige Geschwindigkeit maximal ist. Bei maximaler Geschwindigkeit in direkter Bewegung ist diese Komponente 0. Dazwischen ist sie proportional.

Da **Sonne und Mond** keine Planeten sind, können sie nicht rückläufig sein. Ihre Stärke wird zum Ausgleich durch folgende Situationen erhöht. Wenn sich die Sonne nach Norden bewegt, also vom 21.12. bis 21.06., bekommt sie zunehmend mehr Stärke, wobei diese Komponente ihrer Stärke am 21.06. den Höhepunkt erreicht (1 Rupa), am 21.12. ist sie 0. Dazwischen ist sie proportional. Der Mond erhält diese Stärke, wenn er voll ist (1 Rupa), also im Horoskop gegenüber der Sonne steht. Bei Neumond ist sie dagegen 0 Rupa. Dazwischen ist sie proportional.

Grahas in **Kendra-Position** (Bhavas 1, 4, 7 und 10) erhalten ebenfalls 1 Rupa. Ferner erhalten **Jupiter und Merkur** am Aszendenten 1 Rupa, gegenüber 0 Rupas, dazwischen ist die Stärke proportional zur Nähe zur Aszendenten-Gradzahl. Entsprechend erhalten

---

* Shadbala wird für jeden Graha von der APA Vedic Astrology Software berechnet (siehe Demo-Version im Anhang).

** Shadbala (Sechsfältige Stärke nach Parashara) wird ausführlich in Band 2 dieser Buchreihe behandelt.

Mond und Venus diese Stärke im 4. Bhava. **Sonne und Mars** erhalten sie im 10. Bhava. **Saturn** erhält sie im 7. Bhava. Jeweils gegenüber ist sie 0.

Wenn wir in einem Horoskop einige dieser Beiträge zur Stärke eines bestimmten Grahas vorfinden, ohne dass uns der genau kalkulierte Shadbala-Wert zur Verfügung steht, dann geben sie uns Anhaltspunkte für die ungefähre Einschätzung der Stärke dieses Grahas. Es ist aber sicherer, auf die genaue Berechnung eines Computer-Programms (siehe Anhang) zurückzugreifen, in dem alle Komponenten berücksichtigt sind, sodass wir sie nicht einzeln im Horoskop abklären müssen.

Wenn ein Graha seine erforderliche Stärke erreicht hat, kann er die Wirkungen, die wir von ihm im Horoskop ablesen, auch tatsächlich erbringen. Ist er jedoch schwach, kann er sie nicht in vollem Umfang bringen. Wenn ein Graha vorwiegend gute Wirkungen hat, ist es daher gut, wenn er stark ist. Bringt er dagegen vorwiegend schlechte Wirkungen, ist es besser, wenn er schwach ist. In der Regel ist es aber so, dass ein Graha sehr gemischte Wirkungen hat. Es kommt immer darauf an, welche seiner Komponenten wir gerade untersuchen. Alle Grahas haben zum Beispiel gute Eigenschaften in ihrem Kaarakatwa. Wenn sie jedoch schwach sind, können sie diese guten Eigenschaften nicht manifestieren, selbst wenn sie einen hohen Rang haben. Erst mit wachsendem Bewusstsein ist dann der Horoskop-Eigner im Laufe des Lebens in der Lage, diese Eigenschaften mehr zu leben.

Übung 14

Bestimmung der Avasthas beim Horoskop von Helmut Schmidt.

Aszendent	16°56′	Löwe
Sonne	8°31′	Schütze
Mond	23°11′	Löwe
Mars	10°01′	Steinbock
Merkur R	26°56′	Skorpion
Jupiter R	19°18′	Zwillinge
Venus	15°44′	Schütze
Saturn R	5°20′	Löwe
Rahu	20°09′	Skorpion
Ketu	20°09′	Stier

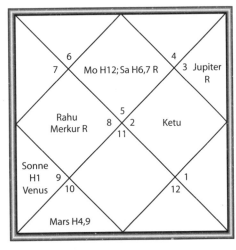

Horoskop 7: Helmut Schmidt
23.12.1918, 22:10 Uhr, Hamburg

Lösung siehe Anhang.

DER EINFLUSS DER RAASHIS
– Die 12 Vedischen Sternzeichen –

Wie in Kapitel 2 (Der Anfangspunkt der 12 Raashis) und Kapitel 3 (Ayanamsha) behandelt, gibt es zwischen den Raashis (vedischen Sternzeichen) und den westlichen Tierkreiszeichen einen großen Unterschied, was die Positionen am Himmel betrifft. Die 12 Raashis oder Vedischen Sternzeichen sind in etwa identisch mit den gleichnamigen Sternbildern am Himmel, von denen sich ihre Symbolik ableitet.

In den letzten zwei Kapiteln haben wir gesehen, dass die Raashis einen bedeutsamen Einfluss auf die Grahas haben, indem sie deren Rang und viele Avasthas (Zustände) bestimmen. Ferner wurde klar, dass der Herrscher eines Bhavas, der sich ja aus der Herrschaft über den im Bhava befindlichen Raashi ableitet, mit seinem Kaarakatwa den Bhava und die darin befindlichen Grahas prägt. Auch dies kann als Einfluss des Raashis verstanden werden. Damit kennen wir bereits zwei wichtige Funktionsweisen der Raashis. In diesem Kapitel wollen wir eine Übersicht weiterer wichtiger Komponenten der Raashis und ihrer Interpretation geben, sodass wir in den folgenden Horoskop-Analysen darauf zurückgreifen können.

Außer dem Herrscher hat jeder Raashi einen symbolträchtigen Namen, eine Beschreibung seines Symbols, ein zugeordnetes Element, Bewegungsnaturell, Guna (Sattva, Rajas, Tamas, die drei Grundkräfte des Lebens, siehe Kapitel 1: Die Grundstruktur des Menschen und der Schöpfung), Dosha (Vata, Pitta, Kapha nach Ayurveda) und Geschlecht sowie einen zugeordneten Körperteil. Es gibt noch viele weitere Zuordnungen zu den Raashis in der Vedischen Astrologie, die aber in diesem Zusammenhang nicht so bedeutsam sind. Die Beschreibungen der Raashis aus den eben genannten Komponenten, wie sie in der Vedischen Astrologie verwendet werden, haben sich über die Jahrtausende als äußerst zutreffend erwiesen.

Was die **Prägung der Persönlichkeit** betrifft, beziehen sich die Raashis in erster Linie auf den Aszendenten, dann auf den Herrscher des 1. Bhavas, ferner auf den Mond und die Sonne und auf deren Dispositoren und dann auf die übrigen Grahas, sodass es in den meisten Horoskopen eine Mischung von Raashi-Einflüssen gibt. Aber auch bei der Analyse anderer Aspekte des Horoskops müssen die Raashis einbezogen werden.

1. Raashi: Mesha/Widder

Symbol:	Schafsbock
Herrscher:	Mars
Element:	Feuer
Bewegungsnaturell:	beweglich
Guna:	Rajas
Dosha:	Pitta
Geschlecht:	männlich
Körperteil:	Kopf (Schädel und Stirn) und Gehirn

Widder ist die Übersetzung von Mesha und ein anderes Wort für Schafsbock. Der Schafsbock ist auch das Symbol dieses Raashis. Er steht für eine etwas ungestüme Energie, die eher kurzatmig ist. Vom „Bock" kommt das Wort „bockig". Auch diese Eigenschaft muss einbezogen werden.

Der **Herrscher** des Widder ist **Mars**, der Graha der Kraft, Stärke, Dynamik und Entschlossenheit (weitere Zuordnungen siehe Kapitel 9).

Widder-Raashi ist dem **Feuer-Element** zugeordnet, was Energie bedeutet sowie geistige Klarheit, Schlagfertigkeit, die Fähigkeit zur Vision, Durchsetzungskraft, Willensstärke und Begeisterung. Es fördert aber auch Ungeduld, Ärger, Impulsivität und Leidenschaft.

Das Bewegungsnaturell des **Widder ist beweglich**, was Flexibilität und Anpassungsfähigkeit bedeutet, schnelle Umorientierung bei neuen Situationen, kurz entschlossen oder auch wechselhaft sein. Es kann zu Unbeständigkeit führen, zu mangelnder Ausdauer und dass zu viele Dinge begonnen, aber längst nicht alle zu Ende geführt werden.

Rajas erhöht die Energie dieses Raashis und führt zu Tatendrang und Unternehmungslust.

Pitta-Dosha fördert eine dynamische Natur, gutes Gedächtnis, schnelle Verdauung, aber auch ein aufbrausendes Naturell und die Unfähigkeit, Hunger und Durst zu ertragen.

Das **männliche Geschlecht** dieses Raashis fördert Initiative und Durchsetzungskraft, macht offensiv, antreibend und drängend.

2. Raashi: Vrishabha/Stier

Symbol:	Stier
Herrscher:	Venus
Element:	Erde
Bewegungsnaturell:	fest
Guna:	Rajas
Dosha:	Vata
Geschlecht:	weiblich
Körperteil:	Gesicht und deren Organe

Stier ist die Übersetzung von Vrishabha und auch das Symbol dieses Raashis. Er ist genau wie Widder ein männliches Tier, von seiner Natur her etwas langsamer und schwerfälliger, dafür aber kraftvoller, ausdauernder und sturer. Wenn er in Rage gerät, kann er gefährlich werden.

Der **Herrscher** des Stiers ist die **Venus**, der Graha der Attraktion und des Charmes, der Schönheit, Fruchtbarkeit und Harmonie (weitere Beschreibungen siehe Kapitel 9).

Stier-Raashi ist dem **Erd-Element** zugeordnet, was Besonnenheit und Vorsicht bedeutet, auf Sicherheit und Zuverlässigkeit bedacht sein. Es macht bewahrend, treu, geduldig und ausdauernd. Dieses Element fördert Praktiker sowie festgefügte Wertesysteme und kann nachtragend machen.

Das Bewegungsnaturell des **Stier ist unbeweglich und fest**. Das macht standfest, ausdauernd und beständig. Es fördert konzentrierte Arbeit an einer Sache, bis sie erledigt ist. Ablenkung wird als störend empfunden. Entscheidungen werden nach reiflicher Überlegung von innen heraus getroffen und die eingeschlagene Richtung konsequent oder stur beibehalten. Beeinflussung von außen ist nicht leicht.

Rajas erhöht die Energie dieses Raashis und führt zu Tatendrang und Unternehmungslust.

Vata-Dosha macht unruhig, störanfällig oder nervös, aber geistig rege. Es gibt eine schnelle Verdauung und ein gutes Kurzzeitgedächtnis.

Stier ist ein **weiblicher Raashi** und fördert deshalb eher das Reagieren und Abwarten, macht anpassungsfähig und sanft.

3. Raashi: Mithuna/Zwillinge

Symbol:	Jüngling mit Keule und Jungfrau mit Saiteninstrument
Herrscher:	Merkur
Element:	Luft
Bewegungsnaturell:	dual, ambivalent
Guna:	Tamas
Dosha:	Tri-Dosha (alle drei Doshas)
Geschlecht:	männlich
Körperteil:	Ohren, Hals, Schulter, Bronchien, Arme, Hände

Zwillinge ist die Übersetzung von Mithuna. Der Jüngling mit der Keule symbolisiert männliche Kraft, die sich auch wehren kann. Dagegen symbolisiert die Jungfrau mit dem Saiteninstrument die musischen und verfeinerten Qualitäten. Diese zwei Aspekte korrespondieren mit der Tatsache, dass Zwillinge ein dualer Raashi ist.

Der **Herrscher** der Zwillinge ist der **Merkur**. Er fördert Kommunikation, alles, was mit Sprache(n) zu tun hat, und analytische Fähigkeiten (weitere Zuordnungen siehe Kapitel 9).

Zwillinge-Raashi ist dem **Luft-Element** zugeordnet. Das fördert viel geistige oder körperliche Bewegung, macht spontan, ideenreich, flexibel und wach. Es bringt gern frischen Wind in verstaubte Verhältnisse, fördert Aufopferung, Hilfsbereitschaft und Anpassungsfähigkeit und ist sehr freiheitsliebend. Die sensible Wahrnehmung kann irritierbar gegenüber Störungen machen.

Das Bewegungsnaturell der **Zwillinge ist dual oder ambivalent**. Dadurch können mehrere Dinge gleichzeitig erfolgreich verfolgt oder getan werden. Der Raashi fördert, die Übersicht zu bewahren, Beobachtungsgabe, Analy-se und Vielseitigkeit sowie das Wahren von Distanz, macht aber auch unentschlossen.

Tamas bedeutet die Fähigkeit, sich Problemen anzunehmen und sie zu lösen.

Dem Zwillinge-Raashi sind **alle drei Doshas** zugeordnet.

Das **männliche Geschlecht** dieses Raashis fördert Initiative und Durchsetzungskraft, macht offensiv, antreibend und drängend.

4. Raashi: Karka/Krebs

Symbol:	Krebs
Herrscher:	Mond
Element:	Wasser
Bewegungsnaturell:	beweglich
Guna:	Sattva
Dosha:	Kapha
Geschlecht:	weiblich
Körperteil:	Brustkorb, Herz, Lunge, Brüste

Krebs ist die Übersetzung von Karka. Der Krebs ist das Symbol dieses Raashis. Er lebt im Wasser am Meeresgrund. Das Wasser ist ein Symbol für Emotionalität. Der Meeresgrund bedeutet, dass die Krebs-Natur tief innen in den Gefühlen lebt. Dort sind sie aber auch verletzlich und müssen geschützt werden. Deshalb hat der Krebs einen Panzer und schottet sich nach außen etwas ab.

Der **Herrscher** des Krebs ist der **Mond**. Auch er steht für Emotionen und für das Denken, macht mitfühlend und fürsorglich und ist dem Wasser-Element zugeordnet (weitere Zuordnungen siehe Kapitel 9).

Krebs-Raashi ist das **Wasser-Element** zugeordnet. Das fördert ein reiches Gefühlsleben, Aufnahmefähigkeit, Mitgefühl und Fürsorglichkeit. Ins Stocken geratene Prozesse können wieder in Fluss gebracht werden. Es können viele Umwege gegangen werden, da immer der Weg des geringsten Widerstandes gewählt wird. Der Austausch von Gefühlen ist sehr wichtig.

Das Bewegungsnaturell des **Krebs ist beweglich**, was Flexibilität und Anpassungsfähigkeit bedeutet, schnelle Umorientierung bei neuen Situationen, kurz entschlossen oder auch wechselhaft. Es kann zu Unbeständigkeit führen, zu mangelnder Ausdauer und dass zu viele Dinge begonnen, aber längst nicht alle zu Ende geführt werden.

Sattva bedeutet, dem Positiven zugewandt sein, Kreativität und Optimismus.

Kapha-Dosha fördert Behäbigkeit oder Trägheit, guten Schlaf, langsame Verdauung und ein gutes Langzeitgedächtnis.

Krebs ist ein **weiblicher Raashi** und fördert deshalb eher das Reagieren und Abwarten, macht anpassungsfähig und sanft.

5. Raashi: Simha/Löwe

Symbol:	Löwe
Herrscher:	Sonne
Element:	Feuer
Bewegungsnaturell:	unbeweglich, fest
Guna:	Sattva
Dosha:	Pitta
Geschlecht:	männlich
Körperteil:	Oberbauch, Magen, Leber, Galle, Milz

Löwe ist die Übersetzung von Simha. Der Löwe ist das Symbol dieses Raashis. Dieses Tier symbolisiert Herrschaft, Macht, Dominanz und Anspruch.

Der **Herrscher** des Löwen ist die **Sonne**, der Graha des Ego, der Autorität, Würde und Macht. Die Sonne ist, wie auch der Löwe, dem Feuer-Element zugeordnet (weitere Zuordnungen siehe Kapitel 9).

Löwe-Raashi ist dem **Feuer-Element** zugeordnet, was Energie bedeutet sowie geistige Klarheit, Schlagfertigkeit, die Fähigkeit zur Vision, Durchsetzungskraft, Willensstärke und Begeisterung. Es fördert aber auch Ungeduld, Ärger, Impulsivität und Leidenschaft.

Das Bewegungsnaturell des **Löwen ist unbeweglich und fest**. Das macht standfest, ausdauernd und beständig. Es fördert konzentrierte Arbeit an einer Sache, bis sie erledigt ist. Ablenkung wird als störend empfunden. Entscheidungen werden nach reiflicher Überlegung von innen heraus getroffen und die eingeschlagene Richtung konsequent oder stur beibehalten. Beeinflussung von außen ist nicht leicht.

Sattva bedeutet, dem Positiven zugewandt sein, Kreativität und Optimismus.

Pitta-Dosha fördert eine schnelle Verdauung, dynamische Natur, gutes Gedächtnis, aber auch ein aufbrausendes Naturell und die Unfähigkeit, Hunger und Durst zu ertragen.

Das **männliche Geschlecht** dieses Raashis fördert Initiative und Durchsetzungskraft, macht offensiv, antreibend und drängend.

6. Raashi: Kanya/Jungfrau

Symbol:	Jungfrau mit Licht in der einen, Ähren in der anderen Hand
Herrscher:	Merkur
Element:	Erde
Bewegungsnaturell:	dual, ambivalent
Guna:	Tamas
Dosha:	Vata
Geschlecht:	weiblich
Körperteile:	Hüfte, Nabel, Dünndarm, obere Teile des Dickdarms, Blinddarm, Nieren.

Jungfrau ist die Übersetzung von Kanya. Das Symbol ist eine Jungfrau, die in der einen Hand ein Licht trägt, Symbol für Wissen und Erhellung, und in der anderen Hand Ähren, Symbol für Nahrung, Versorgung und Gesundheit. Diese zwei Aspekte korrespondieren mit der Tatsache, dass Jungfrau ein dualer Raashi ist.

Der **Herrscher** der Jungfrau ist der **Merkur**. Er fördert Kommunikation, alles, was mit Sprache(n) zu tun hat, und analytische Fähigkeiten (weitere Zuordnungen siehe Kapitel 9).

Der Jungfrau-Raashi ist dem **Erd-Element** zugeordnet, was Besonnenheit und Vorsicht bedeutet, auf Sicherheit und Zuverlässigkeit bedacht sein. Es macht bewahrend, treu, geduldig und ausdauernd. Dieses Element fördert Praktiker sowie festgefügte Wertesysteme und kann nachtragend machen.

Das Bewegungsnaturell der **Jungfrau ist dual oder ambivalent**. Dadurch können mehrere Dinge gleichzeitig erfolgreich verfolgt oder getan werden. Der Raashi fördert, die Übersicht zu bewahren, Beobachtungsgabe, Analyse und Vielseitigkeit sowie das Wahren von Distanz, macht aber auch unentschlossen.

Tamas bedeutet die Fähigkeit, sich Problemen anzunehmen und sie zu lösen.

Vata-Dosha macht unruhig, störanfällig oder nervös, aber geistig rege. Es gibt eine schnelle Verdauung und ein gutes Kurzzeitgedächtnis.

Jungfrau ist ein **weiblicher Raashi** und fördert deshalb eher das Reagieren und Abwarten, macht anpassungsfähig und sanft.

7. Raashi: Tula/Waage

Symbol:	Waagschalen
Herrscher:	Venus
Element:	Luft
Bewegungsnaturell:	beweglich
Guna:	Rajas
Dosha:	Tri-Dosha (alle drei Doshas)
Geschlecht:	männlich

Körperteile:	Blase, unterer Dickdarm, innere Sexualorgane wie Eierstöcke, Gebärmutter (Uterus), Samenblase und Vorsteherdrüse (Prostata).

Waage ist die Übersetzung von Tula. Das Symbol ist ein Mann, der Waagschalen hält. Es steht für das Abwägen des Standpunktes und Urteils. Auch der Ausgleich ist mit diesem Symbol gemeint.

Der **Herrscher** der Waage ist die **Venus**, der Graha der Attraktion und des Charmes, der Schönheit, Fruchtbarkeit und Harmonie (weitere Beschreibungen siehe Kapitel 9).

Waage-Raashi ist dem **Luft-Element** zugeordnet. Das fördert viel geistige oder körperliche Bewegung, macht spontan, ideenreich, flexibel und wach. Es bringt gern frischen Wind in verstaubte Verhältnisse, fördert Aufopferung, Hilfsbereitschaft und Anpassungsfähigkeit und ist sehr freiheitsliebend. Die sensible Wahrnehmung kann irritierbar gegenüber Störungen machen.

Das Bewegungsnaturell der **Waage ist beweglich**, was Flexibilität und Anpassungsfähigkeit bedeutet, schnelle Umorientierung bei neuen Situationen, kurz entschlossen oder auch wechselhaft sein. Es kann zu Unbeständigkeit führen, zu mangelnder Ausdauer und dass zu viele Dinge begonnen, aber längst nicht alle zu Ende geführt werden.

Rajas erhöht die Energie dieses Raashis und führt zu Tatendrang und Unternehmungslust.

Dem Waage-Raashi sind **alle drei Doshas** zugeordnet.

Das **männliche Geschlecht** dieses Raashis fördert Initiative und Durchsetzungskraft, macht offensiv, antreibend und drängend.

8. Raashi: Vrishchika/Skorpion

Symbol:	Skorpion
Herrscher:	Mars
Element:	Wasser
Bewegungsnaturell:	unbeweglich, fest
Guna:	Rajas
Dosha:	Kapha
Geschlecht:	weiblich
Körperteile:	äußere Geschlechtsorgane

Skorpion ist die Übersetzung von Vrishchika. Der Skorpion ist das Symbol dieses Raashis. Er ist ein Tier, welches sich sehr schnell angegriffen fühlt und sofort zusticht oder verteidigt. Ferner versteckt es sich gern, liebt also nicht die exponierte Situation. Diese Verhaltensmuster sind typisch für diesen Raashi.

Der **Herrscher** des Skorpion ist **Mars**, der Graha der Kraft, Stärke, Dynamik und Entschlossenheit (weitere Zuordnungen siehe Kapitel 9).

Dem Skorpion-Raashi ist das **Wasser-Element** zugeordnet. Das fördert ein reiches Gefühlsleben, Aufnahmefähigkeit, Mitgefühl und Fürsorglichkeit. Ins Stocken geratene Prozesse können wieder in Fluss gebracht werden. Es können viele Umwege gegangen werden, da immer der Weg des geringsten Widerstandes gewählt wird. Der Austausch von Gefühlen ist sehr wichtig.

Das Bewegungsnaturell des **Skorpion ist unbeweglich und fest**. Das macht standfest, ausdauernd und beständig. Es fördert konzentrierte Arbeit an einer Sache, bis sie erledigt ist. Ablenkung wird als störend empfunden. Entscheidungen werden nach reiflicher Überlegung von innen heraus getroffen und die eingeschlagene Richtung konsequent oder stur beibehalten. Beeinflussung von außen ist nicht leicht.

Rajas erhöht die Energie dieses Raashis und führt zu Tatendrang und Unternehmungslust.

Kapha-Dosha fördert Behäbigkeit oder Trägheit, guten Schlaf, langsame Verdauung und ein gutes Langzeitgedächtnis.

Skorpion ist ein **weiblicher Raashi** und fördert deshalb eher das Reagieren und Abwarten, macht anpassungsfähig und sanft.

9. Raashi: Dhanu/Schütze

Symbol:	Pferdeleib mit menschlichem Oberkörper und Kopf
Herrscher:	Jupiter
Element:	Feuer
Bewegungsnaturell:	dual, ambivalent
Guna:	Sattva
Dosha:	Pitta
Geschlecht:	männlich
Körperteile:	Oberschenkel

Schütze ist die Übersetzung von Dhanu. Das Symbol des Schützen ist ein Pferd, das anstelle des Halses und Kopfes einen menschlichen Oberkörper mit Armen und Kopf hat, der einen gespannten Bogen mit Pfeil hält. Das Pferd steht für dynamische Aktivität und Kraft, der Menschenkörper mit gespanntem Bogen und Pfeil für Zielgerichtetheit und Entschlossenheit. Diese zwei Aspekte korrespondieren mit der Tatsache, dass der Schütze ein dualer Raashi ist.

Der **Herrscher** des Schützen ist **Jupiter**, der Graha des Wissens, der Freude, des Glücks und der Urteilskraft (weitere Zuordnungen siehe Kapitel 9).

Schütze-Raashi ist dem **Feuer-Element** zugeordnet, was Energie bedeutet sowie geistige Klarheit, Schlagfertigkeit, die Fähigkeit zur Vision, Durchsetzungskraft, Willensstärke und

Begeisterung. Es fördert aber auch Ungeduld, Ärger, Impulsivität und Leidenschaft.

Das Bewegungsnaturell des **Schützen ist dual oder ambivalent**. Dadurch können mehrere Dinge gleichzeitig erfolgreich verfolgt oder getan werden. Der Raashi fördert, die Übersicht zu bewahren, Beobachtungsgabe, Analyse und Vielseitigkeit sowie das Wahren von Distanz, macht aber auch unentschlossen.

Sattva bedeutet, dem Positiven zugewandt sein, Kreativität und Optimismus.

Pitta-Dosha fördert eine schnelle Verdauung, dynamische Natur, gutes Gedächtnis, aber auch ein aufbrausendes Naturell und die Unfähigkeit, Hunger und Durst zu ertragen.

Das **männliche Geschlecht** dieses Raashis fördert Initiative und Durchsetzungskraft, macht offensiv, antreibend und drängend.

10. Raashi: Makara/Steinbock

Symbol:	Meerungeheuer, Krokodil mit Reh- oder Antilopenkopf
Herrscher:	Saturn
Element:	Erde
Bewegungsnaturell:	beweglich
Guna:	Tamas
Dosha:	Vata
Geschlecht:	weiblich
Körperteile:	Knie

Die Übersetzung von **Makara** ist in etwa **Meerungeheuer oder Seemonster**, worunter laut Sanskrit-Lexikon ein Krokodil, manchmal auch ein Hai oder Delfin verstanden werden kann. Die deutsche Bezeichnung „Steinbock" stimmt also mit der Sanskrit-Bedeutung der Vedischen Astrologie nicht überein. Prithuyasas, eine neben Parashara respektierte klassische Autorität der Vedischen Astrologie, beschreibt das Symbol für Steinbock als Krokodil mit Rehkopf oder Antilo-

penkopf. Er bezeichnet den Raashi als „wässrig", was aber nicht die Zuordnung zum Wasser-Element bedeutet. Parashara sagt, dass die erste Hälfte des Raashis den Vierfüßern zuzuordnen ist, was zu Reh und Antilope passt, und die zweite Hälfte fußlos ist und sich im Wasser aufhält, was zum Meerungeheuer passt. Diese Symbolik entspricht nicht unbedingt der des Steinbocks, der alle Höhen durch unwegsames Gelände mühsam erklimmt. Es entspricht eher einer Mischung aus einem schnellen Vierfüßer (Reh, Antilope) und einem fischähnlichen schnellen Wassertier (Hai oder Delfin). Daraus könnte man schließen, dass der Charakter in allen Lebenslagen effektiv und schnell zum Ziel kommt. Auch das Krokodil ist ein Land- und Wassertier, was ebenfalls dieser Doppelnatur entspricht. Aus den Symboltieren Krokodil und Meerungeheuer könnte man eine gewisse Gefühlskälte ableiten, die auch zum Herrscher Saturn passt und zum beweglichen Bewegungsnaturell.

Der **Herrscher** von Makara (Steinbock) ist der **Saturn**, der Graha der harten Arbeit, des Schmerzes und der Nüchternheit oder Kargheit (weitere Zuordnungen siehe Kapitel 9).

Makara-Raashi (Steinbock) ist dem **Erd-Element** zugeordnet, was Besonnenheit und Vorsicht bedeutet, auf Sicherheit und Zuverlässigkeit bedacht sein. Es macht bewahrend, treu, geduldig und ausdauernd. Dieses Element fördert Praktiker sowie festgefügte Wertesysteme und kann nachtragend machen.

Das Bewegungsnaturell des **Maraka (Steinbock) ist beweglich**, was Flexibilität und Anpassungsfähigkeit bedeutet, schnelle Umorientierung bei neuen Situationen, kurz entschlossen oder auch wechselhaft sein. Es kann zu Unbeständigkeit führen, zu mangelnder Ausdauer und dass zu viele Dinge begonnen, aber längst nicht alle zu Ende geführt werden.

Tamas bedeutet die Fähigkeit, sich Problemen anzunehmen und sie zu lösen.

Vata-Dosha macht unruhig, störanfällig oder nervös, aber geistig rege. Es gibt eine schnelle Verdauung und ein gutes Kurzzeitgedächtnis.

Makara (Steinbock) ist ein **weiblicher Raashi** und fördert deshalb eher das Reagieren und Abwarten, macht anpassungsfähig und sanft.

11. Raashi: Kumbha/Wassermann

Symbol:	Mann mit Wassertopf
Herrscher:	Saturn
Element:	Luft
Bewegungsnaturell:	unbeweglich, fest
Guna:	Tamas
Dosha:	Tri-Dosha (alle drei Doshas)
Geschlecht:	männlich
Körperteile:	Unterschenkel, Knöchel

Kumbha bedeutet **Wassertopf, Krug, Kanne**. Das Symbol dieses Raashis ist ein Mann mit einem Wassertopf oder mit einem Topf, der mit einem Deckel geschlossen ist. Der Wassertopf hat hier die Bedeutung, die er in trockenen Gegenden hat, in denen er das Wasser als Kostbarkeit enthält, ohne das es kein Leben gibt und das gebracht werden muss. Der Raashi symbolisiert wunscherfüllende, lebensunterstützende Dienstbarkeit.

Der **Herrscher** von Kumbha (Wassermann) ist der **Saturn**, der Graha der harten Arbeit, des Schmerzes und der Nüchternheit oder Kargheit (weitere Zuordnungen siehe Kapitel 9).

Kumbha-Raashi (Wassermann) ist dem **Luft-Element** zugeordnet. Das fördert viel geistige oder körperliche Bewegung, macht spontan, ideenreich, flexibel und wach. Es bringt gern frischen Wind in verstaubte Verhältnisse, fördert Aufopferung, Hilfsbereitschaft und Anpassungsfähigkeit und ist sehr freiheitsliebend. Die sensible Wahrnehmung kann irritierbar gegenüber Störungen machen.

Das Bewegungsnaturell von **Kumbha (Wassermann) ist unbeweglich und fest**. Das macht standfest, ausdauernd und beständig. Es fördert konzentrierte Arbeit an einer Sache, bis sie erledigt ist. Ablenkung wird als störend empfunden. Entscheidungen werden nach reiflicher Überlegung von innen heraus getroffen und die eingeschlagene Richtung konsequent oder stur beibehalten. Beeinflussung von außen ist nicht leicht.

Tamas bedeutet die Fähigkeit, sich Problemen anzunehmen und sie zu lösen.

Kumbha-Raashi (Wassermann) sind **alle drei Doshas** zugeordnet.

Das **männliche Geschlecht** dieses Raashis fördert Initiative und Durchsetzungskraft, macht offensiv, antreibend und drängend.

12. Raashi: Miena/Fisch

Symbol:	Zwei Fische, die in entgegengesetzter Richtung schwimmen
Herrscher:	Jupiter
Element:	Wasser
Bewegungsnaturell:	dual, ambivalent
Guna:	Sattva
Dosha:	Kapha
Geschlecht:	weiblich
Körperteile:	Füße

Fische ist die Übersetzung von **Miena**. Das Symbol besteht aus zwei Fischen, die in entgegengesetzter Richtung schwimmen. Damit wird Ausgeglichenheit symbolisiert, aber auch Unentschlossenheit. Fische leben im Wasser, dem Element der Emotionen. Die Emotionen können also in Balance sein, unparteiisch, indem sie keine Seite favorisieren. Sie können sich aber auch unentschieden im Kreis drehen und keine Richtung finden.

Der **Herrscher** über Fische ist **Jupiter**, der Graha des Wissens, der Freude, des Glücks und der Urteilskraft (weitere Zuordnungen siehe Kapitel 9).

Dem Fische-Raashi ist das **Wasser-Element** zugeordnet. Das fördert ein reiches Gefühlsleben, Aufnahmefähigkeit, Mitgefühl und Fürsorglichkeit. Ins Stocken geratene Prozesse können wieder in Fluss gebracht werden. Es können viele Umwege gegangen werden, da immer der Weg des geringsten Widerstandes gewählt wird. Der Austausch von Gefühlen ist sehr wichtig.

Das Bewegungsnaturell des **Fische ist dual oder ambivalent**. Dadurch können mehrere Dinge gleichzeitig erfolgreich verfolgt oder getan werden. Der Raashi fördert, die Übersicht zu bewahren, Beobachtungsgabe, Analyse und Vielseitigkeit sowie das Wahren von Distanz, macht aber auch unentschlossen.

Sattva bedeutet, dem Positiven zugewandt sein, Kreativität und Optimismus.

Kapha-Dosha fördert Behäbigkeit oder Trägheit, guten Schlaf, langsame Verdauung und ein gutes Langzeitgedächtnis.

Fische ist ein **weiblicher Raashi** und fördert deshalb eher das Reagieren und Abwarten, macht anpassungsfähig und sanft.

Interpretation der Elemente

Die vier Elemente sind den Raashis in der Reihenfolge Feuer, Erde, Luft und Wasser zugeordnet. Da es 12 Raashis gibt, folgt diese Sequenz dreimal, sodass jedes Element dreimal im Abstand von jeweils 4 Raashis vertreten ist.

Die Reihenfolge, in der die Elemente aufeinander folgen, ist sehr aufschlussreich. Alles Leben kommt von der Sonne. Deshalb beginnt die Sequenz mit dem Feuer-Element. Alle brennbaren Energiequellen (Feuer) auf der Erde sind durch die Sonne entstanden. Der Gegenpol zur Sonne für das Leben auf der Erde ist die Erde selbst. Deshalb folgt sie an zweiter Stelle. Die Erde benötigt eine Atmosphäre (Luft), damit sie nicht austrocknet. Deshalb folgt an dritter Stelle die Luft, dann erst das Wasser, ohne das es kein organisches Leben geben kann. Diese vier Elemente sind die Grundbausteine allen Lebens und aller Phänomene hier auf der Erde. Deshalb finden wir sie in allem wieder – auch in uns Menschen. Da sich das Materielle und das Geistig-Psychologische immer entsprechen, haben diese vier Elemente ihre psychologischen Entsprechungen. Je nach Verteilung der Grahas im Horoskop bilden sich Schwerpunkte, die wir dann als Struktur der Persönlichkeit beschreiben können.

Die **Struktur der Persönlichkeit** ergibt sich in erster Linie aus dem Raashi des Aszendenten, dann aus den Raashis, die vom Aszendenten-Herrscher, dem Mond und der Sonne besetzt sind, ferner durch die Positionen von deren Dispositoren und schließlich den Raashis, die von den übrigen Grahas besetzt werden. Auf diese Weise entsteht in den meisten Horoskopen eine Mischung von Raashi-Einflüssen, die sich gerade in Bezug auf die Elemente, das Bewegungsnaturell und das Geschlecht zu klaren Dominanzen aufsummieren können. Wie sich diese Dominanzen, abgeleitet von den besetzten Raashis im Geburts-Horoskop, in einer **Persönlichkeit** ausdrücken können, wird in den folgenden Abschnitten ausführlicher behandelt. Aber auch bei der Analyse anderer Blickwinkel können die Raashi-Komponenten sehr aufschlussreich sein.

Feuer dominant
(Widder, Löwe, Schütze)

Wenn das Feuer-Element dominant ist, hat die Person einen klaren, schnell denkenden Geist, eine gute Vorstellungskraft und ist auf Erkenntnis ausgerichtet. Sie kann sich sehr schnell Durchblick verschaffen, Dinge auf den Punkt bringen und ist schlagfertig. Damit kann sie leicht anecken, weil sie mit ihren Äußerungen sehr direkt ist. Sie ist sehr leidenschaftlich, dynamisch, durchsetzungsfähig, willensstark, mutig, intensiv und hat Führungsqualität. Andererseits ist sie aber aufbrausend, ungeduldig und ärgert sich leicht. Auch kann der brillante, überlegene Geist zu Arroganz führen.

Erde dominant
(Stier, Jungfrau, Steinbock)

Wenn das Erd-Element dominant ist, ist die Person sehr besonnen, vorsichtig, auf Sicherheit und Zuverlässigkeit bedacht und möchte etwas Bleibendes schaffen. Sie ist ein methodischer, solider Praktiker, der weiß, wie man Ideen konkret umsetzen kann. Die Person ist sehr bewahrend, treu, festgefügt bis unverrückbar in ihrem Wertesystem. Sie verfolgt ihre Ziele systematisch, geduldig und mit Ausdauer und hat gern alles unter Kontrolle. Sie ängstigt sich vor Unwägbarkeiten und Unberechenbarkeit. Indem sie zu lange an Vorstellungen festhält, die sich überlebt haben, kann sie zum Märtyrer ihrer Überzeugungen

werden. Wenn sie enttäuscht wird, kann sie sehr nachtragend sein.

Luft dominant
(Zwillinge, Waage, Wassermann)

Wenn das Luft-Element dominant ist, ist die Person ständig in Bewegung – geistig, körperlich oder emotional – und tut sich schwer, ein Ende zu finden. Sie ist sehr spontan, ideenreich, sprunghaft, flexibel und wach und bringt gern frischen Wind in verstaubte Verhältnisse. Sie kann sich bis zur Selbstaufopferung einbringen, ist sehr hilfsbereit, anpassungsfähig, organisiert gern und möchte es allen recht machen. Sie muss deshalb aufpassen, sich nicht zu verausgaben oder ausnutzen zu lassen. Durch ihre feine Wahrnehmung reagiert sie sensibel bis irritiert auf die Umgebung. Sie liebt Veränderungen und ihre Freiheit.

Wasser dominant
(Krebs, Skorpion, Fische)

Wenn das Wasser-Element dominant ist, hat die Person ein reiches Gefühlsleben und ist sehr aufnahmefähig und mitfühlend, hat aber auch sehr schwankende Gefühle. Die Person kann Prozesse, die ins Stocken geraten sind, gut wieder in Fluss bringen – Projekte ebenso wie emotionale Situationen. Sie findet immer einen Weg zum Ziel, auch wenn sie viele Schleifen und Umwege geht. Die Person ist sehr fürsorglich, nachsichtig und geduldig, neigt aber dazu, sich zu viele Sorgen zu machen. Auch muss sie ihre Gefühle immer mit anderen austauschen, damit kein Gefühlsstau entsteht. Denn wenn die „Dämme brechen", gibt es für die Emotionen dieser Person kein Halten mehr. Sie hat ein gutes intuitives Erfassen und Spüren von Situationen und kann sich gut der Sorgen und Nöte anderer annehmen. Sie gibt und braucht Harmonie.

Interpretation des Bewegungsnaturells

Die drei Bewegungsnaturelle „beweglich", „unbeweglich oder fest" und „dual oder ambivalent" sind in dieser Reihenfolge viermal der Sequenz der Raashis zugeordnet. Dadurch gibt es von jedem Bewegungsnaturell vier Raashis im Abstand von jeweils vier Raashis. Durch diese Struktur ergibt es sich, dass jedes Element mit seinen jeweils drei Raashis mit jedem Bewegungsnaturell vertreten ist. Zum Beispiel ist Widder die Kombination aus Feuer und beweglich, Löwe aus Feuer und fest und Schütze aus Feuer und dual.

Bewegliche Raashis dominant (Widder, Krebs, Waage, Steinbock)

Wie der Name schon sagt, bewirken die beweglichen Raashis eine größere Bewegungsfreude, die sich körperlich oder geistig auswirken kann. Diese Raashis fördern Flexibilität, Anpassungsfähigkeit, Entschlussfreudigkeit, Umorientierung und Sprunghaftigkeit. Allerdings müssen sich Personen unter diesem Einfluss auch öfter revidieren und führen längst nicht alles zu Ende, was sie beginnen. Es kann ihnen an Ausdauer und Konsequenz fehlen.

Unbewegliche oder feste Raashis dominant (Stier, Löwe, Skorpion, Wassermann)

Auch dieser Name sagt bereits, worum es geht. Diese Raashis machen unbeweglich, was sich sowohl körperlich als auch geistig auswirken kann. Sie fördern Standfestigkeit, Konsequenz, Konzentration, Ausdauer und Beständigkeit. Unter ihrem Einfluss arbeitet die Person gern eine Aufgabe nach der anderen ab und mag nicht zwischen Aufgaben hin und her springen. Sie handelt aus dem Inneren heraus entsprechend reiflicher Überlegung und behält

eine eingeschlagene Richtung bei. Sie ist von außen nicht leicht zu beeinflussen und kann den Eindruck von Sturheit erwecken.

Duale oder ambivalente Raashis dominant (Zwillinge, Jungfrau, Schütze, Fische)

Diese Raashis fördern, dass die Person die Aufmerksamkeit teilen kann. Sie kann mehrere Dinge gleichzeitig verfolgen und zum Erfolg führen, bewahrt die Übersicht und ist ein guter Beobachter. Sie kann gut analysieren, das Für und Wider sehen, gut beraten und vermitteln und ist vielseitig. Sie lässt sich nicht gern vereinnahmen, sondern wahrt die Distanz und Unabhängigkeit. In persönlichen Dingen kann sie sehr unentschlossen sein.

Männliche und weibliche Raashis dominant

Die Feuer- und Luft-Raashis sind männlich, die Erd- und Wasser-Raashis sind weiblich.

Die **männlichen** Raashis sind initiativ, offensiv, antreibend, drängend, bestimmend und eher scharf. Sie werden manchmal generell als ungünstig angesehen.

Die **weiblichen** Raashis sind reagierend, abwartend, zurückhaltend, geduldig, sich anpassend und eher sanft. Sie werden bisweilen generell als günstig angesehen.

Interpretation des dominanten Elements, Bewegungsnaturells und Geschlechts

Bezüglich der Raashis gibt es wiederkehrende Komponenten in ihrer Beschreibung, wie wir gesehen haben. Dazu gehören insbesondere die **Elemente, das Bewegungsnaturell und das Geschlecht**, die wir jetzt in integrierter Weise interpretieren werden.

Wenn wir das **Wesen einer Person verstehen** wollen, müssen wir zunächst den Aszendenten, dann dessen Herrscher, den Mond und die Sonne, dann deren Dispositoren und schließlich die übrigen Grahas in dieser Reihenfolge entsprechend ihrer Stärke berücksichtigen. Da diese Faktoren sich in der Regel über mehrere Raashis verteilen, addieren sich die oben erwähnten wiederkehrenden Komponenten der Raashis entsprechend auf. Die folgenden Horoskope ergeben diesbezüglich eindeutige Dominanzen und daraus abgeleitete Aussagen.

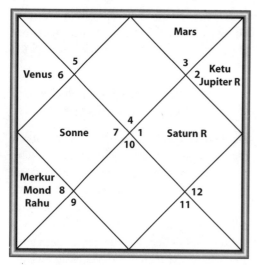

**Horoskop 5: Pablo Ruiz Picasso,
dominantes Wasser-Element**

Bei **Pablo Picasso** (Horoskop 5) ist der Aszendent der **Wasser-Raashi** Krebs. Der Mond, der sowohl Co-Aszendent als auch H1 ist, steht im Wasser-Raashi Skorpion. Die Verteilung der übrigen relevanten Grahas ist nicht in der Lage, dieses Gewicht des **Wasser-Elements** durch ein anderes Element zu übertrumpfen. Ferner stehen beim Mond noch zwei Grahas im gleichen Raashi und zwei gegenüber – alle in weiblichen Raashis. Auch die Venus steht in einem **weiblichen Raashi**.

Damit bekommen wir zwei deutliche Summierungen: zum einen das dominante Wasser-Element, zum anderen die dominanten weiblichen Raashis. Diese Eindeutigkeit muss in einer Interpretation der Persönlichkeit berücksichtigt werden.

Das Wasser-Element macht Picasso sehr gefühlsbetont und aufnahmefähig, was für einen Künstler sehr vorteilhaft ist. Er assimiliert viele Eindrücke, verarbeitet sie und produziert dann seine Malerei. Die Dominanz der weiblichen Zeichen unterstützt dies noch. Offensichtlich war seine Malerei für ihn der Weg, seine Gefühle zu verarbeiten und auszudrücken. Da die Grahas in sehr vielen schlechten Avasthas stehen, muss sein Gefühlsleben sehr bedrückt gewesen sein. Er war aber auch sehr mitfühlend mit dem Leben anderer. Sein Engagement für die kommunistische Partei war sicherlich ein Ausdruck dieses Mitgefühls mit der Arbeiterklasse.

Bei **Helmut Schmidt** (Horoskop 7, Seite 197) ist der **Feuer-Raashi** Löwe im Aszendenten, welcher vom Mond (Co-Aszendent) und Saturn besetzt ist. Die Sonne, die außerdem H1 ist, befindet sich im Feuer-Raashi Schütze zusammen mit Venus. Damit ist das Feuer-Element dominant. Aszendent, H1, Mond, Sonne und zwei weitere Grahas befinden sich in **männlichen Raashis**, sodass diese dominieren. Durch den Aszendenten, Mond und vier weitere Grahas in **unbeweglichen Raashis** ist auch diese Komponente eindeutig dominant.

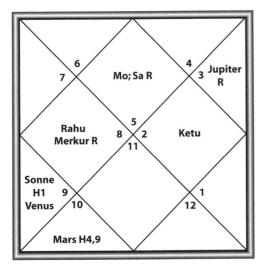

**Horoskop 7: Helmut Schmidt
23. 12. 1918, 22:10 Uhr, Hamburg
Dominantes Feuer-Element**

Aszendent	16° 56'	Löwe
Sonne	8° 31'	Schütze
Mond	23° 11'	Löwe
Mars	10° 01'	Steinbock
Merkur	26° 56'	Skorpion
Jupiter	19° 18'	Zwillinge
Venus	15° 44'	Schütze
Saturn	5° 20'	Löwe
Rahu	20° 09'	Skorpion
Ketu	20° 09'	Stier

Avasthas

Sonne	Traum	diena	kumara
Mond	Traum	diena	vriddha
Mars	Wach	diepta	vriddha
Merkur R	Traum	shaanta	baala
Jupiter R	Schlaf	khala	vriddha
Venus	Traum	duhkhita	yuva
Saturn R	Schlaf	khala	baala
Rahu	Schlaf	hiena	kumara
Ketu	Schlaf	hiena	kumara

Entsprechend dem dominanten Feuer-Element ist Helmut Schmidt ein ausgesprochener Schnelldenker, was sich unter anderem in seiner Schlagfertigkeit zeigte. Er blieb keine Antwort schuldig und war lange Zeit als „Schmidt-Schnauze" bekannt. Auch eine gewisse Arroganz wurde ihm nachgesagt. Er hatte klare Vorstellungen, war eine kompetente Führungspersönlichkeit, was durch die Dynamik und Initiative der männlichen Zeichen noch unterstützt wurde, und hatte Mut.

Da die unbeweglichen Raashis dominieren, konnte er eine gründlich erwogene, einmal getroffene mutige Entscheidung und eingeschlagene Richtung konsequent bis zum Schluss durchhalten. Dies zeigte sich besonders eindrucksvoll 1977 bei der Schleyer-Entführung durch RAF-Terroristen (Rote Armee Fraktion) und der anschließenden Flugzeugentführung der Lufthansa-Maschine „Landshut" zur Freipressung der Baader-Meinhof-RAF-Häftlinge. Schmidt ließ sich und den Staat nicht erpressen und die Lufthansa-Maschine in Mogadischu (Somalia) von einer Sondereinheit des Bundesgrenzschutzes befreien. Daraufhin beging die Baader-Meinhof-Gruppe im Gefängnis Selbstmord, und der entführte Arbeitgeberpräsident Hans-Martin Schleyer wurde ermordet. Letzteres nahm Schmidt mit seiner konsequenten Linie in Kauf. Für den Fall des Scheiterns der Befreiung der Lufthansa-Maschine hatte er sein Rücktrittsschreiben bereitliegen. Auch diesen Schritt hätte er konsequent vollzogen.

Das Horoskop **Adolf Hitlers** (Horoskop 8, Seite 198) ist ein Beispiel für eine sehr **extreme Dominanz der Feuer-Raashis** und der **männlichen Raashis**.

Außer zwei Grahas (Rahu und Saturn) und dem Aszendenten steht in diesem Horoskop alles in **Feuer-Raashis**. Natürlich mobilisiert das enorme Energien und Durchsetzungsfähigkeit, führt aber gleichzeitig zu einer sehr großen Unausgewogenheit. Bei aller Faszination, die seine Leute ihm gegenüber empfanden, war Hitler bekannt und gefürchtet für seine ungeheuren Wutausbrüche. Das bedeutet, dass er diese enormen Energien, wenn sie

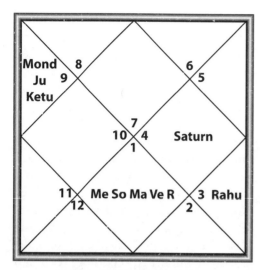

Horoskop 8: Adolf Hitler
Sehr dominantes Feuer-Element

John F. Kennedy (Horoskop 6) ist ein Beispiel für dominante **Erd-Raashis**, verbunden mit der Dominanz der **unbeweglichen** und der **weiblichen Raashis**.

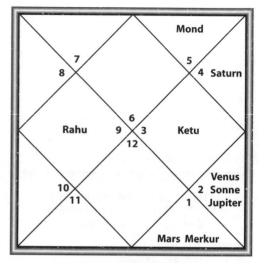

Horoskop 6: John F. Kennedy
Dominantes Erd-Element

auf Widerstand oder Widerspruch stießen, nicht handhaben konnte.

Außer Saturn finden wir bei Hitler alle Faktoren in männlichen Raashis. Auch dies ist sehr extrem. Seine Verherrlichung des Männlichen im Soldatischen, im „Gelobt-sei-was-hart-macht", in der Nibelungentreue bis in den Tod oder Untergang und seine totale Ablehnung der Homosexualität hat sicherlich mit dieser Situation zu tun.

Es wäre aber falsch, aus Hitlers Horoskop zu folgern, dass das Deutsche Volk gezwungen war, ihm zu folgen. Diese Entscheidung hat es selbstständig getroffen und ihm damit die Gelegenheit gegeben, seine im Horoskop beschriebenen Anlagen bis zur letzten Konsequenz auszuleben.

Merksatz:	**Extreme Situationen in einem Horoskop spiegeln extreme Charaktere wider, die wiederum extreme Lebenswege und Schicksale hervorbringen können.**

Durch den Erd-Raashi Jungfrau im Aszendenten sowie der Sonne mit ihrem Dispositor und Jupiter im Erd-Raashi Stier dominieren das **Erd-Element** und die **weiblichen Raashis**. Mond im Löwen, die Sonne im Stier, die zudem der Dispositor des Mondes ist, sowie Venus als Dispositor der Sonne im Stier bewirken die Dominanz der **unbeweglichen Raashis**.

Die Erd-Raashis geben feste ethische Werte und machen treu und zuverlässig. Die Person ist besonnen, vorsichtig und auf Sicherheit und Zuverlässigkeit bedacht. Sie ist ein Praktiker, der weiß, wie man Ideen umsetzt, ist sehr bewahrend und festgefügt in ihrem Wertesystem. Sie verfolgt ihre Ziele geduldig und mit Ausdauer. Diese Eigenschaften wurden bei Kennedy durch die Dominanz der unbeweglichen Raashis noch verstärkt. Auch er konnte eine Linie konsequent durchziehen, wie er 1962 bei der Kuba-Krise und seiner Solidarität mit Berlin nach dem Mauerbau bewies, blieb dabei aber immer vorsichtig und besonnen. Die Dominanz der weiblichen Raashis gab ihm ein gutes Einfühlungsvermögen und die Fähigkeit, behutsam vorzugehen und nicht vorschnell zu handeln.

Mahatma Gandhi (Horoskop 9) ist ein Beispiel für das dominierende **Luft-Element**, zusammen mit **beweglichen und männlichen Raashis**.

Der Luft-Raashi Waage ist am Aszendenten und von drei Grahas besetzt, einschließlich des Herrschers Venus. Die Raashis der anderen Elemente sind weniger stark besetzt. An zweiter Stelle ist der Mond im eigenen Wasser-Raashi Krebs zu nennen, der noch von Saturn im Skorpion unterstützt wird. Das aktiviert neben dem Luft-Element auch die starke Emotionalität des Wasser-Elementes. Die beweglichen Raashis Waage, Krebs und Widder dominieren eindeutig. Die männlichen Raashis sind durch den Aszendenten mit

seinem Herrscher Venus sowie Merkur (Dispositor der Sonne) Mars und Jupiter (im Widder) stärker besetzt als die weiblichen Raashis durch Mond im eigenen Raashi, Sonne in Jungfrau und die übrigen drei Grahas in weiblichen Raashis.

Bei dominantem Luft-Element ist die Person ständig in Bewegung – geistig, körperlich oder emotional. Sie ist sehr spontan, ideenreich, flexibel und wach und bringt gern frischen Wind in verstaubte Verhältnisse. Sie kann sich bis zur Selbstaufopferung in Situationen einbringen und ist sehr hilfsbereit. Außerdem ist sie sehr freiheitsliebend.

Mahatma Gandhis Leben ist ein überzeugendes Beispiel für diese Qualitäten. Er brachte viel in Bewegung: Erst in Süd-Afrika gegen die rassendiskriminierenden Gesetze der dortigen Regierung, dann als Führer der Kongress-Partei in Indien und schließlich als Führer seiner Volksbewegung für die Unabhängigkeit Indiens. Er war äußerst ideenreich in seinen Methoden des gewaltlosen Widerstands und zivilen Ungehorsams, aufopferungsvoll bis hin zur Selbstaufgabe für sein Ziel, zum Beispiel durch sein mehrfaches, wochenlanges Fasten, um den Widerstand gewaltlos zu halten. Und natürlich war er sehr freiheitsliebend.

Da bei ihm die Eigenschaften des Luft-Elements noch durch die beweglichen Raashis und die Initiative der männlichen Raashis unterstützt werden, war es ihm möglich, eine Bewegung zu schaffen, die den gesamten indischen Subkontinent mit Hunderten Millionen von Menschen erfasste und die Engländer zwang, die Besetzung zu beenden.

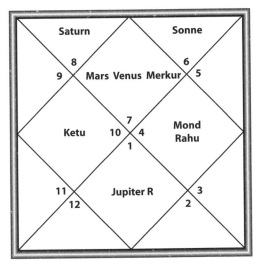

Horoskop 9: Mahatma Gandhi
Dominantes Luft-Element
02.10.1869, ca. 7:50 IST
Porbandar, Indien

INTEGRATION VON RANG, AVASTHAS UND RAASHIS

– Stufe 3 der Horoskop-Interpretation –

Zur Vorbereitung der dritten Stufe der Horoskop-Interpretation fassen wir hier alle Regeln zusammen, die wir für diese Stufe brauchen, und erklären das Flussdiagramm, anhand dessen wir die Interpretation aufbauen. Wie schon seit Kapitel 12 (Herrschaft der Grahas über Raashis und Bhavas) beschrieben, haben wir zwei Interpretationslinien: die Grahas in den Bhavas und die Herrscher der Bhavas. Es stellt sich jetzt die Frage:

Wie gehen wir an ein Horoskop heran?

Generell ist sehr wichtig, einen klaren Fokus zu haben. Das heißt, wenn wir zum Beispiel den 5. Bhava in Bezug auf die Fähigkeiten des Horoskop-Eigners interpretieren wollen, muss jede Aussage diese Zielrichtung haben, und wir dürfen nicht plötzlich über seine Kinder reden.

Da sich jedes Leben und Schicksal am Individuum selbst aufrollt, beginnen wir die Horoskop-Interpretation immer mit dem Aszendenten (Lagna). Dazu gehört zunächst, dass wir uns den sozialen Stand der Person vergegenwärtigen sowie das Land oder den Landesteil und das Milieu, aus dem sie kommt, **denn diese Dinge sind sehr wichtig und stehen nicht im Horoskop.** Das Kind eines mächtigen Chefs kann zum gleichen Zeitpunkt und sogar im gleichen Krankenhaus zur Welt kommen, wie das Kind eines Bäckermeisters und eines Hilfsarbeiters. Diese drei Kinder haben ganz verschiedene soziale Ausgangssituationen für ihr Leben und auch verschiedene Erbanlagen. Auf dieser Grundlage müssten wir die drei identischen Horoskope untersuchen und verstehen.

Als erstes ist es wichtig, die Struktur und Beschaffenheit der Person zu verstehen, mit der wir es zu tun haben, denn erst dann haben wir die richtige Basis, um weitere Schlüsse über das Leben dieser Person ziehen zu können. Durch die Grahas im Aszendenten (Lagna) zusammen mit den Bhavas, die sie beherrschen, und durch die Position des Lagna-Herrschers bekommen wir eine Struktur von Bhavas und Nakshatras, die unmittelbar mit der Person verbunden sind. Das ist unsere erste Orientierung.

Danach schauen wir uns den Mond an, da er der Co-Aszendent ist, wie bereits in Kapitel 9 erklärt. Dann folgt die Sonne, weil sie die Seele und das Selbst beziehungsweise das Ego ist.

Da der 4. Bhava über das Innenleben der Person Aufschluss gibt und über die häuslichen Verhältnisse, betrachten wir diesen Bhava als nächstes, wobei wir wieder mit den Grahas im Bhava beginnen und dann den Herrscher des Bhavas analysieren.

Danach wenden wir uns den Bhavas zu, die dem 1. und 4. gegenüber liegen, also dem

Flussdiagramm Stufe 3 der Horoskop-Interpretation
– Integration von Rang, Avasthas und Rashis –

1. Persönlichkeit
- a) Lagna
- b) Mond
- c) Sonne
- d) 4. Bhava

> Bei Sonne und Mond entfallen **A)**5 u. **B)** 8.
> Sonne ist „Selbst und Ego", Mond ist Co-
> Aszendent sowie „Denken, Fühlen," etc.
> **B) Herrscher des Bhavas** = Dispositor

2. Nach außen treten, handeln, Berufsleben, Partner
- a) 7. Bhava
- b) 10. Bhava
- c) (2. Bhava [für Ausdruck])

3. Ausbildung usw.
- a) 5. Bhava (Ausbildung, Fähigkeiten, Erfolg, Kinder)
- b) 9. Bhava (höhere Bildung, Spiritualität, Enkelkinder)

4. Finanzen
- a) 2. Bhava (bewegliche Habe, Geld)
- b) 11. Bhava (Einkommen)
- c) 4. Bhava (Liegenschaften, unbewegliche Habe)

5. Übrige Bhavas, Schwierigkeiten
- a) 3. Bhava (Eigeninitiative, Anstrengung, Personal)
- b) 6., 8., 12. Bhava (Schwierigkeiten)

A) Graha im Bhava:
1) Nakshatra
2) Rang
3) Avasthas
4) Raashi
5) Natur
6) Kaarakatwa
7) beherrschte Bhavas
8) beherrschte Grahas
9) Dispositor
10) Bhava-Position

B) Herrscher des Bhavas:
1) Nakshatra
2) Rang
3) Avasthas
4) Raashi
5) Kaarakatwa
6) Bhava-Herrschaft
7) Bhava-Position
8) Dispositor

7. und 10. Bhava, weil diese zeigen, in welcher Weise die Person nach außen tritt und aktiv ist. Auch hier beginnen wir wieder mit den Grahas in den Bhavas und betrachten dann die Herrscher dieser Bhavas. Damit haben wir die 4 Kendras behandelt und verstehen jetzt, warum sie Kendra, also Zentrum oder Mittelpunkt genannt werden. Der 1., 4., 7. und 10. Bhava sind die zentralen Orte des Horoskops. Sie behandeln das „Innen" und das „Außen" einer Person. Von ihnen aus lässt sich das individuelle Leben am besten aufrollen.

Die übrigen Bhavas können wir in der Reihenfolge 5. und 9. für Ausbildung und Erfolg sowie höhere Bildung und Spiritualität behandeln, dann das 2. und 11. für Finanzen und schließlich die verbleibenden Bhavas.

Merksatz: **Zuerst analysieren wir den Lagna, den Mond, die Sonne und den 4. Bhava, um die Person und ihre unmittelbaren Bezüge zu Lebensbereichen zu verstehen. Als nächstes handeln wir den 7. und 10. Bhava ab, um zu sehen, wie die Person nach außen tritt. Der 5. und 9. Bhava stehen für Ausbildung, Erfolg, höhere Bildung und Spiritualität. Anschließend folgen der 2. und 11. Bhava für Finanzen. Als letztes werden die verbleibenden Bhavas analysiert.**

Diese Vorgehensweise stellt sich im Flussdiagramm Stufe 3 der Horoskop-Interpretation auf der vorhergehenden Seite dar.

Welche Regeln müssen wir beachten?

1. Natürliche Wohltäter und Übeltäter (Flussdiagramm 3, A-Routine, Punkt 5)

Wohltäter (Flussdiagramm 3, Seite 202, A-Routine, Punkt 5) haben einen generell fördernden und stärkenden Einfluss auf einen Bhava, Übeltäter das Gegenteil. Wenn jedoch ein Übeltäter in seinem eigenen Raashi, Muulatrikona oder Exaltations-Raashi (hoher Rang, Wachzustand) steht, hat er keine negative Wirkung auf den Bhava, sondern fördert ihn, entweder weil er sein eigener Raashi ist oder weil er exaltiert ist. Ausgenommen von dieser Förderung sind die sozialen Beziehungen, die dem Bhava zugeordnet sind. Wenn zum Beispiel Mars in hohem Rang im 9. Bhava steht, hat dieser dennoch eine nachteilige Wirkung auf den Vater. Diese Mars-Position kann auf gesundheitliche Probleme, Unfälle, einen frühen Tod oder ein gestörtes Verhältnis hinweisen.

Merksatz: **Wohltäter fördern ein Bhava, Übeltäter schädigen es. Ausnahme ist der Übeltäter mit einem hohen Rang. Allerdings hat er dann dennoch eine schlechte Wirkung auf die soziale Beziehung, die dem Bhava zugeordnet ist.**

Übeltäter gelten in den Upachaya-Bhavas (3, 6, 10 und 11) als gut platziert. Wohltäter gelten in den Kendra und Kona als gut platziert (1, 4, 7, 10; 5 und 9). Diese Regel gilt nur in Bezug auf die Wirkung der Natur des Grahas auf den Bhava. Wir erinnern uns an das Kalpadruma-Yoga (Kapitel 15), bei dem die Dispositoren in den Kendra und Kona als gut platziert gelten, egal ob sie Wohltäter oder Übeltäter sind, denn in diesem Yoga geht es um die Grahas als Bhava-Herrscher. Das muss immer differenziert werden. Ferner muss immer der Rang der Grahas berücksichtigt werden (siehe weiter unten). Im 6. Bhava wirken die Übeltäter besser, wenn sie einen niedrigen Rang haben, weil sie dann den Feinden und Widersachern schaden.

Merksatz: **Wohltäter stehen gut in Kendra- und Kona-Bhavas (1, 4, 7, 10; 5 und 9). Übeltäter stehen gut in Upachaya-Bhavas (3, 6, 10 und 11). Im 6. Bhava sind Übeltäter in niedrigem Rang besser als in hohem Rang.**

2. Kaarakatwa
(Flussdiagramm 3, Seite 202, A-Routine, Punkt 6, B-Routine, Punkt 5)

Generell werden in guten Bhava-Positionen (Kendra und Kona) die positiven Kaarakatwas gefördert, in schlechten Bhava-Positionen (Duhsthaana) die negativen Kaarakatwas. Aufgrund dieser Regel sind Kendra- und Kona-Bhavas auch für Übeltäter gute Plätze, wenn wir bei der Interpretation ihr Kaarakatwa betrachten.

Merksatz: **Die Kaarakatwas aller Grahas profitieren in Kendra- und Kona-Bhavas (1, 4, 7, 10; 5 und 9) und werden nachteilig beeinflusst in Duhsthaanas (6, 12 und 8).**

Im Speziellen wirkt jeder Graha mit seinem Kaarakatwa auf den Bhava, in dem er steht, und der Bhava wirkt mit seinen Zuordnungen auf den Kaarakatwa dieses Grahas. Hier muss immer differenziert werden, ob dies positiv oder negativ ist. Es kommt immer darauf an, was wir gerade analysieren. Selbst in den Duhsthaana-Bhavas (6, 12 und 8) können auf diese Weise gute Wirkungen entstehen. Wenn beispielsweise Saturn im 8. Bha-

va in guten Avasthas steht, fördert er die Langlebigkeit, weil sowohl Saturn als auch der 8. Bhava für Langlebigkeit stehen. In diesem Fall entsteht dadurch eine gegenseitige Förderung.

Merksatz: **Kaarakatwa und Bhava-Zuordnung können sich gegenseitig fördern oder ergänzen, wenn sie identisch oder ähnlich sind.**

Umgekehrt ist auch eine negative Ergänzung möglich. Zum Beispiel steht bei Kennedy der Mars H8 im 8. Bhava.

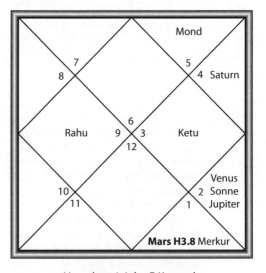

Horoskop 6: John F. Kennedy
geb. 29.05.17, 15:00 Uhr
Brookline, Massachusets, USA

Wenn der Graha in einem Bhava der Herrscher dieses Bhavas ist, ist dies normalerweise gut und stärkt diesen Bhava. Insoweit ist die Wirkung von Mars auf den 8. Bhava also gut. Da er aber mrita (tot) ist, kann diese gute Wirkung irgendwann zusammenbrechen, sodass sich seine zerstörerische Energie und sein schlechtes Kaarakatwa (Feinde, Aggression, Gewalt) mit der schlechten Zuordnung des 8. Bhavas (Katastrophe, Zusammenbruch, unzeitgemäßer Tod) verbinden kann. Hinzu kommt, dass Mars hier auch der Herrscher des 3. Bhavas ist. Damit bringt er eine für die Langlebigkeit schlechte Wirkung in den 8. Bhava. Die Logik dabei ist, dass „Langlebigkeit" eine gute Zuordnung des 8. Bhavas ist. Mithin sind die Duhsthaanas (6, 12 und 8) vom 8. Bhava aus gezählt schlecht für Langlebigkeit, wobei der 8. vom 8. der schlechteste Bhava ist. Wenn wir vom 8. Bhava ausgehend den 8. Bhava zählen, gelangen wir zum 3. Bhava vom Aszendenten. Genau diesen Bhava beherrscht der Mars und neutralisiert damit die gute Wirkung, die er eigentlich als Herrscher vom 8. im 8. Bhava hat. Was übrig bleibt, ist das Mritaavastha, was schlecht wirkt. Natürlich müssen für eine komplette Analyse von Langlebigkeit weit mehr Faktoren berücksichtigt werden.

Noch ein weiteres Detail ist in diesem Zusammenhang sehr interessant. Der 3. Bhava steht für Diener. Bei einem Regierungchef sind darunter auch die Dienste zu verstehen, also bei Kennedy das FBI und die CIA. In sofern unterstützt dieser Aspekt der Horoskop-Analyse die Recherchen von Staatsanwalt Jim Garrison, die er in seinem Buch „On the Trail of the Assassins" (406 Seiten!, Vorlage zum Film: „JFK") veröffentlicht hat, dass die Dienste hinter dem Attentat standen oder es ausgeführt haben.

Merksatz: **Kaarakatwa und Bhava-Zuordnung können sich gegenseitig in negativer Weise ergänzen, wenn sie identisch oder ähnlich sind.**

Auch der Rang und die Avasthas beeinflussen den Kaarakatwa. Normalerweise ist es für den Kaarakatwa förderlich, wenn der Rang möglichst hoch und die Avasthas möglichst gut und stark sind. Da allerdings bei Saturn die allererste Zuordnung Schmerz ist, wird auch diese durch alles gefördert, was den Graha stark macht. Ein hoher Rang fördert die Stärke, ebenso ist es mit kumara und yuva. Dadurch wird die Person mit einem solchen Saturn mehr Schmerz im Leben erfahren. Da diese Situation aber auch Saturns Ausdauer und Duldsamkeit stärkt, ist ein gewisser Ausgleich da, mit der Situation umgehen zu können.

3. Grahas als Bhava-Herrscher (Flussdiagramm 3, Seite 202, A-Routine, Punkt 7, B-Routine, Punkt 6)

In der Regel sind die Grahas als Bhava-Herrscher in Kendra- und Kona-Bhavas (1, 4, 7, 10, 5 und 9) gut gestellt (B-Routine). Das bedeutet, dass der Bhava, von dem sie der Herrscher sind, durch diese Position gestärkt wird. Entsprechend sind die Grahas als Bhava-Herrscher in den Duhsthaana-Bhavas (6, 12 und 8) schlecht gestellt. Diese Positionen wirken nachteilig auf den beherrschten Bhava.

Merksatz: **Generell sind Grahas als Bhava-Herrscher in Kendra- und Kona-Bhavas (1, 4, 7, 10; 5 und 9) gut platziert, weil ihr beherrschter Bhava davon profitiert, und in Duhsthaanas schlecht platziert, weil ihr beherrschter Bhava in Mitleidenschaft gezogen wird.**

Da der 6. Bhava jedoch die Feinde und Widersacher repräsentiert, bekommen auch diese durch eine gute Stellung des Bhava-Herrschers einen Vorteil (siehe Horoskop 7 und 8: Helmut Schmidt und Adolf Hitler, Seiten 197 und 198).

Die Herrscher der Kendra- und Kona-Bhavas (1, 4, 7, 10, 5 und 9) fördern den Bhava, in welchem sie stehen, da sie eine gute Wirkung dorthin bringen (A-Routine, Punkt 7). Die Herrscher der Duhsthaana-Bhavas (6, 12 und 8) schaden dem Bhava, in dem sie stehen, da sie eine schlechte Wirkung dort hinbringen. Auch hier muss immer differenziert werden, wann dies von Vorteil und wann von Nachteil für den Eigner des Horoskops ist.

Durch die Bhava-Herrschaft eines Grahas interagieren die Zuordnungen seiner beherrschten Bhavas mit den Zuordnungen des Bhavas, in dem er steht. Zum einen entstehen auf diese Weise Wirkungen auf die Bhavas, die er beherrscht, zum anderen auf den Bhava, in dem er steht.

Da der 11. Bhava Gewinn bedeutet, fördert der Herrscher dieses 11. Bhavas die guten wie die schlechten Belange des Bhavas, in dem er steht. Zum Beispiel vermehrt er im 6. Bhava die Feinde, während er im 5. Bhava die Anzahl der Kinder fördert.

Die Position eines Bhava-Herrschers sollte auch von dem Bhava aus betrachtet werden, welchen er beherrscht. In Kendra- und Kona-Bhavas, gezählt vom Bhava seiner Herrschaft, steht er gut; in den Duhsthaanas vom Bhava seiner Herrschaft steht er schlecht. Wenn beispielsweise der Herrscher des 7. Bhavas im 6. Bhava steht, ist diese Position der 12. Bhava vom 7. aus gezählt und deshalb schlecht. Diese ungünstige Wirkung vermehrt dann die ohnehin schlechte Position im 6. Bhava (siehe Beispiel 1).

Steht der Herrscher des 7. Bhavas dagegen im 11. Bhava, was eine gute Position vom Aszendenten aus gesehen ist, dann ist diese Position gleichzeitig der 5. Bhava vom 7. aus gerechnet und deshalb besonders günstig (siehe Beispiel 2). Bei der Anwendung dieses Prinzips ist es wichtig zu beachten, dass die Position vom Aszendenten aus gesehen stärker wiegt als die vom Bhava der Beherrschung aus gerechnete Position.

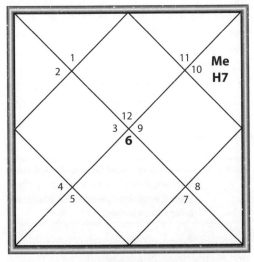

**Beispiel 2:
Herrscher vom 7. Bhava
im 11. Bhava = 5. vom 7.**

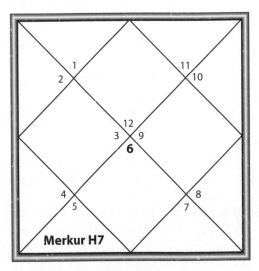

**Beispiel 1:
Herrscher vom 7. Bhava
im 6. Bhava = 12. vom 7.**

Merksatz: **Die Position eines Bhava-Herrschers sollte auch vom Bhava seiner Herrschaft aus gewertet und interpretiert werden. Diese Sichtweise wiegt schwächer als die Position vom Aszendenten aus gesehen.**

4. Die Ränge und Avasthas (Flussdiagramm 3, Seite 202, A-Routine, Punkt 2, B-Routine, Punkt 2)

Hohe Ränge und gute Avasthas (A-Routine, Punkt 2 und 3; B-Routine, Punkt 2 und 3) nützen der Natur, dem Kaarakatwa, der Bhava-Herrschaft und Bhava-Position des Grahas. Niedrige Ränge und schlechte Avasthas bewirken das Gegenteil. Auch hier muss immer differenziert werden, was wir untersuchen. Wenn wir etwas für den Horoskop-Eigner Vorteilhaftes untersuchen, gelten die eben beschriebenen Regeln. Wenn jedoch etwas Nachteiliges untersucht wird, beispielsweise die Widersacher (6. Bhava), müssen die Regeln umgekehrt werden. Dies können wir gut an den Horoskopen von Helmut Schmidt (Bundeskanzler von 1974 – 1982) und Hitler beobachten.

Merksatz: **Hohe Ränge und gute Avasthas nützen der Natur, dem Kaarakatwa, der Bhava-Herrschaft und der Bhava-Position eines Grahas. Niedrige Ränge und schlechte Avasthas bewirken das Gegenteil.**

Helmut Schmidt; Ränge, Avasthas, Bhava-Herrschaft und Bhava-Position bezogen auf seinen 6. und 1. Bhava

Helmut Schmidt hatte während seiner Amtszeit die immensen Schwierigkeiten mit der RAF (Rote Armee Fraktion) durchzustehen, die den Staat als Ganzes herausforderte und vor keinerlei Terrorakten zurückschreckte.

Zwar konnte die RAF den Staat Bundesrepublik Deutschland nicht zerstören, sie konnte ihn aber, insbesondere die hohen Vertreter von Wirtschaft und Regierung, empfindlich treffen, in Aufruhr versetzen, schädigen und zum Teil sogar töten. Es ist zu bemerken, dass es weder Schmidt, noch seinem Nachfolger Kohl gelungen ist, die RAF zu zerschlagen, sondern sie hat sich schließlich selbst aufgelöst. Bis heute sind ihre Führungsstrukturen und Operationsweisen nicht voll durchschaut.

Im Horoskop von Helmut Schmidt muss die RAF dem 6. Bhava (Feinde) zugeordnet werden. Dort befindet sich der Mars im Exaltations-Raashi, also im höchsten Rang und besten Avastha (leuchtend, ausgezeich-

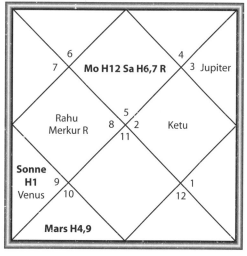

Horoskop 7: Helmut Schmidt, geb. 23. 12. 1918, 22:15 Uhr, Hamburg

Lagna	16° 56'	Löwe
Sonne	8° 31'	Schütze
Mond	23° 11'	Löwe
Mars	10° 01'	Steinbock
Merkur R	26° 56'	Skorpion
Jupiter R	19° 18'	Zwillinge
Venus	15° 44'	Schütze
Saturn R	5° 20'	Löwe
Rahu	20° 09'	Skorpion
Ketu	20° 09'	Stier

net, geistreich). Lediglich Vriddhaavastha (alt) schwächt ihn etwas. Auch die Bhava-Herrschaft ist ausgezeichnet. Er beherrscht ein Kendra (Bhava 4) und ein Kona (Bhava 9). Eine solche Verbindung von Bhava-Herrschaften (Kendra und Kona) in einem Graha ist besonders gut. All diese guten Wirkungen nützen auch den Feinden von Schmidt, weil Mars diese Wirkungen an den 6. Bhava gibt.

Der Herrscher des 6. Bhavas ist Saturn. Er steht zwar in Khalaavastha (niedrig, schlecht, boshaft), was ungünstig für die Feinde ist; aber Baalaavastha (kindlich) ist mittelmäßig und die Position in Kendra (1. Bhava) ist sehr gut. Man muss sogar sagen, dass die Begünstigung durch die Position stärker wiegt als der Nachteil durch Khalaavastha. Außerdem steht Saturn H6 in Konjunktion mit dem Wohltäter Mond, der auch noch etwas gute Wirkung bringt. Vom 6. Bhava aus gezählt ist der Mond der Herrscher vom 7. Bhava und steht deshalb für die Sympathisanten der RAF im Volk.

Helmut Schmidt selbst muss vom 1. Bhava verstanden werden. Wie schon erwähnt befindet sich dort Saturn. Seine Herrschaft über den 6. Bhava (Duhsthaana) muss jetzt als nachteilig für Schmidt gewertet werden, weil sie Schmidt als Person trifft und Schwierigkeiten für ihn bedeutet. Das Khalaavastha verschärft diese Situation noch. Nur Saturns Herrschaft über den 7. Bhava ist positiv und bedeutet Partner. (Allerdings werden auch diese durch Khalaavastha beschrieben. Wichtigster Partner für Schmidt war die FDP, die ihn verließ.) Außerdem ist der Mond (Dienaavastha, dürftig, und vriddha, alt) im 1. Bhava, der den 12. Bhava (Verluste) beherrscht. Damit befinden sich zwei Duhsthaana Herrscher im Aszendenten, was eine schwere Belastung ist.

Als Ausgleich steht die Sonne H1 im 5. Bhava (Erfolg), was eine ausgezeichnete Position ist, wo sie außerdem mit einem Wohltäter zusammen steht. Auch die Sonne ist nur in Dienaavastha, aber dafür kumar (jugendlich), was ihr Kraft gibt.

Zusammenfassend können wir aus dieser Perspektive sagen, dass die Feinde in der Analyse besser abschneiden als Schmidt, sodass es nicht verwundert, dass es ihm nicht vergönnt war, die RAF zu zerschlagen.

Adolf Hitler; Ränge, Avasthas und Bhava-Herrschaft

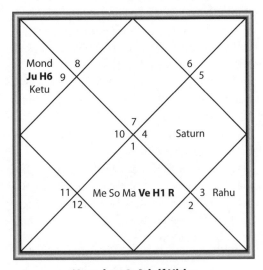

Horoskop 8: Adolf Hitler geb. 20.04.1889, 18:30 Uhr, Braunau, Österreich

Lagna	4° 24′	Waage
Sonne	8° 30′	Widder
Mond	14° 20′	Schütze
Mars	24° 04′	Widder
Merkur	3° 22′	Widder
Jupiter	15° 56′	Schütze
Venus R	24° 23′	Widder
Saturn	21° 09′	Krebs
Rahu	22° 47′	Zwillinge
Ketu	22° 47′	Schütze

Bei Adolf Hitler befindet sich kein Graha im 6. Bhava. Der Herrscher des 6. Bhavas ist Jupiter (Svastha, gesund, selbstvertrauend; yuva, erwachsen, voll wirksam), der mit dem wohltätigen Mond und dem Übeltäter Ketu im 3. Bhava (große Anstrengungen) steht. Der 3. Bhava ist der langsamste der Upachayas (Bhavas des Wachstums und des Werdens, 3, 6, 10 und 11). Jupiter steht in sehr guten Avasthas. Seine Konjunktionen von je einem Übeltäter und Wohltäter gleichen sich aus. Damit ist für seine Feinde die Perspektive gegeben, dass sie auf lange Sicht (langsamstes Upachaya) gegen ihn Erfolg haben.

Hitler selbst müssen wir vom 1. Bhava analysieren, welcher ebenfalls nicht besetzt ist. Sein Herrscher ist Venus, die im 7. Bhava (Expansion, Partner) steht, was eine sehr gute Position ist. Aber ihre Avasthas sind Duhkita (unglücklich, schmerzhaft, verletzt), zweimal Vikala (behindert, gestört, erschöpft) und mrita (tot).

Damit geht aus der Analyse hervor, dass Hitler zwar expandieren und Partner gewinnen konnte, dass aber seine Feinde auf Dauer gegen ihn obsiegen würden.

A) Routine: Grahas im Bhava

A) Graha im Bhava:
1) Nakshatra
2) Rang
3) Avasthas
4) Raashi
5) Natur
6) Kaarakatwa
7) beherrschte Bhavas
8) beherrschte Grahas
9) Dispositor
10) Bhava-Position

Stufe 3
der Horoskop-Interpretation –
Mahatma Gandhis Eheleben

Als nächstes werden wir entsprechend der Stufe 3 der Horoskop-Interpretation das Eheleben von Mahatma Gandhi untersuchen, wie es sich aus dem 7. Bhava ablesen lässt.

Jupiter steht allein im 7. Bhava. Entsprechend der A-Routine müssen wir uns zunächst seine gesamte Situation vergegenwärtigen. Die Punkte der A-Routine sind im folgenden Absatz jeweils in Klammern hinzugefügt.

Der Wohltäter Jupiter (5 u. 6) steht in Krittikaa Nakshatra (1); sein Rang ist neutral (4 u. 2), woraus sich Dienaavastha (dürftig, spärlich, knapp, schüchtern, ängstlich, traurig) und "Traumzustand" ergeben (3); ferner

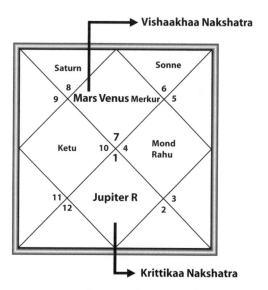

Horoskop 9: Mahatma Gandhi

ist er mrita (tot) (3); er beherrscht den 3. und 6. Bhava (7), in denen keine Grahas sind (8). Jupiter steht im 7. Bhava (10) im beweglichen Feuer-Raashi Widder (4). Sein Dispositor ist der Übeltäter Mars (9), der Herrscher des 7. Bhavas. Dessen wichtige Avasthas (B-Routine: 3) sind duhkhita, mrita und die Konjunktion mit Wohltäter Venus; er steht in Vishaakhaa (B: 1) im 1. Bhava (B:7) im beweglichen Luft-Raashi Waage (B: 4).

Bei dieser Komplexität ist es wichtig, die relevanten Aspekte dieser Aufzählung in einer Art Strukturformel darzustellen, bei der man am besten Abkürzungen benutzt:

> **Ju W in Krit, diena, mrita, H3,6 in 7 (Wid); D: Ma Ü in Vish, duhkhita, mrita in 1(Waa)**
>
> Dies ist die Formel aus der A-Routine, die wir in Bezug auf Gandhis Eheleben interpretieren müssen und folgender maßen lesen können:
>
> Wohltäter Jupiter steht in Nakshatra Krittikaa, in Avasthas diena und mrita, ist Herrscher der Bhavas 3 und 6 im 7. Bhava im beweglichem Feuer-Raashi Widder. Sein Dispositor ist Übeltäter Mars in Vishaakhaa, der in den Avasthas duhkhita und mrita steht und sich im 1. Bhava im beweglichen Luft-Raashi Waage befindet.

B) Routine: Herrscher des Bhavas

> ## B) Herrscher des Bhavas:
> 1) Nakshatra
> 2) Rang
> 3) Avasthas
> 4) Raashi
> 5) Kaarakatwa
> 6) Bhava-Herrschaft
> 7) Bhava-Position
> 8) Dispositor

Herrscher des 7. Bhavas ist Mars (5 u. 6). Er steht in Vishaakhaa (1). Sein Rang ist ein feindliches Rashis (4 u. 2). Seine Avasthas sind duhkhita, mrita, Konjunktion mit Wohltäter Venus und "Schlafzustand" (3). Er steht im 1. Bhava (7) im beweglichen Luft-Raashi Waage (4). Sein Dispositor ist Wohltäter Venus (8). Sie ist Herrscher des 1. Bhavas (8: 6), steht ebenfalls in Vishaakhaa (8: 1) im 1. Bhava (8: 7) in Waage (8: 4), und deshalb in svastha, außerdem in mrita (8: 3).

Die Strukturformel für Mars lautet:

> **Ma H7 in Vish, duhkhita, mrita, KonjVe in 1 (Waa); D Ve W H1 in Vish, svastha, mrita in 1 (Waa).**
>
> Dies ist die Formel der B-Routine, die wir folgender maßen lesen können:
>
> Mars ist Herrscher des 7. Bhavas und steht im Nakshatra Vishaakhaa, in Avasthas duhkhita, mrita und Konjunktion Venus. Er steht im 1. Bhava im beweglichen Luft-Raashi Waage.

Sein Dispositor ist Wohltäter Venus, die das 1. Bhava beherrscht, ebenfalls in Vishaakhaa im 1. Bhava in der Waage steht und in den Avasthas svastha und mrita.

Hierzu nun einige wichtige Informationen* über das Ehe- und Liebesleben von Mahatma Gandhi, denen wir die obigen Strukturformeln zuordnen wollen. Prägen Sie sie sich ein oder schauen Sie sie beim Lesen der folgenden Absätze immer mal wieder an, um die Bezüge zu den Informationen über Gandhi zu erkennen.

Wie damals in Gandhis Gegend (Gujarat, Indien) und Kaste (Vaishnava, Verehrer von Vishnu als Höchster Gottheit) üblich, wurde er im Alter von 13 Jahren verheiratet. Er beschreibt seine Frau in diesen Jahren als „einfach, unabhängig, beharrlich und verschlossen". Sie war, wie in der damals sehr stark patriarchalischen Gesellschaft Indiens üblich, ohne Bildung. Gandhi war seinen Worten nach leidenschaftlich in sie verliebt. Auch tagsüber während der Schule „kreisen seine Gedanken ständig um das Schlafzimmer". Etwa drei Jahre später erwartet sie ihren ersten Sohn, was Gandhi später „als Schande empfand, da es bedeutete, dass er sich, solange er noch zur Schule ging oder studierte, nicht beherrschte". Während dieser Zeit war sein Vater mit einer Fistel am Bein schwer krank, und es war Gandhis Pflicht, ihn jeden Abend zu versorgen und die Beine zu massieren.

Eines abends löst ihn sein Onkel, des Vaters Bruder, von dieser Pflicht ab, was Gandhi gern annimmt, denn er möchte so schnell wie möglich zu seiner Frau ins Schlafzimmer. Da sie schläft, weckt er sie, „um sein Recht als Ehemann geltend zu machen". Wenige Minuten

später klopft der Diener an die Tür und sagt, dass es dem Vater sehr schlecht gehe. Gandhi weiß sofort, was dies bedeutet. Als er zum Vater kommt, ist dieser bereits tot.

Dies war ein Schlüsselerlebnis für Gandhi. Er schämte sich dafür, dass er seiner Triebe und Leidenschaft wegen versäumt hatte, in der Stunde des Todes bei seinem Vater zu sein. Das führte mit dazu, dass er etwa 31-jährig nach der Geburt von vier Söhnen begann, mit seiner Frau sexuell vollkommen enthaltsam zu leben, und dies im Alter von etwa 37 Jahren mit einem feierlichen Gelübde noch besiegelte.

Während seiner Jahre in Süd-Afrika, in denen er seine doch recht fanatische Lebensphilosophie entwickelte, die er als Familienvater und Patriarch auch konsequent und unerbittlich in seiner Familie durchzusetzen versuchte, gab es viel Streit und Tränen mit seiner Frau. Dies ging so weit, dass er sie einmal in einem Streit voller Rage aus dem Haus werfen wollte. Nur weil sie ihm sagte, dass sie dort, in Süd-Afrika, doch keinerlei Familienangehörige hätte, zu denen sie gehen könnte, kam er zur Besinnung. Erst in späteren Jahren wurde er abgeklärter.

Teil seiner Lebensphilosophie wurde, dass Sex nur dazu dienen sollte, Kinder zu zeugen. Er teilte die Menschen auf dieser Grundlage in zwei Gruppen ein: die höher entwickelten und die gemeinen. „Ich halte es für den Gipfel der Unwissenheit zu meinen, der Geschlechtsakt sei eine unabhängige Funktion, die notwendig ist wie Schlafen und Essen." „Um gegen meine Frau gerecht zu sein, muss ich sagen, dass sie nie die Verführerin war ... Es war meine Schwäche und meine wollüstige Zuneigung, die das Hindernis (für die Enthaltsamkeit) bildeten." Gandhi disziplinierte sein sexuelles Verlangen nicht nur durch seinen Willen, sondern auch durch eisern durchgeführte diätetische Regeln. Er mied in seiner Nahrung alles, was die Triebe hätte anregen können.

---

* Alle Angaben über Gandhis Leben und Zitate sind dem Buch „Gandhi" von Heimo Rau, Rowolt Bildmonographie, entnommen. Gandhi selbst spricht in seiner Autobiographie sehr offen über seine Probleme mit der Sexualität.

Abschließend muss hier die Erfahrung von Pandit Nehru, dem ersten Premier Indiens, angeführt werden, um kein verzerrtes Bild von Gandhi entstehen zu lassen. Er sagte, „Gandhi konnte man nicht durch seine Schriften und gesprochenen Worte kennen lernen, sondern nur in der Begegnung mit ihm von Angesicht zu Angesicht. Man konnte von seinen Ansichten schockiert sein und sie für falsch halten – der Strahlkraft seiner Persönlichkeit aber konnte man sich nicht entziehen." Es ist bekannt, dass Enthaltsamkeit, wenn sie gekonnt wird, zu eben diesem Phänomen der „Strahlkraft der Persönlichkeit" führt.

Was wir in diesen Beschreibungen finden, ist ein Mensch, der zunächst in großen Widersprüchen gefangen ist: auf der einen Seite das starke sexuelle Verlangen, auf der anderen Seite ethisch-moralische und religiöse Vorstellungen. Dadurch war Gandhis Verhältnis zu seiner Sexualität gebrochen. Er war nicht in der Lage, sie frei und unbefangen zu genießen, sondern sah sie als niedrig und „gemein" an. Erst im Laufe des Lebens löst er diesen Konflikt durch eine äußerst strenge Lebensdisziplin zugunsten der ethisch-moralischen und religiösen Vorstellungen auf. Die Bedürfnisse seiner Frau waren aufgrund seines kulturellen Hintergrundes ohnehin zweitrangig. Es ging ihm in erster Linie um sich und was er als seine Mission verstand.

Wiederholung der Strukturformel der A-Routine:
Ju W in Krit, diena, mrita, H3,6 in 7 (Wid); D: Ma Ü in Vish, duhkhita, mrita in 1 (Waa)

Jupiter ist der Graha der Fülle, Ausdehnung und des Überflusses. Im 7. Bhava, in dem sich das von Mars beherrschte Feuerzeichen Widder befindet, vergrößert er die Leidenschaft.

Krittika Nakshatra vergrößert diese Energie noch mehr. Außerdem beherrscht Jupiter den 3. Bhava, welcher für Eigeninitiative und Kraft steht. Kein Wunder also, dass Gandhi, insbesondere als junger Mann, eine enorme Triebhaftigkeit entfaltet.

Auf der anderen Seite ist Jupiter diena (dürftig, schüchtern, ängstlich, traurig) und mrita, sodass es an der emotionalen Bejahung fehlt und die Situation in sich zusammenbrechen kann. Hinzu kommt, dass Jupiter (Philosophie, Weltanschauung) den 6. Bhava (Streit) beherrscht und in Krittikaa steht, das auch die Eigenschaft „scharf" hat. Dadurch gibt es philosophisch oder weltanschaulich bestimmte Dispute und Meinungsverschiedenheiten mit seiner Frau. Wenn Jupiter aus der Balance gerät, was bei mrita durchaus des öfteren möglich ist, entfacht er eine enorme Wut, den großen „gerechten" Zorn. Dies wird durch den Kaarakatwa seines Dispositors Mars und dessen Avasthas duhkhita und mrita noch unterstützt. Auch Vishaakhaa Nakshatra, in dem Mars steht, schaut nicht nach rechts und links, sondern sieht nur das eigene Ziel.

Wiederholung der Strukturformel der B-Routine:
Ma H7 in Vish, duhkhita, mrita, KonjVe in 1 (Waa); D Ve W H1 in Vish, svastha, mrita in 1 (Waa).

Mars bedeutet Energie und Kraft. Als Herrscher des 7. Bhavas repräsentiert Mars alle Belange dieses Bhavas und damit auch eine kraftvolle Sexualität. Seine Position im 1. Bhava verbindet das Thema Sexualität ohne die Möglichkeit zu entrinnen mit der Persönlichkeit. Vishaakhaa fixiert dabei sehr auf das Ziel und gibt viel Energie. Der Venus-Raashi Waage, der dem Luft-Element zugeordnet ist, unterstützt ebenfalls die sexuelle Betätigung, insbesondere weil Venus der Dispositor von Mars ist und mit ihm zusammen im 1. Bhava in Vishaakhaa steht.

Aber auch Mars steht in den schlechten Avasthas duhkhita (unglücklich, schmerzhaft, verletzt) und mrita (tot), was Gandhi nicht erlaubt, sich an dieser Situation ungeteilt zu freuen und sie in sich zusammenbrechen lässt. Letzteres wird durch Venus in mrita unterstützt.

Eine Schlüsselrolle kommt hier Vishaakhaa zu, da Mars und Venus in diesem Nakshatra im Aszendenten stehen. Dadurch wird es zu einem sehr die Persönlichkeit von Gandhi prägenden Einfluss. Hier ist nochmals die Beschreibung von Vishaakhaa:

„Sehr auf den eigenen Erfolg gerichtet, dabei nicht zimperlich und durchaus eigennützig; andere nicht oder wenig mit einbeziehen; entschlossen, sehr energievoll, zweck- und zielgerichtet; gebildet; durch Glück gefördert; etwas exponierte, abgesonderte, aber überragende Stellung haben; sich produzieren."

Wenn wir dann noch berücksichtigen, dass Gandhis Mond (Co-Aszendent, Denken und Fühlen) in Konjunktion mit Rahu steht, wird deutlich, dass es für ihn nur „entweder oder", „alles oder nichts", „schwarz oder weiß" gab. Er war kein Mensch der Kompromisse oder des Mittelwegs. Deshalb hatte er nur zwei Möglichkeiten: Sein sexuelles Verlangen voll auszuleben oder es vollkommen abzulehnen. Aufgrund seiner religiösen Erziehung und Veranlagung und aufgrund seines kulturellen Hintergrundes gab es von diesen beiden Möglichkeiten eigentlich nur die zweite. Die hat er konsequent durchgezogen und damit eine Integration seiner Persönlichkeit herbeigeführt, durch die er dann die Befreiung Indiens von der britischen Kolonialherrschaft erwirken konnte. Der 7. Bhava, der für Eheleben und Sexualität steht, wurde von ihm als Bhava der Expansion und Kontakte ausgelebt.

Übung 15

Interpretieren Sie Ihr eigenes Horoskop und das von Verwandten und Freunden entsprechend der Stufe 3 der Horoskop-Interpretation. Konzentrieren Sie sich dabei zunächst auf die Interpretation der Persönlichkeit und schreiben Sie dazu die Strukturformeln.

Schon beim Schreiben der Strukturformeln werden Ihnen Interpretationsmöglichkeiten in den Sinn kommen. Benutzen Sie dann die Zuordnungen der Kapitel 9 bis 11 und 18 sowie das Flussdiagramm der Stufe 3, um zu Aussagen zu gelangen. Lassen Sie sich dabei Zeit. Erlauben Sie den gesammelten Informationen sich in Ihrem Geist in Ruhe zu Bildern und Aussagen zu formen, indem Sie nach innen gehen.

Lösungen sind individuell. Fragen hierzu können auf den Workshops zu diesem Buch geklärt werden (siehe Anhang Seite 300).

KONJUNKTIONEN (YUTI) UND ASPEKTE (DRISHTI)

– Grahas beeinflussen sich gegenseitig durch Besetzung gleicher Raashis oder durch „Anschauen" –

Ein wesentlicher Gesichtspunkt, um die Struktur eines Horoskops zu verstehen, ist die Beeinflussung der Grahas untereinander. Einen dieser Punkte haben wir bereits durch das **Dispositor-Prinzip** kennen gelernt. Den zweiten Punkt kennen wir durch die **Konjunktion**, die wir bei Vikalaavastha und seiner Umkehrung (siehe Kapitel 17, Die 9 Avasthas) behandelt haben. Bei einer Konjunktion stehen zwei oder mehr Grahas in einem Bhavsa. Sie wird in Sanskrit **Yuti** genannt. Der dritte Punkt ist, dass sich die Grahas „anschauen", was in Sanskrit **Drishti** genannt wird. In der westlichen Astrologie ist es als das Prinzip der „Aspekte" bekannt, die jedoch anders gehandhabt werden als in der Vedischen Astrologie. Dies sind die drei verschiedenen Arten, durch die sich Grahas beeinflussen können und deren Interpretationsmöglichkeiten wir vervollständigen werden.

Merksatz: **Grahas können sich auf drei Arten beeinflussen: durch Disposition, Yuti (Konjunktion) und Drishti (Aspektierung).**

Konjunktionen (Yuti)

Yuti (Konjunktion) existiert dann, wenn zwei Grahas im gleichen Raashi stehen. Dies ist vergleichbar damit, dass sich zwei Personen im gleichen Haus befinden. In dieser Situation müssen sie sich das Haus teilen, schaffen eine gemeinsame Atmosphäre und beeinflussen sich gegenseitig durch ihr Befinden und ihr Wesen. Ähnlich ist es mit den Grahas. Das Befinden eines Grahas drückt sich durch seine Stärke (Shadbala, Sechsfältige Stärke) und Avasthas aus sowie durch die Bhavas und Grahas, die er beherrscht, als auch durch seinen Dispositor. Sein Wesen wird durch seine Natur und sein Kaarakatwa erfasst, welches durch den Raashi und das Nakshatra, in denen er steht, noch modifiziert wird. Mit all diesen Komponenten beeinflusst er den anderen Graha, der im gleichen Raashi steht (oder auch mehrere Grahas im gleichen Raashi) und wird von diesem beeinflusst.

Ein weiteres wirksames Kriterium der Beurteilung und Interpretation von Yuti (Konjunktion) ist die **Freundschaft** zwischen den Grahas. **Im Falle von Yuti zählt nur die natürliche Freundschaft** unter den Grahas. Es versteht sich von selbst, dass ein Graha sich mit einem Freund im Haus besser fühlt, mehr tun und erreichen kann, als mit einem Feind. Von einem neutralen Graha wird er zwar nicht gefördert, aber auch nicht gehindert.

Im Rahmen von Vikalaavastha haben wir gesehen, dass die Reihenfolge der Grahas, die in Konjunktion stehen, sehr wichtig ist. Aus diesem Prinzip entstehen **zwei weitere Yogas**, also Kombinationen von Grahas mit definierter Wirkung, welche **Shubha-Kartari-Yoga** und **Paapa-Kartari-Yoga** genannt werden. **Shubha** bedeutet Wohltäter, **Paapa** bedeutet Übeltäter, **Kartari** bedeutet Schere. Ein Graha kann sich in einer „Schere" aus Wohltätern oder Übeltätern befinden, wobei Mond und Merkur als schwache Wohltäter oder Übeltäter eine untergeordnete Rolle spielen. Deshalb beschäftigen wir uns später mit ihnen. Die beiden Grahas, die die Schere bilden, sind sozusagen die beiden Schneiden der Schere.

Merksatz: **Wenn ein Graha durch zwei Wohltäter (Shubha) oder zwei Übeltäter (Paapa) „eingerahmt" wird, befindet er sich in einem Shubha Kartari Yoga oder einem Paapa Kartari Yoga.**

Wenn sich ein Graha in einer solchen Schere befindet, ist dies im Fall von Shubhas (Wohltätern) besonders gut. Er wird dann sozusagen von allen Seiten gefördert. Dagegen ist die Schere von Paapas (Übeltätern) besonders schlecht. Der Graha wird von allen Seiten in seiner Entfaltung gehindert und eingeschränkt. Es gilt beim Kartari Yoga das Prinzip, dass das Ganze mehr ist als die Summe seiner Teile. Wenn ein Graha nur mit einem anderen Graha zusammensteht, gibt es von einer Seite weiterhin „Zugang" zu ihm (der gut oder schlecht sein kann) beziehungsweise im Fall von Vikalaavastha (Konjunktion mit einem Übeltäter) noch so etwas wie eine „Flucht- oder Ausweichmöglichkeit". Beim Kartari-Yoga gibt es diese Möglichkeiten nicht

mehr. Das zeigt die Bedeutung der Aussage: das Ganze (das Kartari-Yoga) ist mehr als die Summe seiner Teile (zwei Konjunktionen).

In den bisher behandelten Horoskopen findet sich bei Kennedy (siehe nachfolgendes Horoskop 6) ein Shubha-Kartari-Yoga und

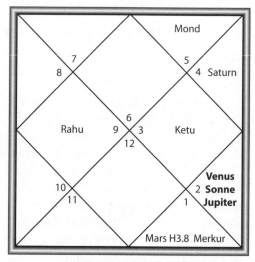

Horoskop 6: John F. Kennedy

bei Einstein (siehe Horoskop 1, Seite 217) ein Paapa-Kartari-Yoga.

Bei Kennedy ist die Sonne in Shubha-Kartari-Yoga, da sie von Jupiter und Venus im 9. Bhava eingerahmt wird. Bei der Interpretation dieses Yogas werden **Jupiter und Venus nur als Wohltäter in Betracht gezogen, da dies der Definition des Yogas entspricht.**

Die Sonne dagegen wird mit all ihren Komponenten berücksichtigt. Da die Sonne das Selbst und das Ego ist, macht dieses Yoga Kennedy sehr sympathisch und gibt ihm eine sanftere Natur. Dies wird noch durch den Umstand verstärkt, dass die Sonne der Dispositor vom Mond (Co-Aszendent, Geist, Denken, Fühlen) ist. Da die Sonne der Herrscher des 12. Bhavas ist (Ausgaben), hilft dieser Yoga Kennedy, Ausgaben zu kontrollieren oder in vernünftige, nützliche oder wohltätige* Bahnen zu lenken. Da die Sonne aber auch das Machtprinzip darstellt, das sich stark auf das Militär stützt, und sie hier den 12. Bhava beherrscht, ist es nicht verwunderlich, dass Kennedy auch die Militärausgaben kräftig erhöhte und dafür aufgrund dieses Yogas alle nötige Unterstützung** bekam. Der 12. Bhava repräsentiert auch das Ausland. Kennedys Kontakte zu seinen ausländischen Verbündeten war hervorragend. Schon bevor er seine große Solidarität mit den Berlinern nach dem Mauerbau bekundete, trat er für eine stärkere Zusammenarbeit zwischen den USA und der EWG ein***.

Bei Einstein (Horoskop 1, rechts) **befindet sich der debilitierte Merkur H1,4 im 10. Bhava in Paapa Kartari Yoga.** Dieser Yoga hat eine hemmende, verlangsamende oder einschränkende Wirkung. Das ist in sofern sehr interessant, da Merkur gleichzeitig den seltenen, sehr positiven Kalpadruma Yoga hat (siehe Kapitel 15, Kalpadruma Yoga). In gewisser Weise wirkt das dem Paapa Kartari Yoga entgegen, aber nicht so, dass wir ihn nicht berücksichtigen und interpretieren müssen, insbesondere da Merkur ja außerdem debilitiert ist.

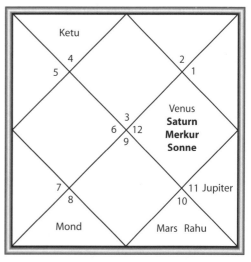

Horoskop 1 Albert Einstein,

Merkur als Aszendenten-Herrscher prägt eine intellektuelle Persönlichkeit. Diese Fähigkeiten entwickelten sich bei Einstein jedoch sehr langsam. Als Herrscher des 4. Bhavas wirkt sich der Paapa Kartari Yoga auch auf das Herz negativ aus. Außerdem muss sich durch Merkurs Position im 10. Bhava die Wirkung dieses Yogas in der beruflichen Karriere zeigen.

Einstein war kein guter Schüler. Im Alter von 15 Jahren verlässt er das Gymnasium in München ohne Schulabschluss. Ein Jahr später scheitert er bei der Aufnahmeprüfung an der Eidgenössischen Technischen Hochschule (ETH) in Zürich und tritt in die Aargauische Kantonsschule ein, bei der er ein Jahr später, als er 17 Jahre alt ist, den Mittelschulabschluss schafft. Dann erst kann er sich bei der Eidgenössischen Polytechnischen Hochschule für das Studium des mathematisch-physikalischen Fachlehrer-Berufs immatrikulieren. Vier Jahre später besteht er das Diplom. Seine Bewerbung für eine Assistentenstelle bei der ETH Zürich wird jedoch abgelehnt. Er arbeitet etwa zwei Jahre als Hilfslehrer in einer Schule und wird dann im Alter von

---

* Hier kann man Kennedys Bürgerrechtsprogramm zur Lösung der Rassenfrage nennen.

** Kennedys Demokraten erzielten nach der Erhöhung der Militärausgaben bei den Kongresswahlen im November 1962 einen Wahlsieg.

*** Januar 1962.

23 Jahren Beamter beim Patentamt Bern. Nebenbei arbeitet er an seinen Forschungen und schreibt im Alter von 26 Jahren seine Dissertation. In diesem Jahr entdeckt er auch die Lichtquanten, wofür er aber erst 16 Jahre später (!) den Nobelpreis erhält. Später kommen die Anfeindungen und Diffamierungen durch die Nazis hinzu, die Aberkennung seiner deutschen Ehrenbürgerschaft und die Aussetzung einer Prämie auf seinen Kopf.

An der Entwicklung des Lebens von Einstein können wir sehr deutlich die einschränkende und hemmende Wirkung des Paapa-Kartari-Yogas ablesen, die sich sowohl auf die Entfaltung seiner Persönlichkeit und seines Genius bezieht, als auch auf seine berufliche Entwicklung. Aber auch die späteren beruflichen Schwierigkeiten und die späte Anerkennung seiner Leistungen gehört in dieses Bild.

Im Alter von 48 Jahren muss Einstein wegen Herzschwäche zu einer längeren Kur. Merkur ist Herrscher des 4. Bhavas, dem das Herz zugeordnet ist. Allerdings muss dies zusammen mit dem debilitierten Mond (Herz) im 6. Bhava (Krankheit) gesehen werden.

Erweiterte Kartari Yogas

Die Kartari-Yogas können auch weiter gefasst werden, als nur innerhalb eines Raashis. Einer der beiden Grahas, die die Schere bilden, kann auch im benachbarten Raashi stehen, oder beide können in den angrenzenden Raashis stehen. In letzterem Fall ist dann ein ganzer Bhava in der Schere und wird in seiner Entfaltung entweder gefördert oder gehindert. Und diese Situation überträgt sich dann auch auf die Grahas, die sich in dem Bhava befinden, welcher in der Schere ist.

Merksatz: **Kartari-Yogas werden auch gebildet, wenn einer der beiden Grahas, die die Schere bilden, im benachbarten Bhava steht, oder wenn beide Grahas in den angrenzenden Bhavas stehen. Im letzteren Fall ist der ganze Bhava in der Schere.**

Wenn wir uns diesbezüglich nochmals **Lena Grigoleits Horoskop** anschauen, sehen wir, dass es dort einige dieser erweiterten Kartari Yogas gibt.

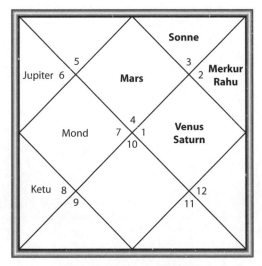

Horoskop 3: Lena Grigoleit

Da Merkur mit Rahu in Konjunktion steht, ist Merkur ein Übeltäter. Er steht im 11. Bhava. Mars befindet sich im 1. Bhava. Dadurch sind der 12. Bhava und die Sonne darin in einer Schere von Übeltätern: Die Verluste, die Lena im Leben zu erleiden hatte, werden durch diesen Paapa Kartari Yoga noch schmerzhafter oder größer.

Die Sonne im 12. Bhava bildet zusammen mit Rahu im 11. Bhava eine Schere, in der sich Merkur befindet. Dieser Paapa-Kartari-Yoga bezieht sich auf sein Kaarakatwa und auf die Bhavas, die er beherrscht, also den 12. und den 3. Bhava. Merkur repräsentiert Lenas literarisches Interesse. Ihre Lebensumstände haben dies jedoch behindert, sodass sie ihren literarischen Interessen nur schwer nachkommen konnte, was aus ihrer Äußerung zu entnehmen ist, dass sie sogar bei der Arbeit las. Bezüglich Merkur als Herrscher des 12. Bha-

vas verschärften sich noch die Aussagen, die wir oben über den 12. Bhava und der Sonne darin getroffen haben. Der 3. Bhava bezieht sich auf Lenas recht eingeschränkte Möglichkeiten, eigene Initiativen zu entwickeln oder zu reisen. Die „Reise" in die Verbannung war eine Tortur. Darüber hinaus ist sie nicht viel gereist.

Auch Venus steht in Paapa-Kartari-Yoga, da Saturn auf der einen Seite steht und auf der benachbarten anderen Seite befindet sich Rahu im 11. Bhava. Das lässt sich ohne weiteres auf Lenas Liebesleben beziehen, welches sich kaum entfalten konnte. Venus beherrscht den 4. und 11. Bhava. Der Einfluss auf den 4. Bhava bildet ein weiteres Argument für Lenas Schicksalsschläge bezüglich ihres Hofs. Der Einfluss auf den 11. Bhava bezieht sich auf ihren geringen Verdienst und ihre begrenzte Wunscherfüllung. An Lenas Beispiel sieht

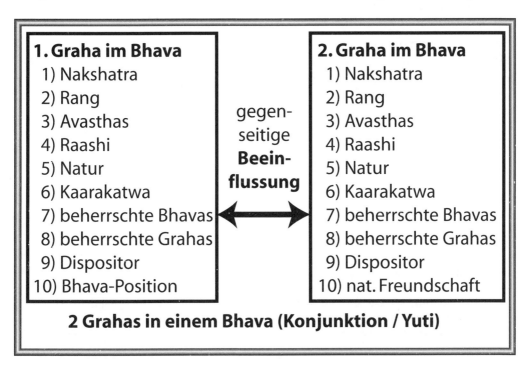

Grafik 54: Die gegenseitige Beeinflussung von zwei Grahas

man jedoch, dass man trotz solch massiver Hindernisse und Einschränkungen im Leben ein zufriedener Mensch sein kann, wenn die Persönlichkeit stark ist, um mit solchen Situationen richtig umzugehen.

All diese Beispiele zeigen, dass die Kartari Yogas sehr deutliche Wirkungen in positiver oder negativer Richtung haben. Darüber hinaus müssen wir aber ihre **Konjunktionen (Yuti) zusätzlich einzeln inhaltlich genau interpretieren**, wie in Grafik 54 auf Seite 219 dargestellt.

Bei Konjunktionen ist zu beachten, **dass der Grad der Beeinflussbarkeit bei den Grahas unterschiedlich ist. Rahu und Ketu werden am stärksten durch andere Grahas beeinflusst, da sie körperlos sind. Sie nehmen dadurch den anderen Graha auf, so wie er ist, sodass man sagen kann, dass sich dessen Wirkung durch Rahu und Ketu noch verstärkt. Das ist besonders bei Rahu der Fall, weil zu seinem Kaarakatwa das Ergreifen oder In-Beschlag-Nehmen gehört.**

In der Beeinflussbarkeit folgen dann Mond und Merkur, zum einen weil sie weibliche Grahas sind, zum anderen weil der Mond insbesondere Aufnahmefähigkeit bedeutet und Merkur als der „Sohn des Mondes" (Induputra) gesehen wird. Er steht für den Intellekt, die Unterscheidungs- und Verstandesfähigkeit des Geistes sowie für Analyse und Beobachtung. Die übrigen Grahas sind stärker in der Lage, ihren Stand zu wahren und beeinflussen sich deshalb gegenseitig zu etwa gleichen Teilen.

Merksatz: **Rahu und Ketu werden am stärksten durch andere Grahas beeinflusst, Mond und Merkur auch noch stark. Die übrigen Grahas beeinflussen sich gegenseitig gleich stark.**

In Lenas Horoskop (Horoskop 3) **gibt es zwei Konjunktionen:** Saturn und Venus im 10. Bhava und Rahu und Merkur im 11. Bhava.

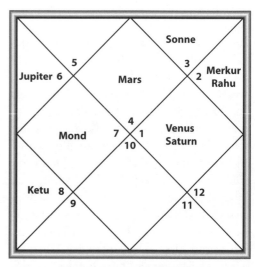

Horoskop 3: Lena Grigoleit

Graha	Avasthas	
Sonne	shaanta	baala
Mond	duhkhita	yuva
Mars	hiena	vriddha
Merkur	pramudita	vriddha
Jupiter	khala	yuva
Venus	shaanta	mrita
Saturn	hiena	kumara
Rahu	diepta	mrita
Ketu	diepta	mrita

Neu in dem Flussdiagramm Grafik 54, Seite 219, ist für die Interpretation einer Konjunktion die **natürliche Freundschaft**. Die beiden Grahas **Saturn und Venus** sind beidseitig natürliche Freunde. Das entschärft diese Konjunktion etwas, denn eigentlich muss ja Saturn als Übeltäter zunächst als Belastung und Erfahrung von Schmerz für die Venus-Belange gesehen werden. Wenn wir Venus als Indikator für Lenas Liebesleben sehen, ist wichtig, dass Saturn den 7. Bhava beherrscht, also den Ehemann repräsentiert. Hinzu kommt, dass Venus den 11. und 4. Bhava beherrscht, die Wunscherfüllung und Innenleben bedeuten. Durch die natürliche Freundschaft von Saturn und Venus bekommt diese Konjunktion nun auch etwas Positives. Sie ist förderlich für eine dauerhafte Ehe, da Saturn dem Ehemann eine treue, bescheidene, zuverlässige, dienende und in diesem Fall auch freundschaftlich verbundene Haltung gibt. Ferner steht Saturn für ältere Menschen und ist deshalb ein Hinweis darauf, dass Lenas Mann 9 Jahre älter war als sie.

Nachteilig hingegen ist Saturns Herrschaft über den 8. Bhava. Die negative Bedeutung dieses Bhavas wie Kollaps oder Krise verbindet sich mit den Kaarakatwas Trennung und Leid von Saturn. Wenn wir dann Venus als generellen Indikator für Lenas Eheleben ansehen, ist diese Konjunktion ein Argument dafür, dass sie ihren Mann 15 Jahre überlebt, was ja eine recht lange Zeit der Witwenschaft ist. Auch Venus' Mritaavastha (tot) und Saturns Hienaavastha (debilitiert) tragen hierzu bei. Bei Venus bedeutet es die Möglichkeit des plötzlichen Endes von Beziehungen. Dies geschah bei Lena zum einen bei ihrer Beziehung zu Fritz, die sie sehr plötzlich abbrach, um ihren Mann zu heiraten, und zum anderen durch den etwas frühen Tod ihres Mannes. Bei Saturn als Herrscher des 7. Bhavas ist Hienaavastha nicht gut für die *Lebenserwartung des Mannes aus der Sicht von Lena.* Immerhin wird er 78 Jahre alt, aber sie wird 84. Durch den zusätzlichen Altersunterschied von 9 Jahren erscheint ihr dann seine Lebenslänge relativ kurz, da sie ihn 15 Jahre überlebt.

Die **Konjunktion von Merkur und Rahu** verstärkt Merkurs Rolle und bewirkt, dass Lena an dem, was Merkur beinhaltet, sehr stark festhält. Dazu gehört natürlich ihr literarisches Interesse, aber auch ihre Gesprächigkeit. Pramuditaavastha gibt Merkur in der Konversation eine sehr verbindliche Art, die durch Rahu in Dieptaavastha (in Exaltation) noch verstärkt wird. Lena muss eine sehr intensive Gesprächspartnerin gewesen sein. Sein Mritaavastha hat zu plötzlichem Abbruch von freundschaftlichen Kontakten geführt, zum Beispiel durch die Verbannung oder die wechselnden politischen Verhältnisse. Diese Interpretation von Rahu mrita Yuti Merkur verschärft sich zusätzlich durch Venus als Dispositor von Merkur und Rahu, der Yuti Saturn H8 (Transformationen) im 10. Bhava (Regierung) ist.

Aspekte (Drishti)

Als nächstes wenden wir uns den Aspekten zu. Dieses Prinzip heißt in der Vedischen Astrologie **Drishti**, was „Anschauen" bedeutet. Wenn wir beispielsweise eine Person von hinten anschauen und diese sensibel ist, wird sie es spüren und sich uns zuwenden. Das Anschauen ist ein Richten der Aufmerksamkeit auf ein Objekt, wodurch das Objekt beeinflusst wird. Aspekte werden von Grahas gebildet, die andere Grahas oder auch Bhavas aspektieren. Bhavas können Aspekte nur empfangen, aber nicht selber bilden. Dagegen können Grahas beides.

In der westlichen Astrologie nennt man das „aspektieren" oder einen „Aspekt" geben oder erhalten. Diese Begriffe werden wir ebenfalls verwenden, weil sie vielen Lesern geläufig sind. Allerdings sind die Regeln, wann ein Graha einen anderen Graha oder ein Bhava aspektiert, anders als in der westlichen Astrologie. Der erste wesentliche Unterschied ist, dass nicht zwischen guten und schlechten Aspekten unterschieden wird, die sich aus dem Winkel des Aspekts herleiten (zum Beispiel Trigon (120°) ist gut, Quadrat (90°) ist schlecht). Ob ein Aspekt gut oder schlecht ist, hängt in der Vedischen Astrologie von der Qualität des Grahas ab, der den Aspekt bildet. Dabei spielen die gleichen Kriterien eine Rollen, die wir schon von der Konjunktion her kennen. In den meisten Fällen werden wir deshalb eine Mischung von guten und schlechten Komponenten eines Aspektes finden, sodass es immer darauf ankommt, was wir gerade analysieren, um zu entscheiden, welche der Komponenten entsprechend relevant sind.

Merksatz: **Die Qualität eines Aspektes wird durch die Qualität des aspektierenden Grahas bestimmt.**

Der zweite wesentliche Unterschied zur westlichen Astrologie ist, dass nicht alle Grahas die gleichen Aspekte bilden. Die 8 Regeln für die Aspekt-Bildung der Grahas sind wie folgt:

1. Die Aspekt-Bildung richtet sich nach der Entfernung zwischen dem Graha, der den Aspekt gibt, und dem Graha oder Bhava, der den Aspekt empfängt. Die Entfernung wird in Bhavas gezählt, beginnend mit der Posititon des Grahas, der den Aspekt gibt. Es gibt auch die Aspekt-Bildung aufgrund der Entfernung in Graden, die aber mehr bei der Stärkeberechnung (Shadbala) der Grahas eine Rolle spielt. Deshalb werden wir diese Form der Aspekt-Bildung hier vernachlässigen und nur die Entfernung nach Anzahl der Bhavas berücksichtigen.

2. Es gibt volle, dreiviertel, halbe und viertel Aspekte, was die Stärke der Aspekte betrifft. Das richtet sich danach, wie viele Bhavas beziehungsweise Grade der aspektierte Graha oder der aspektierte Bhava vom aspektierenden Graha entfernt ist. Auch diese Differenzierung spielt mehr eine Rolle bei der Stärkeberechnung (Shadbala). **Wenn wir in den folgenden Kapiteln von Aspekten sprechen, meinen wir immer nur die vollen Aspekte.**

3. Alle Grahas aspektieren von ihrer Position aus gesehen den gegenüberliegenden Bhava, also den 7., und die Grahas, die sich darin befinden.

4. Für Mars, Jupiter, Saturn (die so genannten äußeren Grahas, weil sie weiter von der Sonne entfernt sind als die Erde) und die beiden Mondknoten (Rahu und Ketu) gibt es Sonder-Aspekte.

5. Die Sonder-Aspekte von Mars sind, dass er zusätzlich zum gegenüberliegenden Bhava auch den 4. und 8. Bhava von seiner Position aus aspektiert. (Grafik 55)

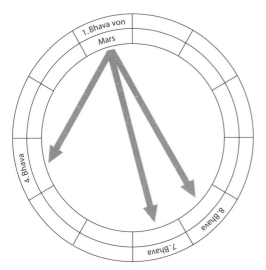

Grafik 55: Aspekte von Mars

6. Die Sonder-Aspekte von Jupiter sind der 5. und 9. Bhava von seiner Position aus, zusätzlich zum gegenüberliegenden Bhava. (Grafik 56)

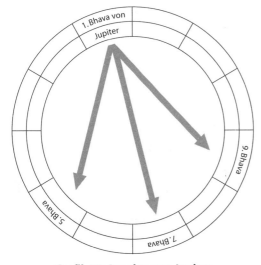

Grafik 56: Aspekte von Jupiter

7. Die Sonder-Aspekte von Saturn sind der 3. und 10. Bhava von seiner Position aus gesehen, zusätzlich zum gegenüberliegenden Bhava. (Grafik 57)

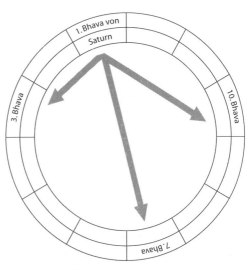

Grafik 57: Aspekte von Saturn

8. Die Sonder-Aspekte von Rahu und Ketu sind der 5., 9. und 12. Bhava von ihrer Position aus gesehen, zusätzlich zum gegenüberliegenden Bhava. (Grafik 58)

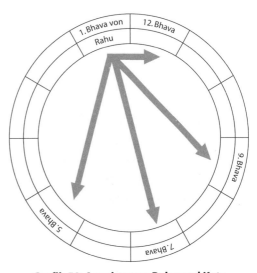

Grafik 58: Aspekte von Rahu und Ketu

223

Bei der **Interpretation von Aspekten** auf Bhavas und Grahas müssen fast die gleichen Kriterien berücksichtigt werden, die wir bereits bei der Konjunktion von Grahas behandelt haben. Grafik 59 veranschaulicht die vollständige Liste.

> Ein aspektierender Graha beeinflusst also den Bhava und die darin befindlichen Grahas mit seiner gesamten Situation und Umgebung.

Dabei müssen folgende zum Teil bekannte Regeln berücksichtigt werden:

1. Wie üblich, werden die Aspekte der Wohltäter als positiv und die der Übeltäter als negativ angesehen.

2. Der Aspekt des Herrschers eines Bhavas auf seinen eigenen Bhava wird immer als positiv gewertet, außer für die sozialen Bezüge, die dem Bhava zugeordnet sind. (Wenn beispielsweise Saturn den 9. Bhava *beherrscht und aspektiert*, ist das für den Horoskop-Eigner gut, aber nicht für seinen Vater.)

Bei Mars ist es sogar so, dass er auch für den Horoskop-Eigner nachteilig sein kann, indem er Wunden oder Narben an

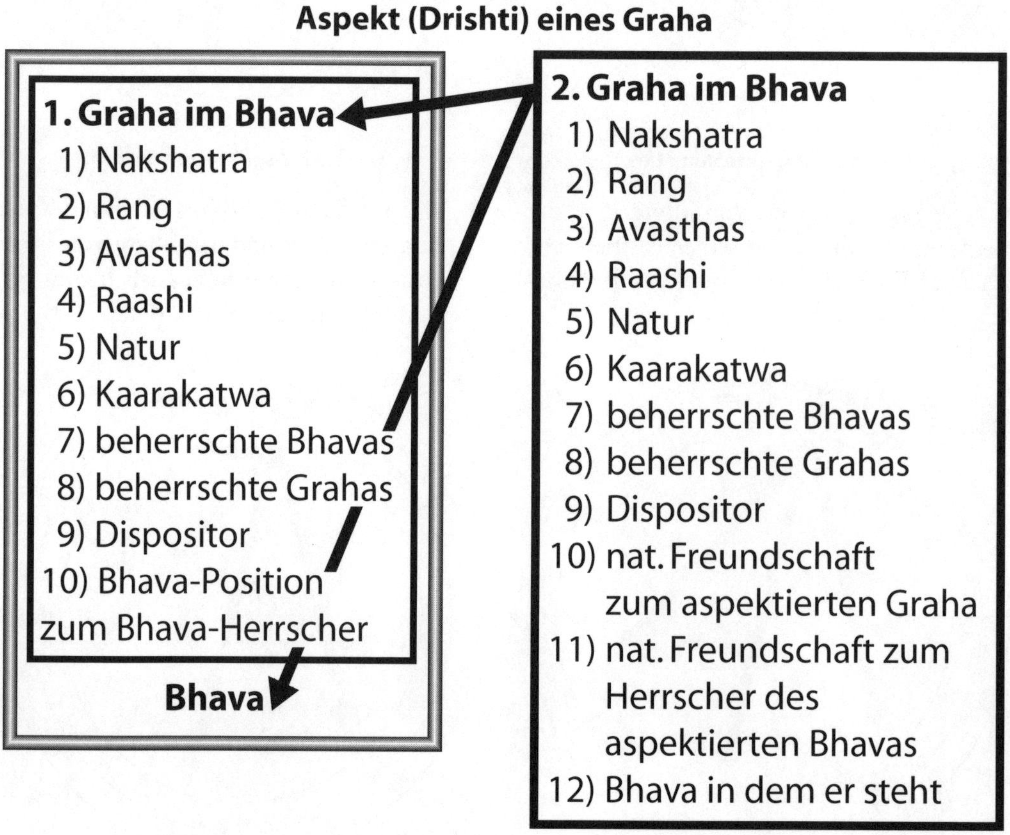

Aspekt (Drishti) eines Graha

1. Graha im Bhava
1) Nakshatra
2) Rang
3) Avasthas
4) Raashi
5) Natur
6) Kaarakatwa
7) beherrschte Bhavas
8) beherrschte Grahas
9) Dispositor
10) Bhava-Position zum Bhava-Herrscher

Bhava

2. Graha im Bhava
1) Nakshatra
2) Rang
3) Avasthas
4) Raashi
5) Natur
6) Kaarakatwa
7) beherrschte Bhavas
8) beherrschte Grahas
9) Dispositor
10) nat. Freundschaft zum aspektierten Graha
11) nat. Freundschaft zum Herrscher des aspektierten Bhavas
12) Bhava in dem er steht

Grafik 59:
Die Beeinflussung von einem Graha und einem Bhava durch einen aspektierenden Graha.

dem Körperteil verursachen kann, welcher dem *beherrschten und gleichzeitig aspektierten* Bhava entspricht. (Wenn Mars zum Beispiel den 3. Bhava *beherrscht und aspektiert*, kann er Wunden an Armen oder Händen verursachen oder einen Bruch.)

3. Die Kendra- und Kona-Herrscher (1, 4, 7, 10; 5 und 9) sind gute Herrscher und fördern den Bhava, den sie aspektieren. Die Duhsthaana-Herrscher (6, 12 und 8) sind schlechte Herrscher und schaden dem Bhava, den sie aspektieren.

4. Auch die natürliche Freundschaft zum Herrscher eines aspektierten Bhavas hat einen Einfluss. Wenn beispielsweise Saturn einen von Venus beherrschten Bhava aspektiert, d. h. der Bhava ist identisch mit Stier oder Waage, ist das etwas weniger ungünstig, weil er der Freund der Venus ist, als wenn er zum Beispiel den Bhava aspektiert, in dem sich der Löwe befindet, da Saturn der Feind der Sonne ist, die den Löwen beherrscht.

5. Ferner muss die natürliche Freundschaft zum aspektierten Graha gesehen werden. Sie beeinflusst alles, was den aspektierten Graha betrifft, während die natürliche Freundschaft zum Herrscher des aspektierten Bhavas mehr auf die Belange dieses Bhavas wirkt.

6. Im übrigen gelten die obigen Punkte 1 bis 3 für die aspektierten Grahas entsprechend.

Nun gilt es, die **Aspekte im Horoskop-Schema zu erkennen.** Da das Schema quadratisch ist, sehen die Sonder-Aspekte aus der Position von jedem Bhava anders aus. Dies erfordert einige Übung, prägt sich aber mit der Zeit ein.

Als erstes betrachten wir einige wichtige Aspekte im Horoskop von **Kennedy** in Bezug auf den 8. Bhava (Transformation, Tod, Langlebigkeit).

Übung 16

Da die Aspekte auf den gegenüberliegenden Bhava und die dortigen Grahas relativ leicht zu sehen sind, konzentrieren wir uns in dieser Übung auf die Sonder-Aspekte von Mars, Jupiter, Saturn, Rahu und Ketu. Bitte finden Sie diese Aspekte im Horoskop von John F. Kennedy.

Die Lösung wird später in diesem Kapitel behandelt.

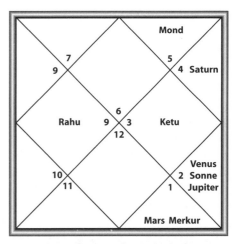

Horoskop 6: John F. Kennedy

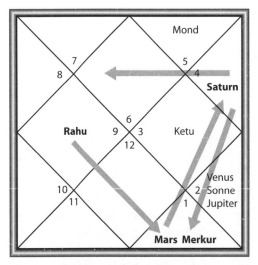

Horoskop 6: John F. Kennedy

Rahu aspektiert den 8. Bhava (5. Bhava von Rahus Position aus), in dem Mars und Merkur stehen.

Erklärung: Rahu steht im 4. Bhava und wenn wir vom 4. Bhava 5 Bhavas weiterzählen, wobei wir den 4. mitzählen müssen, gelangen wir zum 8. Bhava.

Der 8. Bhava wird außerdem von Saturn aspektiert (10. Bhava von Saturns Position aus).

Erklärung: Wenn wir von Saturns Position im 11. Bhava 10 Bhavas weiterzählen, den 11. mit eingeschlossen, gelangen wir zum 8. Bhava vom Aszendenten.

Somit aspektieren 2 natürliche Übeltäter (Rahu und Saturn) den 8. Bhava, in dem wir bereits die belastende Konjunktion von Merkur H1 (Persönlichkeit, Körper) und Mars H8 (Kollaps, frühzeitiger Tod) vorgefunden haben. Das verschlimmert diese Konjunktion deutlich. Hinzu kommt noch, dass Saturn H6 (Feinde) ist und in Mritaavastha (tot) steht, was sich zu den schlechten Avasthas von Mars und Merkur (beide mrita, Merkur duhkhita – schmerzhaft, verletzt) hinzuaddiert.

Saturn aspektiert nicht nur den Herrscher des Aszendenten Merkur H1 im 8. Bhava, sondern mit seinem Aspekt auf den 3. Bhava von seiner Position aus auch noch den Aszendenten selbst, was die Situation für Kennedys Leben noch verschlechtert.

Außerdem aspektiert Mars H8 mit seinem Aspekt auf den 4. Bhava von seiner Position aus den Saturn H6, denn wenn wir vom 8. Bhava 4 Bhavas weiterzählen (den 8. mit eingeschlossen), gelangen wir zum 11. Bhava, in dem Saturn steht. Das erhöht die Spannung zwischen Mars und Saturn, insbesondere weil beide Duhsthana-Herrscher sind. Zwar ist Saturn entsprechend seiner natürlichen Freundschaft neutral zu Mars und lediglich Mars ein Feind von Saturn. Aber die beiden Grahas sind sehr gegensätzlicher Natur. Mars bedeutet Energie, er möchte immer vorangehen, und Saturn verlangsamt und bremst alle Prozesse, steht also im Gegensatz dazu. Das zusammen ergibt eine explosive Spannung, die sich auch in Form von Gewalt entladen kann. (In anderen Fällen kann es Unfall oder lediglich viel Streit und Auseinandersetzungen bedeuten.)

Dieses Beispiel macht deutlich, wie viele negative Komponenten zusammenwirken müssen, um einem solch fatalen Schicksal zu entsprechen, wie Kennedy es gewählt hatte.

Die übrigen Sonder-Aspekte in Kennedys Horoskop sind im folgenden Horoskop-Schema auf der nächsten Seite dargestellt.

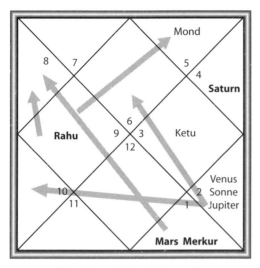

Horoskop 6: John F. Kennedy

Der 8. Bhava wird von Mars (Aspekt auf den 8. Bhava von seiner Position aus), Saturn (Aspekt auf den 7. Bhava von seiner Position aus) und Ketu (Aspekt auf den 5. Bhava von seiner Position aus) aspektiert. Keiner dieser Grahas ist ein Duhsthana-Herrscher, aber alle sind Übeltäter. Saturn ist der Dispositor von Ketu, sodass er dessen Wirkung nochmals verstärkt. Und Mars ist der Dispositor von Saturn, sodass er das gleiche in Bezug auf Saturn tut.

Venus ist der Herrscher des 8. Bhavas und steht in Konjunktion mit Mars, sodass er quasi doppelt auf das 8. Bhava wirkt. Ferner hat Venus Yuti mit Merkur H12 (Duhsthana) und wird von Jupiter H6 (Duhsthana) aspektiert (Aspekt auf den 7. Bhava von seiner Position aus). Diese beiden Duhsthana-Herrscher sind natürliche Wohltäter, wodurch sie milder wirken als diejenigen in Kennedys Horoskop, die Übeltäter waren.

Auch dieses Beispiel zeigt, dass sehr viel zusammen kommen musste, um ein gewaltsames Lebensende, wenn auch in hohem Alter, anzuzeigen.

Da auch **Mahatma Gandhi** eines gewaltsamen Todes starb, müssen wir auch bei ihm eine Ballung negativer Einflüsse auf den 8. Bhava finden. Allerdings war Gandhi bereits 78 Jahre alt, als er ermordet wurde. In sofern kann die Situation bei ihm nicht so dramatisch aussehen wie bei Kennedy.

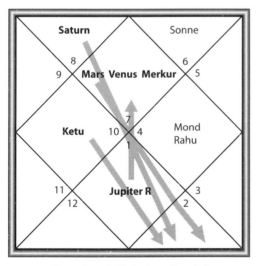

Horoskop 9: Mahatma Gandhi

Bei **Mozart** hatten wir Jupiter in Chitra im 2. Bhava als Argument für Mozarts Ausdrucksfähigkeit in seiner Musik (Kapitel 8, Jupiter in Chitra im 2. Bhava) positiv hervorgehoben.

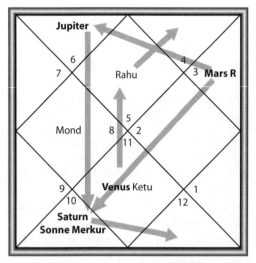

Horoskop 2: Wolfgang A. Mozart

ponente von Mozarts Persönlichkeit und macht sie musisch, zum anderen verbindet die Venus als Kaaraka für Musik durch ihre Herrschaft über den 10. und 3. Bhava das Berufsfeld und die Tätigkeit der Hände mit Mozarts Persönlichkeit.

Mozarts verkürzte Lebenserwartung sehen wir an der Sonne H1 im 6. Bhava Yuti Saturn H6, die von Mars und Jupiter H8 aspektiert werden, sowie dem Aspekt von Saturn H6 auf den 8. Bhava. Ferner aspektiert Mars den Jupiter H8 und Rahu den 12. Bhava (Ende des Lebens) (Aspekt auf den 12. Bhava von seiner Position aus), welcher durch Mars und Rahu zudem im Paapa-Kartari-Yoga steht. Hier ist die Situation etwas komplexer und vielseitiger, was zeigt, dass wir immer sehr genau alle Argumente sammeln müssen, bevor wir zu einer Aussage gelangen können.

Durch Jupiters Aspekt (5. Bhava von seiner Position aus) auf den 6. Bhava, in dem sich die Sonne H1 (Persönlichkeit), Merkur H2 (Ausdruck) und Saturn H7 (nach außen gehen) befinden, kann sich die positive Wirkung von Jupiter so richtig entfalten. Dabei hilft noch ganz besonders, dass er den 5. Bhava beherrscht (Fähigkeiten). Seine Herrschaft über den 8. Bhava (Esoterik) fördert zum einen das Interesse für methaphysische Thematiken, ist aber auf der anderen Seite nachteilig für Gesundheit und Lebenslänge. Auch der Aspekt von Mars (8. Bhava von seiner Position aus) als Übeltäter ist diesbezüglich eine Belastung. Aber seine Herrschaft über die Bhavas 4 (Innenleben) und 9 (Gesetz, Ordnung) sind sehr dienlich für die Tätigkeit von Mozart. Der Aspekt von Venus auf Rahu im Aszendenten entschärft zum einen den Rahu als wichtige Kom-

Übung 17

Finden Sie alle Aspekte und Konjunktionen in Ihrem eigenen Horoskop. Schreiben Sie sie auf ein Blatt Papier, damit Sie sie immer parat haben, wenn Sie Ihr Horoskop interpretieren wollen. Erkennen sie die Aspekte in möglichst vielen anderen Horoskopen – am besten von Personen, die Ihnen nahestehen und deren Horoskope Sie interpretieren möchten.

Lösungen sind individuell.

EINBEZIEHUNG VON YUTI (KONJUNKTIONEN) UND DRISHTI (ASPEKTE)

– Stufe 4 der Horoskop-Interpretation –

In der Stufe 4 der Horoskop-Interpretation (Seite 232) wird das Flussdiagramm der erweiterten Stufe 3 mit den Komponenten Yuti (Konjunktion) und Drishti (Aspekt) ergänzt, die wir im vorangegangenen Kapitel behandelt haben. Dadurch werden unsere Aussagen sehr viel präziser, reichhaltiger und deutlicher. Das Prinzip der Wiederholung oder Verstärkung von Aussagen durch weitere Argumente gewinnt sehr an Bedeutung, Zuverlässigkeit und Genauigkeit, wie wir an den Beispielen im vergangenen Kapitel gesehen haben.

Den oberen Teil des Flussdiagramms wiederholen wir nur mit seinen Hauptpunkten, da sich die Unterpunkte nicht ändern (Persönlichkeit usw.).

Eine Interpretation entsprechend der Stufe 4 wollen wir jetzt bei **Pablo Picasso** mit **Merkur, Mond und Rahu im 5. Bhava** durchführen. Dabei werden wir uns auf die Aussagen über Picasso als Künstler beschränken und zunächst die Struktur, die von diesen drei Grahas gebildet wird, mit einigen Schlüsselworten für die Interpretation grafisch darstellen (siehe Grafik 60 auf Seite 230).

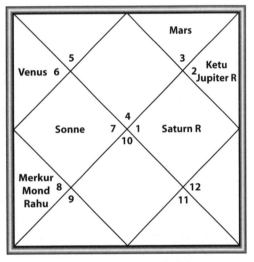

Beispiel-Horoskop 5: Pablo Picasso
25.10.1881, 23:15 Uhr, Malaga, Spanien

Graha		5 und	9 Avasthas
Sonne	H2	kumara	Hiena
Mond	H1	yuva	Hiena
Mars	H5,10	vriddha	Khala
Merkur	H3,12	mrita	Duhkhita
Jupiter	H6,9	mrita	Khala
Venus	H4,11	yuva	Hiena
Saturn	H7,8	yuva	Hiena
Rahu		yuva	Hiena
Ketu		yuva	**Hiena**

Struktur-Übersicht:
Konjunktion Merkur, Mond und Rahu im 5. Bhava bei Picasso

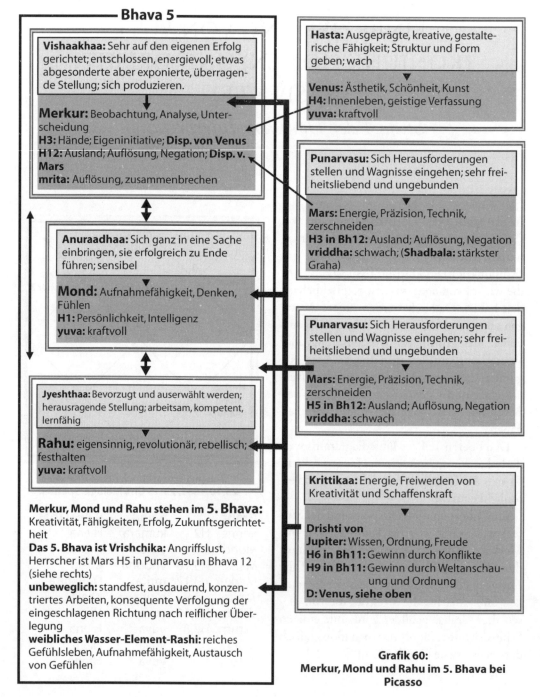

Bhava 5

Vishaakhaa: Sehr auf den eigenen Erfolg gerichtet; entschlossen, energievoll; etwas abgesonderte aber exponierte, überragende Stellung; sich produzieren.

Merkur: Beobachtung, Analyse, Unterscheidung
H3: Hände; Eigeninitiative; **Disp. von Venus**
H12: Ausland; Auflösung, Negation; **Disp. v. Mars**
mrita: Auflösung, zusammenbrechen

Anuraadhaa: Sich ganz in eine Sache einbringen, sie erfolgreich zu Ende führen; sensibel

Mond: Aufnahmefähigkeit, Denken, Fühlen
H1: Persönlichkeit, Intelligenz
yuva: kraftvoll

Jyeshthaa: Bevorzugt und auserwählt werden; herausragende Stellung; arbeitsam, kompetent, lernfähig

Rahu: eigensinnig, revolutionär, rebellisch; festhalten
yuva: kraftvoll

Merkur, Mond und Rahu stehen im 5. Bhava: Kreativität, Fähigkeiten, Erfolg, Zukunftsgerichtetheit
Das 5. Bhava ist Vrishchika: Angriffslust, Herrscher ist Mars H5 in Punarvasu in Bhava 12 (siehe rechts)
unbeweglich: standfest, ausdauernd, konzentriertes Arbeiten, konsequente Verfolgung der eingeschlagenen Richtung nach reiflicher Überlegung
weibliches Wasser-Element-Rashi: reiches Gefühlsleben, Aufnahmefähigkeit, Austausch von Gefühlen

Hasta: Ausgeprägte, kreative, gestalterische Fähigkeit; Struktur und Form geben; wach

Venus: Ästhetik, Schönheit, Kunst
H4: Innenleben, geistige Verfassung
yuva: kraftvoll

Punarvasu: Sich Herausforderungen stellen und Wagnisse eingehen; sehr freiheitsliebend und ungebunden

Mars: Energie, Präzision, Technik, zerschneiden
H3 in Bh12: Ausland; Auflösung, Negation
vriddha: schwach; (**Shadbala:** stärkster Graha)

Punarvasu: Sich Herausforderungen stellen und Wagnisse eingehen; sehr freiheitsliebend und ungebunden

Mars: Energie, Präzision, Technik, zerschneiden
H5 in Bh12: Ausland; Auflösung, Negation
vriddha: schwach

Krittikaa: Energie, Freiwerden von Kreativität und Schaffenskraft

Drishti von
Jupiter: Wissen, Ordnung, Freude
H6 in Bh11: Gewinn durch Konflikte
H9 in Bh11: Gewinn durch Weltanschauung und Ordnung
D: Venus, siehe oben

Grafik 60:
Merkur, Mond und Rahu im 5. Bhava bei Picasso

Grafik 60 ist eine Struktur-Übersicht der Konjunktion von Merkur, Mond und Rahu im 5. Bhava bei Picasso. Sie berücksichtigt alle Faktoren des Flussdiagramms Stufe 4 (siehe Seite 232) und repräsentiert das Bild, das ein erfahrener Vedischer Astrologe in seinem Kopf bildet, wenn er diese Konjunktion studiert. Für den Anfänger ist es ratsam, bevor er in die Interpretation geht, solche Strukturen für komplexe Zusammenhänge seines eigenen Horoskops selber zu zeichnen, oder für Horoskope von Familienangehörigen und Freunden.

Die Struktur der Wirkung von Merkur, Mond und Rahu als Konjunktion in Picassos Horoskop ist folgendermaßen aufgebaut: Jeder dieser drei Grahas steht in einem anderen Nakshatra und aktiviert dessen Spezifizierungen. In der Grafik sind deshalb auf der linken Seite die Grahas mit ihrem jeweiligen Nakshatra in separaten grauen Feldern dargestellt und in einen großen Rahmen gestellt, der den 5. Bhava repräsentiert. Die Pfeile zwischen den grauen Feldern symbolisieren die gegenseitige Beeinflussung der drei Grahas untereinander.

Über seine Bhava-Herrschaft bringt Merkur die Wirkungen von Venus im 3. Bhava und Mars im 12. Bhava in diese Struktur der drei Grahas mit ein. Zusätzlich werden alle drei Grahas von Mars im 12. Bhava beeinflusst, weil er der Dispositor von allen dreien ist. Durch seine Position im 11. Bhava aspektiert Jupiter den 5. Bhava und die drei Grahas darin, da sie im 7. von seiner Position aus stehen. Diese drei Grahas, Venus, Mars und Jupiter, sind auf der rechten Seite in grauen Feldern dargestellt, jeweils wieder mit den Nakshatras, in denen sie stehen. Die Pfeile von diesen Feldern zeigen an, welche Wirkungen auf die drei Grahas im 5. Bhava berücksichtigt werden müssen. Im Fall von

Picasso ist Mars also zweimal Teil der Struktur: Einmal als Dispositor der Grahas im 5. Bhava und zum zweiten, weil Merkur den Einfluss von Mars als dessen Dispositor wiederum in den 5. Bhava holt.

Wie immer haben alle Grahas ihre Natur, ihr Kaarakatwa und ihre Häuserherrschaft. Außerdem müssen die Avasthas und wenn möglich auch die Stärken (Shadbala*) berücksichtigt werden.

Der Mond kann bei der Konjunktion im 5. Bhava als wichtigster Graha betrachtet werden. Zum einen, weil zwar alle drei Grahas stark beeinflussbar sind, Rahu jedoch am stärksten von Natur aus modifiziert wird und Merkur weniger wichtig ist als der Mond, weil letzterer das Bewusstsein, Denken und Fühlen repräsentiert. Zum anderen ist der Mond der Herrscher des Aszendenten und repräsentiert als dieser erneut das Denken und die Intelligenz von Picasso. Außerdem ist Mond yuva (voll wirksam) und Merkur mrita (tot, unwirksam).

Der Mond nimmt die Einflüsse von Merkur und Rahu als Herrscher der Persönlichkeit (H1) aufgrund seines Kaarakatwas (Aufnahmefähigkeit, Fühlen, Denken) und als Co-Aszendent auf. Umgekehrt beeinflusst der Mond den Merkur und den Rahu. Außerdem beeinflussen sich Merkur und Rahu gegenseitig.

Hierbei ist noch wichtig, dass Merkur den 12. Bhava beherrscht, in dem Mars steht, der wiederum den 5. Bhava beherrscht, in dem Merkur steht. Diese **wechselseitige Herrschaft von zwei Grahas** nennt man ein **Parivartana-Yoga**. Es ist sehr wichtig, weil sich auf diese Weise zwei Bhavas sehr eng miteinander verbinden, in diesem Fall der 5. und 12. Bhava.

---

* Siehe APA Vedic Astrology Software im Anhang.

Flussdiagramm Stufe 4 der Horoskop-Interpretation
– Integration von Yuti und Drishti –

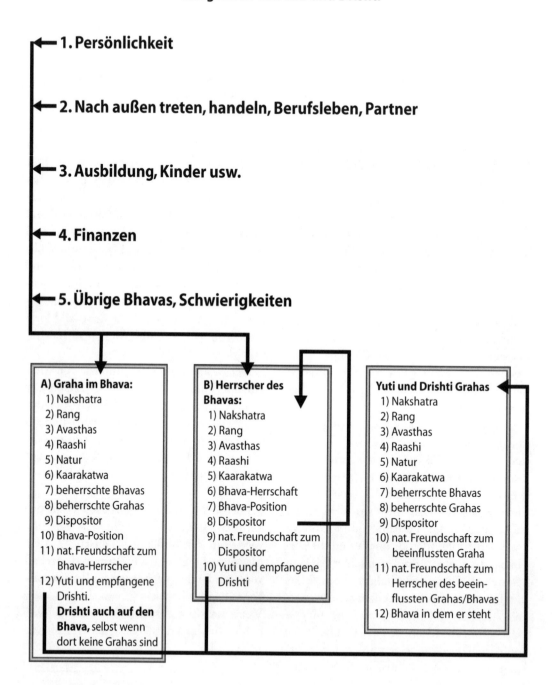

← **1. Persönlichkeit**

← **2. Nach außen treten, handeln, Berufsleben, Partner**

← **3. Ausbildung, Kinder usw.**

← **4. Finanzen**

← **5. Übrige Bhavas, Schwierigkeiten**

A) Graha im Bhava:
1) Nakshatra
2) Rang
3) Avasthas
4) Raashi
5) Natur
6) Kaarakatwa
7) beherrschte Bhavas
8) beherrschte Grahas
9) Dispositor
10) Bhava-Position
11) nat. Freundschaft zum Bhava-Herrscher
12) Yuti und empfangene Drishti.
Drishti auch auf den Bhava, selbst wenn dort keine Grahas sind

B) Herrscher des Bhavas:
1) Nakshatra
2) Rang
3) Avasthas
4) Raashi
5) Kaarakatwa
6) Bhava-Herrschaft
7) Bhava-Position
8) Dispositor
9) nat. Freundschaft zum Dispositor
10) Yuti und empfangene Drishti

Yuti und Drishti Grahas
1) Nakshatra
2) Rang
3) Avasthas
4) Raashi
5) Natur
6) Kaarakatwa
7) beherrschte Bhavas
8) beherrschte Grahas
9) Dispositor
10) nat. Freundschaft zum beeinflussten Graha
11) nat. Freundschaft zum Herrscher des beeinflussten Grahas/Bhavas
12) Bhava in dem er steht

Merksatz: **Die wechselseitige Herrschaft von zwei Grahas heißt Parivartana-Yoga. Sie verbindet die wechselseitig beherrschten Bhavas sehr eng miteinander.**

Zusammen mit den Einflüssen, die sie von den anderen drei Grahas einbringen, interagieren die drei Grahas der Konjunktion mit dem 5. Bhava, in dem Skorpion steht, dessen spezielle Bedeutungen und Wirkungen ebenfalls berücksichtigt werden müssen.

Die gleiche Struktur, die oben als Grafik dargestellt ist, können wir auch wieder als „Struktur-Formel" schreiben, wie wir es bereits in Kapitel 19 bei „Stufe 3 der Horoskop-Interpretation – Mahatma Gandhis Eheleben" getan haben.

Dabei beginnen wir mit dem Mond, weil er der wichtigste Faktor dieser Struktur ist. Eine Konjunktion kürzen wir mit **y** für **Yuti** ab, einen **Aspekt** stellen wir mit einem **Pfeil** in die Richtung des aspektierten Grahas dar. Grahas, die wiederholt auftreten, werden nur das erste Mal voll beschrieben. Freund ist mit „**Fr**" abgekürzt und Feind mit „**Fe**". Der Graha, zu dem diese Beziehung besteht, ist in Klammern dahinter aufgeführt. **Parivartana-Yoga** (siehe oben) ist mit „**Pari-Y**" abgekürzt.

In diesen fünf Zeilen ist alles Wichtige der Struktur dieser sechs Grahas aufgeführt, vorausgesetzt, dass uns die Natur der Grahas geläufig ist und wir ihre Kaarakatwas sowie die Zuordnungen zu den Bhavas zumindest zum Teil im Kopf haben. Hier konzentrieren wir uns im Wesentlichen auf die A-Routine (Grahas im Bhava), da sich das in diesem Fall mit der Fragestellung nach Picassos künstlerischem Genius (5. Bhava: Fähigkeiten) anbietet. Wenn wir diese Formeln niederschreiben, was ja gleichzeitig ein Erarbeiten der Struktur des Horoskops ist, verstehen wir gleich sehr viel vom Horoskop. Schon während des Niederschreibens bemerken wir, dass sich wie von selbst Interpretationen in unserem Bewusstsein bilden. Deshalb ist dieses Aufschreiben der Formeln eine sehr nützliche und fruchtbare Vorbereitung für die Horoskop-Interpretation. Es ist gut, die Formeln eine Weile in Ruhe auf sich wirken zu lassen.

Sie werden wie folgt gelesen:

Mond in Anuradhaa Nakshatra ist in den Avasthas hiena und yuva und ist der Herrscher des 1. Bhavas im 5. Bhava im Skorpion. Sein Dispositor ist Mars in Punarvasu Nakshatra, der sich in den Avasthas khala und vriddha befindet und im 12. Bhava im Raashi

Strukturformel für Konjunktion Mond – Merkur, Rahu

Mo in Anur, hiena, yuva, H1 in 5 (Sko); D: Ma in Punar, khala, vriddha in 12 (Zwi)

y Me in Vish, Fr (Mo), duhk, mrita, H3,12 in 5 (Sko) Pari-Y mit Ma H3 in 12

                                   D v. Ve in Hasta, Fr (Me), hiena, yuva, H4,11 in 3 (Jun)

y Rh in Jyesh, hiena, yuva, in 5 (Sko); D: Ma

←Ju in Krit, khala, mrita, in 11 (Sti); D: Ve Fe (Ju)

Zwillinge steht. Der Mond steht in Konjunktion mit Merkur, der in Vishaakhaa Nakshatra steht, ein natürlicher Freund des Mondes ist, sich in den Avasthas duhkhita und mrita befindet, den 3. und 12. Bhava beherrscht und im 5. Bhava im Skorpion steht. Er hat ein Parivartana Yoga mit Mars, dem Herrscher des 3. Bhavas im 12. Bhava.

Als Herrscher des 3. Bhavas ist Merkur der Dispositor von Venus in Hasta Nakshatra, die sein natürlicher Freund ist und in den Avasthas hiena und yuva steht. Sie ist Herrscher der Bhavas 4 und 11 im 3. Bhava in Jungfrau.

Außerdem steht der Mond in Konjunktion mit Rahu, der in Jyeshthaa Nakshatra steht sowie in den Avasthas hiena und yuva im 5. Bhava im Skorpion. Auch sein Dispositor ist der Mars im 12. Bhava.

Aspektiert wird der Mond und die beiden anderen Grahas sowie das 5. Bhava vom Jupiter, der in Krittikaa Nakshatra steht, sich in den Avasthas khala und mrita befindet und im 11. Bhava im Stier steht. Sein Dispositor ist die Venus, die sein natürlicher Feind ist.

Interpretation der Konjunktion von Merkur, Mond und Rahu bei Picasso*

Da der Mond der wichtigste Graha in dieser Konjunktion ist (siehe Seite 231 rechts oben), lösen wir diese komplexe Struktur über ihn auf. Er repräsentiert das Denken, Fühlen und die Intelligenz von Picasso und steht in Anuraadhaa. Dadurch bringt sich Picasso voll und ganz in eine Sache ein und führt sie zu Ende. Da der Mond für die Vielfalt der Schöpfung steht, können dies durchaus mehrere große Entwicklungsphasen sein. Im 5. Bhava bedeutet der Mond großen Erfolg im Leben und Ausdruck von Kreativität und Fähigkeiten. Im 5. Bhava befindet sich Skorpion, der unbewegliche Raashi des Wasser-Elements. Es verstärkt die Sensibilität des Mondes, seine Gefühlsbetontheit, Aufnahmefähigkeit und den emotionalen Austausch, macht auf der anderen Seite aber auch sehr standfest, ausdauernd, konzentriert bei der Arbeit und konsequent bis stur in der einmal eingeschlagenen Richtung.

Skorpion wird von Mars beherrscht, sodass hier auch noch Präzision und analytische Schärfe mit hineinspielen sowie emotionale Empfindlichkeit und Verletzbarkeit. Letzteres wird durch die Position von Mars im 12. Bhava noch verstärkt. Außerdem bringt der 12. Bhava eine Verbindung zum Ausland. Der Aspekt von Jupiter im 11. Bhava in Krittikaa gibt dem Mond mehr Wissen, Großzügigkeit, Ordnung, Kreativität, Energie, Schaffensfreude und Schaffenskraft. Da Jupiter von Venus beherrscht wird, kommt deren Ästhetik und Kreativität noch mit hinzu. Venus in Hasta gibt sehr ausgeprägte, kreative und gestalterische Fähigkeiten, die Struktur und Form geben können. Da sie jedoch der Feind von Jupiter ist und dieser zudem khala und mrita (tot) ist, gibt es Einbrüche und Disharmonie bezogen auf ihre Einflüsse, die Jupiter an den Mond weitergibt und die sich in Picassos verschiedenen Stilphasen niederschlagen.

Der Mond wird in der Konjunktion durch Merkur beeinflusst, der auch Induputra genannt wird, „Sohn des Mondes", da er den Intellekt, Analyse, Beobachtungsgabe, Sprache und Kommunikation repräsentiert. Diese Qualitäten werden durch die Konjunktion mit dem Mond in Picassos Persönlichkeit stärker aktiviert. So schrieb er auch Gedichte und ein Drama. Merkur beherrscht den 3. Bhava, dem die Hände zugeordnet sind. Damit

---

* Alle Angaben zu Picasso sind der Bild Monographie „Picasso" von Wilfried Wiegand des Rowohlt-Verlags entnommen.

bekommt die große Kreativität des Mondes ein Instrument, über das sie sich ausdrücken kann. Da im 3. Bhava die Venus in einem Erd-Raashi (Jungfrau) steht, und in Hasta (ausgeprägte, kreative und gestalterische Fähigkeiten, die Struktur und Form geben) drückt sich die Kreativität in Form von sehr gegenständlicher Kunst aus, nicht nur Malerei, sondern auch Plastiken. Merkur in Vishaakhaa möchte sich produzieren, ist dabei sehr auf den eigenen Erfolg ausgerichtet, unabhängig von der Umgebung und gibt eine etwas abgesonderte, aber exponierte und überragende Stellung. Venus als Freund ist hier eine große Unterstützung.

Hienaavastha von Mond und Venus – beides Grahas, die etwas mit dem Gefühlsleben zu tun haben – und Khalaavastha von Merkur geben bei aller Energie, Kreativität und Fertigkeit eine bedrückte, schwermütige oder melancholische Grundstimmung. Yuvaavastha von Mond und Venus können daran nichts ändern. Sie stellen lediglich sicher, dass sich die Kreativität auch wirklich erfolgreich ausdrücken kann, während Mritaavastha von Merkur (und auch Jupiter) dazu führt, dass Schaffens- beziehungsweise Stilphasen abbrechen und nicht weitergeführt werden.

Der andere von Merkur beherrschte Bhava ist der 12., in dem sich Mars befindet, der wiederum den 5. Bhava beherrscht, sodass sich diese beiden Bhavas sehr eng durch ein Parivartana-Yoga (siehe oben) miteinander verbinden. Zum einen verstärkt dies die Tendenz, dass Schaffensphasen abbrechen, zum anderen macht dies deutlich, warum Picasso seine Karriere und seinen Weltruhm im Ausland, nämlich Frankreich erlangte, denn er war gebürtiger Süd-Spanier. Der starke Einfluss von Mars im 12. Bhava auf Merkur im 5. erklärt ferner, warum Picasso die realen Formen mehr und mehr „sezierte", auflöste,

auseinandernahm und neu zusammensetzte. Auch der von ihm entwickelte Kubismus mit seinen geometrischen Formen findet hier eine Erklärung. Dabei unterstützte ihn das von Mars besetzte Punarvasu, durch welches er sich immer wieder neuen Herausforderungen stellte und sehr freiheitsliebend und ungebunden in seiner kreativen Entfaltung war. (Diese Wirkung manifestierte sich zudem besonders stark, weil Mars bei Picasso der stärkste Graha nach der Shadbala-Berechnung ist.)

Die Konjunktion von Rahu mit dem Mond gab Picasso etwas Revolutionäres, Eigensinniges und Rebellisches. Schon früh wandte er sich bewusst von der durch seinen Vater vertretenen akademischen Linie der Kunst ab. Im Alter von etwa 63 Jahren wurde er Mitglied der Kommunistischen Partei Frankreichs, deren gesellschaftskritische Terminologie er in seine Bilder einfließen ließ. Die Position dieser Konjunktion im 5. Bhava (zukunftsorientiert) ließ ihn immer wieder neue Wege gehen.

Rahu in Jyeshthaa in Konjunktion mit dem Mond gab ihm immer eine herausragende Stellung. Er hatte diese unter seinen Künstler-Freunden inne, später aber auch durch seine Positionen. Im Alter von ca. 55 Jahren ernannte ihn die spanische Regierung zum Direktor des Prado. Als er ca. 89 Jahre alt war, wurde das Picasso-Museum in Barcelona eröffnet. Ein Jahr später wurde er als erster Maler zu Lebzeiten mit einer Ausstellung im Pariser Louvre geehrt.

Bemerkenswert ist bei dieser Struktur in Picassos Horoskop, wie mit dem Mond H1 in Anuraadhaa Nakshatra, durch welches sich Picasso ganz und gar seinem künstlerischen Genius widmen konnte, zunächst die Nakshatras Vishaakhaa (Erfolg durch Eigeninteresse) und Jyeshthaa (Auserwähltheit) verbinden, und dann die Nakshatras Hasta (Gestaltungsfähigkeit), Punarvasu (Wagnisse)

und Krittikaa (kreative Energie). All diese Einflüsse zentrieren sich im 5. Bhava, dem Bhava der zukunftsgerichteten Kreativität, der Fähigkeiten und des Erfolgs.

Übung 18

Interpretieren Sie anhand Ihres eigenen Horoskops Ihre Persönlichkeit entsprechend der 4. Stufe. Schreiben Sie die Struktur-Formeln der A-, B- und C-Routine auf. Lassen Sie sie auf sich
wirken, indem Sie nach innen gehen. Nehmen Sie die Zuordnungen der Kapitel 9 bis 11 und
18 zu Hilfe. Kommen Sie dann zu den Aussagen.

Lösungen sind individuell. Fragen hierzu können auf den Workshops zu diesem Buch geklärt
werden (siehe Anhang Seite 300).

DIE GRAHAS ALS KAARAKAS (GESTALTER)
– *Die dritte Interpretationslinie* –

„Kaaraka" bedeutet „Der, der etwas tut, produziert oder erschafft". Der Begriff bezieht sich auf die Grahas als Gestalter bestimmter Lebensbereiche oder Beziehungen. Beispielsweise haben wir gesehen, dass der Mond im Horoskop für die Mutter steht. Er ist deshalb der Kaaraka für „Mutter". Ähnlich gesehen ist zum Beispiel die Sonne der Kaaraka für „Vater" oder „Regierung", Mars der Kaaraka für „Polizei", Venus der Kaaraka für „Liebesleben", Merkur für „Literatur" und so weiter.

Die Grahas sind aber nicht nur Kaarakas für bestimmte Personen, Angelegenheiten oder Sachen, sondern auch für Bhavas und damit für alle Belange eines Bhavas. Für manche Bhavas gelten sogar mehrere Grahas als Kaarakas, wie wir gleich sehen werden. Zunächst aber werden wir in der folgenden Tabelle 9 den Haupt-Kaaraka für jeden Bhava nennen. Dieser ist so etwas wie ein zweiter Herrscher des Bhavas, allerdings mit weniger Kompetenz über den Bhava. **Die Reihenfolge ist also wie bisher, dass die Grahas im Bhava am wichtigsten sind, dann kommt der Herrscher des Bhavas und schließlich der Bhava-Kaaraka.**

Die Zuordnung der Grahas als Bhava-Kaarakas ist sehr einleuchtend, denn sie ergibt sich aus dem Kaarakatwa des jeweiligen Grahas. Die Sonne steht für das Selbst und das Leben und ist deshalb Bhava-Kaaraka für den 1. Bha-

va. Jupiter bedeutet Reichtum, aber auch Eloquenz (Redegewandtheit) und ist deshalb der 2. Bhava-Kaaraka. Mars steht für Kraft und Mut, ist daher Kaaraka für den 3. Bhava. Der Mond als Mutter und Innenleben ist der Kaaraka für den 4. Bhava. Jupiter bedeutet Kinder, aber auch Ausbildung und Wissen und ist deshalb der 5. Bhava-Kaaraka. Die Feinde werden durch Mars repräsentiert, sodass er der

Tabelle 9: Bhava-Kaarakas

Bhava	Graha	Zuordnung
1	Sonne	Selbst, Leben
2	Jupiter	Reichtum, Eloquenz
3	Mars	Kraft, Mut
4	Mond	Mutter, Innenleben
5	Jupiter	Kinder, Ausbildung
6	Mars	Feinde
7	Venus	Liebesleben, Sex
8	Saturn	Langlebigkeit
9	Jupiter	Ethik, höhere Bildung
10	Merkur	Geschäftsleben
11	Jupiter	Einkommen, Verdienst
12	Saturn	Verlust, Innenkehr

Bhava-Kaaraka des 6. Bhavas ist. Venus als Repräsentant des Liebeslebens und Sex ist Kaaraka für den 7. Bhava. Die Langlebigkeit, aber auch Katastrophen werden durch Saturn repräsentiert, sodass er Kaaraka für den 8. Bhava ist. Jupiter bedeutet Ethik, Weisheit, höhere Bildung und Ordnung und ist daher der 9. Bhava-Kaaraka. Das Geschäftsleben wird durch Merkur dargestellt. Also ist er der Bhava-Kaaraka für den 10. Bhava. Einkommen und Verdienst werden durch Jupiter als 11. Bhava-Kaaraka repräsentiert. Saturn als Indikator für Verlust, Rückschlag, aber auch Innenkehr ist der 12. Bhava-Kaaraka.

Unabhängig von diesen offensichtlichen Bezügen der Tabelle 9 müssen die Grahas als Bhava-Kaaraka aber immer für *alle* Belange des Bhavas mit berücksichtigt werden. Für den 4. Bhava zum Beispiel müssen wir den Mond als Bhava-Kaaraka auch berücksichtigen, wenn wir etwas über Autos oder Vereinigungen erfahren wollen.

Sekundäre Bhava-Kaarakas sind der Merkur für den 4. Bhava, weil er für Freunde steht, für den 9. Bhava die Sonne, weil sie Vater und Guru (spiritueller Lehrer und Ratgeber) bedeutet, für den 10. Bhava die Sonne für Regierung und Macht, Jupiter für Erfolg und Glück und Saturn für harte Arbeit und Verantwortung. Dies sind aber eigentlich keine echten Bhava-Kaarakas sondern spezielle Kaarakas, wie wir sie aus Kapitel 9 mit den Kaarakatwas der Grahas kennen. Deshalb werden wir als Bhava-Kaarakas nur die in Tabelle 9 bezeichneten Grahas verwenden, die auf Parasharas Lehrauffassung beruhen, und ansonsten die Kaarakatwas sorgfältig beachten, wie sie in Kapitel 9 beschrieben sind. Zum Beispiel muss im Horoskop einer Frau immer auch Jupiter als Kaaraka für Ehemann einbezogen werden.

Das Thema „Kaaraka" hat also zwei Aspekte: Als erstes gibt es immer den Bhava-Kaaraka

zu berücksichtigen und als zweites kann es einen oder mehrere spezielle Kaarakas geben – je nachdem, was wir gerade in dem Horoskop untersuchen.

Merksatz: **Es gibt zwei Sorten von Kaarakas:**
a) **den Bhava-Kaaraka**
b) **den (die) speziellen Kaaraka(s), bezogen auf den Gegenstand der Analyse.**

Manchmal begegnet man in der Literatur der Vedischen Astrologie der Lehrauffassung, dass ein Bhava-Kaaraka nicht in dem Bhava stehen sollte, für welches er der Kaaraka ist, da er dort angeblich schlechte Wirkungen habe. Diese Sicht bestätigt sich nicht in der Praxis und macht auch keinen Sinn, denn die Grahas als Kaarakas sind so etwas wie der Co-Herrscher eines Bhavas. Beispielsweise ist Jupiter der Bhava-Kaaraka für den 2., 5., 9. und 11. Bhava. Da die Duhsthana-Bhavas garantiert generell keine guten Plätze für ihn sind, würden ihm nach obiger Regel nur noch der 1., 3., 4., 7. und 10. Bhava als gute Plätze bleiben, was wohl nicht sein kann. Picasso und Helmut Schmidt haben Jupiter im 11., Einstein und Kennedy im 9. und Mozart im 2. Bhava, die alle seine Bhava-Kaaraka-Plätze sind. Man kann nicht sagen, dass er dort schlechte Wirkungen hatte – eher das Gegenteil. Einstein und Kennedy hatten beide einen sehr guten Bildungsstand erreicht (9. Bhava), und ihr Wort (Eloquenz) fand viel Gehör. Picasso generierte mit seiner Kunst sehr viel Einkommen (11. Bhava) und Schmidt machte sich als Ökonom einen Namen. All das sind Beispiele von der guten Wirkung Jupiters an seinen Bhava-Kaaraka-Plätzen.

Bei einer umfassenden Studie an mehreren hundert Führungskräften aus den verschiedensten Berufszweigen habe ich lediglich feststellen können, dass Jupiter im 2. Bhava unterrepräsentiert und Merkur im 10. Bhava stark unterrepräsentiert war. Alle anderen Bhava-Kaarakas bewegten sich in ihren Kaaraka-Bhavas im Durchschnittsbereich. Daraus lässt sich mithin keine generelle Regel ableiten.

Allerdings gilt die Sonne im 1. Bhava allgemein als nicht gut platziert, da sie dort zu einem Ego-Problem führt. Die Sonne als Selbst oder Seele wird bei der Geburt zum Ego. Wenn sie nun im 1. Bhava steht, welches ebenfalls Selbst und Persönlichkeit bedeutet, wird das Ego überbetont. Zwar haben diese Personen eine starke, raumfüllende Präsenz, aber zu Gunsten eines großen Egos. Damit kommt man im Leben meist nicht allzu weit. Deshalb steht bei sehr erfolgreichen Führungspersönlichkeiten, egal in welchem Berufszweig, die Sonne nur durchschnittlich häufig im 1. Bhava findet. Dagegen ist sie bei diesen Persönlichkeiten auffallend häufig im 12. Bhava zu finden. Der 12. Bhava ist der Bhava der Transzendenz, der Bereich jenseits der Erscheinungswelt. Und die Sonne ist die Seele, die ebenfalls in der Unbegrenztheit zu Hause ist. Also steht sie im 12. Bhava genau richtig entsprechend ihrer Bedeutung platziert. Außerdem bedeutet die Sonne jede Art von Chef oder Vorgesetzen. Wer die Sonne im 12. Bhava (Verlust) hat, hat also keinen Chef beziehungsweise die Chefs haben wenig Handhabe über den Horoskop-Eigner. Er kann sich gut durchsetzen und wird eher selber zum Chef.

Da die Grahas als Bhava-Kaarakas wie Co-Herrscher der Bhavas fungieren, gelten für ihre Aspekte und Positionen die gleichen Regeln wie für die Herrscher der Bhavas, aber in abgeschwächter Form. Das ist besonders wichtig für die Übeltäter. Zum Beispiel hat Mars als Bhava-Kaaraka des 3. Bhavas einen guten Effekt auf den Horoskop-Eigner, weil er Mut, Energie und Tatendrang erhöht. Aber für die Geschwister ist dieser Aspekt nicht gut.

Merksatz: **In Bezug auf ihre Position und Aspekte verhalten sich die Grahas als Bhava-Kaarakas wie Co-Herrscher der Bhavas, aber in abgeschwächter Form.**

Durch den neuen Blickwinkel der Grahas als Kaarakas erhalten wir eine dritte Interpretationslinie. Sie macht die Analyse transparenter, indem sie den speziellen Kaarakas ihre gebührende Bedeutung gibt und die Bhava-Kaarakas zur Vervollständigung der bisherigen Analyse hinzufügt.

Dies wollen wir beim **Horoskop von John F. Kennedy** (nächstes Horoskop) in Bezug auf seinen älteren Bruder analysieren, den er im 2. Weltkrieg verlor.

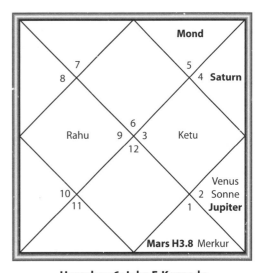

Horoskop 6: John F. Kennedy

Graha	9 und	5 Avasthas
Sonne	khala	yuva
Mond	pramudita	mrita
Mars	svastha	mrita
Merkur	duhkitha	mrita
Jupiter	khala	mrita
Venus	svastha	baala
Saturn	diena	mrita
Rahu		vriddha
Ketu		vriddha

Wenn wir zunächst nur die relevanten Kaarakas betrachten, müssen wir Mars als Bhava-Kaaraka des 3. Bhavas berücksichtigen (Geschwister im Allgemeinen) und Jupiter als Bhava-Kaaraka des 11. Bhavas, weil es sich speziell um den älteren Bruder handelt.

Mars steht im 8. Bhava, also im schlechtesten Duhsthana. Außerdem ist er mrita (tot). Dies sind zwei nachteilige Argumente. Mars steht zwar im eigenen 8. Bhava (svastha, in sich gegründet, gesund), wird dadurch aber zum Herrscher des 8. Bhavas. Dies ist ungünstig für den Graha als Kaaraka. Hier sehen wir eine Wirkung der Bhava-Herrschaft auf den Graha als Kaaraka, sodass Mars mit einem dritten negativen Argument versehen wird.

Merksatz: **Je nach Bhava-Herrschaft wirkt diese günstig oder ungünstig auf den Graha als Kaaraka. (Kendra und Kona günstig, Duhsthana ungünstig.)**

Das vierte negative Argument ist, dass Mars von Rahu aspektiert wird, ein fünftes, dass Mars vom 3. Bhava aus gezählt im 6. Bhava steht. Dies kann Krankheit oder Unfall für den Bruder bedeuten oder Probleme mit Feinden. Da er dann auch der Herrscher des 6. Bhavas vom 3. Bhava aus gezählt ist, wird diese Situation noch verstärkt. (Wenn wir bei diesen fünf negativen Argumenten bedenken, dass der 3. Bhava insbesondere auch der nächst jüngere Bruder ist, verwundert das Schicksal von Robert Kennedy nicht, der wie John ermordet wurde, auch wenn John dies nicht mehr miterlebte.)

Jupiter als Bhava-Kaaraka des älteren Bruders (11. Bhava) steht im 9. Bhava in khala (schlecht) und ist mrita (tot) und in unmittelbarer Konjunktion mit der Sonne H12 in khala. Auch er beherrscht vom 11. Bhava aus gesehen ein Duhsthana, nämlich den 6. (wel-

cher der 4. vom Aszendenten ist), sodass auch hier die Argumente in die gleiche Richtung gehen wie schon bei Mars, dass der Kaaraka ein Duhsthaana beherrscht.

Wenn wir nun noch das Wichtigste der Analysen hinzufügen, wie wir sie bisher kannten, stellen wir fest, das Mars der Herrscher des 3. Bhavas ist, sodass sich alle Argumente für ihn wiederholen. Auch aspektiert er den 3. Bhava, was ungünstig für den Bruder ist, obwohl Mars diesen Bhava beherrscht, denn er ist ein Übeltäter. Auch der Aspekt von Sonne H12 auf den 3. Bhava ist ungünstig und ebenso der von Venus als Herrscher des 12. Bhavas vom 3. aus gesehen. (Der 2. Bhava ist der 12. vom 3. aus gezählt, und bedeutet für den Bruder Fall oder Rückschlag im Leben.) Der 11. Bhava (älterer Bruder) ist von Saturn besetzt (Übeltäter, Trennung, Tod), der den 6. Bhava beherrscht (Feinde), welcher vom 11. Bhava aus gesehen der 8. (unzeitgemäßer Tod) ist. Auch er ist mrita. Mars H8 aspektiert den 11. Bhava aus dem 8. Bhava. Der Mond als Herrscher des 11. Bhavas steht im 12. Bhava (Verlust, Fall), ist mrita und wird von Rahu aspektiert.

Dieses Beispiel macht deutlich, dass extrem fatale Familienschicksale auch extrem viele negative Argumente im Horoskop erfordern. Aber gerade das sind gute Lehrbeispiele, weil sich hier alles konzentriert, sodass die Prinzipien sehr klar hervortreten.

Für die **positiven Wirkungen der Grahas als Bhava-Kaarakas** ist das **Horoskop von Karl-Heinz Böhm** (Horoskop 4, nächste Seite) ein schönes Beispiel.

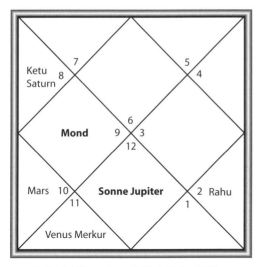

Beispiel-Horoskop 4: Karl-Heinz Böhm

Graha	Position		9 Avasthas
Sonne	H12	in 7	Diena
Mond	H11	in 4	Shaanta
Mars	H3,8	in 5	Diepta
Merkur	H1,10	in 6	Shaanta
Jupiter	H4,7	in 7	Svastha
Venus	H2,9	in 6	Pramudita
Saturn	H5,6	in 3	Diena
Rahu			Diepta
Ketu			Diepta

Die Sonne ist der Bhava-Kaaraka des 1. Bhavas und steht deshalb für Persönlichkeit und das Selbst. Bei Böhm besetzt sie den 7. Bhava, wodurch er eine Persönlichkeit ist, die sehr nach außen tritt und sehr kontaktfreudig ist. Dort steht sie mit dem großzügigen Jupiter zusammen, der ein Wohltäter und ihr natürlicher Freund ist und außerdem den 7. Bhava beherrscht. Das ist eine sehr glückliche Verbindung für große Expansion im Leben.

Allerdings ist die Sonne auch der Kaaraka für Regierungen, mit denen Böhm aufgrund seiner Tätigkeit für die Menschen in Äthiopien viel zu tun hatte. Da die Sonne bei ihm jedoch den 12. Bhava beherrscht, hat er mit Regierungen nicht viel Glück gehabt. Das meiste Geld, welches ihm anvertraut wurde,

kam aus privater Hand, nicht aus der öffentlichen. Hier macht sich wieder der Rückkopplungseffekt der Bhava-Herrschaft auf den Graha als Kaaraka bemerkbar. Hingegen erklärt die Sonne als Bhava-Kaaraka des 1. Bhavas (Persönlichkeit) und Herrscher des 12. Bhavas (Ausland) im 7. Bhava (Reisen und Kontakte) die vielen Auslandsreisen und -kontakte.

Jupiter im 7. Bhava hat eine ausgezeichnete Position für alle Bhavas, deren Kaaraka er ist (Gandhi hatte die gleiche Jupiter-Position). Für den 2. Bhava verstärkt er in dieser Position Eloquenz, die Macht des Wortes, für den 11. Bhava Wunscherfüllung und Einkommen, für den 5. Bhava Fähigkeiten, Ausbildung und Erfolg, für den 9. Bhava Ethik, gehobene Bildung und Glück. All dies verbindet sich bei Böhm positiv mit der Sonne. Es kommt noch hinzu, dass Jupiter in diesem Fall zwei gute Bhavas beherrscht, nämlich den 4., in dem sich der Mond befindet, und den 7., in dem die Sonne steht. Beide sind die Freunde von Jupiter, er ist der Freund der Sonne und alle drei sind die sattvischen Grahas, sodass wir hier eine sehr positive, harmonische, evolutionäre, auf Fortschritt und Verbesserung gerichtete Kombination erhalten.

Auch der Mond als 4. Bhava-Kaaraka steht im 4. Bhava sehr gut. Er macht das Gefühls- und Innenleben reich und in Schütze besonders großzügig, wohlwollend, geordnet und klar. Da er den 11. Bhava beherrscht, verbindet sich hier zudem (wie bei Jupiter) eine gute Herrschaft mit dem Graha als Bhava-Kaaraka, nämlich Wunscherfüllung und Einkommen.

Übung 19

Interpretieren Sie anhand Ihres eigenen Horoskops die Kaarakas für das 4. Bhava. Schreiben Sie die Struktur-Formeln der C-Routine auf. Lassen Sie sie auf Sie wirken, indem Sie nach innen gehen. Nehmen Sie die Zuordnungen der Kapitel 9 bis 11 und 18 zu Hilfe. Kommen Sie dann zu den Aussagen.

Lösungen sind individuell. Fragen hierzu können auf den Workshops zu diesem Buch geklärt werden (siehe Anhang Seite 300).

KAPITEL 23

EINBEZIEHUNG DER KAARAKAS ALS DRITTE INTERPRETATIONSLINIE
– *Stufe 5 der Horoskop-Interpretation* –

Durch die Grahas in ihrer Rolle als Bhava-Kaaraka oder Kaaraka entsteht die dritte Interpretationslinie des Horoskops, also die „C-Routine". Die „A-Routine" betrifft die Grahas im Bhava und die Aspekte auf den Bhava. Die „B-Routine" bezieht sich auf den Herrscher des Bhavas und die „C-Routine" auf den Kaaraka und/oder den Bhava-Kaaraka der Analyse oder Fragestellung.

Wenn wir beispielsweise die Situation einer Person bezüglich Autos untersuchen, ob sie Glück oder Pech mit Autos hat, welcher Art die Autos sind – feudal oder bescheiden, neu oder gebraucht, zuverlässig oder problematisch und so weiter – dann wissen wir, dass hierbei die Grahas im 4. Bhava (Transportmittel) eine wichtige Rolle spielen, ferner die Aspekte auf diesen Bhava und der Herrscher des Bhavas. Nun müssen wir außerdem, was die Kaarakas betrifft, zum einen Venus analysieren und zum anderen den Mond, denn Venus ist der spezielle Kaaraka für Autos (Komfort, Luxus usw.) und Mond ist der Bhava-Kaaraka des 4. Bhavas und muss deshalb für alle Belange dieses Bhavas berücksichtigt werden, also auch für Autos.

Dieses Beispiel zeigt, wie wir bei der 5. Stufe der Horoskop-Interpretation (siehe nächste Seite) vorgehen müssen. Die Analyse wird dadurch sehr vollständig und deshalb auch sehr zuver-lässig. Wir müssen uns vor Augen halten, dass wir mit den 9 Grahas, 12 Bhavas, 27 Nakshatras und 12 Raashis lediglich 60 Parameter zur Verfügung haben, um das Leben und die Welt zu erklären. Deshalb kann die Differenziertheit der Aussagen nur aus der Komplexität und Schärfe der Analyse entstehen.

Es hat deshalb wenig Sinn, schnell einmal auf ein Horoskop zu schauen und dann Aussagen zu einer Fragestellung zu machen, sondern **wir müssen immer eine klare Fragestellung im Kopf haben, dann durch die vollständige Analyse gehen, die Argumente für die verschiedenen Aussagen sammeln und sie zu einem Bild integrieren. Das braucht Zeit, und die sollten wir uns unbedingt immer nehmen.** Sonst können wir das Vertrauen, das jemand in uns setzt, schnell verspielen. Es ist auch wichtig, dass wir uns dabei Notizen machen, denn die Argumente werden im Laufe der Analyse ständig mehr. Es ist nicht möglich, sich alle Details aus der A-, B- und C-Routine zu merken und zu den richtigen Aussagen zu synthetisieren. Die Formel-Schreibweise ist hierbei eine große Hilfe. Als erstes wollen wir deshalb das Flussdiagramm vervollständigen, mit dessen Hilfe wir unsere Analysen aufbauen. (**Flussdiagramm Stufe 5 nächste Seite und im Anhang zum Heraustrennen.**)

Flussdiagramm Stufe 5 der Horoskop-Interpretation
– Integration der Grahas als Kaarakas –

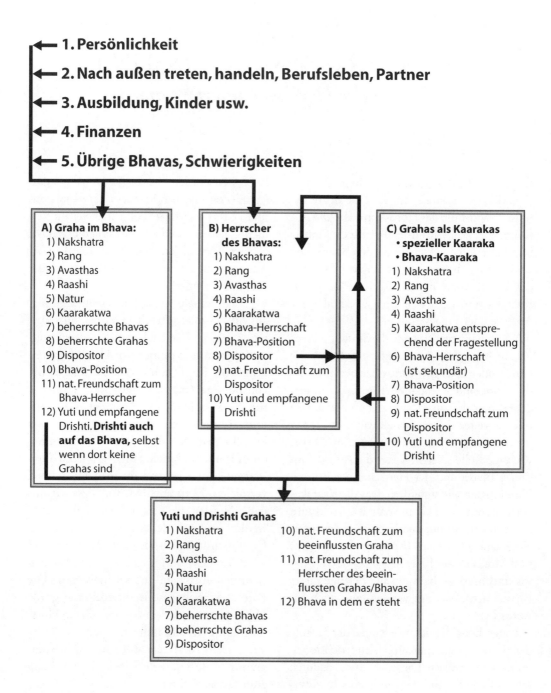

◄— 1. **Persönlichkeit**

◄— 2. **Nach außen treten, handeln, Berufsleben, Partner**

◄— 3. **Ausbildung, Kinder usw.**

◄— 4. **Finanzen**

◄— 5. **Übrige Bhavas, Schwierigkeiten**

A) Graha im Bhava:
1) Nakshatra
2) Rang
3) Avasthas
4) Raashi
5) Natur
6) Kaarakatwa
7) beherrschte Bhavas
8) beherrschte Grahas
9) Dispositor
10) Bhava-Position
11) nat. Freundschaft zum Bhava-Herrscher
12) Yuti und empfangene Drishti. **Drishti auch auf das Bhava,** selbst wenn dort keine Grahas sind

B) Herrscher des Bhavas:
1) Nakshatra
2) Rang
3) Avasthas
4) Raashi
5) Kaarakatwa
6) Bhava-Herrschaft
7) Bhava-Position
8) Dispositor
9) nat. Freundschaft zum Dispositor
10) Yuti und empfangene Drishti

C) Grahas als Kaarakas
• **spezieller Kaaraka**
• **Bhava-Kaaraka**
1) Nakshatra
2) Rang
3) Avasthas
4) Raashi
5) Kaarakatwa entsprechend der Fragestellung
6) Bhava-Herrschaft (ist sekundär)
7) Bhava-Position
8) Dispositor
9) nat. Freundschaft zum Dispositor
10) Yuti und empfangene Drishti

Yuti und Drishti Grahas
1) Nakshatra
2) Rang
3) Avasthas
4) Raashi
5) Natur
6) Kaarakatwa
7) beherrschte Bhavas
8) beherrschte Grahas
9) Dispositor
10) nat. Freundschaft zum beeinflussten Graha
11) nat. Freundschaft zum Herrscher des beeinflussten Grahas/Bhavas
12) Bhava in dem er steht

An diesem Flussdiagramm hat sich im Wesentlichen verändert, dass die C-Routine hinzugekommen ist, die die Grahas als Kaarakas untersucht. Die C-Routine unterscheidet sich etwas von der B-Routine, da es bei dem Graha als Kaaraka immer nur um sein Kaarakatwa entsprechend der Fragestellung geht (Punkt 5). Außerdem ist seine Bhava-Herrschaft natürlich sekundär, denn primär analysieren wir den Graha in dieser Routine wegen seines Kaarakatwa, aufgrund dessen wir ihn in die Analyse aufnehmen. Jedoch haben wir in den zwei Horoskop-Beispielen des letzten Kapitels gesehen, dass die Bhava-Herrschaft des Kaarakas einen subtilen Einfluss hat, der durchaus beachtet werden sollte. Bei Punkt 8 für den Dispositor geht der Pfeil nach oben zur gleichen Routine wie für den Dispositor des Bhava-Herrschers, für den die Punkte 1 bis 7 der B-Routine gelten.

Die **Stufe 5 der Horoskop-Interpretation** wollen wir auf das Horoskop von **Neale Donald Walsch** anwenden, der die Trilogie „Gespräche mit Gott" und die Bücher „Freundschaft mit Gott" und „Gemeinschaft mit Gott" verfasst hat. Besonders in „Freundschaft mit Gott" spricht er viel über seine eigenen Höhen und vor allem Tiefen, die er durchlebt hat. Die hier gegebene Beschreibung über ihn und sein Leben sind zum größten Teil diesen Büchern entnommen. Einige Details habe ich auch in den Data News von Lois M. Rodden (Nr. 76/April 1999)* gefunden.

Im Folgenden werden wir uns zunächst einen Überblick über das Leben und die Persönlichkeit von Neale Donald Walsch verschaffen.

Auf dieser Grundlage werden wir dann seine Persönlichkeit beleuchten – auch im Zusammenhang mit seinen Begabungen und Tätigkeiten – und schließlich die Argumente anschauen, die in seinem Horoskop erklären, warum gerade ihm diese göttlichen Offenbarungen zuteil wurden.

Asz.	28° 40′	Kre/Aashl.		
So	23° 44′	Löw/P.Phal.	svastha	vriddha
Mo	1° 27′	Ste/U.Shad.	duhkhita	mrita
Ma	16° 01′	Sti/Rohini	shaanta	yuva
Me	16° 21′	Jun/Hasta	shaanta	yuva
Ju	22° 26′	Kre/Aashl.	diepta	kumara
Ve	16° 48′	Löw/P.Phal.	khala, kopa,	yuva
Sa	2° 47′	Zwi/Mriga.	pramudita	baala
Rh	22° 34′	Kre/Aashl.	khala	kumara
Kt	22° 34′	Ste/Shrav.	khala	kumara

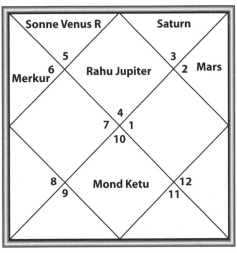

Horoskop 10: Neale Donald Walsch,
10.09.1943, 4:19 Uhr CWT Milwaukee, WI, USA,
87W54, 43N02

* Lois M. Rodden ist eine fleißige Datensammlerin von interessanten Horoskopen. Weitere Informationen kann der Leser per email bei ihr erfragen: lrodden@aol.com

Das Leben und die Persönlichkeit
von Neale Donald Walsch

Neale Donald Walsch wurde in einer katholischen Familie als dritter und letzter Sohn eines Versicherungskaufmanns geboren, in Milwaukee, Wisconsin, dem zentralen Norden der USA am Michigan-See. Seine Mutter war Hausfrau. Sein Vater war in der Lokalpolitik engagiert, sodass viele Lokal-Größen in seinem Haus ein und aus gingen. Der Vater war nicht streng-katholisch, sondern recht frei in seiner Geisteshaltung, sehr selbstbewusst und furchtlos. Seine Mutter war sehr herzlich, kreativ und eine begabte Kartenlegerin, also auch nicht gerade orthodox in ihrer Haltung, aber doch strenger der Kirche verbunden. Neale wurde in seiner Kindheit und Jugend sehr durch die katholische Erziehung seiner Konfessions-Schule geprägt und durch angsteinflößende Erlebnisse wie das folgende mit der Schwester seiner Mutter.

Es ereignete sich, als er 6 Jahre alt war und seine Tante zufällig seine Mutter beim Kartenlegen „erwischte". Die Tante erklärte Neale daraufhin, dass seine Mutter schnurstracks in die Hölle käme, weil sie sich mit dem Teufel eingelassen hätte. Solche Erlebnisse der angeblichen Bedrohung durch Gott gab es viele in seiner Kindheit und Jugend und machten ihm sehr viel Angst vor Gott. Er beschloss daher mit 13 oder 14 Gottes Liebe dadurch zu gewinnen, dass er Priester würde. Zu dieser Zeit konnte er fast an nichts anderes denken, als an Gott. Kurz bevor er die High School beendete, verbot ihm jedoch sein Vater diesen Schritt, weil er angeblich für eine solche Entscheidung viel zu jung sei, um wirklich zu wissen was er wolle. Das Verbot erschütterte ihn zutiefst und kostete viele Tränen.

Dies war nicht das einzige schmerzhafte Erlebnis mit seinem Vater. Ein weiteres ereignete sich, als er 10 Jahre alt war. Seine Mutter hatte ihm ein Klavier gekauft, weil er offensichtlich talentiert und sehr motiviert war. Neale konnte nach wenigen Minuten des Zuhörens alle möglichen Melodien nachspielen und tat dies mit Begeisterung und Leidenschaft. Eines morgens wacht er von einem großen Lärm im Haus auf. Als er in die Wohnstube geht, sieht er, wie sein Vater mit Vorschlaghammer und Brecheisen das Klavier auseinander bricht. Seine Begründung ist, dass dafür in der Wohnstube kein Platz mehr sei. Neale ist vollkommen geschockt und untröstlich. Er verlässt sein Zimmer nicht mehr. Schließlich klopft sein Vater an die Tür und versucht ihn zu trösten. Es gelingt ihm, indem er Neale verspricht, ihm ein Spinett zu kaufen, weil das kleiner sei. Über dieses Versprechen verliert er aber nie wieder ein Wort und löst es auch nicht ein. – Leider macht Neale später einer seiner Töchter gegenüber den gleichen Fehler. Er verspricht ihr etwas, nur damit sie aufhört zu weinen, löst das Versprechen aber nie ein. Erst durch die Gespräche mit Gott werden ihm diese Mechanismen bewusst, und er lernt aus ihnen.

In der High School ist Neale gut in Englisch, Rhetorik, politischen Wissenschaften, Musik und Fremdsprachen. In Fächern wie Biologie, Algebra und Geometrie, die ihn langweilen, ist er nur durchschnittlich. Neben der Schule entfaltet er noch enorm viele Betätigungen: Fotoclub, Chor, Orchester, Schülerzeitung, Theaterclub, Schachclub und Debattierclub. All diese Aktivitäten entwickelt er, um von seinem Vater ein Wort der Anerkennung und des Lobes zu bekommen, was er jedoch nie erhält, nicht einmal, als er mit der Siegestrophäe in Rhetorik heimkehrt. Dadurch entwickelt er ein ziemlich großes Ego, wird zum Angeber, der überall Anerkennung sucht, und hat keine Freundschaften, weil er für seine Mitschüler schwer zu ertragen ist.

Dennoch hat er viel Glück und Unterstützung in seiner Kindheit und Jugend, ist voller Optimismus und bekommt eigentlich immer, was er haben möchte. Sein nächst älterer Bruder neidet ihm dieses Glück und beschwert sich, dass Neale das Glück offenbar gepachtet habe. Sein Vater sagt jedoch: „Neale schmiedet sich sein Glück selber", womit er tiefe Weisheit offenbarte. Auch sagt ihm sein Vater, dass es keinen „richtigen" Weg gäbe, sondern nur den, den er gehe. Er solle seinen Weg zum richtigen Weg machen. Auf die Frage, wie er das tun solle, antwortet der Vater: „Indem du es machst." Auch hier offenbart er wieder tiefe Weisheit, Selbstbewusstsein und Furchtlosigkeit.

Nach der High School beginnt Neale ein Studium, muss den Studienplatz aber wegen mangelnder Leistungen nach drei Semestern räumen. Während der Schulzeit hat er als Schul-Sport-Sprecher etwas Erfahrung mit dem Rundfunk gesammelt und möchte dort Karriere machen. Im Alter von knapp 19 Jahren bittet er um eine Einstellung bei einem kleinen Lokalsender. Auf die Frage, warum er meint, eingestellt werden zu sollen, antwortet er: „Weil ich besser bin als alle anderen, die Sie auf Sendung haben". Er bekommt eine 30-minütige Probesendung und wird eingestellt.

Im Alter von 21 Jahren ist er der Produktionsmanager für Werbesendungen, wechselt dann in der gleichen Funktion zu einem anderen Sender und bekommt etwas später von einem weiteren Sender (Schwarze für Schwarze) in Baltimore die Stelle des Programmdirektors. Obwohl er sich bis dahin für liberal und großzügig gehalten hatte, konnte er bei diesem Sender durch den Umgang mit Farbigen viel über seine eigene Selbstgerechtigkeit lernen.

Neale kann diesen Job nicht halten. Er wird beim gleichen Sender Verkäufer für Sendezeit von Werbespots, die er auch selber texten muss. Ein Bandscheibenschaden rettet ihn schließlich aus dieser ihm äußerst unangenehmen Tätigkeit. Er wird gekündigt und geht nach seiner Genesung zu einer Zeitung, von der er nach einiger Zeit mit dem Chef zu einer anderen Zeitung wechselt. Er lernt hier viel über das Zeitungswesen, muss die verschiedensten Aufgaben übernehmen und bekommt schließlich die Pressearbeit für einen Distriktleiter während dessen Wahlkampf anvertraut. Danach wird er Leiter der Pressestelle einer der größten Schulbehörden der USA. Diesen Job macht er 10 Jahre lang, die längste Zeit, die er irgendeinen Job gemacht hat. Zwei Drittel der Zeit ist er sehr zufrieden mit dieser Tätigkeit, in den letzten drei Jahren jedoch beginnt sie ihn zu langweilen, weil alles zur Routine geworden ist.

Aus dieser Situation befreit ihn Dr. Elisabeth Kübler-Ross, eine bekannte Autorin über das Thema Sterben und Begleitung von Sterbenden und ihren Angehörigen, die viele Vorträge und Workshops abhält. Sie macht ihn zu ihrem Assistenten und PR-Mann. Nach 18 Monaten entlässt sie ihn, damit er aus ihrem Schatten tritt und sich selbst verwirklicht.

Neale arbeitet kurze Zeit für die Predigerin Terry Cole-Whittaker und wendet sich kurzzeitig den Presbyterianern zu. Dort fallen seine Bibel-Lesungen auf, sodass ihm der Pfarrer ein Stipendium für ein Theologiestudium anbietet. Sie sprechen darüber, dass Neale schon als Kind Priester werden wollte und sein Vater meinte, dass er zu jung für eine solche Entscheidung sei. Als der Pfarrer fragt, ob Neale sich jetzt (im Alter von etwa 40 Jahren) als alt genug für diese Entscheidung fühle, bricht er in Tränen aus und meint, dass er sich eigentlich immer als alt genug empfunden hat. In dieser Situation bricht offenbar seine ganze unerfüllte spirituelle Sehnsucht aus ihm hervor. Nach einer Bedenkzeit entscheidet er sich jedoch, das Stipendium nicht anzunehmen, da er keine Theologie vertreten kann – egal wie liberal sie ansonsten sein mag –, die den Menschen von Geburt an als schlecht ansieht, wie es in allen christlichen Konfessionen der Fall ist.

Nach dieser Zeit geht es in seinem Leben ziemlich bergab. Er lebt mit einer Frau unverheiratet mehrere Jahre zusammen und hat mit ihr vier Kinder. Insgesamt hat er damit neun Kinder. Die Beziehung endet. Er heiratet ein drittes Mal. Durch einen Brand in seinem Apartmenthaus verlieren sie ihre gesamte Habe. Auch die dritte Ehe geht auseinander. Als er 44 Jahre alt ist, fährt ihm ein 80-Jähriger ins Auto, sodass Neale wegen eines Halswirbelkörperbruchs ein Jahr lang eine Halsstütze tragen muss. Im Alter von 45 Jahren hat er keine Beziehung mehr, alle sind in die Brüche gegangen. Schließlich wird ihm auch noch sein Auto gestohlen. Er hat keinen Job und keine Bleibe und steht auf der Straße vor dem Nichts.

Eine seiner geschiedenen Frauen, mit der er drei Kinder hat, gibt ihm ihr Zelt samt Campingausrüstung. Damit richtet er sich auf einem Campingplatz ein. Die Miete muss er durch Sammeln von Bierdosen und Wasserflaschen zusammenbekommen, was sehr mühselig ist. Er lernt dort das Leben der Obdachlosen kennen und deren Verhaltenskodex: Helft einander! So gibt ihm jemand sein letztes Paar trockene Sokken oder die Hälfte seines Sammelerlöses, wenn er selber seine Quote nicht geschafft hat. Wenn jemand 5 oder 10 $ geschenkt bekommt, kauft er für alle Essen ein.

In dieser Zeit schaut Neale in jede Zeitung, die er finden kann, um nach Stellenangeboten zu suchen. Nach zwei Monaten findet er eine: Wochenendvertretung als Diskjockey. Damit beginnt sein Wiedereinstieg ins Berufsleben. In den neun Monaten, die er noch auf dem Camping-

platz wohnt, unterstützt er seine obdachlosen Weggefährten.

Er arbeitet sich allmählich etwas hoch. Doch sein Leben ist weiterhin frustrierend. Beruflich befindet er sich in einer Sackgasse. Seine Gesundheit wird immer schlechter. Er hat mehrere Krankheiten: Lungenprobleme, Magengeschwüre, Arthritis und Allergien. Schließlich steht er an der Schwelle zu einer chronischen Depression. Er hat das Gefühl, als ob sein Körper auseinander fällt. Alle seine Beziehungen sind kaputt. Den Grund dafür sieht er **nach** den Gesprächen mit Gott darin, dass er nicht wusste, wie man gibt. Er beschreibt sich selber so, dass er jeden Augenblick und jede Person manipulierte, um zu bekommen, was er haben wollte. An anderer Stelle sagt er, dass er nie gern tat, was er anscheinend hätte tun müssen oder sollen, sondern immer nur das, was er wollte.

Im Februar 1992 schließlich wacht er nachts voller Wut über sein verpfuschtes Leben auf, welches einfach nicht funktionieren will. Er ist der Meinung, dass ihm schlichtweg nicht die richtige Ausrüstung mitgegeben wurde, die für das Spiel dieses Lebens notwendig ist. Er findet im Mondschein einen Schreibblock auf seinem Tisch und einen Stift und beschließt, seine Fragen über dieses Leben direkt an Gott zu richten und niederzuschreiben. Er ist dabei so in Rage, dass sich die Sätze, die er schreibt, auf fünf Seiten durchdrücken.

So formuliert er ein gutes Dutzend Fragen über das Leben: „Was ist notwendig, damit das Leben funktioniert? Was habe ich getan, dass ich ein Leben des fortwährenden Kampfes verdiene? Wie funktioniert eine Beziehung, sodass sie hält? Was hat es mit dem Sex auf sich, wozu ist er da?" und so weiter. Am Ende dieser Niederschrift fühlt er sich wesentlich erleichtert und möchte den Stift aus der Hand legen, doch das geht nicht. Zunächst denkt er an einen Schreibkrampf, aber es ist etwas anderes. Er fühlt den

Drang, den Stift wieder zum Block zu führen, ohne zu wissen, was er eigentlich schreiben will. In dem Moment, wo der Stift den Block berührt, erfüllt ihn ein Gedanke, der ihm von einer „Stimme" gesagt wird. Diese Stimme erfährt er nicht als Stimme, sondern empfindet sie als das weichste, gütigste und sanfteste Gefühl, das sozusagen mit Worten besetzt ist. Und dieses sanfte mit Worten besetzte Gefühl sagt: „Neale, willst du wirklich eine Antwort auf all diese Fragen oder nur Dampf ablassen?" Damit beginnt sein Dialog mit Gott, wobei er sich erst nach ca. 6 Monaten sicher ist, dass es Gott ist, mit dem oder der oder das er kommuniziert, und zwar aufgrund der ungewöhnlichsten Gedanken und Botschaften, die ihm eingegeben werden und die er selber nie im Stande gewesen wäre zu denken und auch nirgendwo sonst gelesen oder gehört hatte. Die Dialoge finden meist zwei- bis dreimal pro Woche statt, immer auf die gleiche Weise: Er wacht zwischen zwei und drei Uhr nachts auf, beziehungsweise wird regelrecht geweckt, wie er es empfindet, setzt sich an seinen Tisch und schreibt etwa vier Stunden lang die Konversationen auf. Er erlebt dabei ein besonders klares Bewusstsein; die Sätze strömen aus seinem Innern hervor; er spürt und weiß ihre Wahrhaftigkeit, ein Gewahrsein, alles auf einmal zu wissen; im Körper empfindet er eine Art energetisches Prickeln oder ein glückliches Erschauern, oder es kommen ihm Tränen der Freude, manchmal auch alles drei gleichzeitig.

Nach einem Jahr, im Februar 1993, ist der erste Dialog abgeschlossen und gegen Ende dieses Dialogs wird ihm offenbart, dass er daraus ein Buch machen wird und dass noch zwei weitere Bücher folgen werden. Beides überrascht ihn, weil dies nie seine Absicht war. Im ersten Jahr des Dialogs lernt er die Grundstruktur des Lebens kennen, wie es funktioniert, wie Beziehungen funktionieren, wie wir unser Schicksal erschaffen und wie wir es verbessern können.

Im Frühjahr 1993 beginnt der zweite Dialog, der wieder etwa ein Jahr dauert. Hier lernt er sehr viel über zwischenmenschliche Beziehungen und Ehe, wie wir Menschen im Allgemeinen unser Zusammenleben verbessern, eine gerechtere Weltordnung schaffen und Frieden durch Chancengleichheit auf der Welt verwirklichen können. 1994 heiratet er Nancy Flemming, seine vierte Frau, eine Krankenschwester, mit der er sehr glücklich ist.

Ostern 1994 beginnt der dritte Dialog, der aber sehr viel zäher in Gang kommt, weil Neale sich aufgrund seines verfehlten Lebens nicht als geeigneter und würdiger Übermittler göttlicher Wahrheiten empfindet. Doch im Herbst kommt Fluss in den Dialog, indem seine Zweifel ausgeräumt werden, sodass auch dieser Band in etwa einem Jahr zu Ende geführt wird. In diesem Teil lernt er höher entwickelte Zivilisationen kennen, den Aufbau der Schöpfung und das Wesen der Zeit. Aber auch die zwischenmenschlichen Beziehungen spielen wieder eine große Rolle.

Von 1996 bis 1998 erscheinen die drei Bände „Gespräche mit Gott". Sie werden weltweit zu Bestsellern und in über 20 Sprachen übersetzt. 1998 erfährt Neale, dass er noch zwei weitere Bücher schreiben wird: „Freundschaft mit Gott" und „Gemeinschaft mit Gott". Das erste der beiden Bücher entsteht 1998 und wird 1999 veröffentlicht. Auch dieses Buch wird sofort zum Bestseller. In diesem Dialog „Freundschaft mit Gott" erfährt er, wie man eine freundschaftliche Beziehung zu Gott entwickeln und nutzen kann. Auch erfährt er wieder vieles über Beziehungen sowie die Funktion des Egos.

Das zweite Buch erschien 2000 und beschreibt die 10 Illusionen, in denen wir Menschen gefangen sind, wie wir Meister dieser Illusionen werden können und wie wir dem Schöpfer im Innern begegnen können.

Die fünf Bücher sowie vier weitere begleitende Bücher haben in der Welt Millionen von

Menschen bewegt und angeregt, Lese- und Diskussionskreise ins Leben gerufen und einen regen Dialog mit Neale und Nancy bewirkt. Deshalb haben sie schon 1996 die gemeinnützige Stiftung The ReCreation Foundation* gegründet, über die sie alles Wissenswerte in einem monatlichen Newsletter austauschen und versenden, sowie weitere Organisationen und Programme ins Leben gerufen.

So weit die Beschreibung seiner Persönlichkeit und seines Lebens bis 2000, die ich in dieser geschlossenen Form wiedergebe, um ein Bild zu zeichnen, aus dem wir nun mit Hilfe der Stufe 5 der Horoskop-Interpretation Gesichtspunkte herausgreifen und analysieren können. Als erstes ist sicherlich der Mensch Neale Donald Walsch interessant, den wir mit den drei Routinen (A, B und C des Flussdiagramms) erfassen können, indem wir sie auf den 1. Bhava (Persönlichkeit) anwenden. Dazu schreiben wir für jede Routine die Formeln und sehen, welches Bild sich daraus ergibt.

Das Flussdiagramm Stufe 5 ist im Anhang zum Heraustrennen, sodass es leichter als Referenz benutzt werden kann.

Asz.	28° 40'	Kre / Aashl.		
So	23° 44'	Löw/P.Phal.	svastha	vriddha
Mo	1° 27'	Ste /U.Shad.	duhkhita	mrita
Ma	16° 01'	Sti / Rohini	shaanta	yuva
Me	16° 21'	Jun/Hasta	shaanta	yuva
Ju	22° 26'	Kre / Aashl.	diepta	kumara
Ve	16° 48'	Löw/P.Phal.	khala, kopa,	yuva
Sa	2° 47'	Zwi / Mriga.	pramudita	baala
Rh	22° 34'	Kre / Aashl.	khala	kumara
Kt	22° 34'	Ste / Shrav.	khala	kumara

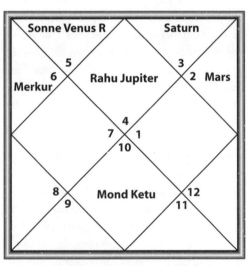

Horoskop 10: Neale Donald Walsch

---

* e-mail: recreating@aol.com,
website: www.conversationswithgod.org

Formeln der A-, B- und C-Routine für den 1. Bhava von Neale Donald Walsch

A) Grahas im Bhava:

Ju in Aashl, diepta, kumara, vikala, H6 u. 9 in 1 (Kre), PKY
y Rh in Aashl, kumara
y Asz. in Aashl
←Mo in U.Ash, duhkhita, mrita, vikala, H1 in 7 (Ste),
    D: Sa in Mriga, pramudita, baala H7 in 12 (Zwi)
    y Kt in Shra, kumara

B) Herrscher des Bhavas:

Mo in U.Ash, duhkita, mrita, vikala, H1 in 7 (Ste)
D: Sa in Mriga, pramudita, baala H7 in 12 (Zwi)
y Kt in Shra, kumara
←Ju in Aashl, diepta, kumara, vikala, H6 u. 9 in 1 (Kre)
    y Rh in Aashl, kumara

C) Bhava-Kaaraka und Kaaraka:

So in P.Phal, svastha, vriddha, (H2) in 2 (Löw)
y Ve in P.Phal, khala, yuva, kopa, H4 u. 11 in 2, PKY
    D v. Ma in Rohini in 11
   ←Sa in Mriga, pramudita, baala H7 u. 8 in 12 (Zwi)
   ←Ma in Rohini, shaanta, yuva, H5 u. 10 in 11 (Sti)

Zur C-Routine gehört auch noch der Mond, da er für das Denken und Innenleben steht. Da wir ihn aber schon in der A- und B-Routine behandelt haben, brauchen wir den dortigen Aussagen nur etwas mehr Gewicht zu geben.

Diese drei Routinen müssten wir der Vollständigkeit halber auch noch auf den 4. Bhava anwenden, allerdings mit geringerer Gewichtung als beim 1. Bhava. Aus Platzgründen verzichten wir hier aber darauf, zumal wir sehen werden, dass der 1. Bhava sehr ergiebig sein wird.

Vor uns liegt nun zum einen ein kurzer Abriss des Lebens von Neale und eine ganze Reihe Informationen über sein Wesen, zum anderen die Formeln der drei Routinen, die damit in Verbindung stehen. Zunächst werden wir uns auf einige markante Aussagen über Neales Persönlichkeit konzentrieren und beschreiben, wie wir diese in den obigen Formeln wiederfinden. Danach werden wir uns seinen Tätigkeiten zuwenden und diese mit seiner Persönlichkeit und den Formeln in Verbindung bringen. Dies ist eine fruchtbare Übung, die der Leser praktisch mit jeder ihm bekannten Person durchführen kann, wodurch viel Erfahrung gesammelt wird. Das ist unbedingt nötig, wenn man die Vedische Astrologie erfolgreich und zuverlässig praktizieren möchte.

Persönlichkeit von Neale Donald Walsch

Positive Merkmale

Aus Neales Schulzeit geht hervor, dass er sehr vielseitig begabt ist und alles, was ihn interessiert, gut aufnehmen kann. Er ist sehr musikalisch und schon als Schüler ein begabter Redner und auch Schreiber. Er ist politisch interessiert. In seiner beruflichen Laufbahn spiegelt sich ebenfalls seine Vielseitigkeit wider. Als Grundtyp ist er positiv und optimistisch, der zunächst durchaus Glück hat, und zwar auf der Basis seiner Leistung und seines Selbstverständnisses. In seiner Kindheit und Jugend hat er eine zwar intensive, aber sehr angstbesetzte Beziehung zu Gott, die sich dann durch die Dialoge mit Gott zu einer richtigen Freundschaft und offenen, freien Innigkeit entwickelt und zu einem umfassenden Verständnis von Spiritualität. Diese Züge seiner Persönlichkeit finden wir in folgenden Teilen der Formeln wieder:

A) Grahas im Bhava:

> Ju, diepta, kumara, H9 in 1 (Kre)
> ←Mo in U.Ash, H1 in 7 (Ste),

Jupiter (Wissen, Eloquenz, Optimismus, Glück) im Aszendenten ist der Graha, der die Persönlichkeit dominiert. Er ist diepta (ausgezeichnet, geistreich), „jugendlich" (stark), der Herrscher des 9. Bhavas (Spiritualität, höhere Bildung) und steht im Wasser-Raashi Krebs (sattvisch, aufnahmefähig, gefühlsstark, beweglich, wechselhaft). Hier sei auch erwähnt, dass nach der Shadbala-Stärkeberechnung Jupiter der stärkste Graha in Neales Horoskop ist, was seine guten Qualitäten besonders deutlich hervortreten lässt.

Die Konjunktion mit Rahu bewirkt Ängste, die aber durch die Dominanz des positiven Jupiter überwunden werden.

Der Mond (Vielfalt, Wechselhaftigkeit) ist der Dispositor von Jupiter, steht im 7. Bhava (Expansion, nach außen treten) in Uttara Ashaadhaa (Universalität, umfassende Kenntnisse und Fähigkeiten, unbezwingbar) im Steinbock (zuverlässig, ausdauernd, hart arbeitend, beweglich, flexibel). Der Mond aspektiert Jupiter, hat dadurch einen doppelten Bezug zu Jupiter.

B) Herrscher des Bhavas:

> Mo in U.Ash, H1 in 7 (Ste)
> D: Sa in Mriga, pramudita, H7 in 12 (Zwi)
> y Kt in Shra, kumara
> ←Ju in Aashl, diepta, kumara, H 9 in 1 (Kre)

Durch Mond als Herrscher des Aszendenten, der von Jupiter aspektiert wird, wiederholen sich alle Argumente der A-Routine, aber jetzt mit stärkerem Gewicht auf dem Mond, der von Jupiter unterstützt wird. Hinzu kommt, dass Saturn, der Dispositor vom Mond, im 12. Bhava (Verlust, Transzendenz) steht, was zwar die Diskontinuität von Aktivitäten fördert, andererseits aber in Mrigashiraa (Wissbegierde) und in Zwillinge (Analyse) die Neugier bezüglich Wissen und Information und den analytischen Tiefgang über „letzte Wahrheiten" stärkt. Auch die Konjunktion vom Mond mit Ketu in Shravana (Lernen) fördert das Lernen und Aufnehmen von Wissen, insbesondere von solchem, welches die Evolution in irgendeiner Weise fördert und die Zusammenhänge des Lebens erklärt. Allerdings führt der Umstand, dass es sich hier um Ketu (Hindernisse) handelt, dazu, dass Neale auf diese besondere Wirkung des Nakshatras

Shravana fast 50 Jahre warten muss, bis sie sich richtig entfaltet.

C) Bhava-Kaaraka und Kaaraka:

So in P.Phal, svastha, (H2) in 2 (Löw)
y Ve in P.Phal, yuva, H4 u. 11 in 2
←Sa in Mriga, pramudita, H7
←Ma in Rohini, shaanta, yuva, H5 u. 10 in 11 (Sti)

Die Sonne in Puurva Phalguni (erworbenes Glück) fördert Glück und Auszeichnungen auf der Basis eigener Leistungen und Anstrengungen. Im 2. Bhava (Sprache) gibt die Sonne (svastha, selbstvertrauend) der Rede Autorität und Gewicht, was durch ihre unterliegende Häuserherrschaft über den 2. Bhava in einem Feuer-Raashi (Energie) noch verstärkt wird. Allerdings soll hier auch erwähnt sein, dass nach der Shadbala-Stärkeberechnung die Sonne der schwächste Graha bei Neale ist. Das ist zwar hilfreich, um die Begrenztheit des Egos loszulassen und sich mit der Unendlichkeit zu verbinden, schränkt aber die eben beschriebenen positiven Qualitäten ein. Sie müssen erst im Laufe des Lebens voll entwickelt werden.

Die Konjunktion mit Venus (yuva, voll wirksam) im 2. Bhava (Wohlstand, Ausdruck) bringt musische Ausdrucksqualitäten, die innerlich erlebt werden (H4) und zu Einkommen und Wunscherfüllung (H11) führen. Jedoch ist das Verhältnis von Sonne und Venus feindlich, sodass diese Situation nicht reibungslos genutzt werden kann.

Die Sonne nimmt durch den Aspekt von Saturn die wissbegierige Qualität von Mrigashira auf und durch ihn als Dispositor (H7) über den Mond auch noch etwas von dessen bereits beschriebenen Eigenschaften.

Der Aspekt von Mars in Rohini (Wachstum) im 11. Bhava fördert alles Wachstum und die Erfüllung der Wünsche. Ferner stärkt er Mut und Selbstvertrauen. Seine Herrschaft über den 5. Bhava fügt Begabungen, Fähigkeiten und Erfolg hinzu. Die Herrschaft über den 10. Bhava fördert das politische Interesse sowie Leistungsfähigkeit und ebenfalls Erfolg. Seine Position im Stier (Herrscher Venus) unterstützt nochmals die musischen Qualitäten.

Bislang haben wir uns auf vorwiegend positive Eigenschaften der Persönlichkeit von Neale konzentriert. Es folgt jetzt eine Analyse seiner Schattenseiten.

Negative Merkmale

Aus Kompensation zur mangelnden Anerkennung von seinem Vater entwickelt Neale in seiner Jugend ein dickes Ego und wird zum Angeber. Er heiratet viermal und zeugt 9 Kinder mit drei Frauen, wobei vier Kinder von einer Frau sind, mit der er gar nicht verheiratet war. Außerdem hat er noch Affären zwischendurch. Zwar ist er bei jeder Beziehung von neuem überzeugt, dass diese nun endlich die Frau fürs Leben sein wird. Dennoch gehen alle Beziehungen kaputt. Den Grund dafür sieht er **nach** den Gesprächen mit Gott darin, dass er nicht wusste, wie man gibt. Er beschreibt sich selber so, dass er jeden Augenblick und jede Person manipulierte, um zu bekommen, was er haben wollte. Er tat nie gern, was er anscheinend tun musste oder sollte, sondern immer nur das, was er wollte. Auch stellt er bei sich eine gewisse Selbstgerechtigkeit fest. Er hat – eigentlich bis zu den Gesprächen mit Gott – eine sehr angstbesetzte Beziehung zu Gott. In den letzten Jahren vor den Gesprächen bekommt er viele Krankheiten. Man könnte sagen, dass es bis zu den „Dialogen" in seinem Leben recht viel Chaos gab, insbesondere was sein Privatleben betraf, wenn nicht alles auf diesen alles verändernden Moment mit innerer Logik und Präzision hinausgelaufen wäre.

A) Grahas im Bhava:

> Ju in Aashl, vikala, H6 u. 9 in 1, PKY
> y Rh in Aashl,
> y Asz. in Aashl
> ← Mo duhkhita, mrita, vikala, H1 in 7
> (Ste),
> y Kt

Jupiter ist zusammen mit Rahu und dem Aszendenten in Aashleshaa, was diesem Nakshatra einen sehr dominanten Einfluss gibt. Es ist der Stern des Umschlingens, der engen Kontakt sucht, gern festhält oder klammert, Geheimnisse ergründen und nutzen kann und durch psychologische Machtausübung Dinge erzwingen will oder manipuliert. Das erklärt das Manipulative in Neales Wesen. Es wird noch verstärkt durch Rahu, der sehr eigenwillig und penetrant macht und erst dann loslässt, wenn er sein Ziel erreicht hat. Außerdem fördert die Konjunktion mit Rahu Angst oder gar Panik, die durch Saturn im 12. Bhava noch verstärkt wird, da beide Grahas zusammen ein Paapa-Kartari-Yoga bilden (PKY). Es bewirkt viel Schmerz, Angst und Kummer sowie eine Verlangsamung der Persönlichkeitsentfaltung von Neale. Jupiter als Herrscher des 6. Bhavas bringt Untugenden wie zum Beispiel Selbstgerechtigkeit. Auch Vikalaavastha schränkt die ansonsten guten Eigenschaften von Jupiter und seiner Herrschaft über den 9. Bhava ein. Da Jupiter alles vergrößert, kann er im 1. Bhava auch das Ego erheblich vergrößern, insbesondere solange die Person damit im Leben durchkommt. Er führt dann zu Selbstgerechtigkeit und Selbstgefälligkeit.

Der Mond als aspektierender Graha und Dispositor von Jupiter hat drei schlechte Avasthas (unglücklich, behindert, schwach), die auch auf Jupiter abfärben. Seine Position im Steinbock (Erd-Raashi) kann zu starren geistigen Konzepten führen oder zum zu langen Festhalten an Situationen, die sich eigentlich schon überlebt haben, was immer wieder in Neales Leben vorkam.

Die Konjunktion vom Mond mit Ketu führte dazu, dass er sich über sich selbst nicht im Klaren war. Wenn Ketu einen starken Einfluss auf die Persönlichkeit hat, bedeutet er, dass Dinge, die die Person nicht sehen will oder die nicht ins Konzept passen, ausgeblendet werden, bis das Maß voll ist. Dann erst brechen sie über die Person herein, und zwar recht vehement. Auch dies passierte Neale immer wieder.

B) Herrscher des Bhavas:

> Mo duhkita, mrita, vikala, H1 in 7 (Ste)
> D: Sa H7 in 12
> y Kt
> ← Ju in Aashl, vikala, H6 u. 9 in 1
> y Rh in Aashl,

Durch die B-Routine wiederholen sich die soeben beschriebenen Eigenschaften für den Mond als H1, und zwar stärker, als sie allein durch den Aspekt auf Jupiter auftreten würden. Seine Position im 7. Bhava bewirkt außerdem eine starke Verhaftung an Wünsche, da dem Mond wie auch dem 7. Bhava die Leidenschaft zugeordnet ist. Mond H1 in 7 lässt die Persönlichkeit das Gegenüber sehr vereinnahmen oder in Beschlag nehmen. Sie stülpt sich quasi über den anderen drüber. Solange diese Persönlichkeit sehr im Ego gefangen ist, kann sie dabei recht eigennützig sein. Auch dies erklärt, warum Neale lange Zeit alles bekam, was er wollte, dabei aber seine Umgebung sehr kontrollierte oder manipulierte und eigentlich nur an sich dachte. Das Mritaavastha des Mondes und die Position seines Dispositors Saturn im 12. Bhava bewirken außerdem psychologische Zusammenbrüche und Depressionen.

C) Bhava-Kaaraka und Kaaraka:

So vriddha,
y Ve, Fe v. So, khala, kopa, PKY
←Sa H7 u. 8 in 12
←Ma (Sti)

Die Sonne als schwächster Graha nach Shadbala (Sechsfältige Stärke) und vriddha (alt) gibt Schwächen im Selbstbewusstsein. Die feindliche Konjunktion mit Venus erlaubt nicht, deren positive Eigenschaften ohne Störungen aufzunehmen oder zu nutzen. Auch ihr Khalaavastha (schlecht) färbt auf die Sonne ab. Kopa (verbrannt) jedoch nicht, da es ja von der Sonne bewirkt wird.

Der Aspekt von Saturn (Angst, Schmerz) als H8 (Kollaps) in Bh12 (Fall) bewirkt tiefgreifende Persönlichkeitskrisen wie Depressionen, Selbstzerstörung und Angst, da er hier als Übeltäter die Wirkungen von zwei Duhsthanas bündelt. Auch führt dieser Aspekt zu großen gesundheitlichen Störungen. Als H7 (Sex) in Bh12 (Heimlichkeiten) in Mrigashira (Suchen) erhöht Saturn mit seinem Aspekt auf die Venus heimliche Affären, die aber gleichzeitig durch die feindliche Konjunktion mit der Sonne zu Selbstzerwürfnissen geführt haben müssen. Dieser Aspekt hat sicher große Unruhe in Neale erzeugt, sodass er viel auf der Suche nach der richtigen Partnerin war.

Der Mars-Aspekt fördert ein aufbrausendes Temperament, macht stolz oder arrogant und verstärkt die gesundheitlichen Probleme. Da er im Venus-Raashi Stier steht und die Sonne und die Venus aspektiert, die wiederum mit der Sonne in Konjunktion steht, fördert der Mars-Aspekt unbeherrschte Leidenschaft und Sexualität. (Wie gut, dass sein Vater ihn davor bewahrt hat, Priester zu werden, auch wenn das von ihm zunächst als schmerzhaft empfunden wurde.)

Warum erhielt gerade Neale Donald Walsch die göttlichen Offenbarungen?

Um diese Frage zu beantworten, müssen wir zunächst verstehen, wo wir Gott im Horoskop finden. Zum einen ist Gott natürlich durch seine Allgegenwart Alles, was es überhaupt gibt. Bei unserer Fragestellung geht es jedoch darum zu sehen, wie wir eine Subjekt-Objekt-Beziehung mit Gott im Horoskop erkennen können, durch die ein Dialog entstehen kann.

Wenn wir von der dreifältigen Struktur des Menschen ausgehen – Seele, Geist (Bewusstsein) und Körper –, dann ist die Seele der Teil VON GOTT, der unserem Bewusstsein am nächsten ist. Dieser Teil des Menschen wird durch die Sonne repräsentiert.

Die Sonne als Kaaraka für die Seele

Bei Neale steht die Sonne im 2. Bhava, welcher für Sprache und Ausdruck steht – ein erster Hinweis auf die Gespräche mit Gott. Hinzu kommt, wie schon erwähnt, dass die Sonne schwach (nach Shadbala) ist, sodass sich das Ego nicht durch einen starken Eigenwillen in den Vordergrund drängt – vorausgesetzt, dass die Situation des 1. Bhavas dem nicht entgegensteht, was wir weiter unten besprechen werden.

Die Sonne steht in Konjunktion mit Venus H4 und 11. Damit „kommuniziert" sie mit dem Innenleben von Neale, und zwar durchaus kontrovers, wie man in den Dialogen nachlesen kann, denn Sonne und Venus sind Feinde. Da Venus aber gleichzeitig ein Wohltäter ist, handelt es sich um eine milde Kontroverse. Venus beherrscht außerdem den 11. Bhava, was zum einen Wunscherfüllung durch Zwiesprache mit Gott bedeutet, zum anderen durch Mars im 11. Bhava Erfolg und eine Förderung der beruflichen Perspektive, da Mars die zwei sehr guten Bhavas 5 und 10 beherrscht. Die Problematiken durch die Aspekte von Mars und Saturn haben wir bereits erwähnt. Sie spielen bei dieser Fragestellung ebenfalls eine Rolle und zeigen die Konflikte und Verzögerungen, die Neale durchlief.

Der 9. Bhava – Dharma, das göttliche Naturgesetz

Gott drückt seinen Willen durch das Naturgesetz aus, welches in der vedischen Terminologie „Dharma" genannt wird. Dieser Begriff ist so eng mit dem 9. Bhava verbunden, dass es diesen sogar als Namen trägt. Der 9. Bhava ist bei Neale nicht besetzt, erhält aber Aspekte, die wir in den folgenden Formeln der A-Routine darstellen. Die B- und C-Routine fassen wir zusammen, da Jupiter hier der Herrscher und Kaaraka für den 9. Bhava ist

A-Routine

←Ju in Aashl, diepta, kumara, vikala, H6 u. 9 in 1 (Kre), PKY
←y Rh in Aashl, kumara
←Me in Hasta, svastha, yuva, H3 u. 12
←Sa in Mriga, pramudita, baala, H7 u. 8

B- und C-Routine

Ju in Aashl, diepta, kumara, vikala, H9 in 1 (Kre), PKY
y Rh in Aashl, kumara
y Asz. in Aashl
← Mo in U.Ash, duhkhita, mrita, vikala, H1 in 7 (Ste),
    D: Sa in Mriga, pramudita, baala H7 in 12 (Zwi)
y Kt in Shra, kumara

Bei diesem Teil der Analyse wollen wir uns nur auf ein paar wesentliche Gesichtspunkte konzentrieren. In der **A-Routine** fällt auf, dass Jupiter als Herrscher des 9. Bhavas dieses vom 1. Bhava aus aspektiert, in welchem er erhöht ist und mit Rahu zusammen steht, der Jupiters Qualitäten zum Teil annimmt und damit ebenfalls den 9. Bhava aspektiert. Daraus entsteht eine sehr enge Verbindung zwischen der Persönlichkeit Neales und seinen spirituellen Tendenzen beziehungsweise seiner Fähigkeit, das Naturgesetz zu erkennen. Durch das Paapa-Kartari-Yoga (PKY) von Jupiter wird dieser Prozess lediglich verzögert. Man kann aber auch sagen, dass erst das Ego von Neale entsprechend klein werden musste, bevor Gott durchkommen konnte. Dies geschah durch die vielen Fehlschläge und Demütigungen, die das PKY von Jupiter im 1. Bhava bewirkt hat. Insofern erkennen wir hier den genialen Plan, warum manche Menschen erst durch leidvolle Erfahrungen gehen, bevor sie zu ihrer eigentlichen, selbstgewählten Bestimmung finden können. Die leidvollen Erfahrungen dienen in solchen Fällen der Läuterung.

Wenn wir den 9. Bhava als spirituelles und weltanschauliches Wissen verstehen, fügt Merkurs Aspekt aus Hasta im 3. Bhava in Svasthaavastha intellektuelles Verständnis und die Fähigkeit zu schreiben hinzu. Der Aspekt von Saturn im 12. Bhava, der der Dispositor von Mond H1 y Ketu in Bh7 ist, bewirkt dabei die Fähigkeit der Konzentration auf die Transzendenz, also den Bereich jenseits aller Erscheinungsformen. Da Merkur wiederum der Dispositor von Saturn ist, fügt er auch diesen Aspekt in das intellektuelle Verständnis ein und kann es verbal artikulieren.

In der **B-Routine** begegnet uns wieder Jupiter H9, sodass sich die Interpretation in ähnlicher Weise wiederholt und damit verstärkt. Außerdem wird seine Verbindung mit der Persönlichkeit von Neale noch dadurch intensiviert, dass er den Mond H1 aspektiert und von diesem wiederum aspektiert wird. Darin können wir deutlich den Dialog erkennen, die Subjekt-Objekt-Beziehung, da der Mond Neales Persönlichkeit beherrscht und Jupiter den 9. Bhava (Dharma). Die Konjunktion des Mondes mit Ketu (Hindernisse, Unterdrückung) hat zum einen bewirkt, dass es viele Jahre dauerte, bis dieser Dialog beginnen konnte, zum anderen bedeutet Ketu, dass, als es dann an der Zeit war, der Dialog mit großer Energie losbrach und nicht mehr zu stoppen war.

Die Position von Jupiter H9 Yuti Rahu Yuti Aszendent in Aashleshaa hat auch eine positive Seite. Wenn Aashleshaa stark mit der Persönlichkeit verbunden ist wie hier und zusätzlich mit dem Herrscher des 9. Bhavas, bedeutet dieses Nakshatra das Öffnen verborgener Türen des Wissens. Die Erhöhung von Jupiter macht diesen Vorgang dabei sehr rein und das Kumaraavastha und seine Shadbala-Stärke sehr fähig, die Botschaften zu empfangen. Gott bestätigt Neale zwar mehrfach in den Gesprächen, dass er immer noch ein Filter sei, durch den die Botschaft gefärbt würde, aber dass er ein sehr durchlässiger und guter Filter sei. Neales Ego macht in allen vier Büchern einen natürlichen, demutsvollen, sehr ehrlichen und bescheidenen Eindruck, was ebenfalls in dieses Bild passt.

Das Kosmische Dreieck im Horoskop von Neale Donald Walsch

Ganz wichtig für das Verständnis von Neales Horoskop ist das Kosmische Dreieck, welches aus Mars in Mrigashira, Merkur in Hasta und Ketu in Shravana gebildet wird. Alle drei Nakshatras werden vom Mond beherrscht und befinden sich in Erd-Raashis, wodurch das Kosmische Dreieck entsteht.

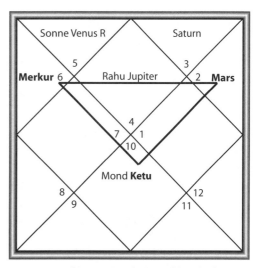

Horoskop 10: Neale Donald Walsch

Asz.	28° 40′	Kre / Aashl.		
So	23° 44′	Löw/P.Phal.	svastha	vriddha
Mo	1° 27′	Ste /U.Shad.	duhkhita	mrita
Ma	16° 01′	Sti / Rohini	shaanta	yuva
Me	16° 21′	Jun/Hasta	shaanta	yuva
Ju	22° 26′	Kre / Aashl.	diepta	kumara
Ve	16° 48′	Löw/P.Phal.	khala, kopa, yuva	
Sa	2° 47′	Zwi / Mriga.	pramuditabaala	
Rh	22° 34′	Kre / Aashl.	khala	kumara
Kt	22° 34′	Ste / Shrav.	khala	kumara

In meiner Horoskopsammlung befinden sich auch die Horoskope von 12 Heiligen, die alle bekannte Meister oder Meisterinnen waren oder sind. Von diesen Heiligen haben drei ein Kosmisches Dreieck in ihrem Horoskop. Weitere vier haben es fast, das heißt, sie haben zwar ein Dreieck aus Grahas in Raashis mit dem gleichen Element, aber nur zwei der drei Grahas haben den gleichen Nakshatra-Herrscher. Dagegen hat von 30 Regierungschefs aus Deutschland, USA, Frankreich, England und Indien nur John. F. Kennedy ein Kosmisches Dreieck und nur vier weitere haben es fast. Auch wenn dies insgesamt nur 42 Horoskope sind, halte ich sie für aussagekräftig genug, um über das Kosmische Dreieck Schlussfolgerungen zu ziehen:

Aussagen über das Kosmische Dreieck

1. Es tritt recht selten auf.
2. Es fördert eher Erleuchtung als weltliche Macht.
3. Es ist wichtig, welcher Graha der Nakshatra-Herrscher des Kosmischen Dreiecks ist und wo er steht.
4. Es ist wichtig, mit welchen Grahas er durch Yuti oder Drishti verbunden ist.
5. Der Charakter der Nakshatras ist wichtig.
6. Eines der Elemente wird durch das Dreieck stark betont.
7. Es ist aufschlussreich, welche Bhavas durch das Dreieck betont werden.

Ein Kosmisches Dreieck ist relativ leicht zu entdecken. Da einer der drei Grahas immer in einem der vier Kendra (Bh1, 4, 7, 10) steht, brauchen wir uns nur auf die Grahas in Kendra-Positionen zu konzentrieren und zu schauen, ob von diesen Grahas aus gesehen mindestens je ein weiterer in den zwei Trigonal-Bhavas stehen, also 5 und 9 Bhavas vom Kendra-Bhava entfernt. Mit einiger Übung bekommt man einen Blick dafür. Sobald man ein solches Dreieck gefunden hat, braucht man nur noch zu überprüfen, ob die Nakshatra-Herrscher dieser drei Grahas identisch sind.

Von Neales Horoskop her ist die Möglichkeit, einen Zustand von Erleuchtung zu erlangen, deutlich erkennbar:

1. Er hat ein kosmisches Dreieck, welches vom Mond (Geist, Bewusstsein, Denken, Fühlen) beherrscht wird.
2. Ketu, der als Spitze des Dreiecks in Shravana (Lernen und Lehren) im Kendra-Bhava 7 (Expansion) steht, hat eine Konjunktion mit Mond H1 (Persönlichkeit), der in Uttara Ashaadhaa (Universalität) steht.

3. Jupiter (Wissen) H9 (Spiritualität) ist erhöht im Aszendenten und aspektiert den 9. Bhava.
4. Jupiter aspektiert Ketu und Mond H1 in Bh7 und wird von diesen aspektiert.
5. Die Sonne (Ego) ist schwach in Shadbala. (In den oben erwähnten 12 Horoskopen von Meistern ist die Sonne in 8 (!) Fällen schwach oder der schwächste Graha nach Shadbala. In einem Fall ist sie der zweitschwächste, in drei Fällen liegt ihre Stärke im mittleren Bereich, aber sie gehört nie zu den stärksten Grahas.)
6. Saturn (Konzentration), der Dispositor von Mond H1 (Persönlichkeit) steht im 12. Bhava (Transzendenz, Loslassen).

Wenn wir das Kosmische Dreieck vom Nakshatra Mrigashira (Nr. 5) her aufrollen, weil Mrigashira das früheste der mit Ashvini (Nr. 1) beginnenden kosmischen Sequenz ist, dann finden wird dort Mars (Energie) H5 (Ausbildung, Zukunftsorientierung) und H10 (Handlung) im Stern des Suchens. Neale war immer ein Sucher nach Wahrheit und Gott. Der Devataa von Mrigashiraa ist Chandra, der Mond, der auch Soma genannt wird. Soma ist die feinste körperliche Substanz, die den Körper mit dem Bewusstsein verbindet. Sie ist für Erleuchtung unerlässlich.

Das nächste Nakshatra ist Hasta, in dem Merkur H3 (Schreiben) und 12 (Transzendenz) steht. Hasta ist der Stern der Gestaltung. Dies entspricht dem Autor, der in der Lage ist, die Gedanken gestalterisch zu Texten zu verarbeiten, wobei die Gedanken aus der Transzendenz inspiriert sein können. Der Devataa von Hasta ist Savitar, die Sonne, die hier als Erreger und Antreiber des Lebens gesehen wird. Neales Gespräche mit Gott kreisen eigentlich ständig darum, was das Leben wirklich ist und wie es funktioniert.

Das dritte Nakshatra ist Shravana und von Ketu besetzt. Ketu ist der Moksha-Kaaraka, der Kaaraka für Loslassen, Befreiung und Erleuchtung. Außerdem bedeutet er Offenbarung und die „drahtlose" Übertragung von Information und Wissen. Shravana ist der Stern des Lernens, insbesondere, wenn es sich um Wissen für die Evolution der Menschen handelt. Sein Devataa ist Vishnu, der Alles-Durchdringer, also die personifizierte Allgegenwart Gottes. Shravana unterstützt die Aufnahme evolutionären, spirituellen Wissens und deren Weitergabe. Ketu in dieser Position bedeutet, dass dieser Prozess lange vorbereitet wird, plötzlich aufbricht und dann sehr viel Energie freisetzt. Da Ketu mit dem Mond H1 in Konjunktion steht und außerdem noch vom ausgezeichneten Jupiter H9 in Bh1 aspektiert wird, verbindet sich diese Möglichkeit und Qualität von Ketu und dem Kosmischen Dreieck in sehr schöner, idealer Weise mit der Persönlichkeit und einem ausgezeichneten Herrscher des 9. Bhavas.

Durch das Kosmische Dreieck wird bei Neale das Erd-Element stark betont. Da Jupiter, Rahu und der Aszendent im Wasser-Raashi Krebs stehen, ist auch das Wasser-Element dominant. Das Erd-Element macht sehr praktisch. Solche Leute wissen, wie man Ideen Gestalt annehmen lässt. Außerdem sind sie eher besonnen, vorsichtig und bewahrend. Sie sind auf Sicherheit und Zuverlässigkeit bedacht und hängen gern an festgefügten und überkommenen Wertesystemen. Auch Neale brauchte lange, bis er sich vom Überkommenen lösen konnte, nämlich den „christlichen" Vorstellungen aus seiner Kindheit und Jugend, um dann neue Werte propagieren zu können. Das Wasser-Element erhöht sein Einfühlungsvermögen und seine Aufnahmefähigkeit, sein Mitgefühl mit den Bedürfnissen anderer Menschen oder der Menschheit als

Ganzes und seine Fürsorglichkeit. Außerdem gibt es ihm die Fähigkeit, ins Stocken geratene Prozesse wieder in Fluss zu bringen, was sich bei einer Botschaft dieses Ranges auch auf die Entwicklung der Menschheit beziehen kann.

Die Bhavas, die durch das Kosmische Dreieck bei Neale betont werden, sind der 3. (Eigen-Initiative), 7. (nach Außen gehen) und 11. (Wunschvorstellungen). Sie haben viel mit der Verwirklichung der eigenen Wünsche zu tun. Deshalb ist Neale einen langen Weg gegangen, um erst einmal all diese Wünsche zu verwirklichen, bevor er für etwas anderes offen war. Die spirituelle Ader machte sich ja schon in seiner Jugend und Kindheit bemerkbar. Aber erst durch den Kontakt mit Dr. E. Kübler-Ross und Terry Cole-Whittaker kommt er langsam auf diese Linie zurück.

Gott ist totale Symmetrie

An einer Stelle des Dialogs sagt Gott zu Neale, dass Er, Gott, vollkommene Symmetrie sei. Wenn wir in Neales Horoskop die Sonne außer Acht lassen, weil sie als der Schöpfer aller anderen Grahas gesehen wird, also als das Absolute, aus dem die relativen Erscheinungsformen (sprich: die anderen Grahas) hervorgehen, erhalten wir das Horoskop 10a ohne Sonne (nächste Seite).

Dieses Horoskop ist vollkommen achsensymmetrisch, was eine große Seltenheit ist. Es ist durch seine Ausgewogenheit sehr eindrucksvoll, ansprechend und ästhetisch.

Wenn man die Grahas rechts und links der Persönlichkeits-Grahas Jupiter und Rahu mit der Symmetrieachse verbindet, die gleichzeitig die Verbindung zu Mond und Ketu darstellt, entsteht ein Pfeil oder Schirm oder ein „T". Im zweiten Band werden wir die so genannten Nabhasa-Yogas behandeln, die sich

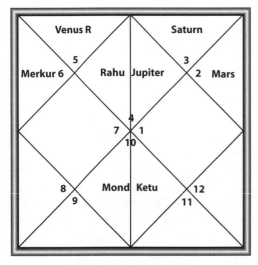

Horoskop 10a ohne Sonne:
Neale Donald Walsch

Horoskop 10b ohne Sonne:
Neale Donald Walsch

mit der Himmelsstruktur zum Zeitpunkt der Geburt beschäftigen, das heißt mit der Anordnung der Grahas im Horoskop. Zwar ist diese spezielle Struktur, die wir bei Neale finden, nicht bei Parashara aufgeführt. Jedoch zeigt das Prinzip dieser Yogas, dass solche Strukturen von Bedeutung sind. Insofern ist es durchaus angebracht und legitim, diese Symmetrie besonders zu beachten und als positiv zu werten (Horoskop 10b).

Abschließend müssen wir noch einen weiteren Gesichtspunkt der Frage klären „Warum ausgerechnet Neale?", nämlich: „Warum ein Amerikaner und nicht ein Chinese oder Russe oder Portugiese?" Diese Fragestellung lässt sich nicht aus dem Horoskop beantworten, muss aber der Vollständigkeit halber berücksichtigt werden. Die Antwort ist relativ einfach. Eine große Offenbarung sucht sich natürlich eine geeignete Person in einem Land aus, wo ein möglichst großer Wirkungsgrad erzielt werden kann. Zum anderen treten göttliche Offenbarungen immer auch nach dem Prinzip der Notwendigkeit und der Chance

auf. Das bedeutet zum einen, dass offenbar besonders die Amerikaner und mit ihnen die Industrie-Nationen diese Botschaft sehr nötig haben, zum anderen besteht bei ihnen auch eine reale Chance und Möglichkeit, dass sie sie umsetzen. Damit ist die Frage: „Warum gerade Neale?" hinreichend beantwortet.

Übung 20

Interpretieren Sie die Persönlichkeit einer Ihnen gut bekannten Person an Hand der 5. Stufe. Schreiben Sie die Struktur-Formeln der A-, B- und C-Routine auf. Lassen Sie sie auf Sie wirken, indem Sie nach innen gehen. Nehmen Sie die Zuordnungen der Kapitel 9 bis 11 und 18 zu Hilfe. Kommen Sie dann zu den Aussagen.

Lösungen sind individuell. Fragen hierzu können auf den Workshops zu diesem Buch geklärt werden (siehe Anhang Seite 300).

KAPITEL 24

PRAKTISCHE ANLEITUNG FÜR DIE INTERPRETATION BESTIMMTER LEBENSBEREICHE

– Persönlichkeit, Gesundheit, Partnerschaft, Ausbildung, Beruf, Finanzen usw. –

Mit der A-, B- und C-Routine der 5. Interpretationsstufe erhalten wir eine umfassende Analyse des Geburts-Horoskops, die uns das Potential des Lebens für verschiedene Bereiche erschließt. Bei dieser Analyse geht es zum einen um das Verhältnis positiver und negativer Einflüsse und zum anderen um inhaltliche Interpretation. Im folgenden werden wir für einige wichtige Lebensbereiche auflisten, welche Komponenten berücksichtigt werden müssen und wie sich diese in positive und negative Einflüsse gliedern.

Persönlichkeit

Jede Horoskop-Analyse beginnt mit der Persönlichkeit. Wir müssen zunächst den Menschen verstehen, bevor wir ihn in seinem Umfeld und seinen sozialen Bezügen richtig einordnen können. Die Persönlichkeit leitet sich aus dem 1. Bhava, seinem Herrscher und seinen Kaarakas ab (Sonne und Mond). Ferner muss noch das 4. Bhava in der gleichen Weise untersucht werden, da es viel über das Innenleben eines Menschen sagt. Die Grahas

in diesen Bhavas haben dabei eine besonders prägende Rolle.

Als **allgemeines Beispiel** betrachten wir **Mars im Aszendenten**. Mars ist ein natürlicher **Übeltäter**, was aber nur von beschränkter Bedeutung ist. Hier müssen wir sehr genau die **Avasthas** berücksichtigen, um zu sehen, von welcher Seite sich dieser Übeltäter zeigt. Je höher der Rang, desto milder der Übeltäter, je niedriger der Rang, desto unangenehmer der Übeltäter. Bei **Wohltätern** ist es ähnlich: Je höher der Rang, desto besser der Wohltäter, je niedriger der Rang, desto geringer die wohltätige Wirkung.

Wenn Mars im 1. Bhava steht und beispielsweise Merkur der Herrscher dieses Bhavas ist, dieser jedoch in einem anderen Bhava steht, ist die Persönlichkeit stark vom Mars geprägt und Merkur kommt erst an zweiter Stelle. Deshalb beginnen wir in einem solchen Fall mit der A-Routine, durch die wir diesen Graha genau untersuchen. Damit haben wir den richtigen Ausgangspunkt gefunden.

Als nächstes müssen wir uns über die **Inhalte** klar werden. Mars steht für bestimmte, wert-neutrale Inhalte wie zum Beispiel Stärke, Kraft und Energie. Diese werden in jedem Fall verstärkt bei der Person zu finden sein, wenn Mars im Aszendenten steht. Andere dem Mars zugeordnete **Inhalte sind positiv oder negativ**. Um zu entscheiden, welche davon zutreffen, müssen wir die **Qualität** von Mars richtig einschätzen, wobei uns die **Avasthas** helfen. Zum anderen können seine Eigenschaften durch seine **Bhava-Position, Bhava-Herrschaft, Nakshatra-Position**, seine **Konjunktion(en)** und **Aspekte**, seinen **Dispositor** und durch seine **Raashi-Position** verstärkt, gemindert oder modifiziert werden.

Gute **Avasthas** verstärken positive Eigenschaften von Grahas, schlechte Avasthas negative. Je höher der Rang eines Grahas ist, aus dem sich ja wesentliche Avasthas ableiten, desto mehr zeigt der Graha seine positiven Qualitäten. Wenn der Rang und die Avasthas niedrig sind, kommen mehr die Schwächen zutage. Auch die übrigen Avasthas (vikala, kopa und 5 Avasthas) müssen auf den Graha angewendet werden. Vikala wird Mars unter größere Spannung versetzen, die sich immer wieder entladen wird, weil er die Freiheit liebt und sich durch vikala eingeengt fühlt. Kopa wird ihn durch den starken Sonneneinfluss hastiger, ungeduldiger und aggressiver machen. Die zwei guten der 5 Avasthas (yuva und kumara) werden dazu beitragen, dass die Person die Mars-Energie gut beherrscht und einsetzen kann. Dagegen werden die beiden schlechten der 5 Avasthas (vriddha und mrita) zu Defiziten der Energie, mangelnder Ausdauer und Einbrüchen führen.

Die **Bhava-Position** kann bestimmte Eigenschaften des Grahas stärker hervortreten lassen. Wenn Mars im Aszendenten steht, fördert diese den Scharfsinn, da dem 1. Bhava Intelligenz zugeordnet ist und dem Mars Logik und Schärfe. Die Position von Mars im 6. Bhava, das für Boshaftigkeit und Untaten steht, würde seine Aggressivität stärker betonen.

Die Herrschaft über gute **Bhavas** (Kendra, also 1, 4, 7, 10, und Kona, also 5, 9) unterstützt generell die positiven Qualitäten des Graha und die Herrschaft über schlechte Bhavas (6, 8 und 12) mehr die schlechten. Auch verstärken die Inhalte eines beherrschten Bhavas bestimmte Qualitäten des Grahas. Wenn Mars im 1. Bhava z. B. den 10. Bhava beherrscht (Aszendent Krebs oder Wassermann), unterstützt dies sein Organisationstalent und seine Handlungsbereitschaft, da der 10. Bhava für Aktivität steht. Beherrscht er jedoch im 1. Bhava den 6. Bhava (Aszendent Skorpion oder Zwillinge), dann macht ihn das verletzender, da der 6. Bhava für Schwächen, Laster und Boshaftigkeit steht.

Die **Nakshatras** können mit bestimmten Qualitäten positive oder negative Züge der Grahas unterstützen. So unterstützt z. B. Mrigashira die Unternehmenslust und leidenschaftliche Dynamik von Mars. Shatabhishaa hingegen wird eher seine scharfen Reaktionen, Kritik und Sarkasmus verstärken.

Bei **Konjunktionen und Aspekten (Yuti und Drishti)** müssen wir vor allem unterscheiden, ob der Einfluss von natürlichen Wohltätern oder Übeltätern kommt, ob diese Freunde, Feinde oder neutral sind, in welchen Avasthas und Nakshatras sie stehen, welche Bhavas sie beherrschen und in welchen Bhavas sie stehen, da sie diese Qualitäten mittragen. **Konjunktionen wirken am stärksten, Aspekte am zweitstärksten. Den drittstärksten Einfluss der Grahas auf einen anderen Graha hat der Dispositor**, der, wie im Flussdiagramm Stufe 5 ersichtlich, ähnlich behandelt wird, wie Yuti und Drishti.

Alle Grahas, die auf einen anderen Graha durch Yuti, Drishti oder Disposition wirken, haben einen qualitativen und einen inhaltlichen Einfluss. Wenn Mars von Merkur beeinflusst wird und letzterer ein Wohltäter ist, verbessert dies etwas die Qualität von Mars. Da Jupiter ein deutlich stärkerer Wohltäter ist und zudem noch ein natürlicher Freund von Mars, wird die Qualität von Mars durch ihn deutlich stärker positiv beeinflusst als von Merkur. Merkur wird Mars intellektueller, analytischer, sprachgewandter, schlagfertiger oder geschäftstüchtiger machen. Auch das Planerische und Taktische wird in der Persönlichkeit verstärkt. Jupiter dagegen wird dem Mars mehr Geordnetheit, Heiterkeit, Großzügigkeit, Wohltätigkeit und Toleranz geben. Auch die Orientierung zu Wissen und Weisheit werden in der Persönlichkeit verstärkt.

Die **Raashi-Position** beeinflusst ebenfalls den Graha, wobei das Bewegungs-Naturell und das Element besonders wichtig sind. Wenn Mars im Aszendenten in einem beweglichen Raashi steht, macht ihn das kurzentschlossener, entscheidungsfreudiger, dynamischer aber auch unruhiger und ungeduldiger. Wenn es ein unbeweglicher Raashi ist, macht das Mars eigensinniger und sturer, aber auch beharrlicher und ausdauernder in seiner Anstrengung. Ein duales Raashi wird ihn überlegter, analytischer und planerischer machen. Die Feuer-Raashis werden natürlich das Feuer von Mars verstärken, sodass er aufbrausender und ungeduldiger sein wird, aber auch klarer, präziser und dynamischer. Die Erd-Raashis werden ihn bodenständiger, vorsichtiger und weniger risikofreudig machen. Die Luft-Raashis werden seine Dynamik und Schnelligkeit erhöhen, aber auch Kurzatmigkeit und Überhastung. Die Wasser-Raashis werden ihn emotional unausgewogen und launisch machen, aber auch mehr Einfühlsamkeit fördern.

All diese Beispiele zeigen, dass es immer um folgende Fragestellungen geht:

> 1. Gibt es eine Verstärkung durch Übereinstimmungen?
> 2. Gibt es eine Abschwächung durch Gegensätzlichkeit?
> 3. Gibt es eine Verstärkung durch Ähnlichkeit?
> 4. Gibt es eine Abschwächung durch Andersartigkeit?
> 5. Gibt es positive Modifizierungen?
> 6. Gibt es negative Modifizierungen?
> 7. Gibt es positive Synthesen?
> 8. Gibt es negative Synthesen?

Diese Untersuchung müssen wir bei jedem Graha gründlich durchführen, wobei wieder die Formelschreibweise sehr hilfreich ist. Wir können für jede Graha-Analyse zwei Formeln schreiben. In die erste schreiben wir alles Positive und in die zweite alles Negative. Dann haben wir eine klare Gegenüberstellung.

Zur Veranschaulichung werden wir dies jetzt für Mars im 1. Bhava des Horoskops von Lena Grigoleit tun, deren Leben wir in den Kapiteln 12 bis 14 behandelt haben.

Anwendung der A-Routine auf Mars im 1. Bhava bei Lena Grigoleit

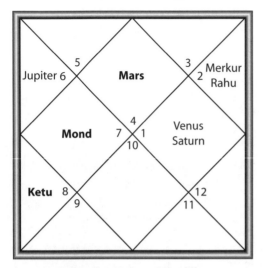

Horoskop 3: Lena Grigoleit

Mars in Krebs,   Pushya,   vriddha, hiena
Mond in Waage,   Vishaakhaa, vriddha,
                                              duhkhita
Ketu   in Vrishchika, Anuraadhaa, mrita

Positiv: Ma H5,10 in Bh1, Krebs, Pushya,
← Kt in Bh5, Anuraadhaa,
Disp. Mo in Bh4 in Vishaakhaa,
W u. Freund
(Kt in Bh5 → Bh1)

Die positive Formel liest sich:

Mars ist Herrscher des 5. und 10. Bhava und steht im 1. Bhava in Krebs und in Pushya Nakshatra. Er wird von Ketu, der Mars ähnelt, aus dem 5. Bhava aspektiert, der dort in Anuraadhaa steht. Der Dispositor von Mars ist der Mond im 4. Bhava in Vishaakhaa Nakshatra, der ein Freund und geringer Wohltäter ist. Ketu aspektiert aus dem 5. Bhava außerdem den Aszendenten.

Ohne jetzt in eine detaillierte Interpretation zu gehen, verbinden sich hier die Wirkungen von vier positiven Häusern mit befreundeten Grahas und zwei durchweg positiven

Nakshatras (Pushya und Anuraadhaa) sowie einem gemischten Nakshatra (Vishaakhaa).

Negativ: Ma Ü in Bh1, Krebs, hiena,
vriddha,
← Kt Ü
Disp Mo in Vishaakhaa,
duhkhita, vriddha
(Kt Ü → Bh1)

Die negative Formel liest sich:

Übeltäter Mars verletzt den 1. Bhava, Krebs, insbesondere weil er debilitiert ist (hiena) und in Vriddhaavastha steht. Er wird vom Übeltäter Ketu aspektiert. Sein Dispositor, der Mond, ist duhkhita und vriddha und steht in Vishaakhaa. Übeltäter Ketu aspektiert außerdem den Aszendenten.

Auch bei dieser Formel wollen wir nicht in eine detaillierte Interpretation gehen. Wir können aber feststellen, dass es sich hier zwar um gravierende Mängel handelt, die sicherlich vor allem in Lenas Kindheit und Jugend ausgelebt wurden, die aber aufgrund der positiven Kräfte, die Mars durch die Bhavas und Nakshatras bindet, im Laufe des Lebens mehr und mehr beherrscht wurden, sodass das Positive eindeutig überwiegt.

In ähnlicher Weise müssen wir den Herrscher des 1. Bhavas analysieren sowie die Kaarakas Sonne und Mond. Dann haben wir durch die kompletten Formeln eine klare Übersicht über die positiven und negativen Komponenten und können uns auf dieser Grundlage auf die inhaltliche Interpretation konzentrieren. Diese Mühe lohnt sich in jedem Fall, zum einen, weil wir durch diese systematische Vorgehensweise am schnellsten lernen und Erfahrung sammeln, zum anderen weil unsere Aussagen dann auf einer breiten Grundlage fundiert sind und wir unserer Verantwortung gerecht werden. Die Vedische

Astrologie ist eine Wissenschaft, die diese Bezeichnung verdient, aber natürlich nur dann, wenn sie systematisch, gewissenhaft und verantwortungsvoll betrieben wird.

Selbstverständlich gibt es immer Dinge, die leichter erkennbar sind und sofort ins Auge fallen, während andere feiner und versteckter sind. Hier sind Übung und Erfahrung gefragt, die sich mit der Zeit einstellen. Besonders hilfreich ist es, Personen zu analysieren, die man gut kennt, und dabei zu versuchen, alles was man über diese Person weiß, im Horoskop wiederzufinden. Es versteht sich von selbst, dass man sich am Anfang mit Äußerungen zurück hält, bis man eine gewisse Übung und Sicherheit erlangt hat. Noch besser ist es, zunächst mit dem eigenen Horoskop zu beginnen. Auf diese Weise erkennt man, wie die verschiedenen Komponenten zusammenwirken.

Hier ist noch wichtig anzumerken, dass wir im Laufe des Lebens dazulernen. Lenas Beispiel hat dies deutlich gezeigt, da sie von ihrer Mutter als „schreckliches Kind" bezeichnet wurde, von ihrer Biographin aber ganz anders erlebt wurde. Daran sehen wir, dass im Horoskop erkenntliche Schwächen entsprechend dem Alter der Person interpretiert werden müssen. In jungen Jahren werden die Schwächen ausgeprägter sein und sich dann allmählich abschleifen.

Im Folgenden werden wir auf die wichtigsten Lebensbereiche und die jeweiligen Besonderheiten eingehen, welche Bhavas und ihre Herrscher und welche Kaarakas zu berücksichtigen sind. Detaillierte Inhalte hierzu finden sich in den Kapiteln 9 bis 11.

Persönlichkeit

Bhavas und deren Herrscher: 1. Bhava, 4. Bhava (Innenleben)

Kaarakas: Sonne für 1. Bhava, Mond als Co-Aszendent

Besonderheiten: Jeder Graha steht entsprechend seinem Kaarakatwa für bestimmte Aspekte der Persönlichkeit und muss entsprechend berücksichtigt werden (siehe Kapitel 9).

Gesundheit

Bhavas und deren Herrscher: 1. Bhava für Körper als Ganzes und Konstitution. 6. Bhava für Krankheiten. 8. Bhava für Verletzbarkeit. 12. Bhava für Stürze, Krankenhausaufenthalt und Kraftverlust.

Kaarakas: Sonne und Mond für 1. Bhava. Mars für 6. Bhava. Saturn für 12. Bhava. Entsprechend seinem Kaarakatwa steht jeder Graha für ein bestimmtes Dhatu (Körpersubstanz) und für bestimmte Körperfunktionen (siehe Kapitel 9).

Besonderheiten: In Kapitel 18 ist jedem Raashi ein Körperteil zugeordnet. In Kapitel 10 finden wir die entsprechende Zuordnung der Körperteil zu den Bhavas, die von den Raashis abgeleitet ist. Wenn gleiche Raashis und Bhavas durch Übeltäter verletzt sind, besteht die Gefahr für diese Körperregion, dass sie leichter von Krankheiten befallen werden kann (z. B. 4. Raashi und 4. Bhava für Herz und Lunge). Ferner sind die Körperteile der Raashis, die im 6., 8. und 12. Bhava liegen, besonders anfällig.

Partnerschaft

Bhavas und deren Herrscher: 7. Bhava generell und für die erste Ehe. 2. Bhava für zweite Ehe (= 8. Bhava vom 7. aus gezählt). 9. Bhava für dritte Ehe (= 8. Bhava vom 2. aus gezählt). 5. Bhava für Liebesbeziehungen.

Kaarakas: Venus. Bei Frauen außerdem Jupiter.

Kinder

Bhavas und deren Herrscher: 5. Bhava generell und für das erste Kind. 7. Bhava für das zweite Kind. 9. Bhava für das dritte Kind usw.

Kaarakas: Jupiter für Kinder, Venus für Fruchtbarkeit, bei Frauen auch Mond für Mutterschaft.

Ausbildung

Bhavas und deren Herrscher: 5. Bhava für Schul- und Ausbildung. 9. Bhava für höhere Bildung und Studium.

Kaarakas: Jupiter für Wissen, Merkur für akademische Bildung, Mond für die Beschaffenheit des Geistes.

Beruf

Bhavas und deren Herrscher: 10. Bhava für Beruf, Erfolg, Position und Aufstieg. 5. Bhava für Erfolg im Leben, 7. Bhava für Handel, Kontakte und Expansion.

Kaarakas: Merkur für 10. Bhava, Jupiter für Glück im Leben, Saturn für Arbeit und Verantwortung, Venus für Interaktion mit anderen Menschen und Beliebtheit.

Spiritualität

Bhavas und deren Herrscher: 9. Bhava für Weltanschauung, Philosophie, Ethik, 4. Bhava für Innenleben, 8. Bhava für Esoterik und große Transformationen, 12. Bhava für Transzendenz und Zurückgezogenheit.

Kaarakas: Jupiter für Philosophie und Weltanschauung, Saturn für Einfachheit, Bescheidenheit, große Transformationen und Transzendenz, Mond für Innenleben.

Finanzen

Bhavas und deren Herrscher: 2. Bhava für Geld zum Ausgeben, 5. und 9. Bhava für Glück und Erfolg im Leben, 11. Bhava für Einkommen.

Kaarakas: Jupiter für Wohlstand, Venus für Luxus.

Unfälle

Bhavas und deren Herrscher: 6. und 8. Bhava. Bei Stürzen auch 12. Bhava.

Kaarakas: Mars und Saturn, auch Rahu und Ketu. Sonne bei Knochenbrüchen, Merkur bei Hautabschürfung.

Besonderheiten: Mars – Saturn Kombinationen (Konjunktion oder gegenseitiger Aspekt), sowie Mars – Rahu Kombinationen müssen sorgfältig untersucht werden, da sie ein besonderes Gefahrenpotential darstellen.

Krisen

Bhavas und deren Herrscher: 6., 8. und 12. Bhava.

Kaarakas: Mars, Saturn, Rahu und Ketu.

Besonderheiten: Der 8. Bhava ist besonders kritisch zu bewerten, wenn er Übeltäter beherbergt. Auch Konjunktionen von Übeltätern in anderen Bhavas sollten genau analysiert werden.

Übung 21

Interpretieren Sie Ihr eigenes Horoskops bezüglich Beruf entsprechend der 5. Stufe. Schreiben Sie die Struktur-Formeln der A-, B- und C-Routine auf. Lassen Sie sie auf Sie wirken, indem Sie nach innen gehen. Nehmen Sie die Zuordnungen der Kapitel 9 bis 11 und 18 zu Hilfe. Kommen Sie dann zu den Aussagen.

Lösungen sind individuell. Fragen hierzu können auf den Workshops zu diesem Buch geklärt werden (siehe Anhang Seite 300).

Schlussfolgerungen

Wenn der Leser dieses Buch bis hierher aufmerksam studiert und angewendet hat, ist er auf dem Gebiet der Vedischen Astrologie kein Anfänger mehr, sondern hat ein solides Fundament für das Verständnis eines Vedischen Horoskops. Es ist sehr empfehlenswert, die bisher behandelten Prinzipien auf 20 bis 50 Horoskope anzuwenden, um sicher im Verständnis und in der Umsetzung zu werden. Der Leser wird erstaunt sein, wie viel er mit diesem Wissen über Persönlichkeit und Schicksal bereits erkennen kann.

Das eigene Horoskop ist dabei eine Goldgrube von Erkenntnissen, weil das eigene Leben und Schicksal offen vor uns liegt. Bei dieser Gelegenheit kann der Leser auch gleich gewisse Ängste überwinden, die vielleicht aufkommen, wenn er in den Spiegel des eigenen Horoskops schaut. Jyotish, die Vedische Astrologie, bringt Licht in unser Leben und vertreibt die Schatten der Ängste. Es ist gut, die Wahrheit zu sehen, denn sie macht uns frei. Nur wenn wir den Tatsachen ins Auge blicken, können wir gegen Dinge, die uns nicht gefallen, etwas unternehmen. Wenn wir die Augen geschlossen halten, laufen wir geradewegs in die Unannehmlichkeiten, denen wir eigentlich nicht begegnen wollen. Indem wir begreifen, dass alles, was uns im Leben begegnet, und vor allem, **wie** wir es empfinden, eine Reflektion unserer selbst ist, werden wir dazu übergehen, immer zunächst uns selbst anzuschauen und dort den Hebel für die Veränderung unseres Lebens anzusetzen. Dann sind wir Herr und Gestalter unseres Schicksals.

Als nächstes sind die Horoskope der Personen unserer näheren Umgebung sehr hilfreich, also Lebenspartner, Eltern, Kinder, Geschwister, Verwandte und Freunde. All diese Personen kennen wir relativ gut, sodass es uns leicht fällt, unser Wissen über sie mit dem, was wir in ihren Horoskopen sehen, in Verbindung zu bringen. **Es ist ratsam, diese Horoskope zu Beginn erst einmal eine Zeit lang alleine zu studieren und zu verinnerlichen, bevor wir uns diesen Personen gegenüber äußern.**

Bevor wir uns dann äußern, sollten wir uns gut vorbereitet haben: mit der Formel-Schreibweise uns den richtigen Überblick verschaffen, Notizen machen und so zu fundierten Aussagen gelangen. Vor allem **bei negativen Äußerungen sollten wir sehr vorsichtig und zurückhaltend formulieren**, denn solche Aussagen werden aufgrund von Ängsten, die jeder Mensch hat, sehr viel sensibler wahrgenommen als positive Interpretationen. Wir sollten also darauf bedacht sein, die Person nicht zu verletzten. Wenn der Leser der Meinung ist, ernst zu nehmende Gefahren im Horoskop zu erkennen, ist es am besten, der Person zu raten, sich an einen versierten Experten der Vedischen Astrologie zu wenden. Diese Vorgehensweise wird die Zuhörer von der Wissenschaftlichkeit und Seriosität der Vedischen Astrologie am ehesten überzeugen und neue Freunde für dieses Wissen gewinnen.

Die Versuchung ist immer sehr groß, mal eben schnell in ein Horoskop zu schauen und ein paar Aussagen zu machen, vor allem wenn das Ego meint, damit ein paar Punkte bezüglich Aufmerksamkeit und Anerkennung erzielen zu können. Davor kann ich nur dringend warnen. Die Vedische Astro-

logie ist, wie die Ausführungen in diesem Buch deutlich machen, eine komplexe Wissenschaft, die gründlich studiert und verstanden werden muss und die, wenn man zuverlässige Aussagen machen möchte, ein beträchtliches Maß an Erfahrung benötigt. **Wenn der Leser 200 Horoskope gründlich studiert hat, kann er davon ausgehen, einen brauchbaren Erfahrungsschatz zu haben, sodass er schneller zu richtigen Aussagen gelangen wird.**

Hierzu ist es sehr aufschlussreich zu hören, wie Parashara einen qualifizierten Jyotishi (Vedischen Astrologen) beschreibt:

„O Maitreya (Parasharas Schüler), die Vorhersagen von jemandem werden ohne Zweifel richtig sein, der große Fähigkeiten in **Mathematik** hat, der viel Anstrengung in das Verständnis der **Grammatik (von Sanskrit)** investiert hat, der Wissen von der Wissenschaft der Logik und des Urteilens hat (**Nyaya**), der **intelligent und weise** ist und Wissen über **Raum, Zeit und Geographie** hat, der seine **Sinne beherrscht**, der die Gesetze der **Logik** beherrscht und der bekannter maßen die **Schriften der Vedischen Astrologie** studiert hat."

Die **mathematischen Fähigkeiten** waren damals Voraussetzung, da alles per Hand gerechnet wurde. Sehr fundierte **Sanskrit-Kenntnisse** waren unumgänglich, da alle Bücher der Vedischen Astrologie in sogenannten **Sanskrit-Slokas** (Aphorismen) verfasst waren, die eine äußerst komprimierte grammatikalische Struktur hatten. „**Nyaya**" ist das erste der sechs Systeme der Vedischen Philosophie, das sich mit korrekter Wissensgewinnung durch Logik, Vernunft, Analyse und Argumentation beschäftigt. **Intelligenz** ist die Fähigkeit, Ordnung (im geistigen, emotionalen oder materiellen Bereich) zu erkennen und weiterzuentwickeln. **Weisheit** ist gelebtes, an-

gewandtes Wissen. Wissen über **Raum, Zeit und Geographie** bezieht sich auf die astronomischen und geographischen Gesetzmäßigkeit, die man kennen muss, um z. B. den Aszendenten und die Positionen der Grahas zu berechnen. **Beherrschung der Sinne** ist bei demjenigen automatisch gegeben, der in der Transzendenz gegründet ist und aus dieser inneren Unbegrenztheit und Fülle heraus eine integrierte Persönlichkeit ist. Die Gesetze der **Logik** müssen beherrscht werden, um die Einflüsse der Komponenten der Vedischen Astrologie (Grahas, Raashis, Nakshatras und Bhavas) richtig miteinander zu verbinden. Ein gründliches Studium der **Schriften der Vedischen Astrologie** ist nötig, um die Mathematik, Logik und Gesetzmäßigkeiten der Vedischen Astrologie zu verstehen und zu beherrschen.

Um den Leser beim Studium der Vedischen Astrologie nicht auf sich allein gestellt zu lassen, biete ich zu diesem Band **Workshops** an, bei denen ich gerne alle Fragen kläre und dem Leser helfe sein Wissen und Verständnis zu vertiefen. Diese Workshops sind im Anhang auf der Seite über die APA-Programme erwähnt (siehe Seite 300).

Ausblick auf Band 2 des Großen Handbuchs der Vedischen Astrologie

Im System der Vedischen Astrologie nach Maharshi Parashara gibt es für jede Person 25 Horoskope. Davon ist das wichtigste das Geburts-Horoskop, das wir in diesem Band behandelt haben. Die 15 Unterteilungs-Horoskope wurden bereits kurz in Kapitel 2 „Die Unterteilungen der Raashis" erwähnt. Sie werden viel weniger komplex analysiert, als das Geburts-Horoskop und geben detaillierte Information über verschiedene Lebensbereiche wie Ehe, Eltern, Erfolg usw. Wie man mit diesen Unterteilungs-Horoskopen (Amsh Kundalis) umgeht, werden wir im zweiten Band dieses Handbuches besprechen.

Weitere Horoskope mit allgemeiner Bedeutung sind u. a. das Mond-Horoskop und das Chalit-Horoskop, die sehr ähnlich wie das Geburts-Horoskop analysiert werden, nur dass ihnen geringere Bedeutung sprich Wirkung beigemessen wird. Das grundlegende Rüstzeug für die Interpretation dieser Zusatz-Horoskope hat der Leser mit diesem Band bereits erworben. Im zweiten Band werden wir die Besonderheiten der wichtigsten Zusatz-Horoskope erläutern und zeigen, wie deren Aussagen mit denen des Geburtshoroskops integriert werden, sodass wir zu noch präziseren Aussagen gelangen können.

Darüber hinaus gibt es noch eine ganze Reihe sehr wichtiger Kapitel, die in Band 2 behandelt werden. Als erstes werden wir einige Beispiele der 144 Slokas (Aphorismen) von Parashara analysieren, in denen er die **Wirkung der 12 Bhava-Herrscher in den verschiedenen Bhava-Positionen** beschreibt (12 Herrscher X 12 Positionen = 144 Slokas). Anhand dieser Slokas offenbart Band 2 dem Leser die zugrundeliegende Struktur der Interpretationsprinzipien der Vedischen Astrologie, sodass der Leser selber in der Lage sein wird, solche Aussagen herzuleiten.

Ferner wird die Interpretation der Position der Grahas in der „Lücke" von zwei Raashis (**Sandhi**) behandelt. Außerdem die mehrfach erwähnte, sehr wichtige Berechnung und Anwendung der **Sechsfältigen Stärke der Grahas** (**Shadbala**) und die wichtigsten **Yogas** (Kombinationen von Grahas mit Bhavas, Raashis oder anderen Grahas). Erst dann haben wir das System von Parashara in seinen wesentlichen Aspekten erfasst und können das Potential der Persönlichkeit und des Schicksals präzise und zuverlässig beschreiben.

Auf dieser Grundlage folgen dann die Kapitel über die **Vorhersagen**. Dazu wird das **Vimshottari Dasha** System von Parashara erklärt und das System von **Gochar**, die **Transite**.

Das **Vimshottari Dasha** System ist der 120-Jahre-Zeitschlüssel, der die Phasen unseres Lebens sehr präzise widerspiegelt. Er ermöglicht die Berechnung von 5 ineinandergreifenden Zeitzyklen, die den Grahas und ihrer Bedeutung im Horoskop zugeordnet sind. Auf diese Weise lassen sich von den Grahas aus dem Horoskop die Trends des Lebens in ihren zeitlichen Abläufen genau erkennen und vorhersagen.

Das zweite System heißt in der Vedischen Astrologie **Gochar** und bedeutet Transite. Vom Zeitpunkt der Geburt an bewegen sich die Grahas am Himmel weiter. Da der Himmel mit den Raashis im Horoskop dargestellt ist, können diese Bewegungen in das Horoskop eingetragen werden. Diese veränderten Positionen der Grahas werden mit den Bhavas, durch die sie sich bewegen, und mit den Grahas in ihren Geburts-Positionen in Verbindung gebracht. Daraus ergeben sich wiederum kosmische Zyklen, die sich in bestimmten Trends des Lebens niederschlagen.

Wenn wir das Potential des Horoskops oder besser gesagt: der Horoskope einer Person richtig verstehen und auf dieser Grundlage die Systeme der Dashas (120-Jahre-Zyklus) und Gochar (Transite) richtig anwenden, gelangen wir unweigerlich zu korrekten Zukunfts-Vorhersagen. Das sind äußerst spannende und faszinierende Vorgänge, die wir an Hand von ausführlichen Beispielen und bekannten Schicksalen erläutern werden.

Was den Aufwand der Berechnungen betrifft, ist er in der Vedischen Astrologie sehr hoch, sofern man das System einigermaßen vollständig anwendet. Deshalb hatten die Kö-

nige der vergangenen Jahrtausende auch nicht nur einen Jyotishi (Vedischen Astrologen), sondern einen ganzen Stab. Dieser war dann mehrere Tage beschäftigt, um zum Beispiel das Horoskop eines neugeborenen Prinzen vollständig zu berechnen und zu analysieren. Heutzutage kann man diese Rechenleistung in wenigen Sekunden durch einen Computer erhalten, weshalb ich **im Buchrücken** dieses Buches eine eigene **Software als Demo-CD** beigelegt habe, die dem Bedarf beider Bände dieses Handbuches angepasst ist und sogar darüber hinaus geht. Sie enthält die in diesem Buch behandelten Horoskope und erlaubt die Eingabe von zwei weiteren Horoskopen, sodass der Leser mindestens sein eigenes Horoskop erstellen und damit arbeiten kann. **Jeder kann also heutzutage die „Königs-Astrologie" der vergangenen Jahrtausende leicht anwenden.**

ANHANG

Grundbegriffe

Grahas	„Planeten"
Nakshatras	Mondhäuser oder Mondkonstellationen
Bhavas	astrologische „Häuser" oder Lebensbereiche
Raashis	Sternzeichen und Sternbilder
Herrscher	Graha als Herrscher über ein Raashi und damit auch über ein Bhava
Dispositor	Graha als Herrscher über einen anderen Graha
Yoga	Kombination von Graha plus Graha oder Graha plus Bhava oder Graha plus Raashis plus Bhava
Avasthas	Zustände, die Qualität der Grahas beschreiben
Yuti	Konjunktion
Drishti	„Aspekt", d. h., dass das ein Graha einen anderen Graha oder ein Bhava „anschaut"

zum Heraustrennen

Schema der 12 Bhavas (Häuser) in der Vedischen Astrologie

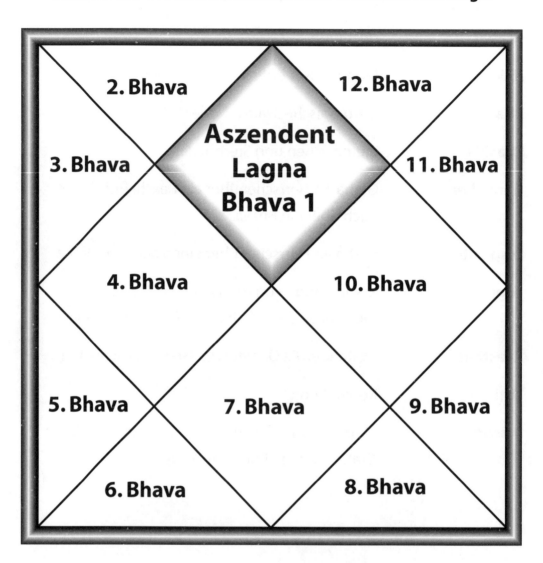

2. Bhava

12. Bhava

**Aszendent
Lagna
Bhava 1**

3. Bhava

11. Bhava

4. Bhava

10. Bhava

5. Bhava

7. Bhava

9. Bhava

6. Bhava

8. Bhava

zum Heraustrennen

Liste der Grahas als Raashi-Herrscher

Raashi Nr.	Raashi-Name	Raashi-Herrscher	(Sanskrit-Name)
1	Widder, Mesha	Mars	(Mangala)
2	Stier, Vrishabha	Venus	(Shukra)
3	Zwillinge, Mithuna	Merkur	(Budha)
4	Krebs, Karka	Mond	(Chandra)
5	Löwe, Simha	Sonne	(Surya)
6	Jungfrau, Kanya	Merkur	(Budha)
7	Waage, Tula	Venus	(Shukra)
8	Skorpion, Vrishchika	Mars	(Mangala)
9	Schütze, Dhanu	Jupiter	(Guru)
10	Steinbock, Makara	Saturn	(Shani)
11	Wassermann, Kumbha	Saturn	(Shani)
12	Fische, Miena	Jupiter	(Guru)

zum Heraustrennen

275

Liste der Bhava-Herrscher entsprechend der 12 Lagnas

Aszendent Widder, Mesha

Bhava-Nr.	Herrscher
1	Mars (Mangala)
2	Venus (Shukra)
3	Merkur (Budha)
4	Mond (Chandra)
5	Sonne (Surya)
6	Merkur (Budha)
7	Venus (Shukra)
8	Mars (Mangala)
9	Jupiter (Guru)
10	Saturn (Shani)
11	Saturn (Shani)
12	Jupiter (Guru)

Aszendent Zwillinge, Mithuna

Bhava-Nr.	Herrscher
1	Merkur (Budha)
2	Mond (Chandra)
3	Sonne (Surya)
4	Merkur (Budha)
5	Venus (Shukra)
6	Mars (Mangala)
7	Jupiter (Guru)
8	Saturn (Shani)
9	Saturn (Shani)
10	Jupiter (Guru)
11	Mars (Mangala)
12	Venus (Shukra)

Aszendent Stier, Vrishabha

Bhava-Nr.	Herrscher
1	Venus (Shukra)
2	Merkur (Budha)
3	Mond (Chandra)
4	Sonne (Surya)
5	Merkur (Budha)
6	Venus (Shukra)
7	Mars (Mangala)
8	Jupiter (Guru)
9	Saturn (Shani)
10	Saturn (Shani)
11	Jupiter (Guru)
12	Mars (Mangala)

Aszendent Krebs, Kraka

Bhava-Nr.	Herrscher
1	Mond (Chandra)
2	Sonne (Surya)
3	Merkur (Budha)
4	Venus (Shukra)
5	Mars (Mangala)
6	Jupiter (Guru)
7	Saturn (Shani)
8	Saturn (Shani)
9	Jupiter (Guru)
10	Mars (Mangala)
11	Venus (Shukra)
12	Merkur (Budha)

Liste der Bhava-Herrscher entsprechend der 12 Lagnas (Forts.)

Aszendent Löwe, Simha

Bhava-Nr.	Herrscher
1	Sonne (Surya)
2	Merkur (Budha)
3	Venus (Shukra)
4	Mars (Mangala)
5	Jupiter (Guru)
6	Saturn (Shani)
7	Saturn (Shani)
8	Jupiter (Guru)
9	Mars (Mangala)
10	Venus (Shukra)
11	Merkur (Budha)
12	Mond (Chandra)

Aszendent Waage, Tula

Bhava-Nr.	Herrscher
1	Venus (Shukra)
2	Mars (Mangala)
3	Jupiter (Guru)
4	Saturn (Shani)
5	Saturn (Shani)
6	Jupiter (Guru)
7	Mars (Mangala)
8	Venus (Shukra)
9	Merkur (Budha)
10	Mond (Chandra)
11	Sonne (Surya)
12	Merkur (Budha)

Aszendent Jungfrau, Kanya

Bhava-Nr.	Herrscher
1	Merkur (Budha)
2	Venus (Shukra)
3	Mars (Mangala)
4	Jupiter (Guru)
5	Saturn (Shani)
6	Saturn (Shani)
7	Jupiter (Guru)
8	Mars (Mangala)
9	Venus (Shukra)
10	Merkur (Budha)
11	Mond (Chandra)
12	Sonne (Surya)

Aszendent Skorpion, Vrishchika

Bhava-Nr.	Herrscher
1	Mars (Mangala)
2	Jupiter (Guru)
3	Saturn (Shani)
4	Saturn (Shani)
5	Jupiter (Guru)
6	Mars (Mangala)
7	Venus (Shukra)
8	Merkur (Budha)
9	Mond (Chandra)
10	Sonne (Surya)
11	Merkur (Budha)
12	Venus (Shukra)

Liste der Bhava-Herrscher entsprechend der 12 Lagnas (Forts.)

Aszendent Skorpion, Vrishchika

Bhava-Nr.	Herrscher
1	Jupiter (Guru)
2	Saturn (Shani)
3	Saturn (Shani)
4	Jupiter (Guru)
5	Mars (Mangala)
6	Venus (Shukra)
7	Merkur (Budha)
8	Mond (Chandra)
9	Sonne (Surya)
10	Merkur (Budha)
11	Venus (Shukra)
12	Mars (Mangala)

Aszendent Wassermann, Kumbha

Bhava-Nr.	Herrscher
1	Saturn (Shani)
2	Jupiter (Guru)
3	Mars (Mangala)
4	Venus (Shukra)
5	Merkur (Budha)
6	Mond (Chandra)
7	Sonne (Surya)
8	Merkur (Budha)
9	Venus (Shukra)
10	Mars (Mangala)
11	Jupiter (Guru)
12	Saturn (Shani)

Aszendent Steinbock, Makara

Bhava-Nr.	Herrscher
1	Saturn (Shani)
2	Saturn (Shani)
3	Jupiter (Guru)
4	Mars (Mangala)
5	Venus (Shukra)
6	Merkur (Budha)
7	Mond (Chandra)
8	Sonne (Surya)
9	Merkur (Budha)
10	Venus (Shukra)
11	Mars (Mangala)
12	Jupiter (Guru)

Aszendent Fische, Miena

Bhava-Nr.	Herrscher
1	Jupiter (Guru)
2	Mars (Mangala)
3	Venus (Shukra)
4	Merkur (Budha)
5	Mond (Chandra)
6	Sonne (Surya)
7	Merkur (Budha)
8	Venus (Shukra)
9	Mars (Mangala)
10	Jupiter (Guru)
11	Saturn (Shani)
12	Saturn (Shani)

Lösungen zu den Übungen

Übung 1 (Kapitel 3, Seite 49)

Umrechnung der tropischen (westlichen) Positionen des Horoskops von J. F. Kennedy auf die siderischen (vedischen) Positionen

Ayanamsha ist 22° 42' 29,66" oder 22° 42' (Additionswert [Umkehrwert] ist 7° 17' 30" oder 7° 18')

Die siderischen (vedischen) Positionen sind:

Aszendent (Lagna)	27° 17' 12"	Jungfrau (Kanya)
Sonne	15° 08'	Stier
Mond	24° 30'	Löwe
Merkur	27° 53'	Widder
Venus	24° 02'	Stier
Mars	25° 43'	Widder
Jupiter	0° 20'	Stier
Saturn	4° 27'	Krebs
Rahu	18° 32'	Schütze
Ketu	18° 32'	Zwillinge

Übung 2 (Kapitel 6, Seite 65)

Interpretation von Ketu im 7. Bhava

1. Lesart: Ketu beeinflusst den 7. Bhava
Ketu bedeutet verdecken und verstecken. Der 7. Bhava bedeutet Sex. Man könnte also vermuten, dass Mozart heimlich Sex mit einer Frau hatte, eine heimliche Affäre.

Dies ist richtig. In seinen jungen Jahren hatte er eine kurze, aber sehr heiße und frivole Affäre mit seiner Cousine, dem „Bäsle", die die Tochter des Bruders seines Vaters war. Er bestritt diese Affäre vor seinem Vater, obwohl dieser sie ihm nicht übel nahm.

Ketu bedeutet aber auch Intrigen und der 7. Bhava Ehepartner. Man kann schon sagen, dass Mozart durch eine Intrige an seine Ehefrau gekommen ist. Allerdings war nicht er es, der intrigierte, sondern seine spätere Schwiegermutter.

2. Lesart: Der 7. Bhava beeinflusst Ketu.
In diesem Fall könnten wir die Unterstützung einer Frau von einer verheimlichenden oder intriganten Natur von Mozart vermuten. Da Ketu jedoch das Wesen von Mozart nicht stark prägt, weil andere Faktoren in seinem Horoskop diese prägende Rolle übernommen haben, trifft diese Interpretation nicht zu. Hieraus lernen wir, dass bei der Analyse alles miteinander abgewogen werden muss.

3. Lesart: Synthese aus Ketu und dem 7. Bhava.
Wenn wir eine Synthese aus Ketu und dem 7. Bhava bilden, können wir Ketu mit seinen Charakteristika als Beschreibung des Ehepartners von Mozart heranziehen. Dies würde bedeuten, dass Constanze kein sehr offenes und zugängliches Wesen gehabt hat.

Übung 3 (Kapitel 8, Seite 79)

1. Graha im Bhava
Mozarts Ehefrau (7. Bhava) war hübsch (Venus). (Graha ➤ Bhava)

2. Graha im Nakshatra
Mozart versuchte, mit seiner Musik (Venus) die kosmische Ordnung auszudrücken (Shatabhishaa). (Nakshatra → Graha). Seine Musik hat sogar eine heilende Wirkung.

3. Graha – Nakshatra – Bhava

Mozart teilte seine Musik – wie in Punkt 2 beschrieben – mit seiner Frau. (Nakshatra ➤ Graha-Bhava). Seine Frau unterstützte ihn bei dem Schaffen seiner Musik kosmischer Ordnung. (Dies ist zumindest über Mozarts Schreiben von Fugen bekannt.)
(Nakshatra → Graha ← Bhava)

Übung 4 (Kapitel 10, Seite 100)

1. Der Ehepartner ist dem 7. Bhava zugeordnet. Also müssen wir vom 7. Bhava aus zählen. Die Mutter ist dem 4. Bhava zugeordnet. Demnach ist die Mutter des Ehepartners das 4. vom 7. aus gezählt, was dem 10. Bhava vom Aszendenten aus entspricht. Der Vater ist dem 9. Bhava zugeordnet. Demnach ist der Vater des Ehepartners der 9. vom 7. Bhava aus gezählt, also der 3. vom Aszendenten.

2. Verluste sind dem 12. Bhava zugeordnet. Verluste, die der Ehepartner hat, müssen vom 7. Bhava aus gesehen werden. Der 12. vom 7. Bhava aus gerechnet ist der 6. vom Aszendenten.

Übung 5 (Kapitel 12, Seite 123)

Merkur (Freunde) im 11. Bhava (Gewinn) in Rohini (Wachstum, verlässlich und beständig).

Übung 7 (Kapitel 13, Seite 129)

Zur Erleichterung des Lernens ist im Anhang ein Blatt mit allen 12 Aszendenten und den entsprechenden Herrschern der Bhavas beigefügt. Dieses Blatt können Sie sich heraustrennen oder kopieren und neben die im weiteren Verlauf besprochenen Horoskope legen.

Übung 8 (Kapitel 13, Seite 135)

Venus als Herrscher vom 3. Bhava (Reisen) im 7. Bhava (Reisen) und als Herrscher vom 10. Bhava (Aktivitäten) im 7. Bhava (Reisen).

Auch Mond als Herrscher vom 12. Bhava (Ausland) im 4. Bhava (Wohnung) könnte noch mit herangezogen werden (die Wohnung (4. Bhava) reist (Mond) ins Ausland (12. Bhava)).

Übung 9 (Kapitel 14, Seite 148)

Venus als Herrscher vom 10. Bhava (Beruf) im 7. Bhava (Reisen, Kontakte) in Shatabhishaa (geheimes Wissen).

Übung 10 (Kapitel 15, Seite 157)

Von den 9 Grahas stehen die Dispositoren 7 mal in Kendra (Bhavas 1, 4, 7 und 10 sind die Kendra Bhavas), was sehr gute Positionen sind. Von 2 Grahas steht der Dispositor im 11. Bhava, dem Bhava der Wunscherfüllung. Diese Situation ist ein starkes Argument für Lenas Durchsetzungsfähigkeit im Leben.

Graha:	Sonne	Mond	Mars	Merkur	Jupiter	Venus	Saturn	Rahu	Ketu
Dispositor:	Merkur	Venus	Mond	Venus	Merkur	Mars	Mars	Venus	Mars
Position:	11. Bh	10. Bh	4. Bh	10. Bh	11. Bh	1. Bh	1. Bh	10. Bh	1. Bh

Übung 11 (Kapitel 15, Seite 157)

Die Konstitution wird durch den Aszendenten repräsentiert, der wiederum von seinem Herrscher vertreten wird. Bei Mozart ist das die Sonne. Ihr Herrscher und Dispositor ist Saturn, der im 6. Bhava steht, welcher Krankheiten repräsentiert.

Übung 12 (Kapitel 15, Seite 160)

Lenas H1 ist der Mond, der im 4. Bhava steht. Sein Dispositor ist Venus, die im 10. Bhava steht. Deren Dispositor ist Mars, der im Aszendenten steht. Der Navamsha-Dispositor von Mars ist Merkur, der im 11. Bhava steht. Nur Merkur erfüllt die Bedingungen nicht. Mond, Venus und Mars hingegen bilden schon eine recht starke Kombination.

Übung 13 (Kapitel 16, Seite 169)

Lena Grigoleit:
Mars = debilitiert, Jupiter = sehr feindlicher Raashi, Mond = feindlicher Raashi, Ketu ist erhöht, Saturn = debilitiert, Venus = freundlicher Raashi, Rahu und Ketu sind erhöht, Merkur = sehr freundlicher Raashi, Sonne = freundlicher Raashi.

Albert Einstein:
Mond = debilitiert, Mars = erhöht, Jupiter = freundlicher Raashi, Sonne = sehr freundlicher Raashi, Merkur = debilitiert, Saturn = freundlicher Raashi, Venus = erhöht.

Übung 14 (Kapitel 17, Seite 183)

Graha	9 Avasthas	5 Avasthas
Sonne	diena	kumara
Mond	diena	vriddha
Mars	diepta	vriddha
Merkur	Shaanta	baala
Jupiter	khala	vriddha
Venus	duhkhita	yuva
Saturn	khala	baala
Rahu	hiena	kumara
Ketu	hiena	kumara

281

Tabelle C
Liste der Ayanamshas von 1900 – 2001 (gerundet)

JAHR	AYANAMSHA	JAHR	AYANAMSHA	JAHR	AYANAMSHA
1900	22°-28'	1934	22°-57'	1968	23°-25'
1901	22°-29'	1935	22°-57'	1969	23°-26'
1902	22°-30'	1936	22°-58'	1970	23°-27'
1903	22°-31'	1937	220.59-	1971	23°-28'
1904	22°-31'	1938	23°-00'	1972	23°-28'
1905	22°-32'	1939	23°-01'	1973	23°-29'
1906	22°-33'	1940	23°-02'	1974	23°-30'
1907	22°-34'	1941	23°-02'	1975	23°-31'
1908	22°-35'	1942	23°-03'	1976	23°-32'
1909	22°-36'	1943	23°-04'	1977	23°-33'
1910	22°-37'	1944	23°-05'	1978	23°-33'
1911	22°-37'	1945	23°-06'	1979	23°-34'
1912	22°-38'	1946	23°-07'	1980	23°-35'
1913	22°-39'	1947	23°-08'	1981	23°-36'
1914	22°-40'	1948	23°-08'	1982	23°-37'
1915	22°-41'	1949	23°-09'	1983	23°-38'
1916	22°-42'	1950	23°-10'	1984	23°-39'
1917	22°-42'	1951	23°-11'	1985	23°-39'
1918	22°-43'	1952	23°-12'	1986	23°-40'
1919	22°-44'	1953	23°-13'	1987	23°-41'
1920	22°-45'	1954	23°-13'	1988	23°-42'
1921	22°-46'	1955	23°-14'	1989	23°-43'
1922	22°-47'	1956	23°-15'	1990	23°-44'
1923	22°-47'	1957	23°-16'	1991	23°-44'
1924	22°-48'	1958	23°-17'	1992	23°-45'
1925	22°-49'	1959	23°-18'	1993	23°-46'
1926	22°-50'	1960	23°-18'	1994	23°-47'
1927	22°-51'	1961	23°-19'	1995	23°-48'
1928	22°-52'	1962	23°-20'	1996	23°-49'
1929	22°-52'	1963	23°-21'	1997	23°-49'
1930	22°-53'	1964	23°-22'	1998	23°-50'
1931	22°-54'	1965	23°-23'	1999	23°-51'
1932	22°-55'	1966	23°-23'	2000	23°-52'
1933	22°-56'	1967	23°-24'	2001	23°-53'

Flussdiagramm Stufe 5 der Horoskop-Interpretation
– Integration der Grahas als Kaarakas –

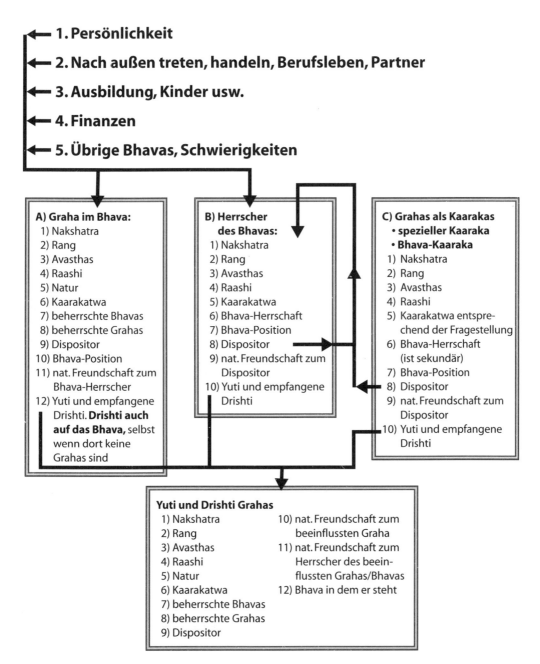

← 1. Persönlichkeit

← 2. Nach außen treten, handeln, Berufsleben, Partner

← 3. Ausbildung, Kinder usw.

← 4. Finanzen

← 5. Übrige Bhavas, Schwierigkeiten

zum Heraustrennen

A) Graha im Bhava:
1) Nakshatra
2) Rang
3) Avasthas
4) Raashi
5) Natur
6) Kaarakatwa
7) beherrschte Bhavas
8) beherrschte Grahas
9) Dispositor
10) Bhava-Position
11) nat. Freundschaft zum Bhava-Herrscher
12) Yuti und empfangene Drishti. **Drishti auch auf das Bhava,** selbst wenn dort keine Grahas sind

B) Herrscher des Bhavas:
1) Nakshatra
2) Rang
3) Avasthas
4) Raashi
5) Kaarakatwa
6) Bhava-Herrschaft
7) Bhava-Position
8) Dispositor
9) nat. Freundschaft zum Dispositor
10) Yuti und empfangene Drishti

C) Grahas als Kaarakas
• **spezieller Kaaraka**
• **Bhava-Kaaraka**
1) Nakshatra
2) Rang
3) Avasthas
4) Raashi
5) Kaarakatwa entsprechend der Fragestellung
6) Bhava-Herrschaft (ist sekundär)
7) Bhava-Position
8) Dispositor
9) nat. Freundschaft zum Dispositor
10) Yuti und empfangene Drishti

Yuti und Drishti Grahas
1) Nakshatra
2) Rang
3) Avasthas
4) Raashi
5) Natur
6) Kaarakatwa
7) beherrschte Bhavas
8) beherrschte Grahas
9) Dispositor
10) nat. Freundschaft zum beeinflussten Graha
11) nat. Freundschaft zum Herrscher des beeinflussten Grahas/Bhavas
12) Bhava in dem er steht

Anfangslaut entsprechend dem Nakshatra Paada

„a", „i" und „u" können lang oder kurz gesprochen werden

Nr.	Name des Nakshatras	Raashi Nr.	Paada	Gradzahlen von – bis	Anfangslaut des Rufnamens	
					Translite-ration	Aussprache
1.	Ashvini	1	1	0°00' – 3°20'	Cu	Tschu
		1	2	3°20' – 6°40'	Ce	Tsche
		1	3	6°40' – 10°00'	Co	Tscho
		1	4	10°00' – 13°20'	La	
2.	Bharani	1	1	13°20' – 16°40'	Li	
		1	2	16°40' – 20°00'	Lu	
		1	3	20°00' – 23°20'	Le	
		1	4	23°20' – 26°40'	Lo	
3.	Krittikaa	1	1	26°40' – 30°00'	A	
		2	2	0°00' – 3°20'	I	
		2	3	3°20' – 6°40'	U	
		2	4	6°40' – 10°00'	E	
4.	Rohini	2	1	10°00' – 13°20'	O	
		2	2	13°20' – 16°40'	Va	Wa
		2	3	16°40' – 20°00'	Vi	Wi
		2	4	20°00' – 23°20'	Vu	Wu
5.	Mrigashiraa	2	1	23°20' – 26°40'	Ve	We
		2	2	26°40' – 30°00'	Vo	Wo
		3	3	0°00' – 3°20'	Ka	
		3	4	3°20' – 6°40'	Ki	
6.	Aardraa	3	1	6°40' – 10°00'	Ku	
		3	2	10°00' – 13°20'	Gha, Kham	
		3	3	13°20' – 16°40'	N(g)a	(N wie in singen)
		3	4	16°40' – 20°00'	Cha	Tschha
7.	Punarvasu	3	1	20°00' – 23°20'	Ke	
		3	2	23°20' – 26°40'	Ko	
		3	3	26°40' – 30°00'	Ha	
		4	4	0°00' – 3°20'	Hi	

Fortsetzung: **Anfangslaut entsprechend dem Nakshatra Paada**

Nr.	Name des Nakshatras	Raashi Nr.	Paada	Gradzahlen von – bis	Translite-ration	Aussprache
8.	Pushya	4	1	3°20' – 6°40'	Hu	
		4	2	6°40' – 10°00'	He	
		4	3	10°00' – 13°20'	Ho	
		4	4	13°20' – 16°40'	Da	
9.	Aashleshaa	4	1	16°40' – 20°00'	Di	
		4	2	20°00' – 23°20'	Du	
		4	3	23°20' – 26°40'	De	
		4	4	26°40' – 30°00'	Do	
10.	Magha	5	1	0°00' – 3°20'	Ma	
		5	2	3°20' – 6°40'	Mi	
		5	3	6°40' – 10°00'	Mu	
		5	4	10°00' – 13°20'	Me	
11.	Puurva Phalguni	5	1	13°20' – 16°40'	Mo	
		5	2	16°40' – 20°00'	Ta	
		5	3	20°00' – 23°20'	Ti	
		5	4	23°20' – 26°40'	Tu	
12.	Uttara Phalguni	5	1	26°40' – 30°00'	Te	
		6	2	0°00' – 3°20'	To	
		6	3	3°20' – 6°40'	Pa	
		6	4	6°40' – 10°00'	Pi	
13.	Hasta	6	1	10°00' – 13°20'	Pu	
		6	2	13°20' – 16°40'	Sha	Scha
		6	3	16°40' – 20°00'	Na	
		6	4	20°00' – 23°20'	Tha, Dha	
14.	Chitraa	6	1	23°20' – 26°40'	Pe	
		6	2	26°40' – 30°00'	Po	
		7	3	0°00' – 3°20'	Ra	
		7	4	3°20' – 6°40'	Ri	
15.	Svaati	7	1	6°40' – 10°00'	Ru	
		7	2	10°00' – 13°20'	Re	
		7	3	13°20' – 16°40'	Ro	
		7	4	16°40' – 20°00'	Ta	dental

Fortsetzung: **Anfangslaut entsprechend dem Nakshatra Paada**

Nr.	Name des Nakshatras	Raashi Nr.	Paada	Gradzahlen von – bis	Transliteration	Aussprache
16.	Vishaakhaa	7	1	20°00' – 23°20'	Ti	dental
		7	2	23°20' – 26°40'	Tu	dental
		7	3	26°40' – 30°00'	Te	dental
		8	4	0°00' – 3°20'	To	dental
17.	Anuraadhaa	8	1	3°20' – 6°40'	Na	
		8	2	6°40' – 10°00'	Ni	
		8	3	10°00' – 13°20'	Nu	
		8	4	13°20' – 16°40'	Ne	
18.	Jyeshthaa	8	1	16°40' – 20°00'	No	
		8	2	20°00' – 23°20'	Ya	Ja
		8	3	23°20' – 26°40'	Yi	Ji
		8	4	26°40' – 30°00'	Yu	Ju
19.	Muula	9	1	0°00' – 3°20'	Ye	Je
		9	2	3°20' – 6°40'	Yo	Jo
		9	3	6°40' – 10°00'	Bha, Ba	
		9	4	10°00' – 13°20'	Bhi, Bi	
20.	Puurvaashaadhaa	9	1	13°20' – 16°40'	Bhu, Bu	
		9	2	16°40' – 20°00'	Dha, Tha	dental
		9	3	20°00' – 23°20'	Pha, Bha	
		9	4	23°20' – 26°40'	Dha, Tha	
21.	Uttaraashaadhaa	9	1	26°40' – 30°00'	Bhe, Be	
		10	2	0°00' – 3°20'	Bho, Bo	
		10	3	3°20' – 6°40'	Ja	Dja
		10	4	6°40' – 10°00'	Ji	Dji
22.	Shravana	10	1	10°00' – 13°20'	Khi, Ju	Dju
		10	2	13°20' – 16°40'	Khu, Je	Dje
		10	3	16°40' – 20°00'	Khe, Jo	Djo
		10	4	20°00' – 23°20'	Kho, Gha	
23.	Dhanishthaa	10	1	23°20' – 26°40'	Ga	
		10	2	26°40' – 30°00'	Gi	
		11	3	0°00' – 3°20'	Gu	
		11	4	3°20' – 6°40'	Ge	

Fortsetzung: Anfangslaut entsprechend dem Nakshatra Paada

Nr.	Name des Nakshatras	Raashi Nr.	Paada	Gradzahlen von – bis	Translite-ration	Aussprache
24.	Shatabhishaa	11	1	6°40' – 10°00'	Go	
		11	2	10°00' – 13°20'	Sa	
		11	3	13°20' – 16°40'	Si	
		11	4	16°40' – 20°00'	Su	
25.	Puurva Bhadrapadaa	11	1	20°00' – 23°20'	Se	
		11	2	23°20' – 26°40'	So	
		11	3	26°40' – 30°00'	Da	dental
		12	4	0°00' – 3°20'	Di	dental
26.	Uttara Bhadrapadaa	12	1	3°20' – 6°40'	Dhu	
		12	2	6°40' – 10°00'	Tha, Shyam	dental, Schjam
		12	3	10°00' – 13°20'	Na, Cha	Tschha
		12	4	13°20' – 16°40'	Jna	*nasales* N *ge-folgt von nor-malem* n
27.	Revati	12	1	16°40' – 20°00'	De	dental
		12	2	20°00' – 23°20'	Do	dental
		12	3	23°20' – 26°40'	Ca	Tscha
		12	4	26°40' – 30°00'	Ci	Tschi

Glossar

Amsha wörtlich „Unterteilung"; bezieht sich auf die Unterteilungen der Raashis in 2, 3, 4, 7, 9, 10, 12, 16, 20, 24, 27, 30, 40, 45 und 60 gleiche Teile.

Amsh Kundali Unterteilungs-Horoskop; ein aus dem Geburts-Horoskop abgeleitetes Zusatz-Horoskop zur Interpretation des Lebensbereichs, der dem Amsha zugeordnet ist.

Aspekt Sanskrit: Drishti – Sicht, Anblick. Einfluss von einem Graha auf einen anderen Graha oder Bhava oder Raashi durch Richten der Aufmerksamkeit. Jeder Graha blickt auf den gegenüberliegenden Raashi und die darin befindlichen Grahas. Mars, Jupiter und Saturn haben jeweils noch zwei weitere Positionen, die sie voll aspektieren, Rahu und Ketu jeweils noch drei weitere Positionen.

Aszendent siehe Lagna

Avastha wörtlich: „Zustand", der einen starken Einfluss auf die Qualität und Wirkung eines Grahas hat. Es gibt mehrere Gruppen von Avasthas, z. B. 3, 9 und 5 Avasthas. Jeder Graha steht in jeder Gruppe immer in einem Avastha. Bei den 9 Avasthas kann er sogar in bis zu drei Avasthas stehen.

Ayanamsha Abstand zwischen 0° Widder des tropischen Tierkreises (westliche Astrologie) und 0° Widder des siderischen Tierkreises (Vedische Astrologie). Der tropische (westliche) Tierkreis bewegt sich in 72 Jahren ca. 1° rückläufig durch den siderischen (vedischen) Tierkreis.

Baala wörtlich: „kindlich"; einer der 5 Avasthas; bedeutet, dass in dieser Kategorie der Graha ein viertel seiner Wirkung hat. Graha-Position: 0° – 6° in ungeraden Raashis, 24° – 30° in geraden Raashis.

Baaladi Avasthas 5 Avasthas, die sich auf das „Alter" der Grahas beziehen: kindlich, jugendlich, erwachsen, alt und tot.

Bhava astrologisches „Haus"; wörtlich: „Bereich, Lebensbereich", aber auch „Geburt, Geburtsort, Welt, Universum, Zustand, Realität, Natur oder Charakter einer Sache, Handlungsweise, Art des Denkens sowie Zustand eines Grahas. Im Vedischen Geburtshoroskop ist ein Bhava immer räumlich identisch mit einem Raashi.

Debilitation Fall; jeder Graha hat einen Raashi, in dem er an einer bestimmten Gradzahl den tiefsten Stand der Debiltation erreicht hat: Sonne 10° Waage, Mond 3° Skorpion, Mars 28° Krebs, Merkur 15° Fische, Jupiter 5° Steinbock, Venus 27° Jungfrau und Saturn 20° Widder.

Diena wörtlich: „dürftig, spärlich, knapp, schüchtern, ängstlich, traurig"; fünfter der 9 Avasthas; er beschreibt einen Graha in neutralem Raashi.

Diepta wörtlich: „leuchtend, strahlend, hell, ausgezeichnet, geistreich"; höchster der 9 Avasthas und tritt auf, wenn ein Graha in seinem Exaltations-Raashi steht.

Dispositor Jeder Graha (außer Rahu und Ketu) beherrscht ein oder zwei Bhavas. Wenn in einem solchen Bhava ein Graha steht, wird auch dieser Graha vom Bhava-Herrscher beherrscht. Für diesen beherrschten Graha nennt man den Bhava-Herrscher Dispositor. Der Dispositor leitet seinen Einfluss an den beherrschten Graha weiter. Andererseits nimmt auch der Dispositor den Einfluss des beherrschten Grahas auf und gibt ihn zum Beispiel an den Bhava weiter, in dem er selber steht.

Dosha Die drei Doshas sind Vata, Pitta und Kapha. Sie sind dem Kreis der Raashis in der Reihenfolge Pitta, Vata, Tri-Dosha (alle drei Doshas) und Kapha dreimal hintereinander zugeordnet. Auch den Grahas sind die Doshas zugeordnet: Sonne und Mars sind Pitta, Mond und Venus sind Vata und Kapha, Saturn ist Vata, Jupiter ist Kapha und Merkur ist Tri-Dosha. Rahu und Ketu sind ebenfalls Vata.

Drishti wörtlich: „Sicht, Anblick, anschauen"; Aspekt. Einfluss von einem Graha auf einen anderen Graha oder Bhava oder Raashi durch Richten der Aufmerksamkeit. Weitere Details siehe unter Aspekt.

Duhkhita wörtlich: „unglücklich, schmerzhaft, verletzt"; sechster der 9 Avasthas; beschreibt einen Graha in feindlichem Raashi.

Duhsthana wörtlich: „schlechte oder unglückliche Position"; Bezeichnung für die Bhavas 6, 12 und 8, die in dieser Reihenfolge zunehmend ungünstiger sind. Grahas und Raashis in diesen Positionen werden in Mitleidenschaft gezogen.

Eigener Raashi Jeder Graha hat ein oder zwei eigene Raashis. Dies sind die Raashis, die er beherrscht. Bei der Sonne ist es der Löwe, beim Mond der Krebs, bei Mars Widder und Skorpion, bei Merkur Zwillinge und Jungfrau, bei Jupiter Schütze und Fische, bei Venus Stier und Waage, bei Saturn Steinbock und Wassermann.

Elemente Die vier Elemente Feuer (Licht), Erde, Luft (Wind) und Wasser sind in dieser Reihenfolge dem Kreis der 12 Raashis drei mal hintereinander zugeordnet. Die Elemente sind außerdem den Grahas zugeordnet: Sonne und Mars dem Feuer, Merkur der Erde, Saturn der Luft, Mond und Venus dem Wasser. Dem Jupiter ist das Raum-Element zugeordnet.

Ekliptik ist die scheinbare, von der Erde aus gesehene Bahn der Sonne durch das Band der Fixsterne, die die Konstellationen der Raashis und Nakshatras bilden.

Exaltation Erhöhung; jeder Graha hat ein Raashi, in dem er an einer bestimmten Gradzahl den höchsten Stand der Exaltation erreicht hat: Sonne 10° Widder, Mond 3° Stier, Mars 28° Steinbock, Merkur 15° Jungfrau, Jupiter 5° Krebs, Venus 27° Fische und Saturn 20° Waage.

Fixsterne Im Gegensatz zu den Planeten, die sich mit einer Eigenbewegung um die Sonne bewegen, und dem Mond, der sich um die Erde dreht, stehen die Fixsterne unbeweglich am Himmel und werden als Sternbilder gesehen. Die Fixsterne entlang der Ekliptik (Sonnenbahn) bilden die Sternbilder der Raashis und Nakshatras.

Ganita Zweig der Vedischen Astrologie, der sich mit den astronomischen Berechnungen beschäftigt.

Geburtshoroskop ist die vereinfachte, zweidimensionale Darstellung der Positionen der Grahas am Himmel zum Zeitpunkt und am Ort der Geburt.

Graha „Planet"; wörtlich: „ergreifen, in Besitz nehmen, sich einer Sache bemächtigen". In der traditionellen Vedischen Astrologie werden 9 Grahas berücksichtigt: Sonne, Mond, die 5 sichtbaren Planeten sowie die beiden Mondknoten (Rahu und Ketu, Drachenkopf und Drachenschwanz)

Guna Es gibt drei Gunas (Grundkräfte oder Grundprinzipien der Natur), Sattva, Rajas und Tamas, die alle Vorgänge im Kosmos regeln.

Herrscher Die Grahas sind Herrscher über Raashis und Nakshatras. Durch die Herrschaft über ein Raashi werden sie auch zum Herrscher über den Bhava, der mit dem

Raashi im jeweiligen Horoskop identisch ist. (Siehe auch unter Eigener Raashi)

Hiena wörtlich: „verloren, aufgegeben, besiegt, schlecht, gemein, niedrig, mangelhaft, fehlerhaft"; zusätzlicher Avastha bezogen auf den Rang der Grahas; beschreibt den Graha im Debilitations-Raashi.

Himmelsäquator Wenn man den Erdäquator auf den Fixsternhimmel projiziert, erhält man die Position des Himmelsäquators. Der Schnittpunkt des Himmelsäquators mit der Ekliptik (Sonnenbahn) bildet den Frühlingspunkt und Herbstpunkt.

Hora bezeichnet einen von drei Zweigen der Vedischen Astrologie, der sich überwiegend mit der Interpretation von Horoskopen beschäftigt.

Hora Shaastra Schrift der Vedischen Astrologie, die das Wissen von Hora behandelt, die Interpretation von Horoskopen.

Jaataka wörtlich: „Geborener"; Analyse eines Geburts-Horoskops; andere Bezeichnung für Hora

Jyotish Vedische Astrologie; leitet sich ab vom Begriff „Jyoti", der „Licht" bedeutet.

Kaalapurusha wörtlich: „personifizierte Zeit des reinen Bewusstseins"; sichtbare kosmische „Manifestation der Zeit" in Form der 12 Raashis. Der Kaalapurusha, durch den sich die Grahas bewegen, wird in einem Horoskop vereinfacht abgebildet.

Kalpadruma Yoga „Kalpa" bedeutet „kompetent" aber auch „Lösung" und „Entschlossenheit". „Druma" bedeutet Baum. „Yoga" bedeutet Verbindung. Kalpadruma Yoga ist die baumartige Verbindung von Grahas durch das Dispositor-Prinzip, die Kompetenz, Lösung von Problemen und Entschlossenheit bewirkt.

Kaaraka wörtlich: „Der, der etwas tut, produziert oder erschafft". Der Begriff bezieht sich auf die Grahas als Gestalter bestimmter Lebensbereiche oder Beziehungen.

Kaarakatwa Summe aller Bedeutungen und Zuordnungen eines Graha; der Bereich, den der Graha beherrscht.

Karma wörtlich: Handlung; bezeichnet aber auch die Wirkungen der Handlungen, die irgendwann zu uns zurückkehren.

Kartari wörtlich: „Schere"

Kartari Yoga Eine Kombination von Grahas, die dann auftritt, wenn ein Graha entweder zwischen zwei Shubha (Wohltätern, Shubha Kartari Yoga) oder zwei Paapa (Übeltätern, Paapa Kartari Yoga) steht. Diese müssen nicht im gleichen Raashi stehen; einer oder sogar beide können in den angrenzenden Raashis positioniert sein.

Kendra wörtlich: „Zentrum"; Bezeichnung für den 1., 4., 7. und 10. Bhava. Diese Positionen sind generell förderlich für die Grahas.

Khala wörtlich: „niedrig, schlecht, boshaft"; achter der 9 Avasthas; beschreibt einen Graha in sehr feindlichem Raashi.

Kumara wörtlich: „jugendlich"; einer der 5 Avasthas; bedeutet, dass in dieser Kategorie der Graha seine halbe Wirkung hat. Graha-Position: 6° – 12° in ungeraden Raashis, 18° – 24° in geraden Raashis.

Kona wörtlich: „Dreieck"; Bezeichnung für den (1.), 5. und 9. Bhava. Diese Positionen sind generell förderlich für die Grahas.

Konjunktion Zusammenstehen von mindesten zwei Grahas in einem Raashi oder Bhava.

Kopa wörtlich: „tiefgreifend gestört, wild; in Wut, Ärger oder Rage"; das neunte der 9 Avasthas; beschreibt einen Graha im Zustand der Verbrennung (zu nahe an der Sonne, sodass sein Licht erloschen ist).

Kosmisches Dreieck liegt vor, wenn drei Faktoren bestehend aus Grahas und Lagna oder nur aus drei Grahas sich in trigonalen Bhavas UND Nakshatras befinden. In diesem Fall stehen sie in Raashis des gleichen Elements, das dadurch betonter ist, und in Nakshatras mit dem gleichen Herrscher, dem dann eine besondere Bedeutung zukommt.

Kundali wörtlich: „Kreis"; Horoskop

Lagna wörtlich: „Punkt des Kontaktes oder Schnittpunkt"; bezeichnet den Schnittpunkt des Horizonts mit einem Raashi und einem Nakshatra auf der Ekliptik. Der vom Horizont geschnittene Raashi ist der 1. Bhava, von dem aus das Geburts-Horoskop analysiert wird.

Maharshi wörtlich: „Maha" – groß, „Rshi" – Seher; Titel für erleuchtete Lehrer und Weise.

Mrita wörtlich: „tot"; einer der 5 Avasthas; bedeutet, dass in dieser Kategorie der Graha keine Wirkung hat. Graha-Position: 24° – 30° in ungeraden Raashis, 0° – 6° in geraden Raashis.

Muulatrikona wörtlich: Wurzeldreieck; innerhalb seines eigenen Raashis kann ein Graha in seinem Muulatrikona stehen. Gemeint ist damit eine bestimmte Sektion innerhalb seines eigenen Raashis: bei der Sonne die ersten 20° in Löwe, beim Mond nach 3° bis zum Ende des Raashis in Stier, bei Mars die ersten 12° in Widder, bei Merkur in Jungfrau nach 15° bis 20°, bei Jupiter die ersten 10° in Schütze, bei Venus die ersten 15° in Waage, bei Saturn die ersten 20° in Wassermann. Der Mond macht hier eine Ausnahme, da seine Muulatrikona-Sektion nicht in seinem eigenen Raashi steht, sondern im Exaltations-Raashi.

Nakshatra Mondhaus, Mond-Konstellation, Mond-Zeichen; wörtlich: „Stern, Sternbild, Fixstern". Es gibt 27 Mondhäuser entlang der Ekliptik (Sonnenbahn) von je 13°20'.

Paapa Graha, der ein Übeltäter ist. Paapa Kartari Yoga siehe unter Kartari.

Pramudita wörtlich: „hoch erfreut, zufrieden, froh"; dritthöchster der 9 Avasthas; beschreibt einen Graha in sehr freundlichem Raashi.

Präzession Eigenschwingung der Erdachse vergleichbar der eines Kreisels. Sie ist der Hauptgrund für das Wandern des tropischen (westlichen) Tierkreises durch den siderischen (vedischen) Tierkreis. Die Bewegung beträgt etwa 1° in 72 Jahren entgegen der Reihenfolge der Raashis.

Raashi Sternzeichen, Sternbild; wörtlich: „Menge, Anzahl, Gruppe". Es gibt 12 Raashis (Sternzeichen) von je 30° entlang der Ekliptik (Sonnenbahn), die in der Vedischen Astrologie (im Gegensatz zur westlichen Astrologie) in ihren Positionen am Himmel in etwa identisch sind mit den Sternbildern, die ebenfalls Raashis genannt werden.

Rang Jeder Graha hat aufgrund des Raashis, in dem er steht, einen bestimmten Rang. Es gibt insgesamt 9 Ränge: (hoch:) Exaltation, Muulatrikona, eigener Raashi; (mittel:) sehr freundlicher, freundlicher, neutraler Raashi; (niedrig:) feindlicher und sehr feindlicher Raashi sowie Debilitation.

Rückläufig Die Grahas Merkur, Venus, Mars, Jupiter und Saturn werden regelmäßig rückläufig entsprechend den Umlaufgesetzen, wie sie optisch von der Erde aus wirken, d. h. es sieht von der Erde aus gesehen so aus, als bewegten sie sich entgegengesetzt ihrer natürlichen Bewegungsrichtung, die der Reihenfolge der Raashis und Nakshatras folgt.

Samhita Zweig der Vedischen Astrologie, der Deutungen verschiedener Naturphänomene, kosmischer Einflüsse und Sammlung verschiedener Themen beinhaltet.

Shaanta wörtlich: „friedlich, ausgeglichen, freundlich, ungestört, beruhigt, besänftigt"; vierthöchster der 9 Avasthas; beschreibt einen Graha in freundlichem Raashi.

Shadbala Sechsfältige Stärke der Grahas; eine ausführliche und genaue Stärkeberechnung der Grahas nach Maharshi Parashara.

Shubha Graha, der ein Wohltäter ist. Shubha Kartari Yoga siehe unter Kartari.

Stellung beinhaltet die Gesamtsituation eines Graha. Die Stellung eines Graha kann gut oder schlecht sein, je nach besetztem Bhava und Raashi, Avasthas, Konjunktionen, Aspekte usw.

Svastha wörtlich: „in sich gegründet, selbstvertrauend, sehr zufrieden, unabhängig, gesund, wohl"; zweithöchster der 9 Avasthas; beschreibt einen Graha in seinem eigenen Raashi.

Übeltäter Bestimmte Grahas sind natürliche Übeltäter, d. h. von Natur aus härter und unangenehmer in ihrer Wirkung. Diese sind in abnehmender Stärke Saturn, Mars, Rahu, Ketu und Sonne. Milde Übeltäter sind Merkur in Konjunktion mit einem Übeltäter und der Mond, wenn er weniger als halbvoll ist.

Veda vollkommenes und reines Wissen über das Leben.

Vedanga dient dazu, den *Veda*, das vollkommene oder reine Wissen, zu erkennen. Unter den *sechs Vedangas* ist *Jyotish* das sechste Vedanga und im übertragenen Sinne den Augen zugeordnet, mit denen das vollkommene Wissen des Lebens gesehen werden kann.

Verbrennung In bestimmter Nähe zur Sonne, die in Graden ausgedrückt wird, sind die 5 sichtbaren Planeten und der Mond verbrannt. Mond 12°, Mars 17°, Merkur 14°, rückläufiger Merkur 12°, Jupiter 11°, Venus 10°, rückläufige Venus 8°, Saturn 15°.

Vikala wörtlich: „behindert, beeinträchtigt, eingeschränkt, unzureichend, unwohl, gestört, verwirrt, sorgenvoll, erschöpft, deprimiert"; siebter der 9 Avasthas; beschreibt einen Graha in Konjunktion mit einem Übeltäter.

Vriddha wörtlich: „alt"; einer der 5 Avasthas; bedeutet, dass in dieser Kategorie der Graha sehr geringe Wirkung hat. Graha-Position: 18° – 24° in ungeraden Raashis, 6° – 12° in geraden Raashis

Wohltäter Bestimmte Grahas sind natürliche Wohltäter, d. h. von Natur aus sanfter und angenehmer in ihrer Wirkung. Diese sind in abnehmender Stärke Jupiter, Venus, Merkur (allein oder in Konjunktion mit Wohltäter) und der Mond, wenn er mindestens halbvoll ist.

Yoga wörtlich: Verbindung; gemeint sind Verbindungen von Grahas untereinander oder von Grahas mit Raashis oder Grahas mit Bhavas oder Kombinationen dieser Gruppierungen.

Yuti Konjunktion; Zusammenstehen von mindesten zwei Grahas in einem Raashi oder Bhava.

Yuva wörtlich: „erwachsen"; einer der 5 Avasthas; bedeutet, dass in dieser Kategorie der Graha seine volle Wirkung hat. Graha-Position: 12° – 18° in ungeraden und geraden Raashis.

Literaturverzeichnis

Bhatt Narayana, *Chamatkar Chintamani*, Sagar Publications, New Delhi, 1986

Burgess and Whitney, *Surya Siddhanta*, Wizards Book Shelf, Minneapolis, 1978

Greither, Aloys, *Wolfgang Amade Mozart*, Rowohlt Verlag GmbH, Hamburg, 1962

Harness, Dennis M., *Nakshatras – The Lunar Mansions of Vedic Astrology*, Motilal Banarsidass Publishers Private Limited, Delhi, 2000

Kalidasa, *Uttara Kalamrita*, Sagar Publications, New Delhi, 1993

Knapper, Jan, *Lexikon der Indischen Mythologie*, Seehamer Verlag 1997

Lachauer, Ulla, *Paradiesstraße – Lebenserinnerungen der ostpreußischen Bäuerin Lena Grigoleit*, Rowohlt Verlags GmbH, Hamburg, 1996

Lord Shiva an Parvati, *Jyotisharnava Navanitam*, R. Santanam Associates, New Delhi, 1995

Maharishi Mahesh Yogi, *On the Bhagavad-Gita*, Penguin Books, 1969

Mahadeva, *Jataka Tatva*, Sagar Publications, New Delhi, 1987

Mantreswara, *Phala Deepika*, Sagar Publications, New Delhi, 1992

Moeller, Volker, *Die Mythologie der Vedischen Religion und des Hinuismus*, Privat-Edition ca. 1967

Monier-Williams, Sir Monier, *Sanskrit – English Dictionary*, Motilal Banarsidass Publishers Private Limited, Delhi, 1993

Parashara, *Brihat Parashara Hora Shastra*, Sagar Publications, New Delhi, 1994/5

Parashara, *Brihat Parashara Hora Shastra*, Ranjan Publications, New Delhi,1984/8

Parashara, *Parashara Samhita*, Kadalangudi Publications, Madras, 1989

Prithuyasas, *Horasara*, Ranjan Publications, New Delhi, 1982

Punja Raja, *Sambhu Hora Prakas,* R. Santanam Associates New Delhi, 1994

Rau, Heimo, *Gandhi,* Rowohlt Verlag GmbH, Hamburg, 1970

Sage Gargacharya, *Gargahora,* Ranjan Publications, New Delhi, 1983

Sarma, Viswanath Deva, *Astrology and Jyotirvidya*, Viswa Jyotirvid Samgha, Kalkutta, 1986

Satyacharya, *Satya-Jatakam*, Ranjan Publication, New Delhi, 1979

Schumann, Hans Wolfgang, *Die großen Götter Indiens*, Diederichs Gelbe Reihe 129, München 1996

Sharma, Vyankatesh, *Sarvarth Chintamani*, Sagar Publications, New Delhi, 1986

Shubhakaran, K.T., *Nakshatra (Constellation) based Predictions ...*, Sagar Publications, New Delhi, 1991

Taeger, Hans-Hinrich, *Internationales Horoskope Lexikon,* Band 1 – 3, Bauer Verlag, Freiburg, 1991/2

Türstig, Hans-Georg, *Jyotisha – Das System der Indischen Astrologie*, Franz Steiner Verlag, Wiesbaden, 1980

Walsch, Neale Donald, *Gespräche mit Gott*, Band 1 – 3, Goldmann-Arkana, München, 1997/9

Walsch, Neale Donald, *Freundschaft mit Gott*, Goldmann-Arkana, München, 2000

Wickert, Johannes, *Einstein,* Rowohlt Verlag GmbH, Hamburg, 1972

Wiegand, Wilfried, Rowohlt Verlag GmbH, Hamburg, 1973

Varaha Mihira, *Brihat Jataka*, Sagar Publications, New Delhi, 1977

Über den Autor

Siebelt Meyer (Jyotish Shastri)

Der Autor Siebelt Meyer, Jahrgang 1949, arbeitet seit 1980 sehr erfolgreich in Forschung, Lehre und Anwendung der Vedischen Astrologie. Viele Aufenthalte in Indien. 1988 Verleihung des Titels „Jyotish Shastri" (Diplom der Vedischen Astrologie) von der Maharishi Vedic University. Seit 1999 selbständig mit seinem APA-Beratungssystem, das die ursprüngliche Vedische Astrologie in ihrer vollständigen und authentischen Form anwendet.

Beratungen und Ausbildungen

Vedische Astrologie bringt Licht in Vergangenheit, Gegenwart und Zukunft und beleuchtet den Lebensweg eines jeden Menschen, so dass er sehen kann wohin er geht. Dieses wertvolle Wissen ermöglicht jedem Menschen, Hindernisse rechtzeitig zu erkennen, um ihnen auszu-weichen, oder Chancen zu sehen, um sie besser wahrzunehmen. Die Vedische Astrologie bietet völlig neue, einzigartige Deutungsmöglichkeiten eines Horoskops sowie einen präzisen und zuverlässigen Zeitschlüssel für Vorhersagen.

Wenn Sie Siebelt Meyer für persönliche Beratungen oder Fragen zu der von ihm entwickelten „APA-Vedic Astrology Software" kontakten möchten, beziehungsweise Informationen über seine Ausbildungsangebote zum Vedischen Astrologen wünschen, dann erreichen Sie Siebelt Meyer (Jyotish Shastri) unter:

Telefon 05361-655172
Fax 05361-8678032
siebelt.meyer@wolfsburg.de
www.vedische-astrologie.de

Siebelt Meyer (Jyotish Shastri)
Großes Handbuch der Vedischen Astrologie
– Vorhersage-Techniken –
Yogas · Zusatz-Horoskope · Planetenstärke

Zeitperioden *(Dashas)* · Transite *(Gochar)*

In diesem zweiten Band des Großen Handbuchs der Vedischen Astrologie wird die Vedische Horoskop-Interpretation vertieft und erweitert und auf dieser Grundlage das Wissen über die Vorhersage-Techniken entfaltet. Die Vedische Astrologie hat einen einzigartigen und präzisen Zeitschlüssel zur Bestimmung von zukünftigen Tendenzen und Ereignissen im Leben eines Menschen. Folgende Themen werden unter anderem behandelt:

- Planetenstärke und Häuserstärke
- Yogas – Verbindungen von Planeten, Häusern und Sternzeichen
- Zusatz-Horoskope wie die 16 Amsh-Kundalis, das Mond-, Sonnen- und Häuser-Horoskop
- Der 120-jährige Zeitzyklus des Lebens *(Vimshottari Dasha)* – Bestimmung der verschiedenen Zeitqualitäten und Tendenzen im Leben eines Menschen
- Das System der Transite *(Gochar)* – Die Einflüsse der aktuellen Planeten-Positionen am Himmel zur Bestimmung von Tendenzen und Ereignissen

Mit dem Studium dieses Bandes hat der Leser die wesentliche Bandbreite der Vedischen Horoskop-Interpretation und -Prognose erfasst und weiß um die Verantwortung im Umgang mit diesem Wissen. Somit hat er alle Voraussetzungen für den persönlichen wie später auch professionellen Nutzen dieser wertvollen Wissenschaft vom Leben.

Dieser Band erscheint voraussichtlich im Dezember 2003.
Ca. 300 Seiten mit APA-CD
ISBN 3-89385-393-6

... weitere Titel zum Thema aus dem Windpferd-Verlag ...

MARCUS SCHMIEKE
Das Edelsteinorakel

Das traditionelle Orakel der Palmblattbibliotheken Indiens zeigt uns Vergangenheit, Gegenwart und Zukunft – und beantwortet unsere Fragen im Einklang mit der Energie der Planeten. Das Set enthält ein Anleitungs- und Deutungsbuch und 108 Orakelsteine aus herrlichem Rosenquarz.
€ 24,90, 3 25,60 (A), SFr 42,00 • ISBN 3-89385-388-X

MARCUS SCHMIEKE
Dein kosmischer Bodyguard
»Die persönlichen Planetengottheiten entdecken« – Vedische »Zaubermittel« schützen Körper, Geist und Seele vor Unglück und Gefahren

Eine alte vedische Lehre, die auf der Wirkung der Planeten beruht. Sie ist ein Heilmittel für karmische Herausforderungen, die sich in der Geburtszeit spiegeln. Zu den „Zaubermitteln" für die Auflösung karmischer Aufgaben gehören zum Beispiel Edelsteinringe und Mantras. Ein Bodyguard, den man nicht mehr missen möchte.
€ 12,90 (D), 3 13,30 (A), SFr 22,60 • ISBN 3-89385-378-2

MARCUS DANNFELD
Das Geheimnis der Goldenen Schildkröte

Das Handbuch zur Praxis der traditionellen tibetisch-chinesischen Astrologie – gelehrt von einem tibetischen Meister. Eine einzigartige Methode und ein Juwel für jeden ernsthaft Interessierten.
192 Seiten, Paperback
€ 12,90, 3 13,30 (A), SFr 22,60 • ISBN 3-89385-398-7

MARCUS SCHMIEKE
Vedische Astrologie in sieben Tagen
»Mit einfachen Analysen zu erstaunlichen Erkenntnissen«

Die vedische Astrologie ist auf dem Vormarsch. Die indische Astrologie orientiert sich strikt an einem Tierkreis, der die tatsächliche Lage der Fixsterne am Firmament spiegelt. Dieses Buch zeigt darüber hinaus, wie man die Kraft günstiger Zeitpunkte für die materielle und spirituelle Entwicklung erkennen und nutzen kann. Der Aufbau der Lektionen ermöglicht ein schnelles und gründliches Erlernen des Systems vedischer Astrologie in nur sieben Tagen.
240 Seiten, Format: 17 x 24 cm, Reich illustriert mit vielen Abbildungen und Tabellen
– **Mit CD-ROM zur vedischen Horoskopberechnung** – Systemvoraussetzung: PC
€ 20,00 (D), 3 20,60 (A), SFr 36,10 • ISBN 3-89385-385-5

EVA-MARIA KIEFER
Visionen der Göttin
Entdecke die Weisheitsgöttin in dir!

Dies ist ein Einweihungs-Set in den spirituellen Tantra-Yoga. Dabei stehen die Göttinnen für den weiblichen Aspekt des Göttlichen. Rituale und Meditationen unterstützen hierbei die Entfaltung der Energiequalitäten. Ein Set mit reich illustriertem Buch und 34 postkartengroßen Karten.
€ 24,90, 3 25,60 (A), SFr 42,00 • ISBN 3-89385-387-1

Installation und Benutzung der APA Vedic Astrology Demo

Bei der **APA** Vedic Astrology Software Version 3.2.0 und ihrer Demo-Version, die diesem Band beiliegt, wurde sehr große Aufmerksamkeit darauf gerichtet, die Berechnungen der Vedischen Astrologie nach Maharshi Parashara äußerst präzise, authentisch und vollständig wiederzugeben und eine optimale Anwendung zu gewährleisten.

Systemanforderungen:
Mindestens 128 MB Arbeitsspeicher. Windows 95 oder spätere Windows-Version.

Die Installation der APA Vedic Astrology Demo ist sehr einfach:

1. Vor der Installation der Demo alle Anwendungen schließen.

2. Doppelklick auf „Arbeitsplatz" und dann auf Ihr CD-Laufwerk.

3. Doppelklick auf das Icon „**Setup**", um die Installation zu beginnen.

   Falls eine Meldung kommt: „File is in use and cannot be updated", bitte auf „Abbrechen" klicken. Die Installation läuft dann automatisch fehlerfrei weiter.

4. Die Installation läuft jetzt automatisch. Klicken sie ab jetzt immer auf „**Next**" wenn verlangt.

5. Wenn Sie aufgefordert werden, den Benutzer-Namen anzugeben, geben Sie Ihren Namen ein.

6. Bei „Company" genügt eine beliebige Angabe. Eine Leerzeile wird von der In-stallationsroutine nicht akzeptiert. Klicken Sie wieder auf „Next".

7. Die Installationsroutine gibt vor, die Software auf dem „Laufwerk C" zu installieren unter: „Programme\APA Vedic Astrology Demo".

   Es empfiehlt sich, diesen Vorschlag durch Klicken auf „Next" zu bestätigen, sowie auch den nächsten („Shortcut Folder").

8. Wenn die Installation abgeschlossen ist, klicken Sie auf „**Finish**" und nicht auf „Computer neu starten". Schließen Sie diese Seite, sodass Sie wieder auf dem Desktop sind.

9. Rufen Sie das Programm nun auf durch **Doppelklick auf das APA-Icon** auf dem Desktop-Bildschirm.

10. Jetzt erscheint der erste Bildschirm (Wasserfall), bei dem Sie drei Optionen haben.

    a) Sie können durch Klicken auf EIN-GABE die Daten eines Horoskops eingeben, vorzugsweise Ihres eigenen.

    b) Sie können durch Klicken auf WEI-TER das erste der 10 in diesem Band behandelten Horoskope aufrufen. Danach können sie durch Eingabe der im Buch verwendeten Nummerierung der Horoskope die anderen Horoskope aufrufen (oder durch Eingabe des Namens plus ENTER oder mit Strg+Pfeil->)

c) Sie können durch Klicken auf „Schließen" das Programm wieder verlassen.
Dann werden Sie beim nächsten Auf-
rufen der Demo (durch Doppelklick
auf das Icon) wieder auf diese Seite
gelangen.

d) Sobald Sie einmal ein Horoskop mit
der Demo aufgerufen haben, werden
Sie nach Verlassen und wieder Eintreten in das Programm automatisch das
Horoskop sehen, das Sie beim Verlassen auf dem Bildschirm hatten.

11. Unter F1 und F2 oder über den Menü-
Punkt „Beschreibungen" können Sie die
Funktionen der APA Vedic Astrology
Software lernen. Die Demo ist auf die-
jenigen Funktionen reduziert, die für das
Studium des Großen Handbuchs der Ve-
dischen Astrology benötigt werden.

12. Die unter F2 und unter „Beschreibun-
gen" > „Funktionstasten" bzw. „Kurz-
Befehle" beschriebenen Funktionen kön-
nen Sie auch über die Menü-Punkte
„Einstellungen" und „Ansicht" per
Mausklick abrufen.